二十一世纪普通高等院校实用规划教材 经济管理系列

中国对外贸易概论
(第 2 版)

杨清震 主 编

清华大学出版社
北 京

内容简介

中国对外贸易是改革开放后兴起的一门新学科，在高校国际经济与贸易专业中列为主干必修课，在对外经贸行业是获得职业资格证的必考科目。本书是为了适应中国由外贸大国向外贸强国转变，需要培养大量对外经贸应用型人才的新形势而编写的。本书总结了中国对外贸易产生和发展的历史经验和教训，提出了中国迈向外贸强国的途径；阐述了中国发展对外贸易的理论依据；讨论了中国实行对外开放、发展社会主义市场经济和加入世界贸易组织与发展中国对外贸易的关系；研究了中国进出口贸易、服务贸易、技术贸易、外贸价格的政策和做法；论证了深化外贸体制改革和加强外贸管理，提高外贸经济效益的途径；分析了针对不同的外贸国别对象的政策与原则；诠释了中国对外贸易发展的总体战略和基础战略。

本书既强调本学科的基础理论、基本知识和基本技能技巧，又注意在理论和实践结合上开拓创新，激发、培养学生的创新能力。本书采用了大量最新资料、事例、阅读材料和案例讨论，突出了新颖性、实践性、应用性的特点，适合培养应用型人才。

本书可作为高校国际经济与贸易本科专业及有关专业教学用书，也可作为外经贸行业获取职业资格证的考试复习资料和在岗培训教材，还可作为外经贸实际工作者和理论工作者的参考书。

图书在版编目(CIP)数据

中国对外贸易概论/杨清震主编. --2 版. --北京：清华大学出版社，2013（2017.6 重印）
(二十一世纪普通高等院校实用规划教材　经济管理系列)
ISBN 978-7-302-33705-8

Ⅰ. ①中…　Ⅱ. ①杨…　Ⅲ. ①对外贸易—中国—高等学校—教材　Ⅳ. ①F752

中国版本图书馆 CIP 数据核字(2013)第 204668 号

责任编辑：桑任松
封面设计：刘孝琼
版式设计：杨玉兰
责任校对：周剑云
责任印制：王静怡

出版发行：清华大学出版社
网　　址：http://www.tup.com.cn，http://www.wqbook.com
地　　址：北京清华大学学研大厦 A 座　　邮　　编：100084
社 总 机：010-62770175　　邮　　购：010-62786544
投稿与读者服务：010-62776969，c-service@tup.tsinghua.edu.cn
质 量 反 馈：010-62772015，zhiliang@tup.tsinghua.edu.cn
课 件 下 载：http://www.tup.com.cn,010-62791865
印 刷 者：北京富博印刷有限公司
装 订 者：北京市密云县京文制本装订厂
经　　销：全国新华书店
开　　本：185mm×230mm　　印　　张：24.25　　字　　数：528 千字
版　　次：2009 年 1 月第 1 版　　2013 年 11 月第 2 版　　印　　次：2017 年 6 月第 5 次印刷
印　　数：7501～9000
定　　价：41.00 元

产品编号：053041-01

前　言

“中国对外贸易”是我国实行改革开放后建立和发展起来的一门新学科。该学科研究我国对外经济贸易的基础理论、基本政策和基本实践，是高等学校国际经济与贸易专业必修的主干专业基础课程，也是获得对外经济贸易行业职业资格证的必考课程。

本书总结了中国对外贸易产生和发展的历史经验和教训，探讨了中国由外贸大国迈向外贸强国的途径；阐述了中国发展对外贸易的理论依据；讨论了中国实行对外开放、发展社会主义市场经济和加入世界贸易组织与发展中国对外贸易的关系；研究了中国进出口贸易、服务贸易、技术贸易、外贸价格的政策与做法；论证了深化外贸体制改革和加强外贸管理，提高外贸经济效益的途径；分析了针对不同的外贸国别对象的政策与原则；诠释了中国对外贸易发展的总体战略和基础战略。本书具有以下特点。

一是新颖性。随着中国改革开放的不断深入，中国的外贸体制、做法逐步与世贸组织要求接轨，中国对外贸易的战略、方针、政策以及外贸实际部门的工作都在不断发生变化，面对新的国际经济形势，特别是美国金融风暴和欧洲债务危机的影响，需要探讨的新情况、新问题很多。本书的撰写采用了最新的切入角度，运用最新的材料，一般是 2012 年的新材料，针对最新的问题进行探讨，如中国如何从外贸大国迈向外贸强国、如何实行互利共赢的战略等，提出了编者最新的看法。

二是实践性。本书强调从实际出发，针对当前我国对外贸易实践，分析对外贸易面临的国内外的新形势、新情况，注重解决实践中凸显的新问题，以促进对外贸易更快更好地发展。

三是应用性。本书依据《中华人民共和国对外贸易法》和其他有关法律、法规，以及世贸组织法规、惯例，对外贸业务工作的宏观和微观管理及运作，作了全面、具体的阐述和介绍，并配有阅读材料和案例讨论材料，具有应用性、可操作性。

本书是为了满足我国由外贸大国迈向外贸强国对大量外贸应用型人才的需求而编写的，既适用于大学本科和研究生有关专业培养外贸应用型人才，也可作为对外经贸职业资格证考试的教材。

本书由中南民族大学、河南理工大学、中南财经政法大学和武汉长江工商学院长期从事国际经济与贸易专业的研究生教学工作和本科教学工作的教师编写。由中南民族大学经济学院首任院长、国务院特殊津贴专家杨清震教授任主编，负责编写提纲、统稿，副教授向宏桥博士和教授杨汉明博导协助主编工作，最后由杨清震教授定稿。各章的具体分工是：第一、十二章由杨清震编写，第二、三章由向宏桥编写，第四章由冯莉编写，第五章由周国洋编写，第六章由胡心宇编写，第七、十章由蒋西编写，第八章由张晓骏编写，第九章由熊晓亮编写，第十一章由向灵彦编写。

本书在撰写过程中，大量参阅了国内外有关教材和著作以及许多报刊、网站的内容，并引用了其中的一些观点和材料，在此谨向原作者表示感谢。

由于编者水平有限，疏漏和错误在所难免，恳请广大读者批评指正。

编　者
2013年8月

目　录

第一章　中国对外贸易的产生和发展 ...1

第一节　封建社会的对外贸易......2

一、对外贸易的产生......2

二、封建社会对外贸易概况......3

三、封建社会对外贸易的特点......6

第二节　半殖民地半封建社会的对外贸易......7

一、半殖民地半封建社会对外贸易概况......7

二、半殖民地半封建社会对外贸易的特点......11

第三节　社会主义初级阶段的对外贸易......15

一、中共十一届三中全会前的对外贸易(1949—1977年)......15

二、中共十一届三中全会后的对外贸易(1978年至今)......20

三、从外贸大国向外贸强国转变......22

本章小结......28

思考题......29

案例分析......29

第二章　中国发展对外贸易的理论依据 31

第一节　传统理论......34

一、亚当·斯密的绝对成本理论......34

二、大卫·李嘉图的比较成本理论......35

三、赫克歇尔-俄林的要素禀赋理论......35

第二节　现代理论......36

一、偏好相似理论......36

二、规模经济理论......37

三、国际贸易新要素理论......37

第三节　马克思主义关于发展对外贸易的理论......41

一、国际分工理论......41

二、国际价值理论......41

三、社会再生产理论......42

第四节　邓小平关于发展对外贸易的理论......42

一、对外开放理论......42

二、社会主义市场经济理论......44

本章小结......45

思考题......46

案例分析......46

第三章　中国对外贸易与社会主义市场经济 50

第一节　对外贸易与社会主义市场经济......52

一、社会主义市场经济的内涵......52

二、发展对外贸易是社会主义市场经济的客观要求......54

三、社会主义市场经济必然促进对外贸易的发展......55

第二节　对外贸易在社会主义市场经济条件下的战略地位......56
一、社会主义初级阶段决定了对外贸易的战略地位......56
二、全方位开放格局决定了对外贸易的战略地位......56
三、社会主义市场经济决定了对外贸易的战略地位......57
第三节　对外贸易在社会主义市场经济条件下的作用......61
一、促进国民经济按比例协调发展......62
二、促进经济增长和服务水平的提高......62
三、促进国民经济结构调整与优化......62
四、提高人民的物质文化生活水平......63
五、增加就业机会......63
六、推动对外经济关系的发展，为我国经济发展创造良好的外部条件......64
本章小结......65
思考题......66
案例分析......66

第四章　中国对外开放与发展开放型经济......68

第一节　对外开放的客观必然性......69
一、对外开放符合经济发展规律的客观要求......69
二、对外开放是解放和发展生产力的客观要求......70
三、对外开放是发展社会主义市场经济的客观要求......71
第二节　中国对外开放的内容和格局......72
一、对外开放政策的确立......72
二、对外开放的内容和形式......72
三、对外开放的格局......74
四、我国对外开放的特点......85
五、对外开放的成就......86
第三节　发展开放型经济......89
一、对外开放的实质是发展开放型经济......89
二、进一步提高我国对外开放的水平......90
三、推进中国经济与世界经济接轨......92
本章小结......93
思考题......94
案例分析......94

第五章　世界贸易组织与中国对外贸易......98

第一节　世界贸易组织的宗旨与原则......99
一、世界贸易组织的宗旨......99
二、世界贸易组织的原则......101
三、世界贸易组织的主要协议......104
第二节　加入世界贸易组织与促进对外贸易发展......115
一、加入世界贸易组织的历程......115
二、加入世界贸易组织的利弊......117

三、加入世界贸易组织后的外贸发展对策......118
第三节 加入世界贸易组织对各类产业的影响和应对措施......121
一、工业......121
二、农业......124
三、服务业......128
四、知识产权......131
本章小结......134
思考题......135
案例分析......135

第六章 中国进出口贸易......137

第一节 出口贸易......138
一、发展出口贸易的重要意义......138
二、我国出口贸易发展概况......139
三、出口商品战略......141
四、出口市场战略......144
第二节 进口贸易......147
一、发展进口贸易的重要意义......147
二、我国进口贸易发展概况......148
三、进口商品战略......149
第三节 服务贸易......153
一、国际服务贸易概述......153
二、我国服务贸易进出口的发展概况......158
三、中国发展服务贸易的意义......162
四、服务贸易发展“十二五”规划主要目标......165
第四节 技术贸易......166
一、国际技术贸易概述......166
二、我国的技术引进......170
三、我国的技术出口......175
本章小结......178
思考题......179
案例分析......179

第七章 中国对外贸易价格......181

第一节 进出口商品的国内外市场价格......183
一、国内外市场价格的区别......183
二、国内外市场价格的联系......185
第二节 中国处理国内外价格关系的政策......186
一、正确处理国内外价格关系的意义......186
二、中国处理国内外价格关系的政策......187
第三节 中国进出口商品的作价原则......190
一、作价原则的影响因素......190
二、出口商品的对外作价原则......191
三、进口商品的对外作价原则......196
第四节 影响对外贸易价格的因素......197
一、商品成本......197
二、供求关系......202
三、竞争机制......202
四、经济政策......203
五、市场条件......204
本章小结......208
思考题......209
案例分析......209

第八章 中国对外贸易经济效益......211

第一节 对外贸易经济效益的形成......212
一、对外贸易经济效益的概念......212

二、对外贸易经济效益的形成过程......214
第二节 影响对外贸易经济效益的因素......217
一、影响对外贸易社会经济效益的主要因素......217
二、影响对外贸易企业经济效益的因素......222
第三节 对外贸易经济效益的评价......225
一、对外贸易社会经济效益的评价原则......225
二、对外贸易企业经济效益的评价......227
第四节 提高对外贸易经济效益的途径......229
一、提高外贸社会经济效益的途径......229
二、提高外贸企业经济效益的途径......231
本章小结......234
思考题......235
案例分析......235

第九章 中国对外贸易管理 237

第一节 对外贸易管理的必要性......238
一、弥补市场调节机制的不足......238
二、保证对外贸易体制改革的顺利进行......239
三、保证国家对外贸易方针政策的贯彻执行......239
四、保证对外贸易健康有序发展......239
五、保证对外贸易获得最佳经济效益......239
六、保证在激烈竞争的国际市场上处于有利地位......240
第二节 对外贸易的立法管理......240
一、对外贸易管理的法制手段概述......240
二、《中华人民共和国对外贸易法》概述......243
三、对外贸易其他各项立法......246
四、中国对外贸易救济措施立法......252
第三节 对外贸易的经济调控管理......255
一、汇率杠杆......255
二、税收杠杆......257
三、信贷杠杆......263
四、价格杠杆......265
第四节 对外贸易的行政管理......266
一、配额管理......266
二、许可证管理......267
三、经营权管理......267
四、商标管理......268
五、外汇管理......269
六、海关管理......270
七、商检管理......273
本章小结......274
思考题......275
案例分析......275

第十章 中国对外贸易体制改革 277

第一节 对外贸易体制改革的必要性......279
一、保持出口贸易持续快速发展，实现我国国民经济第三步战略目标的需要......279

二、实施以质取胜战略，实现出口贸易增长方式转变的需要......280

三、与国际接轨，适应我国加入世界贸易组织新形势的需要......280

四、与时俱进，适应经济全球化快速发展的需要..........................281

第二节　以打破旧体制为主要内容的外贸体制改革..........................281

一、初步改革阶段(1979—1987年)......................................282

二、深化改革阶段(1988—1990年)......................................284

三、出口自负盈亏承包经营责任制阶段(1991—1993年)......286

第三节　以建立外贸新体制为主要内容的外贸体制改革..................287

一、对外贸易管理体制改革..............287

二、对外贸易经营体制改革..............296

三、对外贸易协调体制改革..............300

四、中国加入世界贸易组织后的对外贸易体制改革..................301

本章小结..305

思考题..306

案例分析..306

第十一章　中国对外经济贸易关系 . . . 309

第一节　中国对外贸易关系的基本政策..310

一、中国对外贸易关系的发展..........310

二、中国发展对外贸易关系的原则..311

第二节　中国与主要贸易伙伴的经济贸易关系..............................312

一、中国与欧盟的经贸关系.............312

二、中国与美国的经贸关系.............316

三、中国与日本的经贸关系.............321

四、中国与东盟的经贸关系.............325

五、中国与俄罗斯的经贸关系.........328

第三节　中国内地与港、澳、台地区的经济贸易关系........................333

一、中国内地与香港特别行政区的经济贸易关系........................333

二、中国内地与澳门特别行政区的经济贸易关系........................336

三、中国大陆与台湾省的经济贸易关系....................................337

本章小结..340

思考题..340

案例分析..341

第十二章　中国对外贸易战略 343

第一节　对外贸易战略的概念与分类......344

一、对外贸易战略的概念..................344

二、对外贸易战略的分类..................345

第二节　制定中国对外贸易战略的原则与指导思想..........................347

一、制定中国对外贸易战略的原则..347

二、制定中国对外贸易战略的指导思想.......................................348

第三节　中国对外贸易总体战略............350

一、关于中国对外贸易总体战略选择的争论........................350

二、改革开放前的进口替代战略......353
三、有限开放时期的混合发展战略......354
四、全面开放以后的对外贸易战略......356
第四节　中国对外贸易基础战略......363
一、以质取胜战略......364
二、科技兴贸战略......368
三、对外贸易可持续发展战略......372
本章小结......374
思考题......374
案例分析......375
第二版　后记......376
参考文献......377

第一章　中国对外贸易的产生和发展

【学习要求】

通过本章的学习，要求学生了解中国对外贸易产生与发展的历程，掌握不同时期中国对外贸易的性质和特点，总结中国对外贸易的历史经验教训，探索中国如何从外贸大国迈向外贸强国。

【主要概念】

对外贸易　封建对外贸易　半殖民地半封建对外贸易　社会主义对外贸易　外贸大国　外贸强国

【案例导读】

习近平总书记深情阐述“中国梦”

2012 年 11 月 29 日，中共中央总书记习近平和中共中央常委李克强、张德江、俞正声、刘云山、王岐山、张高丽来到国家博物馆，参观《复兴之路》基本陈列，回顾了 1840 年鸦片战争以来中国人民在屈辱苦难中奋起抗争，在艰难险阻中开拓进取，探索民族复兴、国家富强、人民幸福的光辉历程。

在参观过程中，习近平总书记发表了重要讲话。他指出，“每个人都有理想和追求，都有自己的梦想。现在，大家都在讨论中国梦，我以为，实现中华民族伟大复兴，就是中华民族近代以来最伟大的梦想。这个梦想，凝聚了几代中国人的夙愿，体现了中华民族和中国人民的整体利益，是每一个中华儿女的共同期盼。”

“历史告诉我们，每个人的前途命运都与国家和民族的前途命运紧密相连。国家好，民族好，大家才会好。实现中华民族伟大复兴是一项光荣而艰巨的事业，需要一代又一代中国人共同为之努力。”

“我坚信，到中国共产党成立 100 年时全面建成小康社会的目标一定能实现，到新中国成立 100 年时建成富强民主文明和谐的社会主义现代化国家的目标一定能实现，中华民族伟大复兴的梦想一定能实现。”

（资料来源：李斌. 新华网，2012 年 12 月 29 日）

对外贸易是一国政府和企业对国外进行的商品和服务的交换活动，是一国国民经济的重要组成部分。各国对外贸易的总和构成国际贸易。对外贸易是一国社会生产力发展到一定水平的产物，是一国参与国际分工、开展对外经济联系的重要形式，也是衡量一国国民经济发展程度的重要指标。中国对外贸易，早在公元前 5 世纪就已经产生了。西汉张骞、班固通商西域，西北丝绸之路和西南丝绸之路的开通，郑和下西洋，海上贸易的形成，使中国古代对外贸易进入了较快发展时期。鸦片战争以后，资本主义列强利用中国对外贸易，加强了对中国的掠夺。新中国成立后，中国对外贸易经历了十一届三中全会以前受政治因素影响较大的对外贸易发展时期和十一届三中全会以后受经济利益驱使的对外贸易发展时期。回顾中国对外贸易产生和发展的历程，总结历史经验教训，对于我们实现由外贸大国向外贸强国的转变，实现中华民族伟大复兴的中国梦，加快与世界各国的经济技术交流和合作进程，构建和谐世界具有重要的战略意义。

第一节　封建社会的对外贸易

一、对外贸易的产生

对外贸易是一国社会经济发展到一定条件下产生和发展起来的。对外贸易产生的基础条件是社会生产力发展到一定程度，有剩余产品可以作为商品与外国进行交换。人类历史上经历的三次社会大分工，是社会生产力不断向前发展的结果。人类社会第一次社会大分工，是畜牧业和农业之间的分工，它促进了原始社会生产力的发展，产品开始有了少量剩余，原始公社之间出现了以物易物的剩余产品的交换。人类社会的第二次社会大分工，是手工业从农业中分离出来，产生了直接以交换为目的的生产——商品生产。随着商品生产和商品交换的不断扩大，出现了货币，商品交换由物物交换逐渐变成了以货币为媒介的商品流通。随着商品流通的扩大，出现了专门从事贸易的商人，产生了人类社会的第三次社会大分工。在社会生产力发展和社会分工扩大的基础上，商品交换开始成为社会生活中的经常现象。商品的本性是开放的，是没有边界和国界的。商品不仅在国内交换，而且可以越过国界，与外国进行交换，从而产生了对外贸易。正如马克思指出的："随着生产分为农业和手工业这两大主要部分，便出现了直接以交换为目的的生产，即商品生产，随之而来的是贸易，不仅有部落内部和部落边界的贸易，而且还有海外贸易。"由此可见，对外贸易的产生必须具备两个基本条件：一是社会生产力发展到一定程度，有剩余产品作为商品与外国进行交换；二是各自为政的社会实体或国家的形成。

我国春秋时期处于由奴隶制向封建生产关系的过渡时期。铁器的使用和牛耕的推广，成为当时世界上最先进的生产技术，社会生产力有了很大发展，私营商业也开始兴盛，出现了带着车马货物，周游列国做生意的商人，产生了中国封建社会早期的对外贸易。春秋时期，中国与中亚国家之间就有经济往来。在俄罗斯戈尔诺阿尔泰省巴泽雷克发现的公元前 5 世纪的墓冢中，出土了大量的中国凤纹丝绸刺绣。这说明最迟在春秋时期丝绸就已传到了西方，表明中国对外贸易在公元前 5 世纪就已经产生了。

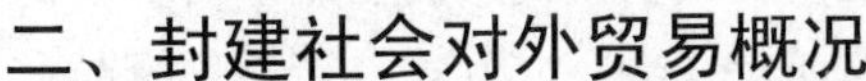

二、封建社会对外贸易概况

(一)封建社会对外贸易开拓时期

战国时期，中国齐燕两地与朝鲜经贸往来密切，不少人还迁往朝鲜，中国的铁器货币也流入朝鲜。

秦汉时期，随着国家的统一和社会经济文化的发展，对外贸易有了较大发展。秦始皇派“徐福发童男女数千”到三神山“入海求仙人”后，开始了与日本、朝鲜的交往。中国的铜器、铁器、丝帛等传入日本，日本的兵器等也传入中国。

西汉前期，我国北方的匈奴西徙后，加强了对西域的控制，并经常南下骚扰，严重阻碍了中国和西域各国之间的交通。为了同匈奴争夺西域，联合西部各民族和各国共同抗击匈奴，汉武帝派遣张骞出使西域。途中张骞被匈奴所俘，流放戈壁十多年。后来得便走脱，经疏勒(今喀什)，越过葱岭(今帕米尔高原)，经大宛(今乌兹别克斯坦)、康居(今阿姆河以北)，到达大月氏(今乌兹别克斯坦和土库曼斯坦一带)。张骞在大月氏逗留了一年多得不到联合抗击匈奴的结果，便先后游历大宛、大夏(今阿富汗北部)、康居，回国途中又被匈奴拘禁一年多。后来由于匈奴发生内乱，张骞才得以脱身回到长安，并带回了有关西域各国的山川地理、人口物产、民情风俗等方面的情况。公元前 119 年，汉武帝再次派遣张骞出使西域，带领一支 300 人的大探险队，每人各备马两匹，带牛羊一万头，以及金锦货物。张骞到达乌孙(今伊犁河、伊塞克湖一带)后，分遣副使前往大宛、康居、大月氏、大夏(今阿富汗北部)等国，开展了与这些国家的经济贸易往来。此后，汉武帝连年派遣使官到安息(今波斯)、身毒(今印度)、黎轩(今埃及亚历山大城)诸国，商人也不断来往。这就为欧亚两大洲贸易开辟了一条通道，我国享有盛誉的丝织品顺着这条路源源不断运往西方各国，这条商道被誉为“丝绸之路”。“丝绸之路”的名称，是 19 世纪 70 年代德国地理学家李希霍芬在所著《中国》一书中首先使用的，意指两汉时期中国与中亚地区及印度之间，以丝绸贸易为主的对外贸易通道。

丝绸之路东自我国西汉的长安(今西安)，横贯亚洲大陆，西达地中海东岸，全长约 7000 多公里。从长安到武威，经永昌、永丹、张掖、临泽、高台、盐地、临水、酒泉、嘉峪关、玉门、布隆吉、安西至敦煌。自敦煌再向西，分为南北两道：北道经天山南麓西行，即由敦煌出玉门(今敦煌西北小方盘城)，越流沙，至车师前国(今吐鲁番)，再沿天山南麓西行，经焉耆、龟兹(今库车)、姑墨(今阿克苏)至疏勒，然后越过葱岭，向西至大宛、康居等地；南道经昆仑山北麓西行，即由敦煌出阳关(今敦煌西南古董滩附近)，过鄯善(今新疆若羌县卡里克里)，沿昆仑山北麓西行，经且末、精绝(今民丰县北)、于阗(今和田)、皮山至沙东，然后越过葱岭，西行至大月氏、安息等地。南北两道在木鹿城(今土库曼斯坦拜拉姆—阿里附近)交会后向西延伸，经过椟城(今伊朗姆甘)、阿蛮(今伊朗哈马丹)、斯宾(今巴格达东南)等地后抵地中海东岸，再由此转达古罗马各地及欧洲各国，中国同古罗马帝国的对外贸易就是通过这条“丝绸之路”进行的。但中间要经过伊朗，受到伊朗商人的控制，古罗马商人又开辟了与东方经商的海上通道。中国输出的主要商品是丝绸，此外还有铁器、漆品、铜镜等，输入的有汗血马、香料、药材、玻璃、苜蓿、葡萄、胡桃、蚕豆、石榴、明珠等。后来阿拉伯帝国兴起后取代古罗马帝国，在与中国的贸易中逐渐取得优势地位，成为中国的主要贸易对象。

古代中国与西南邻国之间还有一条开展对外贸易的西南“丝绸之路”，从盛产蜀锦的四川成都起，经雅安、凉山和宜宾，入“五尺道”，再到滇池后分为两路：一路南下通达越南；另一路入“博南古道”，即从云南驿(今祥云)经博南(今永平)到永昌(今保山)。在永昌以西又分为南北两路。南路经过龙陵、畹町，到缅甸的勃生，再往南就可与海上丝绸之路连接起来；北路经腾冲、盈江，通向缅甸密支那、印度华氏城(今巴特那)、巴基斯坦的义始罗(今拉瓦尔品第附近)和阿富汗的喀布尔，进而通至土库曼的马里与西北丝绸之路会合。中国以丝绸、瓷器、铜器、漆器、茶叶等，换取南亚、东南亚的宝石、珍珠、木棉、犀角、象牙等。

两汉时期，中国还通过海路与许多东南亚和南亚国家开展对外贸易。当时的海路是：从徐闻县(今广东徐闻西)和合浦县(今广西合浦东北)海岸出发，穿过我国南海诸岛，行船约五个月，可到马来半岛的都元国；再行船四五个月，可到达缅甸沿岸的一些国家，再行船两个月，能到达印度的黄支国。公元97年，中国西域都护班超派遣甘英出使大秦，到达波斯湾，开辟了欧亚交通，为进一步发展中西交流做出了贡献。公元166年，罗马皇帝安敦的使者由海路来到中国，带来了一些礼品赠给东汉皇帝。在我国山西灵石县，曾发现罗马皇帝提比留和安敦在位时铸造的罗马铜币，就是中国与古罗马外贸交往的见证。

三国两晋南北朝时期，通往西方的“丝绸之路”，又开辟了一条新道。除丝绸品贸易外，养蚕技术也在这个时期通过波斯传入欧洲。中亚、西亚的许多国家不断派使节前来我国访问。波斯与北魏和西魏有过密切的交往。三国时，大秦(罗马帝国，公元395年以后分为西罗马和东罗马)商人秦伦会见过孙权。在河北赞皇县出土的北齐墓葬文物中，曾发现三枚东罗马金币。

(二)封建社会对外贸易发展时期

隋唐时期，社会经济稳定发展，特别是盛唐时期中国已发展成为世界上最富强的国家，同时实行了开明的对外开放政策，因而吸引了世界许多国家的商人前来进行贸易，中外经济文化交流和对外贸易有了很大发展。中国与朝鲜和日本的经贸往来继续发展。朝鲜用马、牛、布、苎、麻、药材、折扇与唐朝的丝绸、茶叶、瓷器、刺绣等物品进行交换。从630年到838年，200多年期间，日本派来的遣唐使者有13次之多，人数最多达到600人。遣唐使吉备真备根据汉字楷书偏旁创造了“片假名”，形成了日文字母。唐朝也派使臣、僧侣和商人到日本交流，中国著名的鉴真和尚经过十多年努力，六次出海，历尽艰辛，于754年到达日本，把中国的建筑技术、雕塑艺术和医药学带到了日本。唐后期去日本经商的船

只，有记载的就有数十次之多。1970 年在西安出土的唐代文物中，曾发现日本元明天皇时期铸造的“和同开珍(宝)”银币。在日本奈良正仓院博物馆的陈列品中，也有许多唐代精美的手工艺品、乐器、纺织品及生活用具。这些都是中日历史上外贸往来的见证。

641 年，天竺(今印度、巴基斯坦和孟加拉国)遣使与唐通好，双方互赠礼物。唐太宗派人去学习熬糖技术。天竺的天文、医学、历史和音乐等先进成就被唐吸收。中国的纸和造纸方法传入天竺。唐代名僧玄奘 629 年去天竺取经。他曾在天竺居住 15 年，具有很高的佛学理论造诣，受到天竺各地名僧的赞赏和敬佩。他回国时带回天竺佛经 600 多部。南亚泥婆罗(今尼泊尔)的使者来中国时，带来了菠菜、浑提葱等。吐火罗(今阿富汗)的使者送来了鸵鸟、玛瑙灯树，红、碧玻璃和药材等。637 年罽宾(今克什米尔)使者赠送给唐朝的礼物有名马、宝带和水晶盏，唐朝赠送给他们许多缯采。师子国(今斯里兰卡)的使者带来了大珠和象牙。骠国(今缅甸)的使者随南诏官员到长安，带来了“骠国乐”。此外，东南亚的林邑(今越南)、真腊(今柬埔寨)、婆利(今婆罗洲)、诃陵(今爪哇)、室利佛逝(今苏门答腊)等国都同唐朝有密切的经贸联系。

波斯(今伊朗)从西汉张骞通西域建立经贸关系后，到唐朝经贸往来有了更大发展。波斯商人的足迹遍布唐朝著名城镇。波斯萨珊王朝的银币在我国吐鲁番、西安、太原、洛阳等地出土文物中多次被发现，表明波斯与唐朝各地的经贸往来十分密切。

大食(今阿拉伯)于 651 年遣使到唐，与唐正式建立国交，大食商人活动在唐朝各地。1964 年在西安曾发掘出阿拉伯的金币多枚。1912—1913 年在伊拉克底格里斯河西岸的玛拉城遗址，发掘出土了大批唐代陶瓷。八九世纪时，大食国首都巴格达城曾开设过专卖中国货物的市场。

东罗马拂菻(今扶凛)曾遣使与唐通好，并互赠礼物，发展经贸关系。拂菻送来狮子和羚羊等，唐朝的丝绸等也通过丝绸之路输往拂菻。1970 年在西安何家村的唐代窖藏中，曾发现东罗马皇帝希拉克略时代(610—641 年)的金币。

在唐代，中国南方经济迅速发展，也带动造船业和航海技术有了很大进步，对外贸易逐渐转向南方，主要是南方的广州、潮州和扬州三大港口。为了适应对外贸易的发展，在陆路设置安西都护府、北庭都护府等六大都护府的基础上，又在海路方面，在广州设置了“市舶司”，委任“市舶使”管理对外贸易。

宋朝时，海上对外贸易获得了迅速发展，甚至超过陆路贸易。宋代发达的手工业为对外贸易提供了物质保证，使丝织业获得进一步发展，而陶瓷业的发展则更迅速。丝织品和瓷器成为宋朝主要的出口商品。同中国有经贸关系的国家有日本、朝鲜、南洋各国、印度、阿拉伯帝国、波斯等 50 多个国家。“市舶司”是宋朝管理对外贸易的专职机构，兼有外交与外贸两种职能：一方面，通过颁发“公凭”(即许可证)来监督和管理中外商人的贸易活动和船舶进出港口，负责接待监督外商；另一方面，根据进口货物的种类分别征收实物税。此外还行使处置舶货职能，即对进口货物中很大一部分由政府专卖；非专卖部分，允许中外商人自由买卖。

元朝承宋制，在泉州、上海、温州、宁波等地设立“市舶司”，并制定了《市舶抽分则例》22 条，使对外贸易的管理制度比宋朝更健全了。元朝横跨欧亚两大洲的大帝国的建立，使中国对外贸易的陆路和海路通道都比较畅通，有效地促进了中国古代对外贸易的进一步发展。

随着明朝政权的稳定，经济的发展，特别是纺织业、陶瓷业、漆器业、冶炼业、铸造业的发展，促进了商品经济的迅速发展，并客观上要求对外贸易有相应发展。1405 年，明朝政府恢复了宁波、泉州和广州的“市舶司”，并在云南等地增设了“市舶司”。派郑和率领庞大船队在 1405—1433 年的 28 年间，七次下西洋，足迹遍布东南亚、南洋诸岛、阿拉伯半岛和东非一带，与 36 个国家发展外贸和外交关系，使中国成为当时最大的海上贸易强国。

(三)封建社会对外贸易衰落时期

清朝 1656 年颁布“禁海令”，使对外贸易大大衰落。到康熙年间，“海禁”有所放松。1685 年清朝宣布限定广州、漳州、宁波和云台山为对外通商口岸，设粤海关、闽海关、浙海关和江海关，并实行严格的管理。1757 年清朝又限定广州为唯一的对外通商口岸，关闭了其他三个口岸。经营对外贸易的机构为“行商”，由清政府特许的专营进出口贸易的中国商人经营。由“行商”组成的机构称为“公行”，由“公行”控制对外贸易的经营、对外商的管理和征税。这种状况一直延续到 1840 年鸦片战争前夕。

三、封建社会对外贸易的特点

中国封建社会的对外贸易，具有以下一些不同于资本主义对外贸易的特点。

(一)建立在封建社会手工业基础上的以丝织品和陶瓷品为主要商品的出口贸易

中国封建社会的手工业十分发达，特别是丝织业和陶瓷业在当时世界范围内长期处于领先地位。中国封建社会的对外贸易就是建立在这种发达的手工业基础之上的。早在秦汉时期，中国的丝绸已通过河西走廊和西域商道运往中亚各国，甚至远销到欧洲。明代中期以后，由于东南部地区优越的气候和地理条件，种桑和植棉业获得了巨大发展，民间纺织业也迅速发展起来。物美价廉、色彩鲜艳的丝绸和其他纺织品，深受世界各国人民的欢迎，出口大量增加，畅销世界各地。丝绸成了当时中国最主要的出口商品。此外，中国陶瓷技艺在世界上长期首屈一指，精美的陶瓷产品享有盛誉，也是中国重要的出口商品。

(二)建立在封建社会以“天朝”自居理念基础上的朝贡贸易方式

中国历代封建王朝都认为自己是世界的中心，以“天朝”自居。别的国家与自己是臣属关系，因此，别的国家与自己发生的经济、外交关系是“朝贡”关系，即两国国王之间

以“贡礼”、“酬谢”的形式进行商品交换。对方送来的物品被称作“贡”，而给予对方用于交换的物品称作“赐”。早在公元前 11 世纪，周边各国与周王朝就开始了“朝贡”往来。各国入贡的时间是有一定规定的，例如琉球(今日本冲绳)是两年一次入贡，安南(今越南)、占城(今越南)、高丽(今朝鲜)是三年一次入贡，日本是十年一次入贡。中国封建王朝与周边王朝的贸易，长期以来都是以这种方式进行的，它在中国封建社会对外贸易中占有突出地位。“朝贡”贸易的政治色彩极大地限制了外贸的品种、数量的扩大，使封建社会的对外贸易限制在满足皇室和统治者的需求范围之内。

(三)适应封建专制主义中央集权要求的垄断和集中的外贸管理制度

与封建社会中央集权要求相适应，中国封建社会对外贸易采取了官方经营方式和官方管理措施。汉王朝就曾规定，私商没有得到政府许可而与外商私市者处以重刑。从唐朝到明朝前期的市舶制度，集中体现了封建国家对外贸易的垄断和集中管理。宋朝的“市舶司”作为管理对外贸易的专职机构，集外交与外贸于一身，行使着颁发“公凭”(即“许可证”)、征税、专卖等职能，征得的税款和专卖所得都必须上缴国库。在宋代进口的 300 多种商品中，大多数商品都集中由国家专卖。

明朝隆庆年间，开放“海禁”后实行了新型的海商管理制度，较原来的“市舶司”制度有了较大的灵活性。新型海商管理制度取消了“朝贡”贸易制度下对朝贡国家入贡时间、贡使人数的限制；规定对进口商品征收水饷和陆饷(类似关税)后可以上岸交易；凡纳过税的商品均可以自由交易；将原来的抽分实物改为征收货币的饷银制。这种新的海商管理制度就是现代海关管理制度的萌芽。

(四)建立在封建社会自然经济基础上的对外贸易发展速度非常缓慢

中国封建社会建立在自给自足的自然经济基础之上，就整个社会来说，生产的目的主要是为了自身的消费，而不是为了交换。个体手工业的小商品生产的生产力发展水平有限，整个社会可用于交换的产品十分有限，对外贸易的开展被限制在一定的范围之内，对外贸易的发展速度非常缓慢。对外贸易对全国经济的影响和带动作用非常有限。

第二节　半殖民地半封建社会的对外贸易

一、半殖民地半封建社会对外贸易概况

(一)鸦片战争后中国的对外贸易(1840—1894 年)

1840 年鸦片战争以后，资本主义列强依靠强权与武力，通过不平等条约，在中国攫取

了大量政治、经济特权，通过对华商品输出及资本输出，逐步瓦解了中国传统的自然经济基础，中国经济被纳入世界资本主义经济体系之中，成为资本主义经济的附庸。中国独立自主的封建性质的对外贸易逐渐变成受西方资本主义控制的半殖民地半封建性质的对外贸易。

1842 年中英《南京条约》强迫中国割让香港，开放广州、厦门、福州、宁波、上海等五个通商口岸，同意英国向中国输入货物和从中国输出货物的税则，不能由中国自己决定，必须同英国协商决定，英国商人在各口岸可以自由地和中国商人交易，不必通过公行。1843 年中英《五口通商章程》和《虎门条约》使英国取得了更多的特权：英国货物进出中国海关，只抽 5%的税；英国人可以在通商口岸划出一定的地方，租地造房；英国人在中国犯了法，由领事照英国法律办理；中国给其他国家的优惠权利，英国可以同样享受。

1844 年中美《望厦条约》签订，美国取得了《南京条约》及其附约除割地赔款以外的全部特权。同年中法《黄埔条约》签订，法国获得了与英、美同样的特权。此后，许多欧洲国家都强迫清政府签订了不平等条约，取得了许多特权。

鸦片战争后，中国领土主权的完整性遭到破坏。英国占领香港，葡萄牙强占澳门。英、美、法等国军舰任意巡行各口岸，破坏了中国的领海主权。领事裁判权使外国侵略者在中国横行无忌、为所欲为，中国的司法主权遭到破坏。协定关税的规定，破坏了中国关税自主权。片面最惠国待遇，使中国开始变成资本主义世界共同宰割的对象。资本主义列强在上海等地开辟“租界”，取得了租界中的行政、司法和警察权，把“租界”变成“国中之国”。

随着世界经济体系的形成，带有掠夺性的殖民贸易日益成为资本主义再生产过程中的重要环节，资本主义列强对中国的剥削由赤裸裸的掠夺变为倾销商品和掠夺廉价的原料。中国市场被迫全面开放，西方工业品的输入及海外市场对中国原料性产品及手工业品需求的增加，破坏了中国自给自足的自然经济基础，造就了西方工业品的市场。同时，也刺激了中国出口商品的生产，茶叶、桑蚕的生产规模迅速扩大，为这一时期对外贸易的发展提供了物质基础。

由于中国坚固的小农经济对西方工业品有着顽强的抵抗性，除鸦片外，西方正当商品的对外贸易并无明显增长，中国在正当商品(即不包括鸦片)贸易中始终处于顺差地位。第二次鸦片战争后，西方资本主义国家的国际竞争力显著提高，对中国经济的掠夺能力大大增强了。与此同时，中国对外贸易的市场条件的改善，贸易制度的建设，促进了中国对外贸易的发展。中国进出口贸易规模有了较为明显的扩大。1864 年进口额为 4600 万海关两，1894 年增加到 1.6 亿海关两，比 1864 年增长 2.5 倍左右。1864 年出口额为 4900 万海关两，1894 年增至 1.28 亿海关两，比 1864 年增长 1.6 倍。

(二)甲午战争后中国的对外贸易(1895—1910 年)

1894 年 7 月—1895 年 3 月，日本在英、美的支持下挑起甲午战争，迫使中国签订了《马关条约》，规定中国对日本割地、赔款及增辟通商口岸外，还允许日本在华投资设厂。西方

列强由此掀起了瓜分中国的狂潮，中国对外贸易主权进一步惨遭践踏。西方资本主义列强通过对华资本输出，再度加强了对中国的商品倾销和原料掠夺，中国对外贸易的半殖民地性质进一步加深了。

在市场的刺激下，中国农产品商品化率日益提高，自然经济的解体加速进行，沿海沿江地区出现了一批新兴的工商业城市，西方工业品的消费市场逐步培植起来，中国传统社会逐渐向近代社会转变。这为西方工业品提供了市场，准备了新的出口货源，有利于对外贸易的发展。但整体上自然经济的继续存在又成为对外贸易发展的巨大障碍。

中日《马关条约》签订后，中国又被迫与西方列强签订了一系列不平等条约，先后增辟沙市、重庆、苏州、杭州、河口、思茅、梧州、三水、江门、长沙、长春、吉林、哈尔滨、瑷珲、满洲里、江孜等为开放商埠，中国广袤的领土从沿海到沿江，从内陆到边疆，全部对西方资本主义列强敞开。西方资本主义列强控制中国对外贸易的基础进一步扩大。

甲午战争后，西方资本主义列强在中国肆意扩大原有租界和新设租界。在中国设立租界最多的是日本，于1895—1905年先后在杭州、苏州、沙市、汉口、天津、厦门、福州、重庆、奉天、安东等地设立了十余处租界。各国还在华强占胶州湾、旅顺口、大连湾、广州湾、威海卫、威海湾、九龙半岛等作为他们的租借地，租借地完全由列强直接管辖，租借地内的对外贸易行政管理及经营均为“租借国”控制。到1899年，整个中国基本上都被列强瓜分完毕。美国在中国被列强瓜分的形势下，提出了“门户开放”政策，要求各国在其势力范围内对其他国家予以开放，使美国按“利益均沾”原则获得相应利益。

资本主义列强在一系列强加于中国的不平等条约的基础上，对华资本输出迅速增加。据统计，到1902年各国对华投资总额已达15亿美元，其中直接投资高达65.1%。他们通过资本输出，操纵中国市场，加强了对中国对外贸易的控制。

随着资本主义列强在华特权的进一步扩大，外国洋行的势力也越来越大。为了推销商品和掠夺原料，通过在华雇用买办，外国洋行迅速在中国建立起了全国各通商口岸到穷乡僻壤的多级庞大的推销网及经营体系。通过一套营销系统，洋行可以快速、高效地将进口商品推销到各地初级市场，同样也可以极为便利地掠购中国土特产品出口。煤油的进口，主要被英国的亚细亚火油公司和美孚石油公司垄断。肥皂的进口则主要由英国利华兄弟托拉斯的中国肥皂公司所垄断。烟草及纸烟则被英美烟草公司所控制。大豆的出口主要被日本的三井洋行垄断。皮毛出口由英商高林、仁记等洋行控制。

甲午战争前的1894年，中国进出口额为2.23亿美元，到1911年增长到5.5亿美元。中国进口以消费性工业制成品为主，出口以农矿原料及手工业品为主，表明中国的进出口商品结构完全适应资本主义列强倾销商品和掠夺原料的需要。

(三)辛亥革命后中国的对外贸易(1911—1936年)

1911年辛亥革命为资本主义的发展创造了一定的有利条件，历史发展的潮流不可逆转地推动中国向近代社会转变。

第一次世界大战爆发后，西方列强放松了对殖民地半殖民地国家经济的控制和掠夺，给中国民族经济发展带来了前所未有的良机，中国资本主义发展进入了它的“黄金时期”。1920—1927年，中国民族资本主义工矿业产值年均增长率为8.5%。工业发展使部分产品替代了进口，一些工业制成品还出口到海外市场。工业发展和城市的扩大，增加了对原材料及食品等的市场需求，带动了农产品商品化水平的提高。工农业产品总量的增加，农产品商品化程度的提高，增强了对外贸易的物质基础，使中国的对外贸易在世界贸易量下降的条件下，还是获得了较快发展。第一次世界大战爆发到20世纪20年代末，中国对外贸易年均增长率为2.39%。

1928年南京国民党政府建立后，国家经济主权有所恢复，为民族工业的发展提供了一些有利条件，民族工业在艰难曲折中向前发展。随着工业和农业商品化程度的提高，国家的综合国力也有所提高。争取民族独立的反帝爱国运动高涨，促进国民党政府恢复关税自主权，实行国定关税政策，中国海关管理权得到部分恢复。同时，收回租界，取消西方资本主义列强在华的治外法权，并出台了一系列鼓励民族资本发展，限制外国商品倾销，推动出口贸易的政策和措施，使中国的经济和对外贸易都有了一定发展。但总的来说，这一时期制约中国经济和对外贸易发展的因素，如繁重的苛捐杂税、混乱的货币制度、西方资本主义列强的控制等，使得中国经济和对外贸易并未得到长足发展。世界经济危机爆发后，西方资本主义列强争夺中国市场的斗争更加激烈，从而给中国对外贸易带来了极其不利的影响。1929—1936年，中国出口量年均下降2.4%，进口量年均下降8%。日本占领中国东北后，东北地区的经济迅速殖民地化，东北地区的对外贸易几乎被日本所垄断。1932—1933年东北地区出口增长19%，进口增长高达278%。

(四)抗战后中国的对外贸易(1937—1949年)

1937年日本发动全面侵华战争，华北、华东、华中、华南相继沦为日本的殖民地。日本对华狂轰滥炸的同时，还进行了疯狂的经济掠夺。中国的对外贸易被分割为沦陷区的殖民地贸易和国统区的半殖民地贸易。

在国统区，国民党政府公布《抗战建国经济建设实施方案》，逐步将和平时期的经济转向战时经济，建立起了战时统制经济体制，对外贸易实行国家统制，通过易货偿债贸易，利用有限的渠道出口盟国需要的中国农矿产品等战略物资，进口中国急需的军用及民用物资。战时经济在特定的战争环境中有力地促进了对外贸易的开展，增强了中国抵抗日寇的力量。但这一时期中国对外贸易的半殖民地性质没有改变，易货偿债贸易的发展方式、贸易价格主要由西方债权国决定。

日本帝国主义将其在东北的一套殖民统治制度移植到广大的沦陷区，疯狂掠夺中国的经济资源，试图将中国变为其原料产地，形成所谓的“工业日本，农业中国”。1938年，日本政府设殖民侵略机构，不仅控制了关内沦陷区农矿原料性产品的开发与生产，而且还控制了农矿原料的运销。要求沦陷区主要为日本生产提供原料、燃料及粗加工品，并提出“自

给主义”政策，要求在华日军不再依赖本国，加强对占领区的掠夺，达到“自给”、“自养”的目标。沦陷区的对外贸易日益殖民地化。1945年，沦陷区对外贸易基本陷于停滞。

东北在“九一八”事变后沦为日本的殖民地，占全国对外贸易1/3的东北的对外贸易从中国对外贸易中分离出去，成为完全殖民地的对外贸易。一方面，东北成了日本的销售市场和原料供应地；另一方面，将东北作为进一步侵华进而占领整个东南亚的军事基地，兴建军事工业，积蓄战争能量，同时极力限制其他国家及当地中国人的经济活动，造成了东北经济的畸形化。为了满足日本对外侵略战争的需要，日本进一步加强了对东北对外贸易的控制，中国被当做“外国”处理，并宣布取消东北与日本之间的关税。东北的对外贸易在日本推行的对外贸易统制政策下，曲折发展，随着日本在战争中不断失利，东北对外贸易总规模逐步减少。

台湾省的对外贸易在甲午战争后就被从中国分割出去，被日本控制，对外贸易殖民地化。台日贸易成为典型的殖民地与宗主国的贸易，台湾在这一贸易关系中处于被掠夺的不平等地位。台湾与大陆、台湾与西方国家的传统贸易关系遭到破坏。台湾大量的农矿原料被日本掠夺，成为日本经济发展和发动侵略战争的重要原料供应地。

抗战胜利后，美国利用其强大的政治经济实力，独占了中国市场，使战后中国的对外贸易被美国所控制，中国成了美国的商品市场和原料产地。中国出口商品结构依然维持传统的殖民地、半殖民地的特征。随后国民党政府发动了反共、反人民的内战。三年内战使本已残破的社会经济更加凋敝不堪。同时四大家族大肆聚敛财富，导致恶性通货膨胀发生，中国国民经济崩溃，半殖民地性质的对外贸易随之终结。

二、半殖民地半封建社会对外贸易的特点

中国半殖民地半封建性质的对外贸易具有如下特点。

(一)对外贸易管理丧失独立主权

鸦片战争后，中国被迫与资本主义列强签订了一系列不平等条约，条约规定了资本主义列强在中国对外贸易中的种种特权。凭借特权，资本主义列强逐步控制了中国的对外贸易，中国对外贸易管理完全丧失了独立主权。

1. 通商口岸开放和控制权的丧失

自1842年中英《南京条约》被迫开放广州、厦门、福州、宁波、上海等五个通商口岸后，先后被迫增开了牛庄(今营口)、登州(今烟台)、台湾(今台南)、淡水、潮州(今汕头)、琼州、汉口、九江、南京、镇江、天津、宜昌、芜湖、温州、北海、重庆、龙州、蒙自、亚东、伊犁、塔尔巴哈台(今塔城)、喀什噶尔(今喀什)、库伦(今蒙古国乌兰巴托)、吐鲁番、哈密、乌鲁木齐、古城、乌里雅苏台(今蒙古国布哈兰图)、肃州(今嘉峪关)等为通商口岸。在这些通商口岸，准许外商携带家眷自由居住，派驻领事等驻华官员，外商可以自由贸易。

中国逐步丧失了对这些通商口岸的控制权。

2. 租界中的行政、司法和警察权的丧失

租界由外国人在华居留地发展而来，通常设立于通商口岸。甲午战争后，资本主义列强控制的包括城乡在内的广大区域称为租借地。租界和租借地是外国人在中国的殖民地，即“国中之国”。

到1904年，英国、美国、法国、德国、日本、俄国、比利时、意大利、奥地利九国先后在中国的上海、广州、厦门、福州、天津、镇江、汉口、九江、烟台、芜湖、重庆、杭州、苏州、沙市、鼓浪屿及长沙等16个口岸建立了37处租界。

甲午战争后，资本主义列强还大肆在中国强占租借地和瓜分势力范围。德国强租胶州湾；俄国强租旅顺口、大连湾；法国强租广州湾；英国强租威海卫、威海湾、九龙半岛；长江流域及西藏，广东、云南两省的部分地区成了英国的势力范围；广东、广西、云南邻近越南的地区成了法国的势力范围；东三省、蒙古及长城以北为俄国的势力范围；山东为德国的势力范围；台湾、澎湖、福建为日本的势力范围。

租界完全脱离了中国政府的控制，实行了一套完全独立于中国的行政系统、法律制度，设有列强自己的警察，是资本主义列强管理的“国中之国”和中国境内的殖民地。租界和租借地的对外贸易行政管理及实际经营均为资本主义列强所控制。此外，资本主义列强还取得了在各自势力范围内的铁路修筑、经营管理及矿山开采管理的优先权。

3. 关税自主权的丧失

关税自主权是一个国家对外贸易管理权最重要的标志之一。鸦片战争后，资本主义列强强迫中国签订了一系列不平等条约，使中国丧失了关税自主权。首先，1842年中英《南京条约》规定关税“宜秉公议定则例”，1843年中英签订的《中英五口通商章程》的《海关税则》提出片面协定关税税则，标志着中国关税制定权丧失，中国关税自主权被剥夺。其次，1844年中美《望厦条约》和中法《黄埔条约》从法律上剥夺了中国的关税修订权，确立了中国进出口税则的修订必须征得资本主义列强同意的原则，中国关税的修订权被剥夺。再次，1860年的中英、中法《北京条约》规定中国用关税抵押战争赔款，1874年、1877年英国借款给中国要求用关税抵押后，中国关税的支配权被剥夺。此外，五口半税制度的确立和关税减免范围的肆意扩大，使外商凭借特权在华享受超国民待遇，使中国商人、中国商品在国内、国际竞争中处于不利地位。中国关税作为保护本国经济发展屏障的作用彻底丧失了。

4. 海关管理权的丧失

“协定关税”制度的实施导致中国市场的门槛基本取消，掌管中国大门的海关行政管理权也随着外籍税务司制度的建立而丧失。

1843年中英《五口通商章程：海关税则》和1844年中美《望厦条约》、中法《黄埔条约》都规定了领事报关制度，使中国海关不能独立行使职权，中国海关行政主权的完整性

遭到了破坏。1854 年由外籍税务司控制的上海海关的开办，标志着清政府丧失了上海海关的行政管理权。

1858 年中英《通商章程善后条约：海关税则》确立了外籍税务司制度，1859 年英国人李泰国被任命为中国第一任外籍总税务司，此后近半个世纪中国海关的行政管理权一直都掌握在英国人手里，中国丧失了海关管理权。

(二)对外贸易进出口商品结构适应资本主义列强掠夺和倾销需要

随着中国对外贸易管理主权的丧失，中国被迫开放的程度逐步深入，中外经济联系不断加强，为了适应资本主义列强掠夺原料、倾销商品的现实，中国对外贸易进出口商品结构开始发生变化。

1. 进口方面

在进口方面，消费性工业制成品的比重逐步上升，适应了资本主义列强倾销商品的目的。鸦片战争后鸦片仍然是居于第一位的进口商品，其次是棉纺织品(棉布和棉纱)和毛纺织品，此外还有食品、药品、卷烟、蜡烛、纸张、染料、火柴、洋针、洋钉、洋伞等。燃料、机械、交通设备等生产资料的进口也开始出现，但进口规模都很小，直到 1886 年，此类进口商品都未列入海关贸易统计的专项。

甲午战争后，进口工业品的种类更丰富了，在进口商品中仍以消费资料为主，消费资料占进口额的比重在 85%左右，生产资料仅占 15%左右，直接消费资料的进口又高于消费品原料的进口，最大宗的进口货物是棉织品，其次是鸦片、棉纱，此外还有大米、面粉、小麦、糖、烟叶、煤油及金属类。

第一次世界大战期间及战后，由于商品种类日趋多样化和中国社会特别是沿海地区进口商品的消费品市场逐步扩大，对西方工业品的需求不断增长，进口商品结构更趋于多样化。毛、麻、人造丝、煤油、汽油、粮食进口增长迅速。这一时期进口规模较大的商品还有食糖、纸张、火柴、肥皂、烟叶等。

以上情况表明，中国进口商品中，消费性工业制成品占绝对优势，反映了中国进口商品结构的半殖民地性质。

2. 出片方面

在出口方面，中国的大宗传统出口商品在国际市场上的地位日趋衰落，原料性农副产品进入国际市场，适应了资本主义列强掠夺原料的需要。

第二次鸦片战争后，当西方消费性工业品在中国销路越来越好的同时，中国的大宗传统出口商品茶叶和生丝在国际市场上的地位日趋衰落。中国丝、茶在出口贸易中的比重由 19 世纪 70 年代前期的 89.6%下降到 19 世纪 90 年代前期的 42.8%，糖、烟草、牛皮、驼毛、草帽缏、豆类、棉花、麻类、羊毛、植物油等农副产品及矿产品，成为新的出口商品品种。

进入 20 世纪后，出口商品种类不断增加，丝及丝制品和茶叶的出口额占出口总额的比重进一步下降，而豆类、植物油占出口总额的比重大量增加。占有一定比重的出口商品还有皮货、棉花、羊毛、蛋类等杂项商品，以及煤、铁、钨、锡等矿产品。这使中国成为西方资本主义列强的原料来源地，进一步加深了中国对外贸易的半殖民地化程度。

(三)对外贸易交换不等价和长期入超

中国出口商品以原料性农副产品和矿产品为主，附加值低，而进口则以消费性工业制成品为主，附加值高，在国际市场竞争与交换中处于不利地位。再加上西方资本主义列强凭借其对中国对外贸易管理的控制，肆意扩大中国进口工业品和出口原料产品之间的价格剪刀差，通过不等价交换，进行残酷的掠夺和剥削。进出口贸易掌握在洋行手里，洋行通过买办制度建立起了商业网，控制着中国的商品市场和原料市场。如美孚石油公司1901年在上海设立油栈后，在中国城乡各地设立了分支机构及代理店，其所经营的煤油占中国进口煤油的 50%以上。英商高林、仁记、新太兴等十余家洋行在石嘴山、银川、兰州、西宁等地设立收购毛皮的“外庄”和“分庄”，洋行派出买办通过密布的收购网垄断了西北毛皮的出口。中国的出口商品生产者与国际市场不发生联系，无法根据国际市场情况组织生产，严重影响到出口商品的价格和效益。为最大限度地赚取国内外差价，洋行操纵进出口商品价格，或结成价格同盟，人为地压低出口商品价格，或采取高价放盘、低价收进的手段进行价格操纵。

19世纪70年代以前，在自然经济的抵制下，中国在对外贸易中处于顺差地位。第二次鸦片战争后，进出口贸易有了较大增长。经济发展水平落后的中国被迫向列强敞开大门，国内市场没有任何保护措施，加上中国出口商品的竞争力不强，未能与进口贸易同步发展，而且大宗商品出口额开始下跌，导致进口贸易增长超过出口贸易的增长。从1877年开始，中国对外贸易的长期优势被打破，经常性国际收支由顺差转为逆差。直到 1949 年连续 70 多年出现长期入超。

(四)对外贸易对象主要集中于资本主义列强

中国半殖民地半封建社会对外贸易对象主要集中在英国、日本、美国、德国、法国、俄国等少数资本主义列强。自 18 世纪以来，英国在中国对外贸易中占据首位。到 19 世纪 30 年代初期，英国占中国对外贸易份额的 80%左右，居于绝对优势地位。19 世纪 40 年代末的上海，进口货物额的 80.6%来自英国，出口货物额的 82%也输往英国。1868 年英国占中国对外贸易的比重降至 70%。1888 年英国对华直接贸易(不包括香港转口)占贸易总额的1/4。居于第二位的是美国。1845—1860 年，美国对华出口增加了近 3 倍。除英、美两国外，其他国家在中国对外贸易中所占比重很小。

甲午战争后，英国独占中国市场的格局被打破，日美两国的地位上升。1905 年英国(包括香港地区)在中国对外贸易中的比重由 19 世纪的 70%～80%降至 52.7%，到 1911 年进一

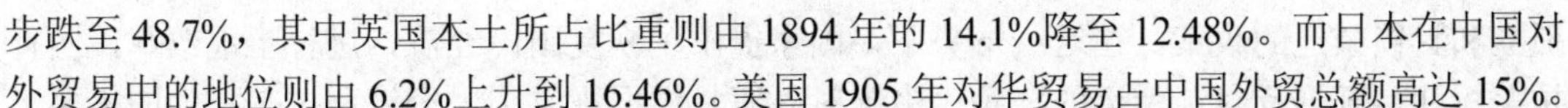

步跌至48.7%，其中英国本土所占比重则由1894年的14.1%降至12.48%。而日本在中国对外贸易中的地位则由6.2%上升到16.46%。美国1905年对华贸易占中国外贸总额高达15%。

第一次世界大战期间，资本主义列强对落后国家和地区的政治、经济控制松弛，中国与周边国家的经济联系加强。同时远离战争中心的日本及美国在华势力进一步增强，并逐渐在中国经济中占据主导地位，使中国对外贸易日益被纳入有利于日美经济发展的轨道。

1931年之前，日本在华贸易中占第一位，美国占第二位，英国占第三位。1932年，美国在中国对外贸易中跃居第一位，日本退居第二位(不包括对东北的贸易和对华北的走私)，英国占第三位。与此同时，德国在中国对外贸易中的地位迅速上升。1936年美国在中国对外贸易中占22.6%，英国占10.64%，日本占15.5%。到1946年，美国占中国对外贸易总额的比重升至53.19%，英国及日本分别降至4.55%和0.99%。1947—1948年美国在中国进口总额中的比重保持在50%左右。

第三节　社会主义初级阶段的对外贸易

一、中共十一届三中全会前的对外贸易(1949—1977年)

日本帝国主义投降后至新中国成立前，在东北、山东、华北等解放区的民主政权先后建立了对外贸易管理机构和外贸公司，开展了对苏联、朝鲜、日本等国家和港澳地区的小规模贸易往来，这是中国社会主义对外贸易的雏形。

1949年3月召开的中国共产党七届二中全会确定了新中国“对内节制资本和对外的统制贸易”的基本政策。根据这个规定，刚成立的人民政府立即废除了帝国主义在华的各种特权，没收了国民党政府和官僚资本的外贸企业，建立了国家统一管理的以国营外贸企业为经营主体的社会主义对外贸易体系，并对私营进出口商进行社会主义改造，建立起了中国社会主义对外贸易。

中国社会主义对外贸易与旧中国半殖民地半封建对外贸易和资本主义对外贸易有着根本不同的性质。它是在公有制发挥主导作用基础上有计划发展的对外贸易，是独立自主、维护国家利益和民族尊严的对外贸易，是以发展社会主义建设和提高人民生活为经营目的的对外贸易，是促进世界和平与发展事业的社会主义对外贸易。

从1949年新中国成立至今，中国社会主义对外贸易发展经历了中共十一届三中全会前后两个历史时期。十一届三中全会前的对外贸易又经历了恢复国民经济和开始社会主义建设时期、“大跃进”和国民经济调整时期、“文化大革命”和拨乱反正时期等三个时期。

(一)恢复国民经济和开始社会主义建设时期(1949—1957年)

新中国成立时，国民经济经过战争创伤，已濒临绝境。而帝国主义又对我国采取敌视、孤立和封锁禁运的政策。在这一形势下，国家提出了恢复国民经济，进行土地改革，实行抗美援朝，开展反封锁禁运的斗争。中国对外贸易根据恢复国民经济和抗美援朝的需要，在实行对外贸易统制和扶助生产的基础上，努力组织出口和进口，积极开展对苏联、东欧社会主义国家及其他友好国家的贸易，同帝国主义的封锁禁运进行坚决斗争，对外贸易获得了较快发展。

1. 着重发展对苏联和东欧等社会主义国家的经济合作和贸易

中国大力开展对苏联和东欧等社会主义国家的经济合作和贸易，使中国同各社会主义国家特别是前苏联的贸易额有了很大增长。1957 年对前苏联进出口贸易额为 13.64 亿美元，比 1950 年的 3.38 亿美元增长 3 倍多。1950—1955 年，苏联向中国提供了 8 笔贷款，用以购买建设设备和器材以及抗美援朝的军事物资。自 1952 年开始，中国从苏联和东欧国家进口成套设备和技术，主要是苏联所援建的“一五”计划 156 项重点工程，包括钢铁、有色金属、重型机器、汽车、航空、煤炭、石油、化工、电力、电信等方面的企业项目和军工项目。这对于中国社会主义工业化建设特别是建立重工业基础加强国防建设，起了重要作用。此外，中国还从苏联和东欧国家进口了机械、仪器、车辆、船舶和原材料等物资。同时，中国供应了他们十分需要的战略原料和其他重要物资，如稀有矿产品、稀有金属、有色金属、大豆、大米、食用植物油、冻肉、茶叶、桐油、绸缎、呢绒、棉布等。此外，针对帝国主义的“航运管制”，中国租用苏联、波兰等国家船舶承运进口物资，成立中波合营轮船公司，办理中国对欧洲各国进出口货运。

2. 逐步打开同亚非民族独立国家经贸合作局面

亚非民族独立国家同中国有着共同的历史遭遇，面临发展民族经济、巩固政治独立的共同任务。中国政府为了支持民族独立运动，加强同亚非民族独立国家的团结合作，同时也为了打开“封锁、禁运”的缺口，于 1950 年同印度、缅甸、巴基斯坦、印度尼西亚等国政府建立了双边贸易关系，并同亚洲和非洲的一些国家开展了民间贸易往来。1952 年锡兰(今斯里兰卡)的主要出口商品橡胶因美国禁运而价格大跌，同时国内粮食供应困难。中国按照平等互利的原则，以公平合理的比价，同锡兰政府签订了中锡大米、橡胶 5 年贸易协定，取得了反禁运斗争的重大胜利，开拓了同尚未建交国家开展政府间贸易的新路，促进了中国同东南亚国家贸易关系的发展。

1955 年，在万隆举行的亚非会议上，周恩来总理阐明了和平共处五项原则。亚非会议后，中国同印度、缅甸、印度尼西亚、巴基斯坦、埃及等许多亚非国家的贸易额有了成倍增长。中国的对外贸易关系由东南亚向西亚、非洲迅速扩展，贸易额由 1950 年的 3.6 亿美元上升到 1957 年的 7.67 亿美元。

3. 大力开展内地同香港、澳门地区的贸易

中国政府把开展内地同港澳地区的贸易，作为发展对外贸易的反禁运斗争的重要方面。

实行了对港澳地区长期稳定供应的政策，积极扩大对港澳出口及经港澳转口东南亚的贸易。内地对港澳以出口为主的贸易逐年增长，1957 年比 1950 年增长 22.7%。港澳地区不仅向一些对中国实行贸易限制和歧视政策的国家转销商品，还从西方国家购进了许多“禁运”物资，这对于恢复和发展中国国民经济，逐步开拓对西方资本主义国家的贸易起到了重要作用。

4. 努力开拓对西方资本主义国家的民间和政府贸易渠道

为了开拓对西方国家的贸易渠道，中国政府于 1950 年同瑞典、丹麦、瑞士、荷兰建立外交和贸易关系。同时利用各种机会和途径，积极开展工作，争取团结西方国家工商界和开明人士，“以民促官”，推动民间贸易以至官方贸易逐步开展。1952 年 4 月，在莫斯科举行的国际会议上，中国代表同英国、法国、联邦德国等 11 个国家的工商团体和企业签订了贸易协议。同年 6 月在北京签订了第一个中日民间贸易协议。1953 年 7 月，中国在柏林设立中国进出口公司代表处，开拓了中国同西欧国家进行民间贸易的渠道和“窗口”。1954 年 4 月，在瑞士举行的第一次日内瓦会议期间，中国代表同英国与会人士商谈建立贸易关系问题，并在后来的谈判中取得了积极成果。随后中国同许多西欧国家的工商企业或团体签订了民间贸易协议和合同。到 1957 年底，中国对西方资本主义国家的贸易额比 1952 年增长了 6 倍多。

这一个时期中国的对外贸易关系，确立了社会主义国营对外贸易的领导和核心地位，粉碎了帝国主义的封锁禁运。到 1957 年，中国已同 82 个国家和地区建立了贸易关系，与 24 个国家签订了政府间贸易协定或议定书，对外贸易额得到了持续较快的增长，并且基本上保持了进出口平衡。1957 年进出口总额达到 31.03 亿美元，比 1950 年的 11.35 亿美元增长了 1.73 倍，平均每年递增 15.4%。其中国民经济恢复时期平均每年递增 30.8%，“一五”计划时期平均每年递增 9.8%。中国进出口额占世界进出口贸易额的比重由 1950 年的 0.91% 上升到 1957 年的 1.85%。进出口贸易，有力地支持了国民经济的恢复和发展，促进了第一个五年计划的胜利实现。

(二)“大跃进”和国民经济调整时期(1958—1965 年)

从 1958 年开始，在全国范围内开展了“大跃进”和人民公社化运动以及“反右倾”斗争，加上当时的自然灾害和苏联政府背信弃义地撕毁合同，中国国民经济在 1959—1961 年发生了严重困难。经过了 3 年经济调整，国民经济重新走上健康发展的轨道。这一时期的中国对外贸易也经历了一些反复和波折。

1. 纠正外贸领域的“大进大出”错误并明确外贸方针政策

“大跃进”蔓延到外贸领域，实行了外贸“大进大出”，严重冲击了正常的对外贸易管理制度和经营秩序，助长了互相争客户、争市场、抬价抢购、低价竞销等不良现象。为了纠正“大进大出”的错误，国家首先明确规定了对外贸易统一对外的原则和制度。同时进一步强调“自力更生为主，争取外援为辅”、“量力而行，逐步发展”、“国内市场为主，国外市场为辅”、“国外市场极为重要，不可轻视”及“平等互利”等方针政策。“大进大出”的错误及时得到了纠正。

2. 大抓外贸以克服经济困难并偿还外债

“大跃进”和自然灾害导致国民经济严重比例失调。再加上苏联政府背信弃义，撕毁合同，撤退专家，逼迫还债(主要是抗美援朝中的军火债款)，中国经济陷入严重困难时期。大抓外贸、克服困难、偿还外债，成为当时外贸的首要任务。为大力组织出口，从1960年开始，国家建立了出口商品生产基地和出口专厂、专车间；实行“以进养出”，进口原料加工成品出口。并根据当时的特殊情况，调整进口结构，在急需物资进口中，把粮食列为首位，依次安排化肥、农药、油脂、工业原料、设备等进口，保证了重灾区和大城市的粮食供应，对于稳定市场，恢复和发展农业生产，克服国民经济困难，起到了重要的作用。

3. 外贸主要对象转向资本主义国家和地区

在中苏关系破裂，中国对苏联、东欧国家贸易急剧缩减的情况下，中国对外贸易的主要对象开始转向资本主义国家和地区。在积极发展中国同亚非拉民族独立国家贸易关系的同时，中国进一步打开了对西方贸易的渠道。为了适应资本主义市场的需要，通过革新工艺，使商品的品质、规格、款色、包装和装潢有了显著改进，新品种迅速增多，1963年出口的纺织品增加到840多种，轻工业品增加到400多种。在贸易方式上采用国际贸易通行的灵活做法。到1965年，中国对西方资本主义国家进出口总额在全国进出口总额中所占的比重，由1957的17.9%上升到52.8%。并先后从日本、英国、法国、联邦德国、瑞典、意大利、瑞士、荷兰、比利时、奥地利等国家进口了石油、化工、冶金、矿山、电子和精密机械等成套设备和技术84项。

与此同时，中国在同拉美国家发展贸易关系方面，也开始迈出较大步伐，中国内地与港澳地区的贸易仍稳步发展。

到1965年，中国已与100多个国家和地区建立了贸易关系，进出口总额达到42.45亿美元，比1962年的26.63亿美元增长了59%，平均每年递增16.8%。1964年中国提前一年还清了前苏联的全部债款。

(三)“文化大革命”和拨乱反正时期(1966—1977年)

1966年5月开始的“文化大革命”(简称“文革”)，使对外贸易遭到严重的干扰和破坏，走上了非常艰难的反复坎坷的路程。

1. “文革”干扰破坏使外贸出现大曲折

“文革”这场全面性动乱，冲击和破坏了对外贸易的生产基础、运输渠道、机构队伍、规章制度，使收购、出口、进口等业务都难以正常开展。大批出口商品生产基地被迫停产，不少出口专厂改产，大量产品设计资料散失，出口产品的花色品种减少，质量规格下降，不少出口商品长期滞销和大量积压，“以进养出”业务被迫停止，来料加工、定牌生产、中性包装等灵活贸易做法都被砍掉，技术引进工作中断。20 世纪 60 年代前期引进的 84 个项目的建设也受到了影响，造成工程拖期或不能正常生产。1967—1969 年连续 3 年外贸额下降。1969 年进出口总额只有 40.29 亿美元，比 1966 年的 46.14 亿美元下降了 12.7%。

2. 周恩来、邓小平反干扰使外贸一度迅速扩大

1971 年，周恩来总理主持中央日常工作，采取正确措施调整国民经济，并积极支持外贸工作，提出了要以国内市场为主，国外市场为辅，要争取多出口，进口工作同样重要，同时提出了外贸促生产、促内贸、促科研的方针。1971 年恢复了“以进养出”业务，1972 年恢复和新建了出口生产综合基地、单项农副产品出口基地和出口工业品专厂、专车间，实行国家投放资金和给予优惠贷款等扶持措施。

1975 年周恩来总理病重，邓小平副总理主持中央日常工作，坚决进行了反干扰斗争，对各条战线进行整顿。他把“引进新技术、新设备、扩大进出口”列为加快工业发展的一项重要措施，指出“要多争取出口一点东西，换点高、精、尖的技术和设备回来，加速工业技术改造，提高劳动生产率”，提出可采取补偿贸易这个“大政策”；并强调“要想在国际市场上有竞争能力，必须在产品质量上狠下功夫”。

全国外贸职工根据周恩来总理、邓小平副总理的指示精神，努力完成各项外贸任务，尽最大努力减少了外贸损失。

3. 国际环境的有利变化使我国外贸获得了较大发展空间

20 世纪 70 年代前期，国际环境开始发生有利的变化。在毛泽东主席和周恩来总理的亲自领导下，积极开展了一系列有效的对外活动，争取到了外贸发展的更广阔空间。1969 年 9 月，周恩来总理在北京机场会见苏联部长会议主席柯西金，中苏两国关系有所缓解。1970 年和 1971 年，中国先后同加拿大、意大利、奥地利和比利时等国建交。1971 年联合国恢复了中国的合法席位，1972 年 2 月美国总统尼克松访华，中美发表《联合公报》，在正式建交之前先恢复了贸易关系。1972 年以后，中英、中荷的外交关系由代办级升格为大使级，中日邦交实现了正常化，联邦德国、西班牙等西方国家及其他地区许多国家纷纷同中国建交，1975 年 5 月中国与欧洲经济共同体建立正式关系。从 1970 年开始，中国进出口贸易额迅速增长，再次开始从西方国家大量引进技术和成套设备，对港澳地区出口以更快速度增长，对亚非拉国家的贸易继续蓬勃发展，对苏贸易也开始回升。

在“文化大革命”和拨乱反正期间，我国对外贸易经历了停滞下降——较快发展——又趋回落这样一个极不稳定的曲折过程。1976 年全国进出口贸易总额为 134.33 亿美元，比 1966 年的 46.14 亿元增长 1.9 倍，平均每年增长 11.25%。1977 年全国进出口贸易总额比 1976 年

增长 10.2%。

二、中共十一届三中全会后的对外贸易(1978 年至今)

1978 年 12 月召开的中共十一届三中全会，全面纠正了“文化大革命”的错误和“左”的指导思想，决定把工作重点转移到社会主义现代化建设上来，制定了调整国民经济，改革经济体制，实行对外开放、对内搞活经济的政策。提出了要“在自力更生的基础上，积极发展同世界各国平等互利的经济合作，努力采用世界先进技术和先进设备”，加快社会主义现代化建设。中共十一届三中全会的正确决策，使国家全面振兴、走向繁荣，也开创了对外贸易发展的新局面。中共十一届三中全会以来的对外贸易，呈现出如下几个特点。

(一)外贸持续大幅增长

1979 年以来，在国民经济调整和发展的基础上，初步改革了外贸体制，调动了各方面经营外贸的积极性，外贸持续大幅度增长。1978 年外贸进出口总额为 206.4 亿美元，1985 年增加到 696 亿美元，2000 年增加到 4743.08 亿美元，2005 年增加到 14 220 亿美元，2007 年增加到 21 738 亿美元，2007 年比 1978 年外贸进出口总额增加 104 倍。我国外贸进出口总额的增长速度高于同期国内生产总值的增长速度，也高于同期世界贸易的增长速度。我国进出口贸易在世界的排名不断提升。据世贸组织(WTO)发布，2004 年我国货物进出口总额位次由 2002 年的第五位上升至第三位，2005 年和 2006 年继续稳居第三，在世界贸易中所占比重由 2002 年的 4.7%上升到 2006 年的 7.2%。2011 年我国货物贸易进出口总额跃居世界第二位，连续三年成为世界最大出口国和第二大进口国。2011 年，我国外贸出口额和进口额占世界货物出口和进口的比重分别提高到 10.4%和 9.5%。2012 年，我国进出口总值为 38 667.6 亿美元，与上年同期相比增长了 6.2%。其中，出口 20 489.3 亿美元，增长 7.9%；进口 18 178.3 亿美元，增长 4.3%；贸易顺差 2311 亿美元，扩大 48.1%。

我国利用外资稳居发展中国家首位，2003 年实际使用外商直接投资为 535 亿美元，2004 年为 606 亿美元，2007 年为 748 亿美元，2011 年增至 1160 亿美元，全球排名上升至第二位。此外，对外援助、境外加工贸易、资源开发等都取得了显著成绩。

(二)商品结构逐步优化

这一时期我国对外贸易商品结构发生了实质性的变化，实现了由以初级产品为主向以工业制成品为主的出口商品结构转变。1990 年工业制成品出口额占出口总额的比重由 1978 年的 46.5%上升到 74.4%，初级产品出口所占比重则相应由 1978 年的 53.5%下降到 1990 年的 25.6%。20 世纪 90 年代以来，出口商品结构进一步优化，到 1998 年，我国工业制成品的出口额占出口总额的比重进一步上升到 88.8%，初级产品的出口额所占比重下降到 11.2%。其中资本和技术密集型的机电产品的出口额 1995 年达到 438.6 亿美元，占全国出口总额的

29.5%，其出口额首次超过纺织品，成为我国最大的出口商品类别。2000年机电产品出口额进一步达到1053亿美元，保持了12.2%的增长率，在总出口额中所占比重上升至42.23%。在高科技出口方面，我国制造的飞机及零部件、卫星运载火箭也已进入国际商业合作领域，技术出口初具规模。1998年我国高科技出口额达到200亿美元，1999年为250亿美元，2000年达到370亿美元，2001年跃升到464亿美元，占当年出口总额2661亿美元的17.5%。2002年高科技出口额又跃升到528亿美元。2007年，我国机电产品和高新技术产品出口额分别跃升至7102亿美元和3478亿美元，占出口总额的比重分别上升到58.3%和28.6%。2011年，我国机电产品出口额占出口总额的比重由2002年的48.2%上升到57.2%；高新技术产品出口额占出口总额的比重由2002年的20.8%上升到28.9%；高耗能和高排放产品出口额得到有效控制，汽车、船舶、飞机、铁路装备、通信产品等大型机电产品和成套设备出口均有新的突破。

(三)国际合作进展顺利

改革开放以来，中国的对外经济合作事业经历了从无到有，不断壮大的发展历程。1979年4月首批批准设立的4家国营公司率先开展对外工程承包业务，在伊拉克、沙特阿拉伯、也门、埃及、索马里、马耳他等国以及中国香港地区签订了36项对外承包、劳务合同，总金额为5117万美元。此后我国对外工程承包业务发展迅速，每年递增20%左右。2002—2011年，中国对外直接投资保持了10年连续增长。对外承包工程完成营业额已连续8年保持20%以上的增长速度，新签合同额连续11年保持10%以上的增速。2012年，我国对外承包工程业务完成营业额1166亿美元，新签合同额1565.3亿美元。新签合同额在5000万美元以上的项目有586个，合计金额1252.1亿美元，较去年同期增长11.4%。截至2012年12月底，我国对外承包工程业务累计签订合同额9981亿美元，完成营业额6556亿美元，累计派出各类劳务人员 639 万人。我国对外工程承包和劳务合作方式越来越多样化，对外承包工程不断向EPC总承包、BOT等更高层次发展，大项目不断增多，技术含量也日益提高。中国企业境外的直接投资也有很大突破，境外中资企业超过30 000家，对外投资遍及世界160多个国家。我国已由初期的贸易、航运、餐饮为主拓展到以工业制造、建筑、石油化工、资源开发、交通运输、水利电力、电子通信、商业服务和农业等行业为主，并广泛涉及国民经济其他诸多领域，如环境保护、航空航天、核能和平利用以及医疗卫生、旅游、咨询服务和研究开发等众多领域。投资方式从建点、开办“窗口”等简单方式发展到投资建厂、收购兼并、股权置换、境外上市和建立战略合作联盟等国际通行的跨国投资方式。2012年，共有69家中国内地企业入选《财富》杂志世界500强企业，有61家中国企业入选美国ENR国际承包工程商225强。

此外，中国积极参与世界贸易组织、亚太经合组织、东盟与中日韩10+3合作、上海合作组织、东亚—拉美论坛、博鳌亚洲论坛等世界及区域经济合作，并在其中发挥重要作用。

(四)贸易对象不断扩大

改革开放以来，我国坚持平等互利原则，致力于同世界上所有国家和地区发展多种形式的多边、双边经济贸易关系，对外贸易对象不断扩大。

我国十分重视发展同西方发达国家的经贸关系，这些国家经济实力雄厚、科技先进、工业发达、生产能力强、消费水平高。我国的现代化建设需要吸收发达国家的先进技术和管理经验，发达国家也需要向我国输出工业产品和进口我国的资源性产品、劳动密集型产品及传统的农副土特产品等。发展双边贸易关系符合双方的经济利益，也有利于世界经济的繁荣与发展。

我国也非常重视发展同发展中国家和地区的经贸关系，探索“南南合作”的新途径。通过发展同广大发展中国家和地区的贸易，促进我国经贸关系的多元化。

为了充分利用国内国际两种资源、两个市场，加快改革步伐，扩大对外开放，我国还积极拓展独联体各国和东欧国家市场，发展与港、澳、台地区的经贸关系。

目前，我国对外贸易的主要伙伴已达 227 个国家和地区，呈现出多元化、全方位的经贸关系格局。但贸易方向则相对集中于发达国家和地区，其中我国对欧盟、美国、日本和中国香港特别行政区 4 个市场的出口额占出口总额的 70%。按贸易额的大小居于前 10 位的贸易伙伴依次是欧盟、美国、东盟、中国香港特别行政区、日本、韩国、中国台湾地区、澳大利亚、俄罗斯、巴西。

(五)自由贸易制度初步形成

改革开放以来，外经贸体制改革不断深化，完全独立自主的、具有中国特色的自由贸易体制初步形成。根据《外贸法》等有关外贸法规，我国已初步构建了具有中国特色的自由贸易制度的基本框架。除了国家法律和行政法规有明确规定(禁止或限制)的以外，一切包括在国际贸易范畴内的进出口都是自由的；实行配额许可证管理和统一联合经营管理的出口商品，由 1995 年的 200 多种减到 44 种，配额分配方式引入竞争机制，完善招标办法；降低进口关税，平均关税水平由 1995 年的 35.6%降至 2005 年的 9.9%，其中农产品平均税率降到 15.3%，工业品平均税率降到 9.0%，基本完成了我国加入世贸组织承诺的降税义务；此外，我国还实行进出口经营权登记制，允许非公有制成分进入外贸领域，国家保障对外贸易经营者的经营自主权，具有外经贸经营权的企业已多达数十万家，形成了由多层次、多类型外贸企业进行多渠道经营的“大经贸”格局，在商品交换和价值规律基础上，实行指导性宏观计划管理。

三、从外贸大国向外贸强国转变

改革开放以来，特别是中国加入世界贸易组织以来，中国对外经济贸易发展迅速，国

际地位上升，已成为名副其实的贸易大国。但是中国还不是贸易强国，与贸易强国相比，中国还存在很大差距。努力实现由外贸大国向外贸强国转变，是我国社会主义初级阶段对外贸易发展的战略任务。

(一)中国已成为名副其实的外贸大国

1. 进出口总额跻身世界前列

改革开放前的1978年，中国对外贸易规模只有206.4亿美元，只占世界贸易额的0.78%，名列世界第34位。

自2001年中国加入世界贸易组织以来，对外贸易增长速度连续6年保持在20%以上，2007年外贸进出口总额达21 738亿美元，增长23.5%，其中出口额达12 180亿美元，增长25.7%，进口额达9558亿美元，增长20.8%，年度进出口总值首次超过20 000亿美元，跃升为世界第三大贸易国。据世界贸易组织统计，中国在2009年就超过德国，成为全球第一大出口国，至2011年中国货物出口和进口已连续三年居全球之首和全球第二，进出口总额居世界第二位。2012年中国外贸总额超过美国，成为全球最大的贸易国。

2. 利用外商直接投资和对外投资居于世界前列

从改革开放初的1980年至2002年底，我国共批准外商直接投资项目424 196个，协议(合同)利用外资8280.59亿美元，实际利用外资4479.66亿美元。从1993年起，中国成为全球利用外商直接投资最多的发展中国家和世界利用外商直接投资第二大国。2002年中国利用外商直接投资518.58亿美元，首次超过美国成为全球利用外商直接投资最多的国家。2003年以来，我国吸收外商直接投资依然呈较快增长态势。2007年实际使用外商直接投资从2003年的535亿美元增加到748亿美元，2011年增至1160亿美元，连续19年成为发展中国家吸收外资最多的国家。近五年累计实际利用外资5528亿元。利用外资质量不断提高，高技术领域和高增长行业吸收外商直接投资持续大幅增长，全球最大的500家跨国公司已有400多家在华投资、设厂。与此同时，我国企业“走出去”步伐加快，非金融类对外直接投资从2007年的248亿美元上升到2012年的772亿美元，平均每年增长25.50%，跻身对外投资大国行列。

3. 外汇储备为世界最多的国家

我国的外汇储备1979年只有8.40亿美元，但进入20世纪90年代后增幅很大，1990年为110.93亿美元，1995年为735.97亿美元，2001年为2122亿美元，2008年4月增至17 600亿美元，为世界第一外汇储备大国。2010年外汇储备规模已达到28 000亿美元，相当于首次突破100亿美元关口的1990年的256倍。2012年外汇储备超过30 000亿美元。

大量的外汇储备，表明我国在国际市场上具有强大的购买支付能力，具备充足的国际清偿能力，有利于国民经济的持续快速发展和人民生活的改善。大量外汇储备对于增强国

家宏观调控能力，维护国家经济安全，防止国际金融风险也有重要意义。

4. 外贸对世界的影响力不断增强

世界贸易组织的数据显示，2008 年爆发国际金融危机后，2009 年世界货物贸易出口量下降了 12.8%，而中国的进口量增长了 2.9%，缓解了世界市场需求萎缩的压力，带动了世界经济复苏。从 1978 年至 2010 年，我国货物进口年均增长 16.3%，目前已成为日本、韩国、东盟、澳大利亚、南非、巴西等国家和地区的第一大出口市场，欧盟的第二大出口市场，美国和印度的第三大出口市场，为贸易伙伴创造了市场平台和出口空间，提供了大量就业机会。美国摩根士丹利公司在一份研究报告中指出，过去 10 年来自中国的进口商品为美国消费者提供了 6000 亿美元，为生产商节省了大量成本。联合国《2007 年亚太经济调查报告》指出，2001—2005 年，由于向中国出口物美价廉商品，美国通胀率下降了 0.28 个百分点，欧盟下降了 0.37 个百分点，日本和新加坡分别下降了 0.65 和 0.7 个百分点。

(二)世界外贸强国的基本特征

纵观世界外贸强国的情况，可以看出，作为世界外贸强国，应具备如下几个基本特征。

1. 经济高度发达，是名副其实的经济强国

世界主要外贸强国美国、德国、日本、英国、法国、加拿大、意大利、荷兰等都是经济强国，不仅国内生产总值居于世界前列，而且人均 GDP 都在 20 000 美元以上，人均 GDP 相当于世界人均 GDP 平均水平的 4 倍以上。

这些国家作为经济强国，它们的经济、技术和资本实力雄厚，科学技术发展水平高，商品和服务的技术和质量具有较强的国际竞争力。这些国家的制造业和高新技术产业生产水平高，所生产的产品具有很强的国际竞争力，因而成为推动本国外贸发展强大的物质技术基础。

2. 对外贸易对世界外贸影响力强

外贸强国的货物外贸规模大，对世界外贸影响力强。美国、德国、日本、法国、英国、意大利、荷兰、加拿大、比利时等国家作为世界产品和资本的主要供应者和需求者，在钢铁、机器设备、化学制品等资本和技术密集型产品出口方面居于世界前列，其对外经济外贸活动在很大程度上左右着世界外贸和资本市场的变化方向和趋势。例如，美国的化学制品、机器和交通设备出口总额居世界首位，汽车出口居世界第三位；德国钢铁产品、化学产品、纺织品、汽车出口居世界首位，机器和交通设备出口居世界第二位；日本钢铁产品出口居世界第二位，机器和交通设备出口居世界第三位，办公和电信设备、汽车产品出口居世界第二位，对世界外贸有很强的影响。

此外，外贸强国对世界外贸的影响力还可以通过发达的服务贸易体现出来，这已经成

为衡量现代化水平的一个重要标志。外贸强国，如美国、英国、德国、法国、西班牙、意大利、日本、荷兰等都是服务贸易出口和进口大国，其中美国服务贸易出口占其总出口外贸的比重高达 60%～70%。

3. 有明显的比较优势和竞争优势

外贸强国在国际分工中，都有明显的比较优势和竞争优势，在质量和技术上保持着世界一流的水平。外贸强国在出口产品中以高新技术产品为主，因而能以较少出口产品换回更多的进口产品，外贸条件处于优势地位。多年来，世界主要外贸强国，如美国、日本、法国、德国、英国、意大利、加拿大、荷兰等的外贸条件，一直处于比较优势的地位，并具有很强的竞争优势。美国进入世界 500 强的企业有 176 家，日本有 81 家，德国有 31 家。

4. 有很强的国际经营能力

外贸强国凭借其大规模的对外直接投资和技术优势，具有很强的国际经营能力和管理能力，因而获得了丰厚的经济利益。

(三)中国与世界外贸强国的差距

中国虽然是一个外贸大国，但还不是外贸强国，与世界外贸强国比较起来，还有比较大的差距。

1. 货物进出口结构不合理，贸易条件恶化

中国货物贸易进出口总额虽然很大，但结构不合理。出口主要是附加值不高的初级产品和劳动密集型产品，而进口则主要是附加值较高的资本密集型产品和技术密集型产品。在国际市场上，初级产品和劳动密集型产品的贸易条件指数一直呈下降趋势；而资本密集型产品和技术密集型产品由于市场需求大，价格居高不下。因而，中国进出口商品的交换价格比例差距较大，贸易条件恶化。

2. 货物贸易与服务贸易发展不平衡，服务贸易落后

中国服务贸易的发展起步较晚，服务业在 GDP 中的比重低，服务业发展不仅规模小，而且档次低，服务产品的竞争力较差，服务出口贸易结构相对落后，主要靠旅游和运输，金融、保险、商贸、电信领域的出口很少。服务贸易进出口结构不合理，一直处于贸易逆差。中国服务贸易不仅落后于以美国为首的发达国家，还落后于印度、巴西等发展中大国，低于世界服务贸易的平均水平。

3. 对外直接投资严重滞后，国际化经营能力不强

中国是利用外资最多的发展中国家和世界上采用外商直接投资的第二大国。但是中国对外直接投资却严重滞后，FDI 流入量与流出量的比例远远高于发达国家，也大大高于发展

中国家的平均水平。2005 年，中国 FDI 流入量与流出量的比值为 47.88，而美国、英国、法国、日本、加拿大、意大利、新加坡、韩国、印度等 9 个国家的平均值只有 5.39。这反映了中国企业国际化经营能力不强。

(四)实现由外贸大国向外贸强国的转变

要实现由外贸大国向外贸强国的转变，必须采取如下对策和措施。

1. 实施科技兴贸战略，提高企业和产业的国际竞争力

首先，要立足比较优势，争取竞争优势。在国际贸易中立足比较优势，可以实现比较利益，并为竞争优势创造条件，打好基础。而为了实现后发优势，就不能满足于比较优势，必须谋求竞争优势，从比较优势走向竞争优势。中国的比较优势现在仍然集中在劳动密集型产业和产品上，要在进一步保持和扩大其国际市场份额的同时，注意通过技术改造来提升其科技含量，提高附加值，增强国际竞争力。此外更要通过增加对高新技术产业的投资，培育新的竞争优势。以国际市场为导向，引进先进的技术设备，培植新兴产业，发展高新技术产品出口。

其次，调整和优化产业结构，以信息产业带动制造业升级。积极发展大型企业和企业集团，放开搞活中小型企业，优化产业布局和企业结构。大力发展高新技术产业，尤其是信息技术产业，带动产业升级，提高中国产业的国际竞争力。

再次，引进跨国公司投资，提升中国产业结构。当今世界范围内的技术流动，愈来愈依靠跨国公司作载体。跨国公司已占据世界先进技术转让的 85%以上。跨国公司在中国的投资主要集中在微电子、汽车制造、家用电器、通信设备、办公用品、仪器仪表、制药、化工等资金、技术密集型行业，有利于提升中国的产业结构。应继续加大引进跨国公司投资的力度，更好地利用跨国公司对中国产业升级和技术创新的积极作用。

最后，增强自主创新能力，提高产业整体素质。我们在引进外国资本和技术的同时，要注意提高自我开发能力，培育创新精神和竞争意识，提高各类产业的素质，创建国际名牌，提升企业和产业的国际竞争力。

2. 大力发展服务业，提升服务贸易的国际竞争力

首先，要大力发展服务业。我国服务业产值占国内生产总值的比重还比较低，必须通过加快发展现代服务业来提高第三产业在国民经济中的比重，才能为进一步发展服务业出口奠定雄厚的产业基础。

其次，要优化服务业产业结构，促进服务业产业升级。要在充分发挥劳动密集型服务业竞争优势的同时，分阶段、有重点地发展高资金技术、知识密集型服务产业，优化服务业内部结构，提高服务贸易的技术档次，使服务业发展建立在提高劳动生产率的基础上。

再次，提升服务贸易的国际竞争力。要大力发展信息、科技、咨询、金融等对中国总

体服务贸易国际竞争力有影响的战略性服务行业，加快服务企业联合重组，培育跨国企业集团，通过开展专业化、集约化、规模化的生产经营，增强竞争实力、经营活力和规避风险的能力，大力发展连锁经营、物流配送、多式联运等新型业态，提升服务贸易的国际竞争力。

3. 实施“走出去”战略，大力推进对外直接投资

中国要成为外贸强国，面对全球化竞争，必须拥有自己的跨国公司，拥有国际化经营的战略优势。因此，实施“走出去”战略，大力推进对外直接投资，是中国企业参与国际竞争和国际分工的必然选择。

首先，要结合中国实际，确定对外直接投资的途径和产业。经过 30 多年的对外开放和经济发展，中国在国际分工中处于中游地位。一方面，我们要推进面向发达国家的学习型对外投资，以吸收发达国家先进的生产技术和管理经验，带动国内产业升级，创造新的比较优势；另一方面，要促进面向发展中国家的优势型对外投资，转移中国传统的“夕阳”工业和某些“朝阳”产业中的“夕阳”环节，延长产业和产品的生命周期，获取更多的投资利益。

其次，要适应全球化经济发展要求，适度扩大对外直接投资的规模。我国企业对外直接投资的规模偏小，竞争能力和抗风险能力较差。因此，要适应全球化经济发展要求，应适度扩大对外直接投资规模，形成规模经济。海尔、华为、春兰等一些大型企业，采取绿地投资和跨国并购，快速扩张规模，打破原有的竞争均势，实现了生存和盈利的发展要求。

最后，要以投资带动我国技术、设备、产品和服务的出口，并推进我国产业结构的调整。通过发展对外投资，扩大外贸出口，改变主要依赖产品的贸易出口的模式。同时向国外转移过剩的生产能力，并积极参与全球的资源分配，缓解我国资源短缺对经济发展的压力。

4. 发展开放型经济，提高对外开放水平

经济全球化、一体化深入发展是当代世界经济发展的必然趋势。中国必须大力发展开放型经济，积极参与国际分工和竞争，积极参与多边贸易体制和区域经济合作，建立和完善对外贸易体制，提高我国对外开放水平。

首先，要大力发展开放型经济，积极参与国际分工和国际竞争。通过实行对外开放，利用外资，引进技术，发展面向国外市场的产业，加强对外经济技术交流与合作，在参与国际分工和竞争中，全面提升中国经济的国际竞争力。

其次，要积极参与多边贸易体制，加强区域经济合作，实现共同发展和繁荣。积极参与多边贸易体制，建立适应世界贸易组织规则要求的政策协调机制，利用世贸组织规则维护本国权益。此外，还要加强区域和双边经济合作，推进区域贸易自由化和经济一体化。加强与东亚、日本、韩国的合作，东盟和中日韩(10+3)合作，东盟和中国(10+1)合作，上海

合作组织合作，两岸三地合作等。

最后，建立和完善与国际接轨的对外贸易体制。深化外贸体制改革，尽快建立和完善适应社会主义市场经济发展的、符合国际贸易规则的对外经贸体制，建立良好的市场秩序和统一的市场规则。

5. 在促进国际经济新秩序建立的过程中，抓住机遇向外贸强国转变

为应对 2008 年美国金融风暴以及欧洲债务危机给国际贸易和世界经济带来的严重影响，20 国集团峰会和世界贸易组织拉开了国际金融体制改革的序幕，一个崭新的国际经济新秩序将建立起来。中国应抓住这一历史机遇，加快实现由外贸大国向外贸强国的转变。

首先，要促进国际金融体制改革，改善我国对外贸易的国际环境。通过加强国际监管合作，推动国际金融组织改革，鼓励区域金融合作，改善国际货币体系，建立国际经济新秩序。

其次，用好国家应对美国金融风暴和欧洲债务危机影响而刺激经济的投资，夯实发展对外贸易的国内基础设施和经济环境，促进日益繁荣的国内市场更加融入国际消费活动。

再次，在新的国际经济秩序建立的过程中，争取更大程度地参与整个国际经济体系，包括世界银行、世界贸易组织和国际货币基金组织，更好地融入国际经济体系，担负起更大责任，发挥更大影响力。

最后，在国际经济活动中争取更大发言权。与中国在世界经济领域举足轻重的地位相适应，中国应在整个国际经济体系中有更大的声音，积极参与制订和修改国际经济的游戏规则，在开展国际经济活动中更好地体现自身价值和发展中国家的要求。

本 章 小 结

对外贸易是一国政府和企业与外国进行的商品和服务的交换活动，是一国经济的重要组成部分。中国对外贸易早在公元前 5 世纪就已经产生了。西汉张骞、班固通商西域及丝绸之路的开通，到明朝郑和下西洋海上贸易的形成，使中国古代封建社会对外贸易进入了较快发展时期。

封建社会对外贸易的特点，一是建立在封建社会手工业基础上的以纺织品和陶瓷为主要商品的出口贸易；二是建立在封建社会以“天朝”自居理念基础上的朝贡贸易；三是适应封建专制主义中央集权要求的垄断和集中的外贸管理制度；四是建立在封建社会自然经济基础上的停滞不前的对外贸易。

鸦片战争后，资本主义列强利用中国对外贸易，加强了对中国的掠夺，使其成为半殖民地半封建性质的对外贸易：对外贸易管理丧失独立主权；对外贸易进出口商品结构适应资本主义列强掠夺原料和倾销商品需要；对外贸易交换不等价和长期入超；对外贸易对象

集中于少数资本主义列强。

新中国成立后建立起了社会主义对外贸易，它是在公有制发挥主导作用基础上有计划发展的对外贸易，是独立自主、维护国家利益和民族尊严的对外贸易，是以发展社会主义建设和提高人民生活为经营目的的对外贸易，是促进世界和平与发展事业的社会主义对外贸易。

新中国成立到十一届三中全会前的对外贸易冲破帝国主义的封锁禁运和“文化大革命”及极“左”思想的干扰，在艰难曲折中仍然在不停地向前发展。十一届三中全会的正确决策，开创了对外贸易发展的新局面：外贸持续大幅增长；商品结构逐步优化；国际合作进展顺利；贸易对象不断扩大；自由贸易制度初步形成。

中国已成为外贸大国，现正朝外贸强国迈进。

思考题

1. 中国对外贸易是怎样产生的？
2. 中国封建社会的对外贸易有什么特点？
3. 从鸦片战争到新中国成立前夕的中国对外贸易为什么具有半殖民地半封建性质？
4. 试比较十一届三中全会前后中国对外贸易的区别和经验教训。
5. 你认为中国应怎样由外贸大国转变为外贸强国？

案例分析

格力空调跻身世界名牌行列

1997 年 6 月 30 日，在罗马希尔顿酒店，珠海格力电器股份有限公司总经理朱江洪郑重地接受了“国际最佳品牌”奖杯。这是第 22 届(1997 年度)国际最佳品牌奖。从这一天起，“格力空调”引人注目地跻身于世界名牌的行列。这个位置已不容置疑。

从南海之滨的一个小企业成长为拥有 48 家企业，员工万余人，资产净值超过 10 亿元的集团公司，格力电器是其所属的能自行设计、生产空调、干衣机、转页扇等 6 大系列 108 个规格品种的产品，拥有专利 68 项的全国 100 家“最大电器机械及器材制造企业”之一，10 年格力壮大的速度令人惊异。

记者在采访朱江洪总经理时得知，今年上半年格力空调出口已超过去年全年出口总额，其中 80%销往意大利、法国、德国、西班牙、荷兰、英国等欧洲国家。去年格力空调在欧洲市场的销售量突破 10 万台，占全欧洲销售量的 1/10。原来在欧洲市场占有很大份额的日本空调，不得不把以格力为代表的中国空调作为强有力的竞争对手来研究对策。另外，格力空调输港量占全国同类产品总数的 75%，是第一家进入香港大型日资商场的中国空调。格力空调各款机型外观设计新颖，令人耳目一新。新设计的 KFR-25G(冷静王)，室内噪音低至 34.2dBA，打破了空调低噪音的极限。格力空调器品种规格之多，自 1993 年起就居全国同业之首。去年国家统计局授予格力空调“中华家用空调第一品牌”荣誉称号。

市场即是竞争，竞争就有压力。国际竞争也在国内。日本品牌空调曾全面占领过中国市场，美国品牌空调也大举进入。外国品牌和国产品牌空调展开大战，国产品牌之间也硝烟四起。据统计，仅 1995 年，国内空调市场就有空调 237 种之多，可见鏖战之激烈。格力电器把压力视作动力。他们制订出“出精品，创名牌，上规模，创世界一流水平”的战略方针，狠抓管理、质量，注重新产品开发，大力拓展国内市场。格力将建成一幢包括实验室、测试室在内的科研大楼，新开发出的产品绝不匆忙推向市场，而是先在科研大楼里通过模拟的下雨、迅雷、雪、湿、暴晒等自然环境进行科学测试。这是向世界名牌冲击的必要手段。格力在狠抓质量管理方面下了九牛二虎之力，罚款、处分过一批干部、员工，也曾有过老总级的领导因为质量问题丢了官。1996 年 4 月，格力电器顺利通过 ISO 9001 认证，10 月底又通过复审。

(资料来源：罗建琳，冯为国. 压力+动力=格力. 国际商报)

问题：

1. 格力电器是怎样成为世界名牌的？

2. 格力电器为什么能在激烈的欧洲市场和中国香港市场竞争中胜出？它是怎样取得国际市场竞争优势的？

3. 以格力空调为例，说明中国从外贸大国迈向外贸强国该走什么样的发展道路。

第二章　中国发展对外贸易的理论依据

【学习要求】

通过本章的学习，要求学生了解中国发展对外贸易的理论依据，掌握马克思主义、邓小平理论以及西方经济学中的绝对成本理论、比较成本理论、要素禀赋理论、偏好相似理论、规模经济理论、新要素理论。特别是要结合当前国际经济形势，思考各种理论对我国发展对外贸易的指导意义。

【主要概念】

绝对成本理论　比较成本理论　要素禀赋理论　偏好相似理论　规模经济理论　新要素理论　国际分工理论　国际价值理论　社会再生产理论　对外开放理论　社会主义市场经济理论

【案例导读】

WTO 博弈：中国纺织业处于国际分工的陷阱中

中国传统的优势行业，在入世后，只迎来了短暂的喜悦；心仪已久的高技术行业也连连碰壁。在中外博弈的10年中，中国企业未得先手。

中国的纺织业确实是在国际分工的陷阱中，我们已经回避了技术之路，现在不能再回避陷阱问题了。

10年前最有国际竞争力的行业，现在面临的产业升级压力也最大。

低价格的中国纺织品一向少有敌手，但今年却碰到了更狠的杀手。巴基斯坦、孟加拉国、土耳其等国的报价比中国低10%，许多中国纺织企业只好放弃订单。

中国纺织业的整体竞争力在减弱，特别是棉制品。与此同时国内棉纺织业产业链上，从棉农、棉花收购商到棉花加工企业、棉纺织企业，再到棉成品企业都出现不赚钱的现象。整条产业链上各个环节的日子都很难过，几乎无处可以避风。

与棉纺不同，化纤产业正经历着高增长。加入WTO后，化纤业高速成长，产量从2000年的694万吨上升到2010年的3089万吨，中国已成为世界上最大的化纤生产国，占据全球总量的60%以上。2010年，是中国化纤业有史以来增长最快的一年，不仅数量大，利润也高，一些企业的利润率达20%左右。

棉纺的前车之鉴，促使化纤业早早就开始准备产业升级和增加企业的抗风险能力，但化纤巨头们会作出怎样的选择呢？

后发优势

每天早上 8 点，在浙江省吴江市盛泽镇的盛虹集团总部大楼的一楼交易柜台前，都会挤满来自周边的化纤原料买手。交易时间一到，电子屏上就会显示盛虹公布的 POY(预取向丝)、FDY(全拉伸丝)、DTY(涤纶低弹丝)化纤丝的采购价格。由于盛虹生产的化纤丝规模大，市场占有率高，盛虹每天公布的价格已成为中国化纤市场的风向标。

盛泽镇距离著名社会学家费孝通 1938 年考察的震泽开弦弓村仅 30 多公里，也是自古就有名的中国纺织业重镇。

如今，这个古老的丝绸产地又成了世界纺织业的出口中心。盛泽镇现有纺织工厂近 2000 家，纺织品贸易商行近 6000 家。如今，化纤已替代蚕丝成了纺织业的重要原料。

据中国纺织工业协会介绍，2001 年，世界化纤业发生的一次技术革命给中国民营企业进军化纤业提供了机会。当年，以往的切片熔融纺被一种流程更短、成本更低的熔体直接纺技术所替代。许多民营企业抓住了这次技术升级的机遇，一步到位进行大规模投资，购买国际上最先进的设备进入到化纤生产领域。它们很快就取代了国有化纤企业，成为市场的主导者。

1992 年成立的盛虹集团起初是做印染的，2002 年末董事长缪汉根决定上马 60 万吨涤纶熔体直接纺项目，并专注于高端市场超细纤维的生产，很快成为超细纤维的市场领导者，2006 年产量达 8.5 万吨，占国内市场份额的 38%。

“像我们盛虹一家厂可以抵上韩国一个市场的聚酯产能。为什么中国有这么大的产能消耗能力，是因为中国本身就具有很大的内需市场，特别是近年来内贸和外贸单子的平衡正逐年显现。”盛虹集团营销部部长徐广宇介绍说。

分享入世盛宴的不仅只有盛虹，同处盛泽，2003 年才进入化纤领域的恒力集团同样看准了化纤业巨大的增长潜力，董事长陈建华一进入这个行业就重金从德国几乎进口了化纤生产所需要的所有设备。

“从前到后所有都是进口的，德国吉玛公司的熔体直接纺聚酯装置、德国巴马格纺织机、日本 TMT 加弹机，全套都是引进的，没有国产的。当时我们员工都知道，连叉车都是进口的，甚至连设备之间不锈钢挡板也是进口的。”曾在国有纺织企业工作多年的恒力集团销售部经理孟红军，当时还认为陈建华重金引进最先进的生产设备太过冒进。

引进最先进的生产设备，让恒力可以直接进入竞争较少的高端产品市场，同时产品质量也得到了保证。没几年时间，恒力就快速开拓了市场，拥有了全球最大的超亮光丝生产基地、全球最大的工业丝生产基地。

回避的技术

化纤产业升级的路有两条：一是，日本、韩国、美国及欧洲地区在高性能纤维及生物质材料领域已成为全球高新技术纤维及生物质工程技术的领先者、垄断者，它们也在通过产业结构调整、资源整合以进一步强化这种优势；二是，台湾模式，沿着产业链向上游和下游延伸。

现实的市场环境使得中国化纤企业在进化之路上都选择了后者。化纤丝涤纶丝的上游是聚酯溶体 PTA，再往上是 PX，而 PX 再往上是炼油；而下游是织布、染整和服装。化纤的产业链很长，从石油开采一直到成衣。产业链上的规则是越往上游，话语权越大。目前，恒力的上游熔体的供应商是韩国三星、台湾东展和日本三菱。“我们只能和他们谈，你爱买不买，全世界就这几家能保证品质和数量。”孟红军说。

恒力之所以选择向上游化工原料发展，主要看重的是上下游配套后所形成的成本优势，同时原料自己控制也可增加抗风险能力，不受制于人，同时恒力也在向下游延伸。

目前，盛虹集团在江苏连云港(601008，股吧)投资的年产能为 150 万吨的 PTA(对苯二甲酸)项目今年也已动工。第一期 60 万吨将于 2013 年上马。

恒力的步子迈得更大，在大连长兴岛临港工业区投资 250 亿元，分两期建设的恒力石化产业基地项目已开工。该项目建成后将是世界最大的 PTA 项目。

台湾台塑集团下属南亚塑料工业股份有限公司是全球民用化纤丝最大企业，拥有从石油精炼到化工原料生产再到化纤生产的产业链上下游一体化的全产业链。恒力一直以南亚为学习榜样，但又复制不了它的模式，最大障碍是在台湾企业可以投资炼油，而在中国大陆几乎不可能实现。

纺织企业走产业链之路可以增加抗风险能力，但它回避了技术问题。而产业链模式本身也是零和游戏，有人赢就会有人输。

每个企业都知道，技术是条制胜之路，但有时凭一己之力不太可能实现。一位纺织业内人士对本刊说：“入世十年中国的纺织技术都是拿来的，没有自主研发出来一种像样的技术。那些质量、规模世界一流的中国纺织巨头们用的哪样技术和工艺是中国自己的？没有！”

纤维中的高端产品有碳纤维、芳纶(全称为“聚对苯二甲酰对苯二胺”，是一种新型高科技合成纤维，强度高、耐高温、耐酸耐碱、重量轻)。这是中国所有化纤类企业都知道的未来化纤产品发展方向，但中国自己就是研制不出来。到现在中国的这两种纤维绝大部分还是依靠进口。以芳纶为例，中国一家老牌国企已研制了 6 年多，但产品仍在小试阶段。

据一位排名国内前十的化纤企业的工程师对本刊记者透露：该厂不仅大型设备要从国外进口，而且防静电油剂等耗材及一些小部件也要从日本买。以生产涤纶丝用的喷丝板为例，就是一个布满小眼的钢板，眼要细，漏丝还要通畅，对这看似简单的要求，中国的机械加工工艺就是达不到。“宇宙飞船我们都能自己造，为什么一个小眼儿打不好？但这显然不是纺织企业和行业的问题。”

中国化学(601117，股吧)纤维工业协会会长端小平分析形成这种差距的原因在于：资本的逐利性。在成本、规模已能保证投资收益的情况下，企业显然更乐意将资金用于扩大规模；传统发达国家在新产品开发方面拥有明显优势，客观上成为国内企业模仿的对象，致使国内企业自身研发的动力不足；在长期被动研发的状态下，企业自身研发的方向感缺失，研发能力不足。

而那位工程师则认为，中国的纺织业确实是在国际分工的陷阱之中，我们已经回避了技术之路，但现在不能再回避陷阱问题了，目前，全球的棉纺织产能已开始往印度、巴基斯坦、越南、印尼等国转移，接下可能就会是化纤。“化纤业每 20 年一个周期。现在已经过了 10 年，下一个 10 年之后，中国怎么办？”WTO 博弈之纺织业：不能再回避陷阱问题。

(资料来源：全球纺织网，2011 年 12 月 6 日)

我国是一个发展中的大国，实行的是社会主义市场经济体制，有着独特的国情。我国发展对外贸易，必须有自己的理论作为指导。这要求我们一方面要批判性地借鉴西方的国际贸易理论为我所用，另一方面更要求我们牢固树立科学发展观，坚持邓小平的中国特色社会主义理论指导，运用和发展马克思主义相关理论，大力发展中国的对外贸易。

第一节 传统理论

传统国际贸易理论，大体上经历了三个发展阶段：亚当·斯密的绝对成本理论阶段、大卫·李嘉图的比较成本理论阶段、赫克歇尔-俄林的要素禀赋理论阶段。

一、亚当·斯密的绝对成本理论

亚当· 斯密(1723—1790 年)是英国工场手工业向机器大工业过渡时期的资产阶级经济学家，英国古典政治经济学的杰出代表和理论体系的建立者。其代表作是 1776 年出版的《国民财富的性质和原因的研究》(中译本曾译为《原富》或者《国富论》)。正是在该著作中，亚当·斯密提出了贸易的 “绝对优势理论”或者叫“绝对利益理论”。因为一国的这种优势总是体现为成本优势，也就是说该国生产某种产品的成本绝对地低于他国，所以该理论又称为“绝对成本理论”。具体来说，该理论至少包括以下几个方面。

第一，分工可以提高劳动效率。亚当·斯密说：“劳动生产力上最大的增进，以及运用劳动时所表现的更大的熟练、技巧和判断力，似乎都是分工的结果。”[①]他举例说，在当时情况下，没有分工时一个粗工每天连一根针也制造不出来，而在分工的情况下，十个人每天可制造 48 000 根针，每个人的劳动生产率提高了几千倍。

第二，分工的基础就是绝对优势或绝对利益。亚当·斯密认为，只有当每个人都专门从事具有优势的产品的生产并进行交换，才会对每个人有利。这里的优势主要是自然禀赋或后天获得的有利条件，前者如自然赋予的有关气候、土壤、矿产、地理环境等方面的优

① 亚当·斯密. 国民财富的性质和原因的研究：上卷[M]. 北京：商务印书馆，1972：5.

势；后者如自身掌握的特殊技术等。

第三，分工的程度取决于市场范围。亚当·斯密认为，不仅一国内部不同个人和家庭之间的劳动分工可以提高劳动生产率，国际上的地域分工也可以促进生产力的发展。每个国家都应当按照各自绝对优势的生产条件去进行专业化生产，然后进行自由贸易，这样对每个贸易国家都有利，如互通有无、交换多余的使用价值、增加社会价值等。

第四，主张自由贸易，反对国家对对外贸易的干预。亚当·斯密认为，国家为了保护某一产业而限制外国商品进口，实质上是使本国的资源从效率高的部门转移到效率低的部门，从而形成资源的不合理配置使用。

按照亚当·斯密的理论，一个国家只要按照自己的绝对优势开展国际分工和进行自由贸易，一定会使社会财富总量增长，从而使全体社会成员受益。但是，亚当·斯密的绝对优势理论也存在明显的局限性，它无法解释那些没有绝对优势部门的国家也能参与国际分工并开展国际贸易的现实，无法揭示这些国家开展国际贸易的利益所在。

二、大卫·李嘉图的比较成本理论

大卫·李嘉图(1772—1823年)是19世纪初英国资产阶级古典政治经济学的杰出代表和完成者。1817年，他出版了代表作《政治经济学及赋税原理》，成为当时最著名的英国经济学家。李嘉图在斯密的理论基础上，发展了国际分工论，提出了比较利益学说，或称为比较成本理论。该理论表明，绝对优势并非国与国之间贸易的必要条件，不具备绝对优势的国家仍然可以按照比较优势参与国际分工并开展自由贸易，可以获得贸易利益。一国只要按照比较优势原则参与国际分工和国际贸易，即专业化生产和出口本国生产成本相对较低的产品，进口本国生产成本相对较高的产品，便可获得贸易利益。这一理论为世界各国广泛参与国际分工和国际贸易提供了理论依据，成为西方国际贸易理论的一大基石。

大卫·李嘉图的比较成本理论具有重要的历史意义，推动了自由贸易，加速了社会经济的发展。然而，该理论也具有一定的局限，主要表现在：它所揭示的贸易各国获得的利益是静态的短期利益，对于是否符合一个国家经济发展的长期利益没有考虑；它没有从根本上揭示国际分工形成与发展的原因，对于两国之间商品交换的比例以及贸易利益的分配等问题没有涉及，从而忽视了发达国家利用国际贸易掠夺落后国家的事实。因此，该理论对落后的发展中国家发展对外贸易的指导作用是有局限的。

三、赫克歇尔-俄林的要素禀赋理论

1919年，瑞典经济学家赫克歇尔(1879—1952)发表论文《对外贸易对收入分配的影响》，第一次运用生产要素密集的分析来解释国际贸易。1933年他的学生俄林(1899—1979)出版《地区间贸易与国际贸易》一书才使该理论方法产生了很大影响。赫克歇尔提出了生产要素禀赋理论的基本论点，俄林则完整、系统地创立了该理论。因此该理论称为“赫克歇尔-俄林的要素禀赋理论”或者“H-O 理论”，也就是通常所说的狭义的生产要素禀赋论。

李嘉图的比较成本理论强调了国际交换关系中的比较利益来自于劳动要素的差别。而赫克歇尔-俄林的要素禀赋理论，是从各国的资源条件出发，强调多种生产要素条件的差别形成的比较优势。他们认为，两个国家在封闭条件下，资源禀赋差异导致供给能力差异，进而引起相对价格差异。价格差异是两国发生贸易的直接原因。开展自由贸易后，一个国家会出口密集使用其要素丰裕的产品，进口密集使用其要素稀缺的产品。

1948 年，萨缪尔森发表《国际贸易与要素价格均等化》一文，在 H-O 理论的基础上，考察了国际贸易对生产要素价格的影响，论证了自由贸易将导致要素价格均等化，发展了要素禀赋理论，后人因此称之为 H-O-S 理论。这就是广义的生产要素禀赋论。

要素禀赋理论在理论与实际运用中的成功，使其在一段时期内一直被公认为国际经济学中的一颗“明珠”。然而，20 世纪 50 年代中期，美国经济学家里昂惕夫(1906—1999)分别于 1953、1956、1963 年发表了《国内生产与对外贸易：美国地位的再审查》、《要素比例和美国的贸易结构：进一步的理论和经济分析》、《国内生产与贸易结构》三篇文章，提出了一个尖锐的问题：美国是一个资本充裕而劳动力稀缺的国家，按照 H-O 定理，美国应该多生产资本密集型产品，少生产劳动密集型产品。可是美国的统计数据表明，美国出口的大量是劳动密集型产品，而进口的大量是资本密集型产品。这个结论震惊了国际经济学界，故成为著名的“里昂惕夫之谜”或者“里昂惕夫反论”。自此，很多国家的经济学家根据本国的统计数据进行了验证，部分国家也存在类似的情况。里昂惕夫之谜是西方国际贸易理论发展的转折点，它引起经济学界从新的角度、更多的因素去考虑国际贸易理论问题，从而推动了国际贸易理论的新发展。

第二节 现代理论

一、偏好相似理论

根据传统的 H-O 理论，要素禀赋差异越大，国际贸易量就应该越大。但是，“二战”后国际贸易的发展状况却有所变化，发达国家之间的贸易在国际贸易中的比重不断增加，逐渐超出了要素禀赋差异很大的工业国与非工业国之间的贸易量。

瑞典经济学家林德在 1961 年出版的《论贸易与转变》著作中提出了“偏好相似理论”。他重点从需求方面探讨了国家间贸易的原因、模式，认为 H-O 理论只是从供给角度分析了国际贸易，而国家之间的需求结构也是影响国际贸易的十分重要的因素。偏好相似理论认为，制成品的贸易形态取决于需求结构，而需求结构又取决于人均收入水平。工业发达水

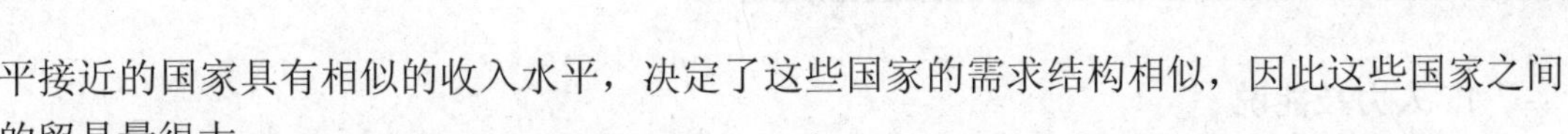

平接近的国家具有相似的收入水平，决定了这些国家的需求结构相似，因此这些国家之间的贸易量很大。

需求偏好相似导致产业内贸易的深刻原因是什么？也就是说产业内贸易的利益何在？发达国家之间相互进行工业产品贸易的利益来自于两个方面：一是有利于实现更加专业化的分工，扩大市场规模，充分利用和实现规模经济效益；二是各国消费者可以因为产品差异化而得到更大的满足。

林德的偏好相似理论有一定的道理，对第二次世界大战以来发达国家之间的贸易现象作出了说明和解释，然而他无法解释有些出口产品在国内根本没有需求或者很小的现象。因此，该理论的指导作用是不全面的。我国作为发展中国家，不仅要大力发展同发展中国家的贸易，更应该重视与发达国家之间的贸易。

二、规模经济理论

所谓规模经济，是指投入增加引起产出增加，而产出增加的比例高于投入增加比例的情况。但是，规模经济受到市场规模的限制，当市场规模较小时，如果盲目追求最佳规模，会造成产品积压、资金周转缓慢等问题。

传统国际贸易理论都假设产品规模报酬不变。然而，在现代化工业生产中，规模经济是比较普遍的现象，因此传统国际贸易理论没有揭示新时期国际贸易的新利益动因。1978年，克鲁格曼在其博士论文中首次将迪克西和斯蒂格利茨两人所共同提出的将差异产品和内部规模经济考虑在内的垄断竞争模型推广到开放条件下，从模型上证明了规模经济和差异产品是国际贸易中产业内贸易的原因，揭示了两个生产完全相同的国家之间也能够因为规模经济和产品差异开展国际贸易，并且这种产业内贸易会提高两个国家的总体福利水平。

同样，规模经济理论也只是揭示了有别于比较优势的另一种国际贸易的动因。但是它无法解释不同国家之间关于产品品种的选择性生产，从而无法确定具体的贸易产品模式。

三、国际贸易新要素理论

针对里昂惕夫之谜，西方经济学界的一些经济学家直接修正和发展了 H-O 学说。其中一部分人仍用生产要素差异来论述国际贸易，但同时扩大了要素的范围，赋予要素新的含义，由此产生了新要素理论。新要素理论当然是对要素禀赋理论的发展，但就分析方法而言，新要素理论与传统要素贸易理论并无本质的不同。

国际贸易新要素理论认为，应赋予生产要素以新的含义，扩展生产要素的范围，生产要素不仅仅是生产要素禀赋理论所说的劳动、资本和土地，技术、人力资本、研究与开发、信息以及管理等，都是生产要素，这些无形的“软件”要素越来越成为形成贸易的基础，它决定着一国比较优势格局。国际贸易新要素理论主要有以下几个方面的学说。

1. 人力技能说

该学说是从里昂惕夫的劳动熟练说发展来的。所谓人力技能是指人的劳动技术熟练程度，是通过储蓄和投资形成的，实际上也可以看成是人力投资。人们通过对劳动力进行投资(如教育、职业培训、保健等)，可以提高劳动力的素质和技能，使劳动生产率得到提升，从而对一国参加国际分工的比较优势产生作用与影响。该学说认为，一个国家在新时代应该重视人力投资以提高人力技能，才可能产生新的比较优势。

2. R&D 学说(研究与发展学说)

该理论强调的是研究与发展作为一种新的生产要素对于国际贸易比较利益的重要作用。研究与发展要素是指经济发展过程中用于研究和开发各种新项目、新技术、新产品的投资。在实际衡量中多用开发经费占销售额的比重来计算。研究与发展的多少，可以改变一个国家在国际分工中的比较优势，而丰裕的资金、丰富的自然资源、高质量的人才是从事研究开发的条件，市场对新产品的需求是研究开发产业化的基础，研究与发展密集度高的产品就是知识密集型或技术密集型的产品，其变化可以产生新的比较利益。该学说强调了科技在国际贸易优势形成中的作用，符合国际贸易发展的趋势。

3. 技术进展论和技术差距论

技术进展论认为技术是过去对研究与开发进行投资的结果，也可以作为一个独立的生产要素。技术进展同人力技能、研究与发展等要素一样，也决定着一国生产要素禀赋状况及其在国际贸易中的比较利益。由于该理论是在上述理论的基础上发展起来的，所以，强调技术进展对国际贸易比较优势的决定作用，实际上也是强调研究与发展要素的作用。在技术进展论基础上，后来又有人进一步提出了技术差距论，认为由于各国技术投资和技术革新的进展不一致，因而存在着一定的技术差距。这就使得技术资源相对丰裕或技术领先的国家，具有较强开发新产品和新工艺的能力，从而有可能暂时享有生产和出口某类高技术产品的比较优势。该理论补充了要素禀赋论，并根据创新活动的连续性使要素禀赋论动态化。

4. 信息贸易理论

信息是能够创造价值并进行交换的一种无形资源，是现代生产要素的组成部分。信息本身同时又是可以交换的商品，是一种软件要素，而且是一种无限的资源，占据信息意味着比较优势的改变，可以促进一国贸易格局的变化。目前该理论并不很完善，但它却代表着重要的发展方向。

以上这些新要素理论，虽然都未成系统，也不很完善，但能够对我国对外贸易的发展提供新的思路。

案例 2-1

日本模式与奇迹

日本是第二次世界大战的战败国，其经济在战争中遭到了极其严重的破坏，日本政府的干预并不像美国那样是为了“服务于国民”而进行的，而是一种“任务导向型的动员和发展机构”，其主要功能是“产业导向”与“防止西方列强对日本的殖民化”。这样，日本政府在政策制定和执行上就具有强烈的新重商主义色彩。通商产业省担负起了引导日本迅速发展起来的重任，通过制定与实施新兴产业发展战略，培育和发展外部导向型部门，使其不断地提高技术水平和生产率，增强其产品在国际市场上的竞争力。大藏省、建设省、厚生省等政府机构则通过各种措施(包括关税和非关税的措施)，将内部依赖型部门的国外竞争者拒之于国门之外，使该部门免于遭受国外同行业的竞争压力，也就是所谓的“防止西方列强对日本的殖民化”。

日本又是资源极其匮乏的国家，70%的原材料需要进口，70%的商品需要销往国外，这都决定了日本的“贸易立国”道路。日本的汽车、电子电器产品、办公自动化设备等个别产业的出口，占据了日本出口的绝大部分，也就是说个别产业的发展促成了日本的巨额贸易顺差。但是，对于建筑业、金融业、食品饮料制造业、通信业、医药卫生、法律服务、维修保养服务等领域，日本则通过各种形式的非关税壁垒和贸易配额限制等手段，限制国内市场对外开放。这样，在日本经济中就形成了两个明显不同的部门：一个是以汽车、电子电器和办公自动化设备为代表的，为日本的出口作出主要贡献的“外部导向型”部门；另一个是以销售业、建筑业等为代表的，在国内新重商主义的保护政策下才得以生存的“内部依赖型”部门。

日本的历史与文化及其所处的环境，形成了日本人的勤奋精神。节俭、勤劳的精神创造了利润(储蓄)，利用其再投资又创造出更大的利润。这是日本经济高速发展的重要条件。从银行的储蓄看，最近 10 年来，个人的储蓄率高达 20%，而美国为 7%，西德为 11%，英国为 9%，日本是它们的两倍。日本除了勤奋精神外，还有日本高新科技的发展与美国的大力扶持政策。

“日本模式”是 20 世纪六七十年代形成的，取得了震撼欧美的“世界奇迹”。它的主要特点如下。

(1) 核心是“追赶”欧美。所谓“追赶”，就是追赶欧美先进工业国。战后的日本自称是“资本主义后进国”，也自称是“2.5 流国”，随时都有可能成为三流国。战后的日本，技术落后欧美 20 年，设备陈旧，重工业薄弱，许多新兴产业如石油化学工业是空白，生产供给严重不足。因此，“日本模式”的核心就是追赶欧美，成为重工业化的先进工业国。

(2) 关键是“后发效益”。后进追赶先进，决定因素是后发效益。欧美的先进技术和相应的技术设备，以及由此形成的高附加值的产品和产业，是经过半个多世纪的努力，投入大量的资金和智力，通过反复研究和开发方才取得的成果。而后进的日本，却能够用低廉的费用购得这些技术和设备，在短时间内形成生产能力，甚至能够通过改良和完善这些技术和设备，部分地超过欧美，从而高速地发展经济和快速地赶上欧美先进工业国。这是只有追赶型经济才能获得的后发效益。

(3) 加强政府干预。政府干预经济是日本模式的主要特征。仅中央各省厅拥有的许可认可权就多达 1 万多项，此外还有无法可据的“行政指导”和“窗口指导”。直至 20 世纪 90 年代，GDP 的 40%仍处在政府控制之下，而美国只有 6%。

正是由于日本政府具有远见的指导以及日本企业与政府的密切合作，日本在战后很短的一段时间里就摆脱了以纺织品和玩具等劳动密集型的低附加值产品出口为主的困境。战后不久，日本政府利用美国的援助，并借助于国内的高储蓄率，将有限的资金用于发展钢铁、造船、合成纤维制造等产业，并很快在这些资本密集型和规模经济型产业建立起了自己的比较优势。此后不久，日本政府又通过实施倾斜性的新兴产业发展战略和在生产组织中不断引入创新，在汽车制造和电子电器产品制造等技术密集型产业建立起了自己的比较优势。目前，日本的出口产品以技术密集型产品为主。在日本式的新兴产业发展战略的指导下，日本将其最初处于劣势的产业转变成具有比较优势的产业，成功地培育了自己的动态比较优势，并且提高了自己在工业化国家中的地位，也就是达到了赶超的目的。

(4) 引进技术，是追赶型现代化的主要手段。日本的实践经验表明，引进技术是弥补技术落后的捷径。日本在短时间内，仅从美国无线电公司一家就反复引进电视技术 36 次之多。以引进技术为主作为首要手段追赶欧美的“日本模式”，就是在这种摸索中形成的。

(5) 出口主导、“贸易立国”，以保证“追赶现代化”所需的外汇。日本的出口主导与东亚不同，东亚出口主要是为了偿还因国内资金不足而引进的外债。日本有力量解决国内资金需要问题，但是不能解决购进昂贵外国技术和设备的外汇问题，因而日本拼命出口价格低廉的轻工业品以换取外汇。这就是“贸易立国”的实质。“贸易立国”的实质只不过是“引进技术立国”而已。

(6) 实行统制金融，以保证追赶所需要的低成本的巨额资金。日本政府对经济的干预体现在各个方面，尤其是通产省推行的产业政策和外贸、外汇、外资政策，更是功不可没。日本政府对实体经济也进行诸多限制，但基本上是实行市场机制，唯有在金融领域是实行统制性金融政策。

(7) 西方国家的经济发展道路为日本提供了明确的发展方向，日本政府也有意识地通过管理经济的方式引导日本经济沿着这条道路奋起直追。例如，战后日本政府认识到汽车制造将是未来的支柱产业，于是通过引进西方技术，以及投入大量的人力、物力和财力进行研制开发，使日本最终成为世界上最大的汽车生产和出口国。又例如，日本在战后不久就认识到电子产业在未来的发展前景，政府也就有意识地引导科研单位和企业进行这方面的研制与生产。

(资料来源：http://www.superist.com/newmarch/ChaseMode.htm，2004 年 8 月 18 日)

第三节　马克思主义关于发展对外贸易的理论

一、国际分工理论

马克思批判地继承了资产阶级古典经济学家关于国际分工的理论，阐明了分工的产生和发展的历史进程，揭示了国际分工对资本主义工业化国家和落后国家的不同作用。国际分工是一个历史范畴，是社会生产力和社会分工发展到一定阶段的必然产物，是一国内部的社会分工超越国家界限向外发展的结果，是一种进步趋势。马克思认为，一个国家在国际分工中的地位和参与国际贸易的能力，取决于这个国家内部分工的发展程度①。

国际分工具有两重性。一方面，国际分工具有积极意义。近代国际分工摧毁了封建社会自给自足和闭关自守的落后状态，现代国际分工有效地促进了生产的国际化发展，促进了世界范围内的资源优化配置。另一方面，国际分工存在不平等性，现有的国际经济秩序、世界贸易格局和金融体制等对发展中国家不利，部分落后国家甚至完全处于从属依附地位。

马克思的国际分工理论对我国具有重要指导意义。我国是发展中国家，生产力发展水平还比较低，与发达国家还存在很大的技术差距，我国应该大力发展对外贸易，积极参与国际分工，消化吸收西方发达国家的先进技术成果，逐渐缩小差距。同时，我们又必须保持高度警惕，必须根据国情，走独立自主、平等互利、自力更生的发展道路。

二、国际价值理论

马克思认为，由于各个国家商品生产的条件各异、劳动强度和劳动生产率有别，不同国家生产商品的价值也各不相同。在这种情况下，各个国家内部生产的商品价值，仅仅表现为国别价值。很显然，国别价值是各个国家内部商品交换的依据。一旦商品越出国境，交换在国与国之间进行，这时交换的依据就不再为国别价值，即不再取决于各个国家内部生产商品所耗费的社会必要劳动时间，而是国际价值了。衡量国际价值的内在尺度为世界劳动的平均单位，外在尺度为世界货币。可以说，国际价值是由世界劳动的平均单位决定的。而世界劳动的平均单位，实际上也就是指在一般条件下，国际上生产某种商品所需要的社会必要劳动时间。

马克思认为，劳动强度和劳动生产率是影响国际价值的重要因素。他指出：“国家不同，劳动的中等强度也就不同，有的国家高些，有的国家低些。于是各国的平均数形成一个阶梯，它的计量单位是世界劳动的平均单位。因此，强度较大的国民劳动比强度较小的国民

① 马克思恩格斯选集：第1卷[M]. 北京：人民出版社，1972：25.

劳动，会在同一时间内生产出更多的价值，而这又表现为更多的货币。”①

世界市场上，商品的国际价值如何实现？在马克思看来，在国内市场上，生产商品的私人劳动只有转化为社会劳动，交换才能成功，商品的价值才能实现。在世界市场上，商品的国别价值只相当于个别价值，而商品的国际价值就是它的现实价值。由国别价值到国际价值的转化，同样是通过竞争和价值规律的作用而实现的。

三、社会再生产理论

马克思的社会再生产理论认为，社会生产各部类之间以及每个部类的内部都必须保持一定的比例关系，社会扩大再生产才能够顺利进行。马克思指出：“要想得到和各种不同的需要量相适应的产品量，就要付出各种不同的和一定数量的社会总劳动量。这种按一定比例分配社会劳动的必要性，绝不可能被社会生产的一定形式所取消，而可能改变的只是它的表现形式，这是不言而喻的。”②

社会再生产客观上要求社会各部类以及各部类内部按比例平衡，这种比例平衡关系，不仅体现在价值形态上，还体现在实物形态上。实践中，各个国家的实物构成，不可能绝对准确地符合该国扩大再生产以及技术改进的要求。也就是说，任何一个国家都不可能生产出自身经济发展所需要的一切。而进行对外贸易，就可以在世界范围内实现实物形态的转换，互通有无，调剂余缺，这样就能够在较高的水平上实现综合平衡，取得社会经济发展的宏观效益。

马克思的社会再生产理论表明，我国应该积极发展对外贸易，积极利用国内资源和国外资源，积极开发国内市场和国外市场，形成超越本国经济内在力量的扩大再生产规模和高级的国民经济综合平衡，以追求最佳的经济发展速度和质量，提高资源配置的效率。

第四节　邓小平关于发展对外贸易的理论

一、对外开放理论

马克思、恩格斯指出：“资产阶级，开拓了世界市场，使一切国家的生产和消费都成为世界性的了。”③列宁第一次提出社会主义国家的对外开放问题。但自从第二次世界大战以后，两大阵营形成，冷战开始，斯大林由此提出两个平行市场的理论，把社会主义世界同资本主义世界隔绝了。毛泽东提出自力更生为主、争取外援为辅，还是想利用一切可能与

---

① 马克思. 资本论：第1卷[M]. 北京：人民出版社，1995：613～614.

② 马克思恩格斯全集：第4卷[M]. 北京：人民出版社，1972：368.

③ 马克思恩格斯选集：第1卷[M]. 北京：人民出版社 1972：276.

西方发展经济关系。但是，由于国际形势的复杂性，以及“极左”思潮的影响，我国实际上长期处于孤立封闭的状态。邓小平总结了社会主义国家的严重教训，在和平与发展成为时代主题的国际条件下，提出了一整套社会主义国家对外开放理论。

邓小平指出，我们的对外开放，是全面开放，是对世界所有国家的开放，对所有类型国家的开放。具体地说，“一个是对西方发达国家的开放，我们吸收外资、引进技术等主要从那里来。一个是对苏联和东欧国家的开放，这也是一个方面。国家关系即使不能够正常化，但是可以交往，如做生意，搞技术合作，甚至于合资经营，技术改造……。还有一个是对第三世界发展中国家的开放，这些国家都有自己的特点和长处，这里有很多文章可以做”。[①] 邓小平讲的全面开放，除对国外开放外，更重要的是对国内各地区之间的相互开放，特别是落后地区要向经济比较发达的地区开放，内陆地区要向沿海地区开放。这是发展经济最快、最有效，也是破除保守落后的最好办法。邓小平说：“三十几年的经验教训告诉我们，关起门来搞建设是不行的，发展不起来。关起门有两种，一种是对国外；还有一种是对国内，就是一个地区对另外一个地区，一个部门对另外一个部门。两种关门都不行。”[②]邓小平反复强调，对外贸易在社会主义建设中处于重要的战略地位。进行现代化建设，需要利用两种资源、打开两个市场，这一切都要求大力发展对外贸易。邓小平还指出，社会主义作为一种崭新的社会制度，必须大胆借鉴，吸收人类社会包括资本主义社会创造出来的文明成果，结合新的实践进行新的创造，为我所用，才能加快发展，赢得同资本主义相比较的优势。

案例 2-2

中国 VS 印度：谁能赢得下一个 20 年

摩根大通研究报告指出，从 2002 年开始，中国的出口额以 30.6%的速度年复合增长，几乎是 1978—2001 年之间增长率的两倍。2004 年中国全年进出口总量达到了 11 547 亿美元，加工贸易进出口总值达到了 5497 亿美元，接近全年进出口总量的一半。

从产业链角度看，智力、服务和行政性事务的全球采购刚刚兴起，目前全球采购还主要集中在有形物品。前者主要发生在印度，后者则主要发生在中国。所以，印度将成为中国最强有力的竞争对手，竞争未来全球采购的中心地位。

相比较而言，印度不仅在文化上与西方发达国家之间更具亲和力，而且在吸引白领工作就业方面也比中国有优势。随着印度的崛起，白领工作也成为全球采购的新对象。呼叫中心和编写定制软件已经成为印度跨入全球经济体系最显著的标志。

伴随着跨国公司大规模从中国采购货物，中国的人力资本也逐渐受到青睐。西门子、诺基亚、戴尔和微软等国际巨头纷纷在中国设立研究院。但这些研究院主要招聘的是测试

---

① 邓小平文选：第 3 卷[M]. 北京：人民出版社，1993：99.

② 邓小平文选：第 3 卷[M]. 北京：人民出版社，1993：64～65.

人员。更多的跨国公司把研究开发部设在欧美和印度，尤其向印度转移的趋势更加明显。印度的研发部门已经成为跨国公司在新兴市场经济体设立的最大基地。

根据购买力平价计算，中国被认为是第二大经济体，有学者认为中国以美元折算的传统 GDP 值低估了中国经济的竞争力。另外，从全球采购的角度来看，中国处于产业链的低端，短期内还看不出向中高端转移的趋势，这也说明了中国的 GDP 与其竞争力水平比较一致。

美国中央情报局的报告预言，印度和中国最早在 2020 年能成为全球经济领袖，但印度很可能是真正的“领袖”，中国可能是“执行领袖”。最后的结论是，印度才是威胁美国经济霸主地位的主要国家，中国也许会成为美国老板的“工人”。

(资料来源：http://opinion.news.hexun.com/1038446.shtml，2005 年 2 月 21 日)

二、社会主义市场经济理论

相对于人们的需求而言，资源总是稀缺的。因此，需要对有限的、相对稀缺的资源进行合理配置，即怎样以最少的资源耗费生产出最适用的产品和劳务，获取最佳效益。在社会化大生产条件下，资源配置方式主要有两种：计划配置和市场配置。一般来说，计划经济指的是以计划手段作为资源配置的主要手段的经济体制；市场经济是指市场对资源配置起基础性作用的经济体制。

我国过去实行的是高度集中的计划体制。它的特点是国家运用指令性计划，直接掌握、控制人财物资源；权力主要集中在政府各级行政部门手中，所有的经济活动都在计划规定的范围内进行。这种高度集中的计划经济体制的建立，与当时我国社会主义工业化初期的经济条件和经济发展要求是相适应的，并在当时起到了重要的积极作用。通过集中人力、物力和财力，保证了国家重点建设，比较迅速地奠定了社会主义工业化的基础，并在此基础上初步建立了独立的比较完整的工业体系和国民经济体系。但是，高度集中的计划经济体制在运行过程中也逐渐暴露出了不少问题。具体表现有：政企职责不分，条块分割，国家对企业统得过多过死，权力过于集中，忽视商品生产、价值规律和市场机制的作用，分配中平均主义严重。这就造成了企业缺乏应有的自主权，企业吃国家“大锅饭”、职工吃企业“大锅饭”的局面，严重压抑了企业和广大职工群众的积极性、主动性、创造性，使本来应该生机盎然的社会主义经济在很大程度上失去了活力。

以党的十一届三中全会为标志，我国进入了改革开放的新时期。经济体制改革的一个主要方面，是正确认识和处理社会主义和市场经济的关系。

早在改革开放初期，邓小平在思考用什么方法才能更有效地发展生产力时，就已经在思考市场经济与社会主义的关系问题。他指出：“说市场经济只存在于资本主义社会，只有资本主义的市场经济，这肯定是不正确的。社会主义为什么不可以搞市场经济，这个不能说是资本主义。我们是计划经济为主，也结合市场经济，但这是社会主义的市场经济。虽然方法上基本和资本主义社会的相似，但也有不同……归根到底是社会主义的，是社会主义社会的。市场经济不能说只是资本主义的……社会主义也可以搞市场经济。”①

1987 年党的十三大召开前，邓小平进一步指出：“为什么一谈市场就说是资本主义，只有计划才是社会主义呢？计划和市场都是方法嘛。只要对发展生产力有好处，就可以利用。它为社会主义服务，就是社会主义的；为资本主义服务，就是资本主义的。好像一谈计划就是社会主义，这也是不对的，日本就有一个企划厅嘛，美国也有计划嘛。我们以前是学苏联的，搞计划经济。后来又讲计划经济为主， 现在不要再讲这个了。”②

在 1992 年初的南方谈话中，他更加明确地指出，计划经济不等于社会主义，资本主义也有计划；市场经济不等于资本主义，社会主义也有市场。计划和市场都是经济手段。邓小平的这些论断，明确界定了市场经济的属性，从而解除了把社会主义与市场经济对立起来的思想束缚，为我国最终确立社会主义市场经济体制的目标模式奠定了理论基础。1993 年 11 月，党的十四届三中全会通过了《关于建立社会主义市场经济体制若干问题的决定》。从此，中国进入了全面建设社会主义市场经济的新阶段。

邓小平的社会主义市场经济理论，具有十分重大的理论意义和实践意义。在理论上，结束了长期以来有关计划与市场的争论，解放了思想，使社会主义与市场经济有机结合起来，为社会主义现代化建设提供了理论依据，丰富和发展了马克思的科学社会主义经济理论。邓小平的社会主义市场经济理论更重要的意义还在于对改革实践的科学指导。在该理论的指导下，我国市场经济体制改革和现代化进程取得了举世瞩目的成就。市场经济体制的建立，为我国加入 WTO，与国际经济接轨，更好地发展与世界各国的贸易及经济技术交流与合作，提供了前提条件。

本章小结

我国是一个发展中的大国，实行的是社会主义市场经济体制，有着独特的国情。我国发展对外贸易，一方面要批判性地借鉴西方的国际贸易理论为我所用，另一方面更要求我们牢固树立科学发展观，坚持邓小平的中国特色社会主义理论指导，运用和发展马克思主义关于发展对外贸易的理论，大力发展中国的对外贸易。

我国发展对外贸易应该批判借鉴的西方国际贸易理论主要包括：亚当·斯密的绝对成本理论、大卫·李嘉图的比较成本理论、赫克歇尔-俄林的要素禀赋理论、偏好相似理论、规模经济理论、新要素理论。

马克思的国际分工理论、国际价值理论、社会再生产理论等，以及邓小平的对外开放理论和社会主义市场经济理论是我国发展对外贸易的重要理论依据。

---

① 邓小平文选：第 2 卷[M]. 北京：人民出版社，1994：236.

② 邓小平文选：第 3 卷[M]. 北京：人民出版社，1993：203.

思　考　题

1. 马克思主义关于发展对外贸易的理论对我国对外贸易发展的指导意义有哪些?
2. 为什么邓小平理论是我国对外贸易发展的重要理论依据?
3. 西方国际贸易理论有哪些值得借鉴?它们又都有哪些局限性?

案例分析

奇迹在战争的废墟上出现

20世纪50年代韩国经济从崩溃的边缘走向复苏,20世纪60年代韩国成功地推行了外向型经济发展战略,开始实施第一个五年经济发展计划。20世纪70年代韩国跻身于新兴工业国(地区)行列。20世纪80年代韩国发展成为国际市场上一个具有竞争力的国家。20世纪90年代韩国开始把进入发达国家行列作为努力目标。韩国经济实力雄厚,钢铁、汽车、造船、电子、纺织等是韩国的支柱产业。韩国曾是个传统的农业国。随着工业化的进程,农业在韩国经济中所占的比例越来越小,地位日渐低下。韩国是农产品主要进口国,进口量趋于增长,但其农业市场对外国的参与极为敏感,是个对外开放程度较小的经济部门。韩国耕地面积为195万公顷,主要分布在西部和南部平原、丘陵地区,约占国土总面积的22%。韩国矿产资源较少,已发现的矿物有280多种,有经济价值的有50多种。有开采利用价值的矿物有铁、无烟煤、铅、锌、钨等,但储藏量不大。由于自然资源匮乏,主要工业原料均依赖进口。工业主要部门有钢铁、汽车、造船、电子、化学、纺织等。浦项钢铁厂是世界第二大钢铁联合企业。2002年汽车产量320万辆,居世界第6位。造船订单标准货船吨数为759万吨,重新成为世界第一。电子工业以高技术密集型产品为主,为世界十大电子工业国之一。半导体集成电路发展迅速。近年来韩国重视IT产业,不断加大投入。

据世界银行《1992年世界发展报告》统计,自1965—1990年韩国人均国民生产总值(GNP)年增长率为7.1%,列世界各国之首。按美国斯坦福大学教授莫克尔斯提出的“现代国家主要指标”剖析,韩国1990年人均GNP为5400美元,第三产业在GNP中所占比重为46%,非农业就业人口比例、受过基础教育人口比例、适龄青年接受高等教育人数、城市人口比重、平均人口预期寿命、人口自然增长率等均已达标,可见20世纪90年代的韩国已进入国民经济现代化阶段。对外开放进而实现市场经济国际化被认为是韩国经济起飞过程中成功的因素之一。国际舆论称之为“韩国奇迹在战争的废墟上出现”。

一、对外贸易推行由进口替代到出口导向的多边化发展战略

第二次世界大战后,在一片废墟上诞生的韩国,又经历了朝鲜战争的洗礼,一直到20世纪60年代初,其GNP才达到24亿美元。为了摆脱战后的经济困境,提高本国的生产力

水平，韩国开始实施进口替代战略，对于本国生产需要的原材料和生产资料的进口征收低关税，对于准备由本国产品替代的消费品进口征收高关税，对于替代进口的国内产业给予财政、金融优惠等，在一定程度上起到了稳定经济和发展生产的积极作用。但是由于进口替代不仅限制了某些国外产品的进口，同时也限制了本国产品的出口，造成既缺乏资源和资本，又缺乏技术和设备的局面，加深了国民经济对外依赖程度，导致国际收支状况的进一步恶化，使国内的工业化进展非常缓慢。

20 世纪 50 年代与 60 年代之交，世界上发生了以电子科学为核心的第四次科技革命，推动了新技术和新产品的不断问世，大大提高了劳动生产率，世界经济结构发生了重大变化，世界经济发展呈现强劲的势头，促使国际市场容量日益扩大，刺激了各国之间贸易的持续增长。加上美、日出于全球战略的考虑，对韩国在资金、技术、物质等方面给予援助，为韩国发展出口导向型经济提供了较宽阔的发展空间。据此，从 1964 年开始，韩国从进口替代战略转向出口导向战略，把经济活动的重心由国内市场转向国际市场，采取外贸多边化和自由化的政策，参与国际分工和世界市场竞争，以外贸出口带动整个国民经济发展。随后，韩国出口额开始逐年扩大，年均增长达 40%以上，在出口贸易的带动下，韩国的国内生产总值(GDP)、国民收入及就业率有了大幅度的增长，到 1990 年韩国的 GDP 业已高达 2364 亿美元，30 年来增长 99 倍。

二、以国内产业结构调整目标为依据，促进国内外经济一体化

20 世纪 60 年代初，韩国在转向出口导向型战略时，资金缺口很大，投资需要增长很快，据此，韩国政府果断地作出加快引进外资步伐的决定。韩国引进外资的主要着眼点，一是有利于发展出口和国际收支改善的原则；二是有利于关键性工业公益事业发展的原则；三是有利于国民经济和社会福利事业作出贡献的原则。30 年来，韩国以国内产业结构调整目标为依据，制定了引进外资的鼓励和限制政策，一直把技术引进作为引进外资的一个重要方面。在 20 世纪 60 年代的工业化进程中，韩国大胆利用外国先进技术，通过消化、吸收和创新，促进了产业技术的发展，形成以劳动密集型和技术密集型产业为基础的重化工业经济。20 世纪 80 年代以后，重点发展技术密集型产业，以促进产业的升级换代。引进技术的比重，机械制造业占 27.8%，电子工业占 20.9%，石油化工业占 16.4%。

韩国经济的持续高速增长为相对剩余资本集中提供了参与国际分工的有利条件。为了扩大出口市场，稳定国际资源进口，抵制贸易保护主义，强化本国产业的升级，提高产品的竞争力，降低劳动力成本，20 世纪 80 年代以来，韩国推行了对外直接投资、建立海外生产基地的策略。韩国政府通过财政、金融等手段鼓励本国企业向外扩张，在信贷、税收和保险制度等方面给予优惠。据有关资料显示，20 世纪 80 年代韩国企业对外直接投资 40%以上是靠政府支持筹措资金发展起来的，1988 年韩国对外直接投资额为 4.8 亿美元。目前，韩国对外直接投资主要是资源开发型产品投资，服务于国内经济的发展；其次是劳动密集型产业投资，向发展中国家转移一些本国限制性的产业，同时降低劳动力成本；再次是对发达国家投资，借以达到引进高科技和现代管理手段的目的。既实现了国内产业结构的现代化，又促进了国内外市场的一体化。

三、加快金融业对外开放步伐，逐步迈向资本市场国际化

20 世纪 60 年代后，韩国为摆脱国外的资金援助，求得经济独立，有计划地建立了各种金融机构，发展各类金融市场，逐步完善了金融体系。20 世纪 80 年代初，韩国加快金融业对外开放的步伐，加强国际金融中心的筹建，到 20 世纪 90 年代初，除国家中央银行(韩国银行)在国内建有 15 个分行，在海外设有 8 个分支机构外，还大力发展商业银行，其中包括全国性市中银行(又称存款银行)5 家，拥有资产约占商业银行资产总额的 75%，其分支机构达 1857 个；地方银行 12 家，拥有资产约占商业银行资产总额的 16%；外资银行 69 家，其中最多的是美国，美国的 10 大银行就有 8 家在韩国开设了分行，其次为日本和西欧国家。

韩国的金融市场分为有组织的金融市场即以银行为中心的短期货币市场，非组织的金融市场即以非银行机构为中心的长期资本市场。韩国政府认为金融业的开放首要的是资本市场的开放，因此于 20 世纪 80 年代开始实施资本市场国际化计划。第一阶段(1981—1984 年)有限度地允许外国投资者通过韩国证券公司管理的开放型国际信托基金和由外国证券公司管理的封闭型基金间接参与投资。第二阶段(1985—1987 年)加速韩国投资者间接投资外国证券的活动。第三阶段(1988 年以后)扩大海外基金的规模，以便利外国投资者间接投资韩国证券市场，准许韩国机构和企业投资外国股票，逐步迈向资本市场的国际化。金融业的发展已成为韩国政府管理经济、加速资本积累和促进经济繁荣的重要手段。

纵观韩国经济发展的演绎过程，可资研究和借鉴的基本经验：一是从韩国经济体制运行情况来看，实行市场调节与政府调控相结合，以政府调控为主，众多国外经济学家认为当前韩国仍属“政府主导型市场经济体制”。它通常实施集中的宏观经济决策，并通过指示性计划和控制经济参数，借助经济立法和行政手段，规定产业和企业发展方向，调节国民经济的运行，以推动主要经济决策的实施。这对于发展中国家在资金、技术、管理人才均极度匮乏以至无法依靠民族资本的积累来迅速发展国民经济的情况下，具有普遍指导意义。二是从韩国政府宏观决策的选择来看，特别注重从本国的国情出发，适应世界经济形势发展变化的需要，抓住有利时机，及时调整经济政策和策略。韩国经济的高速发展，在很大程度上得益于能够根据本国经济发展的各个阶段，推行不同的贸易政策、产业政策和金融政策，较早地使国民经济通过计划手段，从粗放型发展及时转变为集约化发展，因此取得了事半功倍的效果。这里关键是抓住机遇，加快发展。三是从韩国经济发展格局来看，实行以贸易为导向，以工业为基础，以金融为后盾的三元经济发展战略，推进市场经济国际化，形成国民经济投入和产业的良性循环，为韩国经济高速发展创造了高能化的结构。对外开放不仅有助于促进各项生产要素在国际范围内进行交流，达到互补互利的目的，而且有助于适应国际竞争机制，促进技术进步，提高劳动效率，进一步发展社会生产力。金融对外开放是市场经济走向成熟的标志，但恰恰是中国对外开放、与国际市场接轨的薄弱环节，中国政府要加大开放力度，重点应在金融开放上大做文章。诚然，目前韩国市场经济体制仍处于不断完善之中，政府调控与市场机制的协调，国际市场与国内市场的促进，经

济发展与社会保障的配套等还存在发展失衡的问题，尚有待于进一步改进。

(资料来源：http://www.solw.cn/Article/20070319232303_5635.html，2007 年 3 月 19 日)

问题：

1. 请结合国际贸易理论分析韩国成功的原因。
2. 请思考韩国成功经验对我国的借鉴意义。

第三章　中国对外贸易与社会主义市场经济

【学习要求】

通过本章的学习，要求学生了解对外贸易与社会主义市场经济的互动关系，理解对外贸易在社会主义市场经济条件下的重要战略地位，认识对外贸易的重要作用。

【主要概念】

社会主义市场经济　社会主义初级阶段　战略地位

【案例导读】

拿市场经济地位苛求中国没有道理

据中国商务部统计，到目前为止，全球已有包括俄罗斯、巴西、新西兰、瑞士、澳大利亚在内的81个国家承认中国的市场经济地位，而美国、欧盟及其成员国、日本等仍未予以承认。事实上，按照世界贸易组织(WTO)规则，中国加入WTO 15年后，即2016年将自动获得完全市场经济地位。但是，早一点承认中国的市场经济地位，"是在向中国表示一种友好"，新加坡国立大学李光耀公共政策学院顾清扬博士在接受本报记者采访时如此表示。

早一点承认是务实之举

同南非一起，俄罗斯在金砖国家中较早认可中国的市场经济地位。俄罗斯远东研究所中国经济与社会研究中心高级研究员伊万•弗拉基米罗维奇•瓦赫鲁申认为，中国的市场经济已经发展到了很高水平，经济环境与投资环境良好，外来投资大量涌入，这源于中国拥有对外资和外企很好的保障体系，中国吸收外资额持续位居世界前列，进而推动中国经济高速增长。

在东盟国家中，新加坡2004年率先承认中国的市场经济地位。随后，其他9个东盟国家也相继宣布承认。顾清扬博士对记者表示，东盟和中国地理位置近，产业结构互补性强，产业分工联系紧密。新加坡和东盟其他国家都很重视中国的"市场经济火车头"作用，认识到中国市场化走向非常明显。东盟国家尽早承认中国的市场经济地位，是在向中国表示一种友好。早一点承认中国的市场经济地位，是一种务实的选择，对东盟国家自身也是有好处的。

亚洲开发银行副首席经济学家庄巨忠也表示，东盟国家欢迎中国被更多国家纳入市场经济地位国家的行列。不可否认，中国和东盟国家的产品在国际市场上存在一定的竞争关

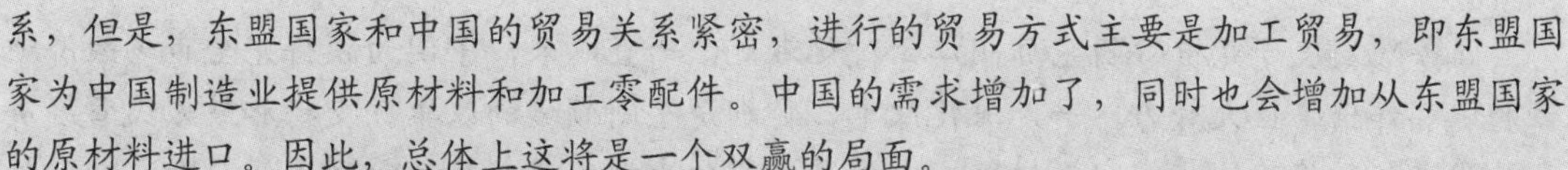

系，但是，东盟国家和中国的贸易关系紧密，进行的贸易方式主要是加工贸易，即东盟国家为中国制造业提供原材料和加工零配件。中国的需求增加了，同时也会增加从东盟国家的原材料进口。因此，总体上这将是一个双赢的局面。

不承认是为限制中国找借口

在给予中国市场经济地位的问题上，经过中欧双方长期不懈的沟通，欧盟立场逐步缓和。1998 年 4 月，欧盟通过决议，将中国从完全非市场经济国家的名单中除去，给予中国“转轨经济国家”待遇，介于完全非市场经济国家与完全市场经济国家之间。面临欧盟反倾销时，中国企业可以享受市场经济地位的个案处理。但欧盟一直不承认中国完全市场经济地位，成为中欧经贸关系中的一道障碍。有专家分析说，欧盟及其成员国坚持不承认中国的市场经济地位，并不是没有看到中国的经济发展趋势，而是想以此作为对中国作出某种限制的借口。

近年来，欧盟有许多成员国，如德国、法国的官员纷纷公开表态，呼吁欧盟尽快承认中国完全市场经济地位。瓦赫鲁申认为，欧洲很可能在 2016 年的最后期限前承认中国的市场经济地位，因为中国毕竟是欧盟的最主要贸易伙伴之一，双方相互依存，谁也离不开谁。

美国是另一个对中国完全市场经济地位迟迟不承认的主要发达国家。早在 2004 年，中美就开始了关于承认中国市场经济地位的谈判。7 年间，美国多次承诺要尽快承认中国的市场经济地位，然而在具体操作中，却迟迟未采取行动。今年 6 月，美国商务部公布实施《战略贸易许可例外规定》，甚至将中国排除在 44 个可享受贸易便利措施的国家和地区之外。

是否承认中国的市场经济地位，已成为美国在对华贸易谈判中一张重要的牌。分析人士指出，对美国来说，承认中国的市场经济地位与中美贸易直接相关，担忧利益受损的美国企业和议员对美国政府不断施压，使这一承诺迟迟难以兑现。美国政府也将其作为筹码，在人民币汇率、美国国债等问题上向中国施压，逼迫中国让步。

中国的完全市场经济地位不被承认，直接导致反倾销领域内中国企业屡屡受挫，一些国家在评估中国产品是否属倾销时便可采用第三国数据，高估中国出口产品的倾销幅度，为其反倾销行为寻找借口。中国社会科学院世界经济与政治研究所研究员宋泓指出，承认中国市场经济地位，意味着对中国产品采取贸易限制的法律依据和政策手段削弱了，从而可以减少针对中国产品展开反倾销反补贴案件的发生。

中国市场化改革进展巨大

顾清扬对本报记者说，判断一个国家是否享有市场经济地位，不能完全根据历史和现实，还应根据未来市场发展趋势来判断。自加入 WTO 之后，中国经济发生了根本性变化。在市场化程度以及与国际经济的联系方面，中国都表现出了自由市场经济的特征，比如中国的商品价格在国际市场上和对外贸易中都有极高的自由度。此外，中国在对外贸易中的角色也越来越重要。

国务院发展研究中心研究员胡江云对记者说，一直以来，中国为获得完全市场经济地位的认可作出了巨大努力。一是深化改革，特别是垄断领域的改革。支持和鼓励民营经济和外资进入，将石油、航空、铁路、电信等部门的生产经营与行政管理逐步分开。在价格改革方面，除少数国计民生产品外，98%以上产品的价格已完全由市场决定。此外，还进行了金融改革，实施利率和汇率制度改革等。二是进一步完善对外开放体系，并根据加入WTO协议，降低货物贸易的关税壁垒，削减非关税措施。近年来，中国进一步开放服务贸易，实施促进贸易便利化、投资便利化。在某些服务业领域，中国的对外开放程度甚至已超过一些西方发达国家。中国基本全方位开放汽车领域，不仅开放汽车整车、零部件的加工制造，而且开放了汽车服务。在分销服务、计算机服务等领域，中国的市场化程度普遍高于一般国家。三是降低市场准入门槛，减少市场壁垒，规范市场秩序，建设国内统一市场。

胡江云认为，倒是一些西方国家，既是市场经济规则的制定者，又是其最大破坏者。例如美国2003年实施的钢铁保障措施就有意违反WTO规则，实质是推行贸易保护主义。他还说，中国市场化改革已经取得巨大成就，对于这一点，欧美日等国家应当看到，不能熟视无睹并进行无理指责和过分苛求。

(资料来源：人民日报，2011年9月27日)

大力发展对外贸易，是社会主义市场经济的客观要求；建立社会主义市场经济，又会为我国发展对外贸易创造良好的制度环境和有利条件。发展对外贸易在我国社会主义市场经济建设完善过程中具有重要的战略地位和作用。

第一节　对外贸易与社会主义市场经济

一、社会主义市场经济的内涵

社会主义市场经济，是同社会主义基本制度相结合的，市场在国家宏观调控下对资源配置起基础性作用的经济体制。其内涵应该从以下两个层面来把握。

(一)社会主义市场经济具有现代市场经济的一般特征

1. 经济关系市场化

在市场经济条件下，一切经济活动，包括生产、分配、交换和消费活动，都要直接或间接地体现在市场活动中，只有这样，市场才能够发挥对资源配置的基础作用。

2. 企业市场主体化

在市场经济中，企业必须是独立的产权主体，独立地承担风险和责任，能够自主经营、自负盈亏，自我约束、自我发展，这样企业才能够灵活地参与到市场竞争中去，成为真正的市场主体。

3. 统一、开放的市场体系

市场体系是由各类市场构成的有机联系的统一整体。市场经济要求市场体系是完整的、统一的、开放的。具体来说，就是要求各种产品、要素资源都能够在市场上自由充分地流动交换，不存在市场缺失无法交换、人为操纵扭曲、市场分割封闭等问题。

4. 宏观调控间接化

市场机制本身也存在缺陷，为了弥补市场失灵，必须建立有效的宏观调控机制。政府对经济适当地宏观调控，是促进市场经济健康运行的重要保证。但是，市场经济条件下，市场调节是基础，政府一般不直接干预企业的生产经营活动，而是以各种经济杠杆、经济政策和必要的法律手段等间接手段进行宏观调控。

5. 市场经济还要求有完备的社会保障制度体系以及完善的市场法律法规体系

市场经济是竞争经济，有竞争就必然存在优胜劣汰，因此只要实行市场经济体制，就要求建立完备的社会保障制度体系。市场经济条件下的竞争，必须是公平有序的竞争，这就要求有统一的竞争规则，需要有完善的法律法规体系来维持市场竞争秩序，因此可以说，市场经济也是法制经济。

(二)社会主义市场经济是与社会主义基本制度相结合的市场经济

市场经济本身不存在社会制度属性，但是与不同的社会制度结合，又会具有不同的特点。我国实行的是社会主义市场经济，是与社会主义基本制度相结合的市场经济，因此，它除了具备现代市场经济的一般特征以外，还具有与资本主义市场经济不同的特点。

1. 在所有制结构上，坚持公有制的主体地位

我国社会主义市场经济坚持以公有制为主体、多种所有制经济共同发展的基本经济制度。因此，必须毫不动摇地巩固和发展公有制经济，毫不动摇地鼓励、支持和引导个体、私营等非公有制经济发展。坚持和完善基本经济制度，是建设完善的社会主义市场经济体制的重要方面，也是不断解放和发展生产力的客观要求。

2. 在分配制度上，坚持按劳分配为主体，多种分配方式并存

在社会主义市场经济条件下，存在国有、集体、个体、私营、外资等多元化所有制结

构，客观上要求实行按劳分配为主体，多种分配方式并存的分配制度，分配方式要体现效率优先、兼顾公平的原则。

3. 在宏观调控上，坚持自觉性和合理性

社会主义市场经济体制下的宏观调控具有自觉性、合理性和有效性，能够实现整体利益与局部利益的统一，能够实现长远利益与眼前利益的统一。

二、发展对外贸易是社会主义市场经济的客观要求

我国社会主义市场经济体制的改革完善，要求我国必须扩大对外开放，因为在当今世界各国经济发展日益国际化的大潮中，我国如果不利用好国内国外两种资源、国内国外两种市场，是不可能实现市场对资源配置的最优化目标的。中国的经济离不开世界，中国的改革也离不开世界。无论是国内大市场的形成，还是经济结构、产业结构、企业结构的合理化，都不能孤立地在国内进行，而需要在世界经济的交换中进行。发展对外贸易、参与国际交换与国际竞争，大力发展外向型经济，是社会主义市场经济的客观要求。

(一)发展对外贸易有利于形成符合市场经济要求的市场主体体系

发展对外贸易，使各类企业按照建立在市场经济基础上的国际贸易规范，积极参与国际交换与国际竞争，开展对外经济技术交流与合作，有利于我国企业尽快转型，以适应国际竞争的要求。国际市场是错综复杂、瞬息万变、充满竞争的市场，要求我国企业有很强的适应能力和竞争能力。因此，发展对外贸易事业必然会形成一种外部压力，促进我国企业提高经营决策能力，从而成为灵活的、真正的市场竞争主体。

(二)发展对外贸易有利于培育和发展我国的市场体系

发展对外贸易意味着国际市场对我国开放，也意味着我国市场对国外开放。这样就会引进国际市场的竞争机制，使我国的价格体系逐步向世界市场的价格体系靠拢，促进我国价格体系的改革。按照国际贸易规范发展对外贸易，就会在供求规律和竞争规律的作用下，使我国的价格体系同世界市场的价格体系逐步趋于一致。同时，按照国际贸易规范发展对外贸易事业，也会相应地促进我国建立和健全金融市场、技术市场、劳务市场、信息市场和房地产市场，从而形成统一、开放、完善的市场体系。

(三)发展对外贸易有利于完善我国的市场机制

发展对外贸易，加强对外经济技术交流与合作，将国际市场价格机制、竞争机制、供求机制引入国内，有利于逐步健全我国社会主义市场经济的价格机制、竞争机制和供求机

制，从而促进我国市场机制的完善。按照国际贸易规范发展对外贸易，就能够较快地学习和借鉴资本主义管理市场的经验，结合我国的实际情况，逐步建立起良好的市场秩序和完善的市场规则。

(四)发展对外贸易有利于我国宏观调控体系的完善

发展对外贸易事业，可以在实践中学习西方发达国家如何按照市场经济规律的要求来制定管理市场的法律、法规和政策，如何运用价格、信贷、税收等经济杠杆和采取必要的行政手段来管理市场经济，从而有利于根据我国国情建立社会主义市场经济的宏观调控体系。

三、社会主义市场经济必然促进对外贸易的发展

1. 实行社会主义市场经济体制，有助于我国同世界经济接轨，促进对外贸易发展

在社会主义市场经济条件下，我国同世界经济的联系，就不会再依靠计划和补贴等行政手段，而主要采用市场机制的价格、汇率、税收的手段，使我国的价格体系逐步向世界市场的价格体系靠拢，使我国的产业结构、产品结构有机地结合起来，从而会加速我国经济同世界经济的接轨。这有利于我国更深入地参与国际分工，进行国际竞争。实行社会主义市场经济，加速中国经济同世界经济的接轨，必然会促进我国对外贸易的进一步发展。

2. 社会主义市场经济要求深化外贸体制改革，从而促进对外贸易发展

社会主义市场经济的改革完善，要求进一步深化外贸体制改革。要使我国的外贸体制既适应社会主义市场经济的运行机制，又符合国际贸易规范，就要进一步深化外贸经营体制、外贸管理体制、外贸服务体制的改革。所有这些改革，都能够为我国开展对外贸易活动创造良好的环境和条件，从而促进对外贸易的发展。

3. 社会主义市场经济可以促进社会生产力的提高，为发展对外贸易提供雄厚的物质基础

发展社会主义市场经济，有助于企业成为真正的市场主体，促使企业改善经营管理，加强技术创新，从而使社会生产力水平得到提高。社会主义市场经济条件下，社会资源的配置主要是以市场来调节，配置效率得到提高，从而提升我国的国际竞争力。市场经济是开放经济，资源配置的范围将扩大到全世界，有利于我国综合国力的提高。因此，社会主义市场经济必然会促进社会生产力的提高，使我国对外贸易的发展具有雄厚的物质基础和强大的国际竞争力。

第二节　对外贸易在社会主义市场经济条件下的战略地位

一、社会主义初级阶段决定了对外贸易的战略地位

社会主义初级阶段理论，是在中共十一届三中全会之后，在中国社会主义建设实践的基础上，总结几十年社会主义建设的经验教训，从现实的国情出发而提出的我国正处在社会主义的初级阶段的正确论断。这个论断的提出，在党的文件中，最早见于1981年6月中共十一届六中全会通过的《关于建国以来党的若干历史问题的决议》。中共十二大政治报告进一步明确指出：我们的社会主义社会，现在还处在初级发展阶段，物质文明还不发达。中共十三大再次明确肯定了这个论断，并从理论上作了论证。我国社会主义的初级阶段，是特指我国在生产力落后、商品经济不发达条件下建设社会主义必然要经历的特定阶段，而不是泛指任何国家进入社会主义都会经历的起始阶段。这个阶段是逐步摆脱贫穷、摆脱落后的阶段；是由农业人口占多数的手工劳动为基础的农业国，逐步变为非农产业人口占多数的现代化的工业国的阶段；是由自然经济半自然经济占很大比重，变为商品经济高度发达的阶段；是通过改革和探索，建立和发展充满活力的社会主义经济、政治、文化体制的阶段；是全民奋起，艰苦创业，实现中华民族伟大复兴的阶段。

社会主义初级阶段的理论论断包括两层含义。第一，我国社会已经是社会主义社会。我们必须坚持而不能离开社会主义。第二，我国的社会主义社会还处在初级阶段。我们必须从这个实际出发，而不能超越这个阶段。初级阶段理论提出的基本依据是我国现实的国情。我国的社会主义是脱胎于半殖民地半封建社会，生产力水平远远落后于发达的资本主义国家，这就决定了我们必须经历一个很长的初级阶段，去实现别的许多国家在资本主义条件下实现的工业化和生产的商品化、社会化、现代化。

我国经济发展水平低，科学技术水平落后，表明我们仍没有超越社会主义初级阶段。社会主义的根本任务是发展生产力。在初级阶段，为了摆脱贫穷和落后，实现工业化，实现生产的商品化、社会化、现代化，就必须要对资源、劳动力、资金、技术、市场等生产要素进行最佳组合。要利用两种资源——国内资源和国际资源，要打开两个市场——国内市场和国际市场，要学会两套本领——组织国内建设的本领和发展对外经济关系的本领。这就决定了我国的对外贸易应处于重要的战略地位，发挥应有的作用，以实现经济的现代化。

二、全方位开放格局决定了对外贸易的战略地位

由于我国地区经济发展很不平衡，地理条件差异较大，因此我国的对外开放并没有采取全国同步开放的方针，而是采取由点到线、由线到面，由边缘向纵深，从南到北，从东到西，最终形成了全方位、多渠道、多层次的开放格局。1992年以前，重点开放沿海地区，

并逐步向内地开放，具体包括建立经济特区、开放沿海港口城市、开辟沿海经济开放区、逐步向内地开放四个层次。1992 年以后，党的十四大报告为中国对外开放格局确定了发展目标：对外开放的地域要扩大，形成多层次、多渠道、全方位的对外开放格局。具体表现为：我国在继续开放经济特区、沿海开放城市和沿海经济开放区的基础上，进一步开放了陆地边境市、镇，开放了一些沿江城市和内陆省会城市，进一步扩大西部地区的对外对内开放，促使我国逐步形成全方位对外开放格局。党的十六大以来，我国紧紧抓住加入世贸组织的重大机遇，积极参与经济全球化，着力提高对外开放水平，基本形成全方位对外开放格局。对外开放促进了国民经济增长，加快了产业升级，扩大了就业，增加了税收，为实现全面建设小康社会战略目标、构建和谐社会提供了重要保障。

对外开放政策的主要内容是：大力发展对外贸易，特别是扩大出口贸易；积极引进先进技术和设备；积极有效地利用外资；积极开展对外工程承包和劳务合作；发展对外技术援助和多种形式的互利合作；设立经济特区和开放沿海城市，带动内地开放。其中发展对外贸易、利用外资、引进先进技术和设备这三项是对外开放政策的最主要内容。而上述三项内容中，发展出口贸易是利用外资和引进技术的物质基础，因此，它是对外开放政策的最根本内容。对外开放的其他内容，都必须以对外贸易为基础，通过对外贸易来实现。因此，对外贸易的发展影响着对外开放的广度和深度，从而使对外贸易处于主要的战略地位。

三、社会主义市场经济决定了对外贸易的战略地位

市场经济是以市场作为资源配置的基础性方式和主要手段的经济。市场经济要求市场体系是完整的、统一的、开放的。具体来说，就是要求各种产品、要素资源都能够在市场上自由充分地流动交换，不存在市场的人为分割和封闭等问题。发挥市场的资源配置作用，不仅包括国内市场机制，同时还包括国际市场机制，从而使资源在国家间、不同经济部门间达到合理配置，促进经济的发展，获得最佳经济效益。因此，市场经济与对外贸易是不可分割的，市场经济正是通过包括对外贸易在内的一系列途径来优化资源配置的。培育和发展社会主义市场经济，强化市场机制的作用，就意味着要大力发展对外贸易，从而决定了对外贸易在国民经济中必须处于重要的战略地位。

案例 3-1

中国入世 10 年非市场经济问题回顾与展望

入世 10 年，世贸组织其他成员对我国的反倾销、反补贴等贸易救济调查总体呈上升趋势，严重影响了我国对外贸易的发展。尤其是在反倾销、反补贴立案调查中，世贸组织某些成员滥用非市场经济替代国方法，虚构有关中国出口产品的倾销、补贴税率，给有关中国产品出口带来了严重的损失。为了深入了解入世 10 年我国面临的非市场经济问题，本刊编辑部特采访了时代九和律师事务所高级合伙人江家喜律师。

《中国贸易救济》：中国在争取承认市场经济地位(MET)问题上，取得了一定进展。请您介绍一下截至目前有哪些国家承认了中国市场经济地位。

江家喜律师：据不完全统计，截至2011年10月，已有78个国家承认了中国的市场经济地位，而美国、欧盟、日本等主要发达国家仍未承认中国市场经济地位。

《中国贸易救济》：请您介绍一下，欧盟关于非市场经济地位的相关法律，以及我国企业的应诉情况。

江家喜律师：首先，早在中国加入世贸组织之前，欧盟于1998年4月通过了第905/98号决议，修改了其反倾销基本规则的相关条款，将中国和俄罗斯从"非市场经济国家"名单中撤销，放入"过渡经济国家"名单中。欧盟虽仍不承认中国的市场经济地位，但规定在反倾销个案中，中国企业可以申请市场经济地位待遇；如果其申请获得批准，则可以采用其真实成本或国内售价计算正常价值。经过不断修改，欧盟认定中国企业是否具有市场经济地位的标准为：①企业自主经营，价格、成本、投资等由市场决定；②企业有一套符合国际财务准则的财务制度；③企业生产成本与融资等不受非市场经济体制的扭曲；④企业受财产法与破产法管辖；⑤汇率变化由市场供求决定。这些标准虽然存在着很大的弹性，但实践证明，可以给中国应诉企业带来应诉成功的机遇。

据不完全统计，自1998年欧盟修改反倾销法后到2011年，中国已有不少企业在应诉欧盟反倾销调查中取得了企业市场经济地位，其好处也是显而易见的。

《中国贸易救济》：请您介绍一下美国关于非市场经济地位的相关法律。

江家喜律师：美国在1988年的《综合贸易法》中引入"市场导向产业"(Market-Oriented Industry，MOI)条款，其中规定在一国被视为"非市场经济国家"的情况下，允许该国应诉企业申请其所在行业为"市场导向产业"；如果其申请获得批准，可以不对其适用替代国方法，而以实际"生产要素"(Factors of Production)为基础计算其倾销幅度。美国"市场导向产业"认定标准包括以下几个方面：①涉案产品的定价或产量没有政府干预或介入；②生产涉案产品的产业为私人或集体所有，变现符合市场法则；③所有主要投入都以市场价格采购，所有次要投入的重要部分都以市场价格采购。美国的这个市场导向产业概念，在《中国入世议定书》第15条中也有所反映，即议定书规定一个中国的行业或产业，可以证明其拥有市场经济地位而不适用替代国方法。

由于MOI标准比较模糊，而且要求整个产业去证明其市场经济地位，而实践中每个案子的应诉企业一般不可能构成整个产业，因此，至今还没有哪个中国产业获得过市场经济导向产业待遇。虽然，在实践中，中国企业也在不断努力争取市场导向产业待遇。如2004年美国木制卧室家具反倾销中，中国家具行业协会、天津美克和东莞台升等应诉企业都向美国商务部提出了市场导向产业申请，但美国商务部以没有足够时间对所有涉案企业进行核查为由拒绝了申请。

《中国贸易救济》：中方就非市场经济问题取得了重大进展，但是加拿大、澳大利亚等在替代国问题上发生了变化，请您介绍一下。

江家喜律师：加拿大、澳大利亚等在替代国问题上的最新发展，确实不能不引起中方的警惕。

首先，在假定中国市场经济地位后，加拿大于 2004 年 4 月 13 日发起针对中国户外烧烤架案的反倾销和反补贴合并调查，并从此对中国产品基本都要进行"双反调查"，引起美国、澳大利亚、南非、印度、欧盟等争相效仿，最终使得国外对中国产品进行"双反调查"似乎成为常态。虽然在近年西方针对中国发起的第一起"双反调查"户外烧烤架案中，加拿大边境服务署(CBSA)中止了"双反调查"，但 CBSA 随后在碳钢及不锈钢紧固件案中，利用中国政府答卷信息不全作为突破口，首次裁决对中国产品征收反补贴税，开启了国外对中国产品征收反补贴税的先河。

其次，2007 年 8 月 13 日，加拿大边境服务署对原产于中国的无缝钢制油气套管进行反倾销和反补贴立案调查。在该案中，加方申诉人律师提出相反证据，要求推翻市场经济地位假定，调查中国相关产业的非市场经济性。CBSA 据此发起了加拿大反倾销、反补贴基本法《特别进口措施法》(SIMA)第 20 条的有关国家垄断问题的调查(简称"20 条调查")。2007 年 11 月 9 日，CBSA 发布初裁，确定中国相关行业存在国家垄断问题，并适用替代国方法。2008 年 2 月 7 日，CBSA 公布终裁，确认初裁的替代国方法，致使中国涉案产品被征收 37%～91%的反倾销税。

无缝钢制油气套管案的后果是灾难性的，它开创了利用"20 条调查"取消市场经济地位假定的先例。后来虽然在个别较小案件中，中方仍然可能享有市场经济地位假定待遇(如半导体冷热箱案)，但发起"20 条调查"以便重新适用替代国方法，已悄然成为常态。

更糟糕的是，加拿大的这种迂回战术，被澳大利亚活学活用，并有所发展。

如前文所述，澳大利亚在 2005 年 4 月 18 日已经从政治上承认中国的市场经济地位。2005 年 8 月 13 日，澳大利亚海关发布承认中国市场经济地位后第一起反倾销案蘑菇罐头案的基本情况说明(Statement of Essential Facts)，认为即使中国获得了市场经济地位，澳大利亚海关仍然需要审查中国有关"市场状况"(Market Situation)，以决定是否适用替代国方法。虽然在蘑菇罐头案中，澳大利亚海关最后决定不适用替代国方法，但是在其后的反倾销、反补贴案件中，却时时以特殊"市场状况"(Market Situation)为由，对中国相关行业进行调查，并在铝型材等案中，对中国应诉企业适用了替代国方法。在铝型材案中，澳大利亚海关甚至引证加拿大 CBSA 的调查结果，来说明中国铝型材行业存在特殊"市场状况"，需要适用替代国方法。更有甚者，澳大利亚自 2008 年 3 月 26 日卫生纸案开始，在卫生纸、空心结构钢材、铝型材等案中开始对中国进行"双反调查"。

此外，类似情况在巴西、阿根廷等南美国家也已经出现。虽然这些国家早在 2004 年就已经承认中国的市场经济地位，但那似乎只是政治承认。在法律上，他们似乎都还没有承认中国属于市场经济国家，因为他们在反倾销调查中，继续对中国企业适用替代国方法。

《中国贸易救济》：关于非市场经济地位，请您对当前形势进行一下总结，并对 2016 年之后的形势进行一下展望。

江家喜律师：如果严格解读《中国入世议定书》第 15 条(允许在对中国反倾销、反补贴时采取替代国方法)的规定，就会发现该规定并没有规定在中国入世 15 年(即到 2016 年 12 月 11 日)后，其他世贸组织成员方需要承认中国的市场经济地位，并不得再使用替代国方法。

我们认为，《中国入世议定书》第 15 条作为法律性规定，仅仅应该作如下解读：

(1) 在对原产于中国的产品反倾销、比较价格时，成员方应当采用中国相关产业的实际价格或成本，或者采用一种替代国方法。

(2) 如果中国相关生产商能证明清楚市场经济条件主导(Prevail)其所在产业，应当采用中国相关产业的实际价格或成本。

(3) 如果中国相关生产商不能证明清楚市场经济条件主导(Prevail)其所在产业，可以采用一种替代国方法。这一条在中国入世之日后 15 年终止。

(4) 如果对中国进行反倾销的成员方的国内法律在中国入世之日有市场经济标准，而中国依据该国内法成功证明它是市场经济，则前述反倾销非市场经济替代国方法一条随之终止；如果中国依据调查成员国国内法律证明中国某一行业或产业为市场经济主导，则前述非市场经济替代国方法不再适用于该行业或产业。

(5) 在对中国产品进行反补贴调查时，如果适用正常反补贴协定有关条文存在特殊困难(Special Difficulties in that Application)，则调查成员方可以采用替代国方法。

(6) 所有成员方应当向世贸组织反倾销实践委员会通报其反倾销正常及替代国方法；所有成员方应当向世贸组织补贴与反补贴委员会通报其反补贴正常及替代国方法。

从以上解读中可以确定，世贸组织任何成员方政治上承认中国为市场经济国家，并不能阻止其继续对中国适用非市场经济替代国方法。只有他们的立法机关立法明确禁止对中国继续采用非市场经济替代国方法，或者他们的执法机关明确认可中国为市场经济国家，才能阻止其继续对中国产品适用非市场经济替代国方法。因为向成员方证明中国是市场经济国家还需要相应成员方国内法在中国入世时已有市场经济标准，而中国入世时几乎没有哪个成员方国内法上有市场经济标准，所以向执法机关证明这条形同虚设。实际上，只要成员方通过立法禁止对中国采用非市场经济替代国方法，才有可能在 2016 年前取得真正进展。

从以上解读中也可以确定，到 2016 年 12 月 11 日，世贸组织成员方将不得再以“中国相关生产商不能证明清楚市场经济条件主导(Prevail)其所在产业”，而采用替代国方法。但是该规定并没有说，在 2016 年后，禁止在对中国产品进行反倾销调查时继续采用替代国方法；更没有说，届时各成员方需要承认中国是市场经济。此外，在针对中国的反补贴调查中运用替代国方法并无 15 年的限制，理论上可以无限搞下去；不用说中国是不是市场经济，只要说正常适用反补贴法“有特殊困难”就行了。

而实际上，在发达国家的反倾销和反补贴调查中，运用替代国方法并不限于“非市场经济”一种情况；有任何特殊情况，导致某国国内售价与成本不可靠、不可用时，都有可能使用替代国方法。很多世贸组织成员都有这种立法；而这种立法是否就不符合《关税与贸易总协定》第 6 条以及《反倾销措施协定》，现在还很难说。

例如，加拿大《特别进口措施法》中就不仅有针对非市场经济国家适用替代国方法的规定，也有针对任何国家(地区)适用替代国方法的规定。加拿大 SIMA 第 20 条规定下列两种情况可以使用替代国方法。

(1) 对于从任何特别列举国家(即非市场经济国家)进口的产品，如果 CBSA 认为其国内售价主要由该国政府决定，并有足够理由相信如果由竞争性市场决定，该价格将会有重大不同；

(2) 对于从任何国家进口的产品，如果 CBSA 认为该国政府对其出口贸易具有垄断或接近垄断地位，并且其国内售价主要由该国政府决定，且有足够理由相信如果由竞争性市场决定，该价格将会有重大不同。

在把中国从非市场经济国家名单中剔除之后，加拿大目前正是利用 SIMA 第 20 条规定，对中国企业进行替代国方法的“反攻倒算”。

澳大利亚《海关法》第 269TAC 也规定，在出口国政府对该国贸易具有垄断或接近垄断地位，并决定国内售价或对国内售价有重大影响时，可以使用替代国方法。该条更是进一步规定，如果出口国市场情况特殊导致其不适合采用时，可以使用替代国方法。在承认中国市场经济地位之后，澳大利亚目前正是利用这个特殊市场状况的规定，对中国企业继续适用替代国方法。

而欧盟和美国目前虽然没有类似澳大利亚和加拿大的说法，但是他们的法律上也有一定的操作空间。如欧盟反倾销基本规则第 2.3 条规定，“当类似产品没有或没有足够正常贸易过程中的销售时，或者因为特定市场状况此等销售不宜用来适当比较时”，欧盟调查机关可以运用推算正常价值的方法，来确定国内售价。推算正常价值基于涉案企业的生产成本，但是可以加上“合理的”管理销售费用及利润。特别需要注意的是，欧盟规定“特定市场状况”(Particular Market Situation)包括“当价格人为过低”。澳大利亚正是从类似规定中确立了其特殊“市场状况”的替代国方法的。欧盟和美国随时可能为应对 2016 年之后或因应承认中国市场经济地位的形势而修改法律，确定新的替代国方法。

(资料来源：国际商报，2012 年 2 月 15 日)

第三节　对外贸易在社会主义市场经济条件下的作用

改革开放以来，国民经济的飞速发展离不开利用“两种资源”和打开“两个市场”经济战略思想的指导。充分利用国内资源和国外资源，积极打开国内市场和国际市场，使我国对外经贸进入了迅猛发展的历史新阶段。经过 30 多年的改革，我国外贸体制发生了根本变化。行政性直接干预日趋弱化，外贸宏观管理逐步走上以经济、法律手段调控为主的轨道；外贸经营主体多元化格局初步形成，国有、私营、中外合资、股份制、股份合作制、内部职工持股等多种所有制形式相互竞争，自负盈亏的经营机制不断得到加强和完善；外贸政策的统一性和透明度进一步增强，涉外法规日益健全；外贸中介服务体系开始形成。总之，我国大经贸格局初显，外经贸宏观管理正在与世界接轨。对外贸易在中国的经济增长中都充分发挥了“发动机”效应，这也是古典经济学和现代经济学对于对外贸易对经济增长的贡献问题基本上达成的共识。

一、促进国民经济按比例协调发展

通过国际范围的商品交换，转换各种使用价值，用本国一部分产品到国外去换取国内所必需的另一部分产品，调剂国内余缺，改进社会扩大再生产按比例协调发展所要求的实物结构，调整各方面的比例关系。我国每年都进口一些生产资料，大部分是国内短线产品、稀缺物资和先进适用的技术、设备，这保证了国家重点建设和工农业生产发展的需要。同时，增加出口国内市场的建材、家电、轻纺产品等。这就促进了国民经济按比例协调发展，保证了社会扩大再生产的顺利进行。

二、促进经济增长和服务水平的提高

随着外贸的扩大，不仅使国内众多产品拥有更广阔的市场，带动国内产业和企业的发展，还将通过进口机器设备、中间品等硬件技术的转移，并伴随技术服务咨询、技术人才培训、组织管理技能和企业家精神培养等软技术的渗透和扩散，使国内企业在获得技术效应、学习效应的同时，注重技术开发和创新机制的动态培育，带动全要素生产率的不断提高。通过对外贸易的发展，有重点、有选择地从国外引进一些新技术和先进的设备，填补了我国某些技术的空白。在使用这些先进技术和设备的同时，不断吸收、消化和创新，提高了我国工业生产的科技水平，从而改变了我国经济和技术落后的状况，加快了现代化建设的步伐。通过出口贸易，参与国际竞争，也能推动我国企业和国民经济的技术改造，提高科学技术水平。

三、促进国民经济结构调整与优化

21 世纪初期是我国经济结构调整和优化的重要时期。在我国贸易发展领域，它突出表现为对我国贸易经济结构进行战略性调整。根据发展经济学的规律，当一国的人均 GDP 达到 1000 美元时，一般具有比较高的积累率、投资率和生产增长率，产生一批新兴产业主导部门。所以，我们要走新型工业化道路，推进国民经济结构优化升级。面对经济全球化趋势，我国国民经济结构的调整与优化不仅要立足于国内市场的需求，而且要依托国际市场和国际经济，使调整与优化的方向符合国际分工发展的客观要求，以保持我国国民经济结构在国际上的先进性。通过对外贸易，可以及时获取国际市场发展变化的信息，对我国出

口商品结构、消费结构和产业结构的调整产生积极能动的导向作用，推动国内经济结构升级，促进国民经济市场化和结构合理化。

案例 3-2

2012 年西藏对外贸易总额创历史新高

记者近日从拉萨海关获悉，2012 年西藏外贸进出口总值突破 30 亿美元大关，达 34.24 亿美元，同比增长 152.02%，增幅居全国第一，进出口总值创历史新高。

西藏对外贸易主要以出口为主。2012 年对外贸易出口总值达到 33.55 亿美元，同比增长 183.58%，占进出口总值的 97.98%；进口贸易值为 0.69 亿美元，同比减少 60.71%。出口高增长的主要原因是国家给予西藏对外贸易特殊的优惠政策。

西藏进出口贸易仍然主要以一般贸易和边境小额贸易为主。数据显示，西藏的主要贸易国别前三位分别为尼泊尔、马来西亚和印度尼西亚，进出口贸易值分别为 17.07 亿美元、0.22 亿美元和 0.19 亿美元，分别增长 0.8 倍、31 倍和 287 倍。

据拉萨海关分析，西藏对外贸易的迅猛增长得益于周边国家政局的持续稳定、西藏交通运输网络的日益完善、西藏特色优势产业和民族手工业的快速发展，以及海关在推进贸易便利化、降低企业通关成本、落实外贸优惠政策、营造良好的对外贸易环境等方面的积极努力。

（资料来源：新华网，2013 年 1 月 22 日）

四、提高人民的物质文化生活水平

社会主义生产的目的，是为了满足人民日益增长的物质和文化生活的需要。建国以来，特别是改革开放以来，我国通过发展对外贸易，引进了先进的技术和关键的设备，进口了部分生产资料和生活资料，扩大了国内商品的产量，增加了商品的投放量，改进了花色品种，也提高了商品的档次。同时，根据国内的需要，将进口商品直接投放市场，这对缓解供求矛盾、调剂商品品种、提高人民物质和文化生活水平、改善市场商品供求起到了积极的作用。

五、增加就业机会

就业是民生之本。我国是一个人口大国，劳动就业问题是一个尖锐的社会问题。扩大就业是我国当前和今后很长时期重大而艰巨的任务。通过发展对外贸易，可为我国劳动者提供大量的就业机会。据国务院发展研究中心课题组测算，在不考虑其他因素变化的情况下，外贸每增长一个百分点，就业将增长 1.48 个百分点。外贸提供就业岗位的理论机理是：首先，随着我国投资环境的改善，由外商投资企业主导的加工贸易的制造环节在境内主要采取劳动密集型生产，对扩大就业的效果十分显著。其次，随着贸易与产业的日益融合，国内一般贸易与上下游产业关联度变大，产业链条加长，技术和附加值含量从低到高扩散，在扩大就业方面的作用将更为突出。此外，在贸易结构方面，我国对发达国家市场出口仍然主要是相对劳动密集型产品，进口主要是相对资本和技术密集型产品；对发展中国家市场出口主要是相对资本和技术密集型产品，进口主要是资源密集型产品。这种基本上按照国际比较优势形成的贸易结构，有利于发挥我国人力资源丰裕的竞争优势，随贸易成长创造出更多的就业机会。同时，我国动态比较优势形成梯次分布的格局，即劳动密集型贸易与资本和技术密集型贸易将长期并存，这意味着我国以人力资源密集型为主的高新技术产业将成为出口增长的新的主力军。由于这种贸易结构变化是立足于我国的动态比较优势，就业创造效应将更加明显。

案例 3-3

2012 年我国城镇新增就业 1266 万人

本报讯：人力资源和社会保障部新闻发言人尹成基在 25 日举行的新闻发布会上说，2012 年，全国城镇新增就业 1266 万人，年末城镇登记失业率为 4.1%。

尹成基说，2013 年，高校毕业生将达到 700 万人，再加上往届已经毕业没有就业的人员，高校毕业生就业压力会进一步加大。人社部门将继续把高校毕业生就业放在首位，落实和完善扶持高校毕业生就业创业的政策，多渠道拓展高校毕业生就业领域。

尹成基说，尽管出现了新增劳动年龄人口下降的趋势，但是在未来一个时期，特别是在“十二五”期间，中国的劳动年龄人口还是呈增加的趋势：劳动年龄人口新增有所下降，但是总量是保持继续增加的。随着劳动生产率的进一步提高，通过开展职业技能培训，提高劳动力素质，特别是通过推进城镇化和产业升级，促进劳动力从低端产业向高端产业、从低劳动生产率的行业向高劳动生产率的行业转移，在一定程度上会增加劳动力的供给，也就是有利于延缓人口红利期。

因此，在“十二五”期间，中国劳动力供给总量还在增加，我国在未来一段时间仍然可以继续利用人口红利。

(资料来源：白天亮. 商报网，2013 年 1 月 28 日)

六、推动对外经济关系的发展，为我国经济发展创造良好的外部条件

对外贸易在对外关系中有着十分重要的地位。世界上的发达国家，没有一个是闭关自守的，它们在经济上与其他国家相互依赖。这种影响和被影响的相互关系正是通过对外贸易这个传递渠道来实现的。我国对外经济关系包括对外贸易、利用外资、引进和出口技术、开展对外承包工程和劳务合作、进行经济技术交流与援助，以及其他形式的经济关系。在整个对外经济关系中，对外贸易与对外经济关系的其他方面之间是相互影响、相互促进的。其中，对外贸易是最重要、最基本的形式。我国对外贸易的发展，已经同技术引进、利用

外资、开展对外承包工程和劳务合作等密切结合，对外贸易推动了整个对外关系的发展。我国的现代化建设，还需要有一个和平的国际环境。建国以来，在平等互利的基础上，我国已经同世界许多国家和地区建立和发展了贸易关系，通过对外贸易往来，加强了同发达国家的联系，支援了发展中国家的经济建设，增进了同世界各国人民的相互了解和友谊，进而促进了我国外交事业的发展，为我国国民经济发展和社会主义现代化建设创造了良好的外部环境。

本章小结

社会主义市场经济，是同社会主义基本制度相结合的，市场在国家宏观调控下对资源配置起基础性作用的经济体制。其内涵应该从两个层面来把握：一是社会主义市场经济具有现代市场经济的一般特征，即经济关系市场化；企业市场主体化；统一、开放的市场体系；宏观调控间接化；市场经济还要求有完备的社会保障制度体系以及完善的市场法律法规体系。二是社会主义市场经济是与社会主义基本制度相结合的市场经济，即在所有制结构上，坚持公有制的主体地位；在分配制度上，坚持按劳分配为主体，多种分配方式并存；社会主义市场经济体制下的宏观调控具有自觉性、合理性和有效性，能够实现整体利益与局部利益的统一，能够实现长远利益与眼前利益的统一。

发展对外贸易是社会主义市场经济的客观要求。发展对外贸易有利于形成符合市场经济要求的市场主体体系，发展对外贸易有利于培育和发展我国的市场体系，发展对外贸易有利于完善我国的市场机制，发展对外贸易有利于我国宏观调控体系的完善。而社会主义市场经济又必然促进对外贸易的发展。实行社会主义市场经济体制，有助于我国同世界经济接轨，促进对外贸易发展；社会主义市场经济要求深化外贸体制改革，从而促进对外贸易发展；社会主义市场经济促进社会生产力的提高，为发展对外贸易提供雄厚的物质基础。

在社会主义市场经济条件下，对外贸易具有重要的战略地位。社会主义初级阶段决定了我国的对外贸易应处于重要的战略地位，发挥应有的作用，以实现经济的现代化；全方位开放格局决定了对外贸易的战略地位、对外开放的内容，都必须以对外贸易为基础，通过对外贸易来实现。对外贸易的发展影响着对外开放的广度和深度，从而使对外贸易处于主要的战略地位。培育和发展社会主义市场经济，强化市场机制的作用，就意味着要大力发展对外贸易，从而决定了对外贸易在国民经济中必须处于重要的战略地位。

在社会主义市场经济条件下，对外贸易发挥着重要的作用，对外贸易在中国的经济增长中都充分发挥了“发动机”效应。主要表现在：促进国民经济按比例协调发展；促进经济增长和服务水平的提高；促进国民经济结构调整与优化；提高人民的物质文化生活水平；增加就业机会；推动对外经济关系的发展，为我国经济发展创造良好的外部条件。

思 考 题

1. 社会主义市场经济的特征是什么?
2. 怎样理解对外贸易与社会主义市场经济的互动关系?
3. 为什么说我国发展对外贸易具有重要的战略地位?
4. 发展对外贸易的作用有哪些?

案 例 分 析

降低外贸依存度靠什么

来自海关总署的最新统计显示，实行“十一五”规划以来，我国外贸依存度总体呈现回落态势，2011年已由2006年的67%回落至50.1%。有关专家认为，外贸在我国经济活动中的地位依然举足轻重，降低外贸依存度能够降低经济运行风险，实现可持续发展。在这方面，通过转型升级来实现由外需拉动向内需驱动转变，知识产权的助力作用不可忽视。

推动转型升级

近日，一项由国际权威市场调查机构所作的调查显示，2011年在中国国内市场，海信电视以13%的市场占有率稳居首位。而且，在中外品牌汇聚、竞争白热化的国内彩电市场竞争中，海信电视已连续8年稳居中国彩电市场首位，实现了对众多外资品牌的超越。

“实施企业知识产权战略，运用专利加快转型升级，使我们的产品立足国内、面向海外，在国内外两个市场都牢牢站稳了脚跟。”海信集团有限公司(下称海信集团)的一位负责人向记者表示，近年来，海信集团通过强化专利的创造和运用，加快了技术创新和产品更新换代、转型升级的步伐。2011年，海信集团提交中国专利申请超过1300件，其中30%以上为发明专利申请。在电视技术上，诚信紧盯国际技术前沿，研发了有自主知识产权的发光二极管(LED)电视、3D电视等新产品，实现了对市场潮流的引领。2008年国际金融危机以来，整个电视行业出口受到严重影响之时，海信电视却逆势飘红。2011年，海信实现营业收入716亿元，同比增长12.29%；实现利润42.85亿元，同比增长16.74%，经济效益保持了稳定增长。

“企业是市场经济的主体。只有企业转型升级做得好，才能从整体上降低对外贸的依存度。”北京大学经济学院教授李庆云认为，目前，我国对外贸易面临的压力主要来自国际经济下滑，其中有国际金融危机和欧美债务危机的影响，因此，降低外贸依存度就是降低经济运行的风险。企业的自主创新至关重要，在其中发挥的作用不可小觑。他表示，我国企业加快转型升级的方向是正确和务实的。

实现内需驱动

“通过转型升级，拉动国内消费，培育国内投资，是在目前的国际经济形势下保持经济稳定增长的重要途径。”国家发展和改革研究院有关专家认为，虽然内需与外贸都是不可缺少的，但内需驱动更有利于经济的可持续发展。因此，今后在转方式、调结构、促发展的过程中，提升内需驱动、降低外贸依存度是努力的一个方向。

专家表示，在我国入世之初的5年间，我国对外贸易快速发展，外贸依存度不断上升。2003年我国外贸依存度首次超过50%达到51.9%，2006年达到67%，此后平稳回落，但仍在50%以上。

“超过50%的外贸依存度，表明我国深度地参与国际竞争和国际分工，我国经济广泛而深入地融入全球经济发展。”几位业界专家都表示，无论是专利还是商标，对企业来说加快了转型升级的步伐，对市场来说容易拉动内需，在这个基础上就可以降低外贸依存度，为经济稳健发展做良好的铺垫。

目前，美国、日本、印度和巴西等4国的外贸依存度在30%左右，法国、英国、意大利和俄罗斯等4国低于50%，而我国与加拿大、德国等3国在50%以上，处于较高水平。

“从外贸依存度的数据看，我国加快转变经济发展方式依然有较大的潜力空间，依靠知识产权转型升级，实现由‘中国制造’向‘中国创造’转变任重道远。”有关专家表示，实施国家知识产权战略，提升自主创新能力，着力加快转变经济发展方式，我国经济将更多地依靠内需拉动，外贸依存度将可以进一步降低，经济必将走上稳健发展之路。

(资料来源：赵建国. 知识产权报，2012年4月5日)

问题：

1. 试分析我国高外贸依存度存在的原因。
2. 请分析降低外贸依存度的主要方法。
3. 我国应该如何处理对外贸易发展与国家经济安全的关系？

第四章　中国对外开放与发展开放型经济

【学习要求】

通过本章的学习，要求学生了解我国对外开放的客观必然性；掌握对外开放的内容、形式、格局、特点及成就；懂得对外开放的实质和开放型经济的含义，明确进一步提高对外开放水平和推进中国经济与世界经济接轨的措施。

【主要概念】

对外开放　对外开放格局　开放型经济　中国经济与世界经济接轨

【案例导读】

中国将拓展对外开放的广度和深度，发展开放型经济

当今世界是开放的世界，全球经济是开放的经济。在这样的大背景下，一个国家要加快发展，必须大力发展开放型经济。开放的程度决定着开放型经济的发展速度，开放的水平决定着开放型经济的发展前景。中国将拓展对外开放的广度和深度，继续深化沿海开放、加快内地开放、提升沿边开放，以开放促改革，以开放促发展，以开放惠民生。

坚持对外开放基本国策，坚定不移地发展开放型经济，奉行互利共赢的开放战略，是改革开放三十多年来中国经济持续快速发展的一条成功经验。招商引资、择优选资，促进"引资"与"引智"相结合，是中国对外开放的重要内容。中国把利用好国际国内两个市场、两种资源，把引进外资和对外投资作为对内促进科学发展、和谐发展，对外坚持和平发展、合作发展的长期战略方针。中国将推动更多企业"走出去"，深化南南合作，真心诚意帮助发展中国家提高经济发展能力，不断为推动世界经济强劲、可持续、平衡增长和经济全球化朝着均衡、普惠、共赢方向发展作出新贡献。

（资料来源：习近平. 在厦门联合国贸发会议第二届世界投资论坛开幕式上发表主旨演讲. 中国新闻网，2010年9月7日）

改革开放三十多年来，我国全方位对外开放的格局基本形成，对外经济关系发生了重大变化，对外贸易保持持续高速增长，贸易结构显著改善，市场不断拓展。在对外开放的同时，必须大力发展开放型经济，进一步提高对外开放水平，推进中国经济与世界经济接轨。

第一节　对外开放的客观必然性

实行对外开放是我国的一项长期基本国策。它是关系到我国能不能进一步发展和解放生产力，能不能完善和发展社会主义，关系到国家繁荣富强、民族的兴衰成败的重大战略问题。对外开放与经济体制改革一起构成发展社会主义市场经济，实现社会主义现代化事业的两个轮子。它与经济体制改革相互促进、相辅相成，共同推动我国经济的发展。

一、对外开放符合经济发展规律的客观要求

中国对外开放思路创新的历程——从外向型经济到开放型经济。经济全球化使国际社会中国与国、地区与地区之间的交往和联系变得空前紧密，相互影响已渗透到主权国家内部的经济、政治和精神生活。这种影响迫使各国不断地对本国的经济制度和经济政策进行创新和改革。中共十三届四中全会以来，党的第三代领导集体，在继承并运用邓小平对外开放理论和总结以往对外开放经验的基础上，及时提出我国对外开放的新思路——发展开放型经济。发展开放型经济的对外开放新思路是随着我国经济发展水平的提高、社会主义市场经济体制的进一步完善而逐步清晰的。

邓小平同志指出，要实现我们的目标，“就是要尊重社会发展规律。我们确定搞两个开放：一个对外开放，一个对内开放。对外开放具有重要意义。要实现我们的第一步和第二步目标，不开放不行，不加强国际交流不行，不引进发达国家的先进经验、科学成果和资金不行。”①

对外开放，发展国家间经济技术交流与合作，是商品生产和商品交换不断扩大的必然结果。在前资本主义社会，自然经济占统治地位，商品经济处于从属地位，生产主要是为了自给自足而不是为了交换。因此，市场狭小，各国、各民族基本上处于闭关自守的状态。随着商品经济的发展，商品交换的规模和范围不断扩大，各国之间的经济联系自然而然地发展起来。尤其是以机器大工业为基础的资本主义商品经济的发展在一些发达的资本主义国家占据统治地位，并使生产和交换开始突破国家和民族的界限，扩展到世界各地后，对外开放便逐步成为一种世界趋势。

第二次世界大战以后出现了第三次科学技术革命，微电子技术、激光技术、航天技术等的新发展，正极大地改变着现代工业的面貌，同时也极大地改变了国际分工的面貌。现代工业需要符合规模经济的要求，一家工厂的产量可能需要在几个、十几个甚至更多的国家市场上销售才能取得利润。此外，为了降低成本，增强竞争能力，跨国公司将它的生产

① 邓小平. 建设有中国特色的社会主义[M]. 北京：人民出版社，1987：105.

环节配置在世界各地。而且现代工业要求产品日新月异，需要大量的科研费用和巨额的建设投资，这就使得一个企业往往不可能独立负担，而要求国际分工协作。总之，第二次世界大战以后国际分工向部门内部、企业内部分工发展的趋向加强，使世界各国、各民族经济的相互需要和相互依赖达到空前的程度。

国际分工和生产国际化，是人类社会生产力发展的必然结果，它又为生产力的大发展创造了必要的前提。生产力越发展，各国在发展经济中的相互需要、相互依赖的程度就越高，这是一条客观经济规律。正确认识和运用这一经济规律，根据本国的具体条件，积极参与和利用国际分工，就能为发展生产力开辟道路。背离这条规律，必然会给生产力的发展带来不利影响。因此，社会主义国家在经济战略思想上，必须充分认识国际分工和生产国际化的高度发展是历史发展的进步趋势，是经济发展规律和生产力发展的客观要求，只能适应它，而绝不能违背它。只要国际环境允许，就必须实行对外开放，积极参与和充分利用国际分工，除了依靠本国的市场、资源、资金、技术和管理经验外，还要积极利用国外的市场、资金、技术和管理经验。这样，经济技术比较落后的社会主义国家就能较快地吸收人类长期以来创造的先进技术和积累的经验，就有可能在较短的时间内走完先进国家走过的路程，经过艰苦努力，赶上世界先进水平。

由此可见，我国经济战略思想的根本转变——实行对外开放，是马克思主义原理的具体运用，符合经济发展规律的客观要求，是完全正确的。

二、对外开放是解放和发展生产力的客观要求

1992年初，邓小平同志在南行讲话中指出："革命是解放生产力，改革也是解放生产力。"[①] 这就深刻地说明了社会主义革命和改革开放的根本目的是解放和发展生产力。因此实行对外开放是解放和发展生产力的客观要求。

我国建设有中国特色的社会主义，实现现代化，面临着一系列的制约因素，如人口众多但人力资源开发不足，资源人均拥有量偏低而且利用程度有限，资金严重短缺，技术落后，管理落后等。这种状况，同我国到21世纪中叶达到中等发达国家水平的战略目标形成尖锐的矛盾。因此，在客观上要求我国实行并不断扩大对外开放。通过对外开放，大力发展对外贸易，促进生产力的发展；积极引进当代世界的先进技术，加速进行设备更新和技术改造，把科学和技术尽快转化为生产力；积极稳妥地利用外资，以弥补我国建设资金的不足；引进国外的先进管理经验和管理技术，以提高我国的经营管理水平；同时吸收世界各国在科学文化教育等方面表现出来的人类文明的优秀成果，促进社会主义精神文明的建设。这一切都有利于解放和发展生产力，实现我国国民经济发展战略目标的要求。离开了

① 邓小平文选：第三卷[M]. 北京：人民出版社，1993：370.

对外开放，是不可能实现上述经济发展战略目标的。邓小平同志指出："没有对外开放这一着，翻两番困难，翻两番之后再前进更困难。"[①]《中共中央关于经济体制改革的决定》指出："在当代，生产力和科学技术的发展更加迅速，尽管国际关系错综复杂、矛盾重重，但从总的方面来说，国际性的经济技术联系仍然很密切，闭关自守是不可能实现现代化的。"这就充分说明，只有实行对外开放，才能进一步解放和发展生产力，实现社会主义现代化。

三、对外开放是发展社会主义市场经济的客观要求

我国经济体制改革的目标是建立社会主义市场经济体制。而建立和发展社会主义市场经济，离不开对外开放。我国旧经济体制的主要弊端，除了高度集中外，就是自我封闭，即将国内价格体系同世界价格体系割开，将国内产业结构、经济结构同世界经济结构分离。封闭的结果是割断了我国社会化大生产与国际市场的有机联系，因而严重地束缚了我国生产力的发展。封闭是发展商品经济和建立社会主义市场经济的最大障碍。发展市场经济必然要打破旧体制的封闭性，打破地区、民族和国家的界限，打破各自为政、层层封锁、市场割据的状态。之所以需要如此，是由市场经济的本质特征所决定的。社会主义市场经济要求资源的合理配置，不仅在一国国内资源要合理配置，而且要充分利用国外资源，以优化国内资源配置。世界上任何一个国家都不可能拥有它所需要的全部资源，而且由于经济技术条件以及人力、物力、财力等资源条件不同，生产同一种产品的生产效率和经济效益也存在很大的差别，只有实行对外开放，充分利用国际分工，才能扬长避短，发挥优势，提高经济效益。因此，在我国发展社会主义市场经济，必须坚定不移地实行对外开放，充分利用国际分工来合理地配置资源。

发展社会主义市场经济，还必须引进国外的竞争机制，充分发挥价值规律的作用。不引进国际竞争机制，在一国内部搞市场经济，是难以想象的，也是行不通的。而按照国际贸易惯例参与国际竞争和利用国际分工，必然会加速培养和发展社会主义市场经济。

由此可见，实行对外开放是建立社会主义市场经济的客观要求。

综上所述，我国实行对外开放的战略意义在于它可以大大解放和发展社会主义生产力，从而有利于巩固、完善和发展社会主义制度。我们要坚持马克思主义的基本观点，不断扩大对外开放，逐步完善对外开放的各项立法、方针政策和措施，加强国家间的经济技术交流与合作，并通过对外开放，进一步深化经济体制改革，建立和完善社会主义市场经济体制。

---

① 邓小平. 建设有中国特色的社会主义[M]. 北京：人民出版社，1987：76.

第二节　中国对外开放的内容和格局

一、对外开放政策的确立

在中共十一届三中全会以前的一段历史时期内，我国并没有明确提出对外开放的战略方针。这是由许多原因造成的。从客观上讲，有历史的原因，有国际政治、经济环境的影响。从主观上考察，在我国经济工作中长期存在“左”的倾向和几千年封建社会所遗留下来的小农经济思想的影响。

中共十一届三中全会后，1979 年 5 月，邓小平同志首次明确提出“开放”的概念。[①]1981 年 11 月召开的五届人大四次会议上的政府工作报告中，进一步明确：“实行对外开放政策，加强国际经济技术交流，是我们坚定不移的方针。”1982 年 12 月，对外开放政策写入我国新宪法。我国的对外开放政策作为基本国策，最终确立下来。

我国的对外开放是指在坚持社会主义制度和共产党领导地位的基础上，在独立自主、平等互利的前提下，根据生产社会化、国际化和社会主义市场经济发展的客观要求，利用国际分工的好处，积极发展与世界各国的经济贸易往来，以及科学、技术、文化、教育等方面的交流和合作，以促进社会主义物质文明和精神文明的建设和发展。因此，它不是仅仅局限于发展对外经济贸易方面的交流与合作，而且包括科学技术、文化教育、宗教艺术等领域的广泛交流与合作。

但是，经济是基础，我国实行对外开放首先是经济上的对外开放，也就是要实行对外开放的经济政策。从这个角度上讲，对外开放的基本含义是：大力发展和不断加强对外经济技术交流，积极参与国际交换和国际竞争，以生产和交换的国际化取代闭关自守和自给自足，促进经济的变革，使我国经济结构由封闭型经济转变为开放型经济，促进国民经济健康快速的发展。

可见，我国实行对外开放，其实质就是要大力发展开放型经济。就是通过放宽贸易限制，利用外资，引进技术，大力发展面向国外市场的产业，以出口贸易带动企业和国民经济的技术改造，加速产业结构、产品结构的优化，促进社会主义现代化建设。

二、对外开放的内容和形式

(一)对外开放政策的主要内容

(1)　大力发展对外贸易，特别是扩大出口贸易。

(2)　积极引进先进技术和设备，特别是有助于企业技术改造的适用的先进技术。

---

① 邓小平思想年谱[M].　北京：中央文献出版社，1998：119.

(3) 积极有效地利用外资，特别是更加积极地吸引外商直接投资，兴办中外合资、中外合作与外商独资企业。

(4) 积极开展对外承包工程和劳务合作。

(5) 发展对外经济技术援助和多种形式的互利合作。

(6) 设立经济特区和开放沿海城市，以带动内地开放。

党的十二大报告指出，实行对外开放的经济政策，主要是“要促进国内产品进入国际市场，大力扩展对外贸易。要尽可能多地利用一些可以利用的外国资金进行建设……要积极引进一些适合我国情况的先进技术……以促进我国建设事业”。由此可见，发展对外贸易、利用外国资金，引进先进技术和设备这三项是对外开放政策的最主要内容。

(二)对外开放的具体形式

从外在表现来看，我国对外开放的具体形式主要体现在以下三个方面。

1. 利用国外的资金和技术是对外开放的重要形式

我国是发展中国家，物质基础薄弱，建设资金匮乏。要实现社会主义现代化建设“三步走”的战略目标，必须筹集充足的资金，包括国内的资金和国外的资金。根据国际经济学关于跨时比较优势的观点，任何社会都面临着当前消费与未来消费之间的选择。一般来说，发展中国家是偏好当前消费的，因而可以通过借贷来进行跨时贸易，用一定的未来消费换取当前的消费。我国是具有跨时比较优势的国家，在经济发展中有许多生产率很高的投资机会，所以要积极、大胆地利用外资。但是，要重视提高利用外资的质量和水平，把利用外资与经济结构调整、国有企业改组改造结合起来，鼓励投向农业、制造业和高新技术产业。这里必须明确一个原则，就是利用外资的主动权一定要始终掌握在我们自己手里。这条原则包含两层意思：第一，利用外资的目的是发挥我国市场、资源和劳动力的比较优势，提高我国经济增长的质量和效益，我们要围绕这样的目的，选择优势产业，引导外资投向的结构及其调整；第二，利用外资要坚持“适度”的原则，科学地分析我们的发展潜力和偿还能力，在总体上把握一个合理的额度，避免发生债务危机。而且，要按照社会主义市场经济的要求和世贸组织的规则，形成规范的外商投资准入制度，对外资企业实行国民待遇。在利用外资的同时，还要积极引进国外的先进技术和设备，通过吸收和消化，加快技术进步，促进产业结构和产品结构的升级换代，提高我国企业的素质，增强国际竞争力。

2. 扩大商品和服务贸易是对外开放的基本形式

古典经济学和现代经济学告诉我们，通过国际贸易既可以获得绝对优势，调剂余缺，又可以获得比较利益，节约社会劳动。出口将促使资本投向最有效的领域，为国际市场进行规模化、专业化的生产，从而取得规模经济效益。同时，还能带动国外资金、技术和管理知识的引进。它通过“乘数”作用产生一轮又一轮的连锁反应，推动经济的快速发展。因此，我们要努力扩大商品和服务贸易，积极开拓国际市场。具体来讲，要从如下方面来开展工作：要重视空间上的扩展，实施市场多元化战略，既巩固传统市场，又开拓新兴市场，增强抗风险能力。要重视质量上的提高，坚持以质取胜，提高出口商品与服务的技术含量和附加值。加快高新技术产品出口基地的建设，努力推进高新技术产品的出口，扩大名牌机电产品的市场份额，使我国出口商品结构从以低技术含量、低附加值产品为主向以高新技术产品、高附加值产品为主转变。还要优化进口结构，着重引进先进技术和关键设备；要推动关系国家生存发展的重要战略物资进口的多元化；要建立必要的战略储备制度。

3. 兴办经济特区是适合中国国情的对外开放的特殊形式

特区是技术、管理、知识的窗口，是对外政策的窗口，是开放的基地。通过兴办经济特区，探索改革开放的道路，取得有价值的经验，可以带动沿海地区乃至全国的改革开放。我国的经济特区从诞生时起，其命运就与改革开放和现代化建设紧紧相连。可以说，如果没有经济特区对外开放的实践，就不可能形成现在的全方位开放的格局。

三、对外开放的格局

我国的对外开放，经过三十多年的努力，在不断总结经验的基础上，由点到面，由浅入深，从南到北，从东到西，形成了以经济特区和沿海开放城市为重点的全方位、多层次、宽领域的开放格局。对外开放基本格局的形成，显示了我国改革开放的巨大力量，对我国进一步利用国际分工，促进经济国际化，发展社会主义市场经济，进行社会主义现代化建设，奠定了良好的基础。

(一)沿海地区先行开放

早在实行对外开放政策初期，中国政府就确定了“重点开放沿海地区，逐步向内地开放”的经济发展战略，把我国经济划分为东部地区——沿海地区，中部地区——中部各省，西部地区——新疆、青海、西藏等三个边远省区，先发展东部地区，进一步带动中部和西部地区发展。

我国沿海地区包括长江三角洲、珠江三角洲、闽东南地区、山东半岛和辽东半岛等地区，有近2亿人口。沿海地区具有有利于实行对外开放的特殊地理位置和自然条件，有18 000多千米的漫长海岸线，有许多深水泊位、港口。沿海地区工农业基础雄厚，工业门类齐全，骨干企业多，加工能力强，已经建立了机电、仪表、石油化工、钢铁、轻纺、能源等各种工业体系，是我国出口商品的主要基地；沿海地区的科学技术也比较发达，拥有相当数量的科研机构和人员，技术熟练的工人多，加工工艺质量水平高，消化、吸收能力强，为提高出口商品的竞争能力提供了较好的技术条件；沿海地区有着悠久的对外贸易历史，有与世界各国和地区进行广泛联系的经济专业人才，有比较丰富的组织管理对外经济贸易、国际金融等方面的经验，信息传递快，是我国进行国际经济技术交流的桥梁和纽带。因此，沿海地区是我国实行对外开放的前沿地带和重点地区。沿海地区的经济发展影响着全国经

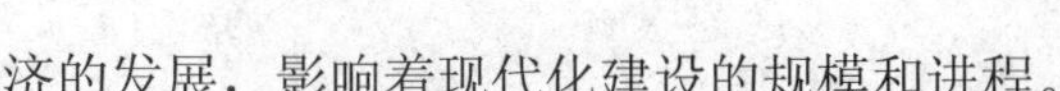

济的发展，影响着现代化建设的规模和进程。

沿海地区的对外开放经历了一个由点(经济特区)到线(沿海开放城市)、由线到面(沿海经济开放区)逐步推进和深化的过程。

1. 第一个层次：创办经济特区

1979 年 7 月，党中央、国务院根据广东、福建两省靠近港澳、侨胞众多、资源丰富、便于吸引外资等有利条件，决定对两省的对外经济活动实行特殊政策和灵活措施，给地方以更多的自主权，使之发挥优越条件，抓住当时有利的国际形势，先走一步，把经济尽快搞上去。1980 年 5 月，中央决定在深圳市、珠海市、汕头市、厦门市各划出一定范围的区域，试办经济特区。1983 年 4 月，党中央、国务院批转了《加快海南岛开发建设问题讨论纪要》，决定对海南岛也实行经济特区的优惠政策。1988 年 4 月的七届人大一次会议正式通过了建立海南省和海南经济特区两项决定，海南岛成为我国最大的经济特区。

经济特区是我国对外开放的第一个层次。它们有着国家给予的特殊政策，从外贸经营权、利润留成、财政包干、税收优惠，到一定程度的立法权都归地方控制。经济特区的设立，是我国对外开放的突破口和开创性措施。实践充分证明，通过建立经济特区来推进开放的道路是完全正确的，它不仅使这些地区迅速建立起外向型经济，在本地区初步形成社会主义市场经济体制，而且很好地发挥了技术、管理、知识和对外开放政策的窗口作用，带动了全国的对外开放，促进了全国市场的发育和成长，在改革开放和现代化建设中产生了重要的示范作用。邓小平评价经济特区“是个窗口，是技术的窗口，管理的窗口，知识的窗口，也是对外政策的窗口”。①

案例 4-1

深圳：经济特区见证奇迹　综合竞争力内地第一

概况

深圳是中国南部的海滨城市，毗邻香港。位于北回归线以南，东经 113° 46′～114° 37′，北纬 22° 27′～22° 52′。地处广东省南部，珠江口东岸，东临大亚湾和大鹏湾；西濒珠江口和伶仃洋；南边深圳河与香港相连；北部与东莞、惠州两城市接壤。辽阔海域连接南海及太平洋。

深圳是中国口岸最多和唯一拥有海陆空口岸的城市，是中国与世界交往的主要门户之一，有着强劲的经济支撑与现代化的城市基础设施。中国社科院发布的《2007 年中国城市竞争力蓝皮书》表明，深圳的城市综合竞争力位列内地城市第一。

历史

“深圳”地名见诸史籍始于 1410 年(明永乐八年)，于清朝初年建墟。当地方言俗称田野间的水沟为“圳”或“涌”，深圳因其水泽密布，村落边有一条深水沟而得名。深圳又

① 邓小平文选：第三卷[M]. 北京：人民出版社，1993：5.

称鹏城。

公元1573年，中国明朝政府扩建东莞守御千户基地，建立新安县，此为深圳前身。公元1842年7月—1898年4月期间，中国清政府与英国相继签订了《南京条约》、《北京条约》和《展拓香港界址专条》，港岛、九龙和新界被割让、租借给英国。原属新安县的3076平方公里土地中，有1055.61平方公里脱离其管辖，深圳与香港从此划境分治。公元1913年(民国三年)，广东省新安县复称宝安县。

1979年3月，中央和广东省决定把宝安县改为深圳市，受广东省和惠阳地区双重领导。11月，中共广东省委决定将深圳市改为地区一级的省辖市。1980年8月，全国人大常委会批准在深圳设置经济特区。1981年3月，深圳市升格为副省级市。1988年11月，国务院批准深圳市在国家计划中实行单列，并赋予其相当于省一级的经济管理权限。1992年2月，全国人大常委会授予深圳市人民代表大会及其常委会、市政府制定地方法律和法规的权力。

经济

经济特区建立27年来，深圳由一个边陲小镇发展成为在中国高新技术产业、外贸出口、海洋运输等多方面占重要地位的城市。深圳地处珠江三角洲的前沿，是连接香港和中国内地的纽带和桥梁，是华南沿海重要的交通枢纽。深圳经济特区在中国的制度创新、扩大开放等方面承担着重要使命。

2006年，深圳市国内生产总值达5684亿元，增长15%；规模以上工业增加值2723亿元，增长17.2%；全社会固定资产投资1272亿元，增长7.7%；社会消费品零售总额1671亿元，增长16.2%；进出口总额2374亿美元，增长29.9%，其中出口总额1361亿美元，增长34.1%，连续14年居全国大中城市第一。

深圳经济总量相当于国内的一个中等省份，位居全国大中城市的第四位，是中国大陆经济效益最好的城市之一。1979年人均GDP仅为606元，到2006年达到8619美元，居全国大中城市第一。

交通

深圳是中国拥有口岸数量最多、出入境人员最多、车流量最大的口岸城市，也是中国海陆空口岸俱全的城市。

深圳宝安国际机场是全国一级民用机场，已跻身我国四大繁忙空港之列，现已开辟国际、国内航线110多条，国际航线14条。铁路四通八达，在全国率先开通准高速铁路。贯穿中国大陆的两条主要铁路干线——京广线和京九线在深圳交会。深圳公路、高速公路、高速公路网络贯通珠江三角洲。

文化艺术

深圳文化事业日益繁荣，有10个文艺家协会，19个专业艺术团体。拥有3000多人的文艺工作者队伍。塑造了“大剧院艺术节”、“国际水墨画双年展”、“国际双年钢琴比赛”、“中外艺术精品演出季”等文化节庆品牌。

(资料来源：节选自“深圳简介：经济特区见证奇迹 综合竞争力内地第一”. http://www.sznews.com/zhuanti/content/2008-05/07/content_3318087_2.htm.)

案例 4-2

浦东新区成为中国改革开放的象征

1990 年 4 月 18 日，党中央、国务院正式宣布开发开放浦东重大战略决策，1992 年底，又正式批准建立上海市浦东新区。经过 20 年的开发建设，一个现代化、外向型、多功能的新城区在黄浦江东岸初步建成，浦东新区已经成为中国改革开放的象征，上海现代化建设的缩影。2009 年，国务院发布《关于推进上海加快发展现代服务业和先进制造业建设国际金融中心和国际航运中心的意见》，浦东新区在加快建设金融中心核心功能区方面，金融市场体系日趋完善，金融机构集聚效应日益增强，金融服务经济的领域进一步拓宽，金融生态环境不断优化。航运中心"三港三区"联动机制运作和先行先试方面，成立了"上海综合保税区管理委员会"，对上海外高桥保税区、洋山保税港区、浦东机场综合保税区实现了统一管理、联动发展，实现了国际集装箱枢纽港和机场空运枢纽港在功能上的互补，促进了上海港口资源优势的发挥；以洋山保税港区为核心，探索建立国际航运发展综合试验区。浦东新区在加快建设金融中心核心功能区、航运中心"三港三区"联动机制运作和先行先试工作等方面，取得较为积极的成效，2012 年浦东新区 GDP 为 5929.91 亿元，比上年增长 10.1%。

2012 年浦东新区主要经济指标及其增长速度

指　标	单　位	绝对值	比上年增长 (%)
增加值	亿元	5929.91	10.1
#第二产业	亿元	2320.75	3.7
第三产业	亿元	3576.27	14.9
#金融业	亿元	1069.11	11.9
规模以上工业总产值	亿元	9225.64	1.1
货物吞吐量	万吨	27 232.10	3.4
集装箱吞吐量	万标准箱	2951.30	2.5
#国际中转	万标准箱	120.30	29.3
固定资产投资总额	亿元	1 454.98	1.4
社会消费品零售总额	亿元	1349.73	12.1
进出口总额	亿美元	2398.93	6.1
#出口总额	亿美元	939.83	5.7
外商直接投资合同金额	亿美元	72.86	10.4
外商直接投资实际到位金额	亿美元	48.30	−8.8

(资料来源：上海统计局 http://www.stats-sh.gov.cn/sjfb/201302/253153.html)

2. 第二个层次：开放沿海港口城市

在总结对外开放的实践经验，特别是经济特区发展经验的基础上，1984 年 5 月，党中央、国务院批转了《沿海部分城市座谈会纪要》，决定全部开放中国沿海港口城市，从北到南包括大连、秦皇岛、天津、烟台、青岛、连云港、南通、上海、宁波、温州、福州、广州、湛江和北海共 14 个大中港口城市。1990 年 4 月，在邓小平提议下，党中央、国务院正式公布了开发开放浦东的重大决策，要把浦东建设成为新世纪现代化上海的象征，把上海建设成为国际金融、贸易、经济中心。

沿海开放城市是我国对外开放的第二个层次。国家对这些城市实行经济特区的某些政策。在这些开放城市中，有条件的地方可以兴办经济技术开发区。通过在开放城市和经济技术开发区实行各种优惠政策，来吸引外资，开发新技术、新产品、新兴工业。实践证明，沿海开放城市在利用外资、引进先进技术方面，在加强与内地的横向经济联系，促进资金、设备、技术和人才的合理交流，带动内地经济开放方面，都取得了巨大成就。

案例 4-3

天津滨海新区打造国际一流大口岸

天津滨海新区是继深圳经济特区、浦东新区之后，成为带动区域发展新的经济增长极。2006 年 3 月党中央、国务院正式公布了开发开放天津滨海新区的重大决策，国务院同意给予滨海新区五项扶持政策，包括将滨海新区作为综合改革试验区、设立东疆保税港区、进行金融改革试点、扩大建设用地供应、将区内 510 平方公里范围高新技术产业的所得税税率降为 15%等。天津滨海新区包括塘沽区、汉沽区、大港区三个行政区和天津经济技术开发区、天津港保税区、天津港区以及东丽区、津南区的部分区域，规划面积 2270 平方公里。将建成我国北方对外开放门户，先行试验金融等重大改革开放措施，进一步加快推进滨海新区开发开放，要大力发展高端产业，形成二产带动三产、三产促进二产、相互依存、深度融合的发展格局；大力发展实体经济，构建起国际化、集群化、高端化、生态化的现代产业体系；坚持不懈实施高水平大项目，推动优势产业形成完整产业链；大力发展港口经济，培育壮大港口产业集群；大力发展海洋经济，努力成为国内领先的海洋战略性新兴产业示范基地和海洋高新技术产业聚集区；大力发展服务经济特别是生产性服务业，形成与新区地位相适应的服务经济体系；加快自主创新步伐，促进智慧型、科技型、创造型产业发展，形成激发创造活力的科技创新体系。建立健全富有活力的体制机制，继续推进管理体制创新，形成机构优化、人员精干、权责一致、运转高效的管理体制和运行机制；建立公平法治的市场环境，为企业创造权利公平、机会公平、规则公平的发展条件；提高开放型经济的国际化水平，深化涉外经济领域改革，建设国家进口贸易促进创新示范区；构筑人才聚集的高地，营造有利于人才创业创造的环境。要进一步完善城区功能，下力量解决生活功能不够完善、生活配套设施不足等问题，促进城区繁荣繁华；学习借鉴一些国家的

先进理念和成功做法，围绕中心城区建设卫星城镇，实现以城聚产、以产兴城、产城联动、融合发展；大力发展社会事业，调整优化公共服务设施布局，推动优质教育、文化、医疗资源向滨海新区辐射与扩散，吸引更多的人流，聚集更旺的人气。要建设生态宜居新城区，坚持绿色发展、循环发展、低碳发展，促进水资源多元化开发利用，加快中新生态城建设，切实提高建成区绿化覆盖率，加强社会服务体系建设，做到由“管理管控”向“寓管理于服务”的转变。

《关于进一步推进滨海新区开发开放十项措施》出台后，各有关方面抓紧制定实施细则和配套措施，确保各项政策措施落到实处。各职能部门主动服务，高效服务，提高效率，提升水平，使新区成为全国服务环境最优、办事效率最高的地区之一。加强政策研究，用足用好用活现有政策，借重和用好首都资源，找准与国家利益的切合点，打好综合配套改革先行先试这张牌，最大限度地发挥政策效应。滨海新区开发开放纳入国家总体发展战略以来，综合经济实力明显增强，基础设施建设全面加快，高端产业体系基本形成，口岸服务功能显著提升，综合配套改革取得明显成效，行政管理体制改革实现重大突破，滨海新区的龙头带动和服务辐射作用充分显现。

新时期新阶段，滨海新区开发开放面临着新任务新挑战，在大项目好项目建设上实现新突破，进一步完善载体，全面加快功能区开发，坚持“高新、集群、链条”六个字，开展高水平招商引资，引进更多带动作用强的龙头项目，讲求项目建设的质量和效益，强化监管，精心施工，创造一流的精品工程。要在提升口岸功能上实现新突破，围绕建设北方对外开放门户、国际航运中心和国际物流中心的定位，整合港口资源，提升港口能级，建立完善的集疏运体系，高标准建设电子口岸，优化“无水港”布局，打造国际一流大口岸。要在深化改革扩大开放上实现新突破，处理好政府与市场的关系，加快金融改革创新，打造国家金融改革创新示范基地，深化涉外经济体制改革，推进东疆保税港区加快向自由贸易港区转型，面向全球组织生产要素，借重首都资源，总部机构引进来，分支机构设出去，资源利用好，全面提高对外开放水平。要在科技创新人才聚集上实现新突破，找准科技与经济的结合点，靠大项目承担、小巨人应用、科技平台整合、要素分配激活、科技金融助推、扩大开放做强，像抓大项目好项目建设一样抓人才引进、培养，鼓励创新，营造环境，充分调动创新创业的积极性。要在节约资源保护环境上实现新突破，切实搞好节能降耗，加速淘汰落后产能，大力推进结构性减排，加大生态建设和环境保护力度，合理利用水资源，发展循环经济，全面建设资源节约型和环境友好型社会。

（资料来源：新闻中心-中国网 记者 马波 魏彧 米哲 2013-02-26 ）

3. 第三个层次：建立沿海经济开放区

1985 年 1 月，党中央、国务院又决定将长江三角洲、珠江三角洲和闽东南地带开辟为沿海经济开放区，并指出这是我国实施对内搞活经济、对外实行开放的具有重要战略意义的布局。1988 年初，将辽东半岛和山东半岛全部对外开放，同已经开放的大连、秦皇岛、天津、烟台、青岛等连成一片，形成环渤海开放区。1988 年 3 月 18 日，国务院决定进一步扩大沿海经济开放区范围，将 40 个市、县划入开放区，包括杭州、南京、沈阳等省会城市。国家对这些地区实行沿海开放城市的优惠政策。

沿海经济开放区是我国对外开放的第三个层次。它们可凭借其便利的交通、广泛的对外联系、良好的工农业基础、丰富的劳动力资源，以及近几年来蓬勃发展的乡镇企业的力量，并根据国际市场的需要，通过吸引外商直接投资，大力发展外向型的加工工业和出口创汇农业，扩大出口创汇。此外，国家还开始兴办一批保税区。至此，我国的所有沿海地区都实行了对外开放，形成了由点到线，由线到片，南北连线成片，包括三个层次的前沿开放地带。

案例 4-4

"世界工厂"东莞探索升级开放型经济

广东省东莞市 2013 年发布了《关于全面提高开放型经济水平的若干意见》的市委一号文件，被称为"开放 40 条"，提出了升级开放型经济的路径目标，并系统提出了 40 条政策措施。此前,《关于进一步减轻企业负担优化营商环境的实施意见》以市政府一号文件出台，被称为"减负 50 条"，与此次出台的"开放 40 条"一起，将在未来一年内为东莞企业减负高达 40.5 亿元，这也是当地历年来力度最大的减负。

东莞的这套"组合拳"让被称为"世界工厂"的该市在探索升级开放型经济之路上先行一步。东莞在贸易便利化、产业升级、技术创新、金融服务、人才支撑等方面提供更多更有力的服务，协助企业实现高增值。此举的目的就是让东莞从被动接受全球产业分工的低端外向型经济，向主动参与全球产业分工的高端开放型经济转变。

近年来，劳动力成本上升越发成为东莞竞争力优势减弱的重要原因，从 2013 年 5 月 1 日起，东莞最低工资标准还将调高至 1310 元/月。这一调整将给企业增加成本近 60 亿元。

新出台的文件系统地梳理出 40 条新战略、新机制、新举措，其中包括实施"加工贸易增效计划"，推动转型升级的实施主体从单个企业向产业尤其是传统产业转变；实施"百家民营企业走出去"行动计划，着力培育一批开展国际化经营的本土跨国公司；借助莞台金融合作试点，推动建立莞台货币兑换和清算机制，争取政策支持在东莞设立两岸货币清算中心等。通过建设支撑高水平开放型经济的产业体系、贸易体系、创新体系、金融体系、人才体系、合作体系与工作体系等，为企业高增值不断做好"加法"，东莞的开放型经济也将朝着优化结构、拓展深度、提高效益方向转变。

开放型经济是东莞经济发展的生命线，是东莞转型升级的重要动力源，也是东莞高水平崛起的重要突破口。东莞出台政策举措升级开放型经济，就是要让企业在政府提供的孕育空间里，从规模速度型向质量效益型转变。

高盛科技园就是东莞升级开放型经济的成功案例。两年前，这个集企业总部办公、科研、轻型生产于一体的高端电子信息产业园区建成。两年来科技园实现了三大变化：一是产业向高端化转变，如今 360 多家高科技研发企业扎根成长；二是效益向高产出转变，总产值从每年 3000 万元提升到 10 亿元；三是人口向高素质转变，员工学历结构以本科、大专为主。

东莞今天面临的机遇，不再是简单纳入全球分工体系、扩大出口、吸引投资的传统机遇，而是承接新兴产业、集聚创新要素、广泛整合资源、重塑分工格局的新机遇。

事实上，已有不少企业在先行探索开放型经济中尝到了甜头。东莞市邦泽电子有限公司中，碎纸机领域的世界品牌企业德国 HSM 公司占股 31%。经过几年发展，邦泽电子不但消化了德国公司的技术，还具备了自己的研发设计能力，目前生产量超过了德国公司，而且品牌生产和自主品牌生产各占一半，碎纸机年产量居全球第一。

(资料来源：www.china.com.cn，2013 年 2 月 26 日)

(二)逐步向内地开放

内地是我国对外开放的第四个层次。党的十四大报告为中国对外开放格局确定了发展目标：对外开放的地域要扩大，形成多层次、多渠道、全方位的对外开放格局。因此，我国进一步开放了陆地边境市、镇，还开放了一些沿江(长江)城市和内陆省会城市，使我国初步形成了全方位对外开放的格局。

1. 开放陆地边境市、镇

1992 年初，邓小平南行讲话的发表加快了内地尤其是中西部地区的对外开放步伐。国务院决定沿边境、沿主要铁路公路交通干线开放，即开放吉林、黑龙江、内蒙古、新疆、云南、广西等 6 省区的 13 个内陆边境市、镇。

我国对陆地边境市、镇实行类似沿海开放城市的政策，以加速边境地区外向型经济发展为目的，形成了沿周边国家的三大开放地带。东北开放带，以俄罗斯、独联体其他国家、蒙古、东欧诸国为对象，以满洲里、黑河、绥芬河、珲春 4 个沿边开放城市为龙头，内蒙古、黑龙江、吉林等省区正在形成一个具有纵深背景的大开放区。西北开放带，以独联体诸国、东欧诸国、巴基斯坦、西亚诸国为对象，以新疆为主体，在 5400 多千米的边境线上开通了 8 个通商口岸。东起连云港、西经新疆至欧洲的大陆桥的开通，为我国的西北部开放提供了重要条件。西南开放地带，以印度、尼泊尔、缅甸、老挝、越南、孟加拉诸国为对象，以云南、广西为主体。目前，云南已拥有 17 个对外开放口岸，广西壮族自治区同越南的边境上已开辟了 20 多个贸易点。

沿边地区利用中央赋予的政策，逐步打开了封闭的门户，一种以贸易为先导，以内地为依托，以高层次经济技术合作为重点，以开拓周边国家市场为目标的沿边开放新态势已经形成。

2. 开放沿江和内陆省会、自治区首府城市

继沿海、沿边相继开放之后，1992 年 8 月，国务院决定以上海浦东为龙头，进一步沿长江开放芜湖、九江、岳阳、武汉、重庆 5 个内陆城市。至此，长江沿岸 10 个主要中心城市已全部对外开放，初步形成了长江流域开放带。不久，党中央、国务院又批准了合肥、南昌、长沙、成都、郑州、太原、西安、兰州、银川、西宁、乌鲁木齐、贵阳、昆明、南宁、哈尔滨、长春、呼和浩特共 17 个省会为内陆开放城市。此外，全国大陆所有地区都有对外开放旅游城市。我国的对外开放掀起了新的高潮，出现了向内地纵深扩展的趋势，这不仅促进了长江流域和大半个中国经济的发展，而且对于扩大和完善我国对外开放格局，缩小东、中、西部地区差距都产生了积极影响。

至此，我国全方位对外开放的新格局已初步形成。

3. 进一步扩大西部地区的对外开放

(1) 西部大开发战略的提出。

20 世纪 90 年代初，邓小平明确提出了“两个大局”的构想：一个大局是，东部沿海地区加快对外开放，使之较快地发展起来，中西部要顾全这个大局；另一个大局是，东部地区发展到一定时期，就要拿出更多的力量帮助中西部地区加快发展，东部沿海地区也要顾全这个大局。

加快西部地区的发展，是邓小平“两个大局”战略思想的重要组成部分。而西部大开发战略的具体提出，则是我国新一代领导人根据现实情况和经济建设的具体实践作出的选择。1999 年党的十五届四中全会明确提出国家要实施西部大开发战略。

(2) 西部大开发与对外开放。

为体现国家对西部地区的重点支持，国务院制定了实施西部大开发的若干规定，以开放促开发、促发展，积极引导和推动西部地区参与国际经济合作与交流，以加快中西部地区的发展。为了推动西部地区的对外开放，国家给予了许多政策支持。

在吸引外资方面：一是进一步扩大外商投资领域。鼓励外商投资于西部地区的农业、水利、生态、交通、能源、市政、环保、矿产等基础设施建设和资源开发，以及建立技术研究开发中心；扩大西部地区服务贸易领域的对外开放；一些领域的对外开放，允许在西部地区先行试点。二是进一步拓宽利用外资渠道。在西部地区可以进行以 BOT 方式利用外资的试点；允许外商投资项目开展包括人民币在内的项目融资；支持符合条件的西部地区外商投资企业在境内外股票市场上市；支持西部地区属于国家鼓励和允许类产业的企业通过转让经营权、出让股权、兼并重组等方式吸引外商投资；鼓励在华外商合资企业到西部地区再投资等。

在发展对外经济贸易合作方面：进一步扩大西部地区生产企业对外贸易经营自主权，鼓励发展优势产品出口、对外工程承包和劳务合作、到境外特别是周边国家投资办厂，放

宽人员出入境限制；实行更加优惠的边境贸易政策，在出口退税、进出口商品经营范围、进出口商品配额、许可证管理、人员往来等方面放宽限制，推动我国西部地区同毗邻国家地区相互开放市场，促进与周边国家区域经济技术合作的健康发展。

总之，随着国家实施西部大开发战略，我国开始转向更加平衡的全面开放。也可以说，西部大开发进一步促成了我国全方位、多层次、多渠道的对外开放的基本格局。

案例 4-5

重庆对外开放大幅增长

重庆市 2013 年 1 月份外贸进出口总额达 47.1 亿美元，同比增长 70.2%，其中出口 35 亿美元，同比增长 84.6%，进口 12.1 亿美元，同比增长 38.7%。实际使用外资 55 283 万美元，同比增长 19.77%。对外实际投资 1.13 亿美元，同比增长 110%，继去年 1 月对外实际投资 196%巨幅增长后再次实现了高位高增长。服务外包离岸执行额达 4802 万美元，同比增长 135%。

重庆市 2013 年将在巩固欧美市场基础上，积极开拓非洲等新兴市场，保持传统产品出口稳定增长。同时，进一步扩大进口，提升加工贸易，开拓离岸贸易；完成《重庆市对外投资规划》，在美国、欧洲和东南亚等地开展系列投促活动，组织对外承包工程非洲及东南亚考察，支持设计院所积极承揽技术含量高、能带动本市设备和技术出口的设计施工总承包项目。

(资料来源：www.china.com.cn，2013 年 2 月 26 日)

(三)在加入世贸组织的新形势下全面提高对外开放水平

2001 年 12 月 11 日，我国正式加入世贸组织(WTO)，这也标志着我国对外开放进入了新的阶段。在这个新的阶段，自然会有新的特征、新的任务，要实施新的战略。从新的特征看，我国的对外开放呈现出三个方面的转变：由政策导向型的开放转变为同国际经济接轨的制度型开放；从有限范围和领域的开放转变为全方位、宽领域的开放；从单边、自主的开放转变为双向、多边、有法律约束力的相互开放。从新的任务看，就是要全面提高对外开放水平，在更大范围、更广领域和更高层次上参与国际经济技术合作和竞争。可以说，在加入世贸组织的条件下，中国进一步融入了经济全球化的浪潮之中。

案例 4-6

对外开放成就了奇瑞的崛起

2001 年，历经波折的奇瑞轿车终于获准上市，而与此同时，我国汽车市场按照加入世贸组织的承诺，开始全面对外开放。这意味着刚出襁褓的奇瑞，从一开始就要在家门口参与“国际竞争”。

5 年过去了，当回答关于奇瑞何以能够创造罕见的发展速度这个问题时，奇瑞公司董事

长兼总经理尹同耀对记者说，对外开放是最重要的发展环境，它迫使奇瑞在发展之初就必须跨越“国际化”的高门槛，在经济全球化的背景下寻求和配置发展资源。

作为一家没有与跨国公司合资的地方国企，奇瑞的自主创新首先遇到的难题是缺少可靠的技术来源。但对外开放给他们提供了机会，奇瑞通过与世界著名的研发机构合作，建立了开放式的自主创新路径。

2002年，奇瑞启动了与世界著名的奥地利AVL发动机公司的合作，联合设计了从0.8～4.0升的18款发动机，全部达到了欧洲Ⅳ号排放标准。

在合作中，奇瑞不满足仅仅获得这些产品的知识产权，而是在合同中规定，自己派工程师参与设计、试验、装配的全过程，从而形成了自主的研发能力。

2005年4月，奇瑞在上海车展上展示了自主研发的发动机，在业内引起了轰动。一些专家认为，奇瑞发动机的主要指标达到了世界先进水平，差不多缩短了我国发动机技术与世界先进水平20年的差距。2006年10月，意大利菲亚特公司与奇瑞签约，将每年采购10万台奇瑞发动机。

在合作中，奇瑞探索出了“开放式自主创新”的新模式。如意大利设计公司擅长造型，奇瑞就请他们做造型，但试验则请专门做试验的公司来做，如英国的MIRA公司。底盘的开发非常复杂，既有前期的设计，也有后期的调校，奇瑞就请世界上最有经验的公司来帮助，使得奇瑞的底盘最终达到最优化的效果。

我国加入世贸组织后，对外开放的新局面为奇瑞跨国界吸引高精尖人才创造了条件。承担奇瑞公司主要技术研发任务的汽车工程研究院，拥有产品开发人员2000多人，他们当中有来自美国、日本、德国等汽车强国的外籍专家以及从海外学成归来的高级技术人员近100人。这些来自海外的高级人才以国际化的眼光来审视汽车的自主研发，同时善于利用国内国际两个市场、两种资源，并带来了国际最先进的技术与管理，从而促进了奇瑞与国际先进技术的同步发展。奇瑞目前有100多项研发项目，60%由他们主持实施。

通过引进不同的技术，进行相应组合，实现集成创新，这是奇瑞自主创新能力得以飞跃发展的奥妙所在。

奇瑞公司在产品上市伊始就十分注重开拓国际、国内两个市场，现在已经成为我国第一个将整车、CKD散件、发动机以及整车制造技术和装备出口至国外的轿车企业。

2001年底，第一批奇瑞轿车开始出口，随后每年出口量成倍增长。2005年出口近1.8万辆，2006年出口突破5万辆，占全国轿车出口的70%以上，占奇瑞公司当年销售总量的16%。目前，奇瑞已向全球50多个国家和地区出口产品，轿车出口量连续四年居全国第一。

2006年3月以来，奇瑞公司还向美国出口了1万多台具有自主知识产权的发动机，实现了中国汽车企业向发达国家大批量出口发动机的“零”的突破。预计到2010年，奇瑞可出口整车40万辆，并进入欧美发达国家市场。

奇瑞公司负责人认为，市场的开放是双向的，当跨国公司借我国入世之机大举进入中国市场时，也为自主品牌产品大量出口国际市场打开了方便之门。关键在于我国企业要在

产品研发、生产、销售、管理等方面全面与世界标准接轨，达到国外的法规要求。

2004 年，奇瑞悄然转型，全面实施了国际化发展战略，所有新车型和关键零部件的研发均按国际标准进行。其开发流程以基于国际流行的平台技术的正向开发替代了以往的逆向开发；发动机研制加入了世界上先进的高效节能技术；新车型的开发要送到德国进行安全碰撞试验……

按国际标准组织研发和生产，大大拓展了奇瑞产品的市场空间。过去，奇瑞曾迫切希望与国际知名零部件企业合作，结果总是被拒之门外。如今，世界汽车零部件前 20 强企业均表示了与奇瑞合作的意愿，并已有数家企业落户芜湖。它们除了要给奇瑞配套、分享奇瑞的成长机遇外，还有一个重要的原因就是，按照奇瑞标准生产的产品，可以行销全球，在芜湖生产的低成本，将使企业形成全球竞争优势。

2006 年底，美国克莱斯勒公司宣布，已与奇瑞达成合作生产小型车的协议。此举意味着合作生产的产品将销往包括欧美市场在内的全球市场。

目前，奇瑞海外市场已进入高速扩张期，正在实现其海外开拓的战略布局，除已向 50 多个国家和地区出口奇瑞品牌的轿车外，奇瑞还在俄罗斯、伊朗、埃及、印度尼西亚等国建立了 6 个组装工厂，今年还将建立 3 家海外工厂。这一切，显示出奇瑞努力发展成为国际大公司的勃勃雄心。

(资料来源：http://news.xinhuanet.com/auto/2007-01/25/content_5653328.htm，2007 年 1 月 25 日)

四、我国对外开放的特点

回顾我国对外开放的历程，我国对外开放主要有以下几个特点。

(一)在独立自主、平等互利前提下的开放

我国对外开放强调独立自主、自力更生、平等互利，在此前提下，充分利用国际国内两个市场、两种资源，积极发展与世界各国的经济贸易往来。同时，在对外开放过程中坚决维护国家主权、尊严和安全。

(二)以经济开放为基础的全方位对外开放

我国的开放首先是从经济领域开始的，以后也是以经济开放为基础和重点，同时也包括积极发展同其他各国在政治、科技、教育、文化、体育、艺术、卫生等众多领域的交流与合作。

(三)渐进式开放

我国实行对外开放并没有采取全国同步开放的方针，而是采取多层次、滚动式、逐步向广度和深度发展的渐进式方针。这是由我国的国情所决定的。我国地区经济发展很不平

衡，地理条件差异较大，特别是长期实行封闭型的高度集中的计划经济体制，价格体系和产业结构同世界经济割开的情况下，不可能采取“一刀切”的全国同步开放的方针，而只能采取由点到面、由东到西、由南到北，逐步展开的方针，这样既保证了对外开放的不可逆转，又避免了盲目开放给当地产业带来的巨大冲击。

(四)长期持久的开放

对外开放是一项长期持久的政策。邓小平同志在认真总结我国实行对外开放政策的成功经验的基础上明确提出，“中国执行开放政策是正确的，得到了很大的好处。如果说有什么不足之处，就是开放得还不够。我们要继续开放，更加开放”。如果说 20 世纪内我们需要实行开放政策，那么，在 21 世纪的前 50 年内中国要接近发达国家的水平，也离不开这个政策。如果开放政策在 21 世纪前 50 年不变，那么到了 2050 年，我们同国际上的经济交往将更加频繁。

(五)向世界上所有的国家和地区开放

对外开放是向世界上所有国家和地区开放，不论它是社会主义国家，还是资本主义国家，是发展中国家，还是经济发达国家，是穷国，还是富国，是大国，还是小国，我们都愿意在平等互利的基础上发展同它们的贸易经济联系。我国的对外开放，是要吸取世界上各个国家和地区的长处和优点，是要博采众长，为我所用。因此，我们的对外开放是向全世界开放。当然由于我国现代化建设的客观需要，由于各个国家和地区情况各异，特别是经济和技术发展水平的不同，在一个时期，我们根据需要和可能，同一些国家或地区发展多一些，快一些，这是国际上的通常现象。而且这种情况也是随着条件的变化而变化的。

五、对外开放的成就

在邓小平对外开放理论的指导下，三十多年来对外开放的伟大实践，极大地解放了全党和全国人民的思想，更新了人们的观念，为建立社会主义市场经济体制，推动我国经济的持续快速健康发展和社会全面进步发挥了重要作用，取得了举世瞩目的重大成就。

回顾我国对外开放进程，我国的对外开放沿着开放型经济的方向，在发展中推进，在推进中突破，同时应对了各种风险，取得了巨大成绩。主要体现在以下方面。

(一)基本形成了全方位、多层次、宽领域的对外开放格局

如前所述，随着我国走过三十多年的对外开放进程，最大的成果就是逐步形成了全方位、多层次、宽领域的对外开放格局。

首先是逐步统一规范全国对外开放政策，建立了规范、成熟的对外开放体系和科学的宏观调控体系。我国的对外开放是由南向北、由东向西逐步推进的，东南和沿海地区对外

开放取得显著成就，已向纵深发展。目前正采取有力措施，加速开放和开发中西部地区。

其次是大力发展了我国对外经济贸易，把出口、进口、利用外资、对外援助、对外工程承包、劳务合作等对外经贸业务有机地结合起来，加快两个根本性转变的步伐，充分发挥出了整体效益和比较优势，进一步实现了我国经济与世界经济的互补互利。

第三是渐进有序地扩大了对外开放领域。适当加快开放农业、能源、交通、原材料等基础产业和电力、交通等基础设施以及高新技术产业；扩大开放微电子、生物工程、新材料等新兴产业，缩短与世界先进水平的差距；有步骤、有区别、有管理地推进服务贸易领域的对外开放，使之成为我国跨世纪对外开放的一个重要领域。

(二)对外开放大大增强了我国经济的国际竞争力，加快了我国经济贸易的全面发展

大力发展对外经济贸易既是我国对外开放的重要内容，也是实行对外开放取得的重大成就。我国外经贸体制改革取得了突破性进展，逐步建立起以关税、汇率、信贷、退税等经济手段间接调控外贸的管理体制，初步形成了进出口贸易、利用外资、对外工程承包和劳务合作、对外援助等各项外经贸业务相互渗透、相互促进，外经贸、生产、科研、商业物资、金融等部门共同参与、协同配合的“大经贸”格局。

一方面，对外开放促使我国对外贸易迅速发展，大大提高了我国在国际贸易体系中的地位。我国在全球贸易体系中的地位从开放之初的第32位上升为第2位，2007年进出口贸易总额达到2.17万亿美元，相当于国内生产总值的66.3%，成为全球贸易增长的发动机。2007年至2012年进出口总额年均增长12.2%，占国际市场份额2012年比2007年提高了2个百分点，贸易大国地位进一步巩固。1978年，中国贸易伙伴只有40多个，2006年已经发展到220多个，其中有7个贸易伙伴与中国双边贸易额超过了1000亿美元。我国贸易结构持续优化，机电、高新技术产品出口快速增长。现在工业制成品比重从46%上升到94.5%，中国774种产品出口居世界第一。从一个初级产品出口国变成制成品出口大国，2007年机电产品出口占出口额的比重达到57.6%，高新技术产品出口占出口额的比重达到28.6%。其次，对外开放引进了资金和先进的技术，有力地推进了我国经济发展的历程。

另一方面，对外开放促使我国利用外资显著。利用外资是对外开放的重要内容，是建设有中国特色社会主义市场经济的伟大实践之一。从1993年起，我国利用外资一直处于世界第二位(仅次于美国)，遥居发展中国家之首。近五年累计实际利用外资5528亿美元。通过引进国外的资金、资源、先进技术、设备和管理经验，加快了国内企业的改革、改组和改造，增强了竞争能力。目前在引进外资规模不断扩大的同时，我国利用外资的环境逐步改善，利用外资的质量有所提高。

(三)对外开放充分利用了国际和国内两种资源、两个市场，显著促进了我国经济发展的现代化进程

在以行政手段配置资源为主的计划经济体制下，我国经济长期处于封闭、半封闭的落后状态，经济发展潜力受到很大限制。通过对外开放，我国经济逐步向开放型经济转变，初步实现了与国际经济的互接互补，提高了利用国内外两个市场、两种资源的水平，增强了综合国力。

特别是对外开放以来，我们紧紧抓住全球产业跨越转移的机遇，引进了大量的现代化设备，以现代技术改造了传统产业，推动我国进入工业化阶段。我国已经连续15年成为利用外资最多的发展中国家。通过对外开放，不仅使我们发挥比较优势更好地参与国际竞争，同时也给我们的企业提供了学习先进技术和现代生产管理经验的途径，有利于我国发挥后发优势，迅速提高生产技术、销售、管理等水平。

除此之外，对外开放不仅大大促进了我国工业化进程，而且直接创造了大量新的就业岗位，加快了城市化发展步伐，为大量农民工外出就业创造了条件。对外开放大大促进了对外交流，开阔了视野，增进了我国和发达国家的交流，使我国便利地分享世界文明的成果，大大推进了中国现代化进程。

(四)对外开放有力地促进了经济体制改革，为完善社会主义市场经济体制作出了重要贡献

对外开放过程，本质上是经济体制改革不断深化，新的经济体制形成的过程，也是中国国内不断认同市场经济，深化市场化改革的过程。对外开放引入了以市场经济体系为基础的国际规则和国际惯例，有力地促进了社会主义市场经济体制的建立与完善，改革与开放互为促进、互为动力，开放的每一次重大进展，都为国内改革提供了强有力的动力。

(五)对外开放使我国成功地融入全球经济体系，综合国力大幅度提高

过去，我们对世界经济的影响与我们在世界政治格局中的地位极不相称，目前这种状况已经有了明显改善，我们已经成为第二大经济体、第三大贸易国、第一大外汇储备国，综合国力大幅度增强，国际地位日益提高。1978年我国国内生产总值占全球的比重为1%，进出口总额占全球的比例不足1%。2012年我国国内生产总值已超过50万亿元，我国进出口贸易总值达38 667.6亿美元，外汇储备由1978年的不到2亿美元增长到2011年的2.8万亿美元，我国对世界经济增长的贡献超过10%。我国已经成为在全球具有重要影响的贸易大国，在国际规则制定中的话语权日益增强。

(六)对外开放促进了国民素质的提高，推动了我国科技、教育、文化事业的蓬勃发展

对外开放对我国社会生活的影响也十分深刻。30 多年来，我国大力发展科技、教育、文化对外交流与合作，促进了科教人力资源的增长，已经建立了具有一定规模和水平的科教人才队伍，为跨世纪的科技教育文化和经济发展提供了必要的支撑。到 1997 年，我国与 135 个国家和地区建立了科技合作关系，签署了 95 份政府间科技合作协议，加入了 75 个国际学术组织；我国与 152 个国家和地区建立了教育文化交流和合作关系，向 103 个国家和地区派遣了近 30 万名留学人员，接受了来自 152 个国家和地区的外国留学生 25 万多人，更重要的是，对外开放促进了人们的思想解放和观念更新，拉近了我国经济和社会生活与世界的距离。人们从未像今天这样，感到与世界如此贴近。

(七)对外开放推动了祖国和平统一进程，有利于世界和平与发展

实现祖国和平统一大业是炎黄子孙的共同心愿。对外开放加快了香港、澳门、台湾地区与祖国内地融合的进度，进一步密切了两岸三地的交流与合作。祖国内地与香港地区历来有着十分密切的经贸合作关系，尤其是改革开放三十多年来的高速发展，两地已形成了互惠互利、共同发展的经贸关系。香港回归以后，“一国两制”方针和香港基本法得到了切实的贯彻执行，回归后的香港继续保持国际贸易、金融、航空和信息中心的地位。内地与澳门地区经贸关系日益密切，保证了澳门回归后的发展与繁荣。台湾地区与祖国内地的经贸联系日益紧密，贸易和投资业务发展迅速。2012 年，海峡两岸进出口贸易额达 1689.6 亿美元，台湾地区是祖国内地的第五大贸易伙伴、第二大进口市场，祖国内地是台湾地区的第二大出口市场。随着两岸“三通”的逐步实现，两岸四地经贸交流将跃入更高的层次，为最终实现祖国和平统一创造有利条件。

实行对外开放极大地促进了我国多双边经贸关系的发展。我国已正式加入世界贸易组织(WTO)；我国积极参与亚太经合组织会议和亚欧会议，推进亚太地区贸易与投资自由化以及亚太、亚欧地区经济技术合作。我国与美、日、欧等主要经济贸易伙伴及其他国家和地区的双边关系也不断加强，赢得了发展国民经济、加快现代化进程的良好国际环境，也为世界的和平与发展作出了贡献。

第三节　发展开放型经济

一、对外开放的实质是发展开放型经济

我国实行对外开放，其实质就是要大力发展开放型经济。所谓开放型经济，强调的是

把国内经济和国际经济充分衔接，即把国内经济和整个国际市场联系在一起，尽可能充分地参与国际分工，并在国际分工中发挥出本国经济的比较优势。就是通过放宽贸易限制，大力利用外资，引进先进技术和设备，发展面向国际市场的产业，以出口贸易带动企业和整个国民经济的技术改造，加快产业结构、产品结构的优化和升级，促进国民经济持续快速健康发展和社会主义现代化的实现。

开放型经济是与封闭型经济相对立的概念。在开放中，要素、商品与服务可以较自由地跨国界流动，从而实现最优资源配置和最佳经济效益。开放型经济意味着在相当高的程度上参与国际市场和国际分工，并主张自由贸易制度。它不仅与传统的计划经济体制下的贸易体制不同，与一般人们理解的外向型经济也是有区别的。外向型经济以出口导向为主，而开放型经济则以降低关税壁垒和提高资本自由流动程度为主。在开放经济中，既强调出口贸易的战略作用，也重视进口的重要作用，基本不存在孰重孰轻的问题，关键在于发挥比较优势，既吸引外资，也对外投资，对资本流动限制很少。

在当今国际分工和经济全球化不断向前推进的形势下，积极参与国际交换和国际竞争，大力发展对外经济技术交流与合作，已成为强大的世界潮流。这是人类社会生产力发展的必然要求，是社会经济发展的客观规律。因此，我们必须在实行对外开放三十多年取得重大进展的基础上，进一步大力发展开放型经济，进一步提高我国对外开放水平，选择合适的开放型经济模式，促进中国经济与世界经济接轨。

二、进一步提高我国对外开放的水平

展望将来，经济全球化不断深化，区域经济一体化方兴未艾，研发、国际化、服务外包的跨国转移，为发展中国家带来了新的机遇，我国对外开放日益扩大，面临的国际竞争将更加激烈，发达国家在经济、科技上占有优势地位的压力将长期存在，可预见和不可预见的风险增多，同时，国内经济发展遇到资源、环境和粗放型经济发展方式的制约，如何按照科学发展观的要求，统筹好国内发展与对外开放，对未来我国发展战略提出了更高的要求。

面对复杂的新形势，必须统筹国内国际两个大局，树立全球眼光，加强战略思维，善于从国际变化中把握发展机遇，应对风险挑战。

(一)要坚定不移奉行互利共赢的发展战略

中国发展成为一个新的经济大国，需要营造良好的外部环境，要实现和平发展，中国必须与国际社会实现互利共赢，这是对外开放的一个关键型转变。不能光讲自己的好处，要用互利共赢的办法，来处理对外经济贸易关系的一切问题。在实现本国发展的同时，要兼顾各方的利益。随着我国经济实力的增强，逐步承担与我国能力相符的责任，在全球贸易规则制定中发挥建设性的作用，以周边国家、贸易伙伴和资源能力国家为重点，本着先易后难、循序渐进的原则，扩大市场准入，依法保护合作方的合法权益。

(二)以科学发展观为指导，统筹国内发展和对外开放两个大局

要统筹安排对内对外的经济工作，牢牢把握经济全球化带来的新机遇，充分利用外部资源把引进来和走出去更好地结合起来，扩大开放，优化开放结构，提高开放质量，形成经济全球化条件下参与国际经济合作竞争的新优势。优化进出口商品结构，坚持以质取胜，增强应对国际市场波动的能力，创新利用外资方式，优化利用外资结构，进一步优化加工贸易产业结构，逐步增强开拓市场、技术创新和培育自主品牌的能力，推动加工贸易转型升级，提高我国在全球分工中的地位。

(三)扩大与深化对外开放要促进区域协调发展

优化对外开放地区结构，深化沿海开放，加快内地开放，提高沿边开放，实现对内对外开放互相促进的双向格局。沿海地区要充分利用资源，主动承接服务业转移、软件等服务外包，优化产业结构，增强自主创新能力，发展国际品牌。内陆地区要积极承接国外高附加值知识、技术密集型产业转移，引导跨国公司在中国地区建立研发基地和生产基地，增强与沿海地区的良性互动，有选择地承接一些沿海地区因为生产成本的提高、资源环境承接能力有限而转移过来的项目，加速当地的经济发展。

(四)鼓励引导跨国公司在中国设立研发中心

在新形势下，我国原有的以市场换技术，引进模仿的投资推动性转移模式已经难以为继。在承接国际转移的过程中，要努力摆脱技术上受制于人的困境，除了增加内资企业技术创新能力以外，还要营造良好的环境，让跨国公司将其全球和区域的研发中心转移过来，为此可以利用标准、财政、税收、知识产权等一系列手段进行鼓励和引导。

(五)培育我国跨国公司掌握全球竞争的制高点

跨国公司是全球资源配置的主导者，一国是否拥有一大批跨国公司不仅是一国经济实力的体现，而且决定该国在全球竞争中的地位。我们要积极稳妥地推进对外投资，引导企业建立和掌握国际营销渠道，培育自主知识产权、自主品牌和具有国际竞争力的公司。要完善对外投资政策，加强对投资的服务与支持力度，建立促进跨国公司发展的长效机制。

(六)完善风险防范机制，维护国家经济安全

随着我国对外开放的进一步扩大和深化，开放经济的风险防范问题日益突出。把握开放型经济的风险来源，按照我国开放的进程，逐步建立风险防范机制，提高开放型经济的宏观管理水平，完善有管理的波动汇率机制，实现内外均衡的汇率水平；加强金融体系建设，增强金融业国际竞争能力，防范外部的金融冲击，维护金融稳定；积极参与和利用国际资源，开展能源合作机制，稳定国际市场供应，确保我国在扩大开放中的经济安全与资

源安全。

三、推进中国经济与世界经济接轨

我国实行对外开放，建立开放型经济，就是要推进中国经济与世界经济接轨。中国的发展离不开世界，世界的发展更离不开中国。只有实行中国经济与世界经济接轨，中国与世界才能互利共赢。为此，需抓好如下几项工作。

(一)确立与开放型经济相适应的对外贸易发展战略模式

改革开放以前，由于当时的国际环境和国内经济建设的指导思想等主客观因素，决定了当时的对外贸易发展战略模式是“进口替代”模式。

“进口替代”战略模式对于我国突破以美国为首的资本主义对我国实行的封锁禁运，初步建立独立的、比较完整的工业体系和国民经济体系，巩固和发展社会主义经济，起到了积极作用。但它也使我国孤立于世界经济体系之外，不能充分利用国际分工获得比较优势利益，不能充分利用好国内外两种资源、两种市场，不能利用国外资金和技术推动国民经济技术改造和产业结构的优化，使我国经济发展长期处于劳动生产率低、产品质量低的落后状态。

改革开放后，我国实行了对外开放，发展开放型经济，就应该转换对外贸易发展战略模式。在1978—1992年的有限开放时期，我国实行了混合发展战略模式，即力图将进口替代战略模式与出口导向战略模式各自有效的成分结合起来，取长补短。1992年由于市场经济地位的确立，中国改革开放进入了全面开放时期。我国先后提出了“大经贸”战略、“走出去”战略和互利共赢战略。这些战略基本是以“进口替代”为主的，进出口替代相结合的外贸发展战略模式，既可发挥“进口替代”的优点，又可获得“出口替代”充分利用国际分工的好处。(详见第十二章)

(二)建立公平、自由的对外贸易秩序

要实现中国经济与世界经济接轨，必须使中国经济与世界经济联系的渠道畅通。这就要建立公平的、自由的，并符合社会主义市场经济要求和国际通行规则要求的外贸秩序。要在取消对外贸易指令性计划和政府补贴的基础上，以市场价格和有管理的浮动汇率作为对外贸易调节的根本手段，形成公平、自由的对外贸易秩序。

以市场价格作为调节进出口贸易的主要手段，要求我国的关税与国际市场要求相适应的关税水平一致。原来我国的关税偏高，不仅高于西方发达国家，也高于一般发展中国家。根据我国“入世”的承诺，原定2008年降低整体关税至10%的目标，在2005年已提前实现，下降至9.9%，2008年降到了9.8%。

我们要建立的这种公平、自由的对外贸易秩序，与政府对进出口贸易的管理并不矛盾。当然，政府对进出口贸易的管理应符合国际贸易规范，并且有透明度。

(三)使我国国内价格水平逐步向国际价格水平接近

总体来看，我国国内的商品价格水平低于国际市场价格水平，如农产品价格、轻纺产品价格、交通费用、房地产价格一般都低于国际价格水平；劳动力价格、服务费用更是远远低于国际价格水平。当然我国也有一些商品的价格高于国际价格水平，如汽车价格，某些短缺的矿产品如铁矿石、铜、铝等的价格都高于国际价格水平。近年来，随着对外贸易以计划定价为主转变为以市场定价为主，关税逐步大幅降低，有管理的浮动汇率制度的实行，创造了我国国内价格水平逐步向国际价格水平接近的条件，我国的价格水平正在朝国际价格水平方向靠拢。国内外价格水平趋于一致，将有利于我国利用国际分工优化国内资源的配置。

(四)开放国内市场实现国内外市场体系对接

开放型经济的国内外市场体系应该是互相衔接、畅通的。但是目前我国国内还有许多市场没有对外开放，国内外市场是分割的。为了履行“入世”承诺，我们要向国外逐步开放生产要素市场，包括商品市场、金融市场、劳动力市场、房地产市场、技术市场和信息市场等。

实现国内市场体系同国际市场体系对接，有利于引入国际市场机制，完善我国的市场经济体制，使市场机制在对外贸易发展中更好地发挥调节作用。

(五)利用国际分工扬长避短实现国内外产业结构互接互补

中国在国际经济大家庭中有自己的长处和优势，同时也有自己的短处和劣势。我们要建立开放型经济，就必须积极参与国际分工，并充分利用国际分工，扬长避短，逐步使国内产业结构、经济结构同世界产业结构、经济结构互接互补，一方面充分有效地利用国内资源，利用国际市场扩大生产和出口；另一方面，大力引进国内紧缺的技术、设备、原材料和零部件，以及我国处于劣势地位的某些工业产品，加速国内企业的技术改造和产业结构的优化，使国内外产业结构实现互接互补。

本 章 小 结

实行对外开放是我国的一项长期基本国策。实行对外开放，符合经济发展规律的客观要求，符合解放和发展生产力的客观要求，符合培育和发展社会主义市场经济的客观要求。

对外开放的基本含义是：大力发展和不断加强对外经济技术交流，积极参与国际交换和国际竞争，以生产和交换的国际化取代闭关自守和自给自足，促进经济的变革，使我国经济结构由封闭型经济转变为开放型经济，促进国民经济健康快速地发展。

我国的对外开放，经过三十多年的努力，由点到面，由浅入深，从南到北，从东到西，形成了以经济特区和沿海开放城市为重点的全方位、多层次、宽领域的开放格局。2001 年加入世贸组织(WTO)标志着我国对外开放进入了新的阶段。

我国三十多年的对外开放取得了举世瞩目的重大成就：基本形成了全方位、多层次、宽领域的对外开放格局；大大增强了我国经济的国际竞争力，加快了我国经济贸易的全面发展；充分利用了国际和国内两种资源、两个市场，显著促进了我国经济发展的现代化进程；有力地促进了经济体制改革，为完善社会主义市场经济体制作出了重要贡献；使我国成功融入全球经济体系，综合国力大幅度提高；促进了国民素质的提高，推动了我国科技、教育、文化事业的蓬勃发展；推动了祖国和平统一进程，有利于世界和平与发展。

我国实行对外开放，其实质就是要大力发展开放型经济。所谓开放型经济，就是把国内经济和国际经济充分衔接，尽可能充分地参与国际分工，在国际分工中发挥出本国经济的比较优势。带动国民经济的技术改造，加速产业结构、产品结构的优化，促进社会主义现代化建设。

要发展开放型经济，就要进一步提高我国对外开放水平，并通过确立相应的外贸模式、建立公平自由的外贸秩序、促使国内外价格水平接近，实现国内外市场体系对接和实现国内外产业结构互补。

思 考 题

1. 试述我国实现对外开放的客观必然性。
2. 我国对外开放政策的具体形式是什么？
3. 试述我国对外开放格局的形成。
4. 我国三十多年的对外开放取得了哪些重大成就？
5. 什么是开放型经济？
6. 如何进一步提高对外开放水平？
7. 怎样推进中国经济与世界经济接轨？

案 例 分 析

两种对外开放战略

改革开放 30 年以来，我国经济发展大致上经历了两个阶段，实行了两种不同的战略：一个是充分利用国内资源而争夺和占领国际市场的阶段，另一个是整合国际资源而开发国

内市场的阶段。

充分利用国内资源而争夺和占领国际市场的对外开放战略

在我国经济刚刚开始融入国际经济的一段时间内，我国经济有着三个明显的特点：一是资本和外汇都很短缺，非常需要国际资本和外汇；二是就业压力非常大，国民还不富有，甚至可以说还很穷，因而国内市场购买力很有限；三是国内资源如劳动力资源和土地资源等比较便宜。这三个特征决定了我国当时对外经济的基本战略只能是充分利用国内资源而争夺和占领国际市场。

在这种开放战略框架下，我们在国际贸易上采取了极力扩大出口而限制进口的政策，例如在出口上实行了出口退税比例很高的有利于扩大出口的出口退税政策，在进口上实行了比较严厉的进口关税政策，甚至不允许进口；在资本项目下，我们实行了极力吸引外资而限制资本外流的政策，例如对外资实行包括税收优惠和土地优惠在内的各种优惠政策，但对资本外流却严加控制。与这种开放战略相联系，我国的外汇体制实行了国家严格控制的行政性外汇管理体制，不仅外汇的流动被严格控制，例如资本项目下的外汇兑换从不放开，而且外汇的价格也是由政府控制，实行政府定价原则，因此，外汇的流动和定价，都不是自由的和市场化的。

实践表明，当时我们实行的充分利用国内资源而争夺和占领国际市场的对外开放战略，非常快速地形成了贸易顺差和使外资大量地流入我国，因而非常有效地增加了我国的外汇储备，同时又为我国创造了更多的就业机会，提高了人们的收入。

这种对外开放战略自 1992 年开始大规模推进，到了 1997 年，又掀起了一个高潮。因为 1997 年我国经济遇到了两个挑战，这两个挑战极大地推动了充分利用国内资源而争夺和占领国际市场的开放战略的实施。一个是亚洲金融危机，这场危机首先表现为对外汇的国际炒作，似乎只有外汇储备丰厚的国家才可以阻击这场危机，因而，有利于外汇储备增加的这种充分利用国内资源而争夺和占领国际市场的对外开放战略，就更加受到人们的推崇。另一个是中国宏观经济自改革开放以来首次出现了总需求不足，总需求不足导致了经济增长乏力，失业人口大量增加。对于这种总需求不足，当时我们虽然也试图通过刺激消费需求和投资需求来启动，也就是试图通过积极的财政政策和扩张的货币政策而加以刺激，但当时因为各种原因，除了积极的财政政策所推动的政府投资对启动总需求有些作用外，别的措施似乎见效都很慢。因而我们后来加大了外贸外资政策对需求启动的力度，也就是通过扩大出口和积极引进外资而启动国内需求。后来恰恰正是因为这些扩大出口和积极引进外资的举措，通过开发和占领国际市场而释放了国内需求严重不足的压力，弥补了国内市场的需求不足，有效地带动了经济增长，从而收到了启动经济的巨大效果。因而这种充分利用国内资源而争夺和占领国际市场的对外开放战略，更加深入人心，获得了巨大的发展。

我国对外经济的这种战略选择在当时是正确的，是符合我国当时的国情的，因而我们对此不应有任何指责。现在的问题是，随着我国经济的发展，这种战略需要调整了。其原因是：第一，这种战略导致我国国际收支严重失衡，使得过多的外汇流入我国，从而使得央行的外汇占款性货币发行数额太大，也就是因为外汇占款过大而导致货币供给过多，从而出现了流动性过剩，使得包括消费品价格、投资品价格、资产价格在内的价格全面上涨，引发了国内经济严重失衡，出现了通货膨胀、经济过热和经济泡沫的压力；第二，我国GDP自2006年突破20万亿人民币以后，每年仍然会以10%左右的速度增长，从而使得我国每年消耗的资源量非常大，我们就是再提高资源使用效率，降低资源消耗，国内资源也难以满足我们对资源的需要，因而我们需要走向全球配置资源的时代。由以上两点可见，我国的对外经济战略，应该从充分利用国内资源而争夺和占领国际市场的战略，转向配置全球资源而开发国内市场的战略。

整合国际资源而开发国内市场的对外开放战略

从充分利用国内资源而争夺和占领国际市场的开放战略，转向整合国际资源而开发国内市场的开放战略，不仅涉及我国贸易政策和外资政策的调整，而且要求我们对相关体制都要进行变革，其中大致涉及下述几个方面的问题。

1. 调整经济发展方式

我国对外经济发展战略要从“充分利用国内资源而占领国际市场”转向“全球配置资源而开发国内市场”，这种对外经济发展战略的调整，要求我们对出口、投资、消费这些推动国民经济增长的“三驾马车”进行重新排序，从过去的“出口、投资、消费”的排序，转向“消费、投资、出口”的排序。也就是说，我国经济增长的重点将在于充分利用全球资源而启动国内市场。国内市场包括消费需求和投资需求，但我们启动国内市场不能启动投资需求，因为投资需求本来就过速上涨，我们存在着巨大的经济过热的压力，因而我们启动国内市场只能启动消费需求。

如何启动消费需求？消费需求包括两个组成部分，一个是居民的个人消费需求，另一个是居民的公共消费需求，因而启动消费需求应从这两个方面来进行。

第一，启动居民的个人消费需求。居民的个人消费需求受各种因素影响，其中影响最大的是居民个人收入，居民个人收入与居民的个人消费需求成正比，因而启动居民个人消费需求的关键是提高居民个人收入。

第二，启动居民的公共消费。居民的公共消费是消费需求的重要组成部分。所谓居民的公共消费，就是居民对公共产品的消费。公共产品主要包括医疗卫生、文化教育、社会保障、基础设施，因而要提高居民的公共消费，就要加大这方面的投资。不过公共产品投资的主体不是居民个人，而是国家，因而要启动居民的公共消费，就必须加大国家对公共产品的投资。

2. 改革外汇管理体制

整合国际资源而开发国内市场的对外开放战略，要求政府放开对外汇的控制，实行自由性的市场化外汇管理体制，使外汇能自由进出，尤其是使中国资本走出去。因而我国对外开放战略的调整，需要我们大力改革外汇管理体制，实行自由性的市场化外汇管理体制。

自由性的市场化外汇管理体制的首要特点是外汇买卖的自由，但是我国目前的外汇买卖并不自由，例如资本项目就根本没有放开。我们认为应该放开对外汇的政府管制，实行外汇买卖自由化。对于有人所讲的担心民营资本在放开外汇管制的开放条件下会外流的问题，我想我们的根本办法是健全法制，真正保障民营资本的应有权益。中国目前仍然是世界上经济最活跃的国家，资本回报率也很高，对于逐利的资本来说，中国依然是最佳的投资区域，因而只要我们对民营资本实行真正的国民待遇政策，民营资本仍然会在中国投资，而不会流向国外的。最根本的办法不应该是通过控制外汇而控制民营资本的外流，而是解决它们的不安全感的问题，从而使中国成为既是资本回报率最高的国家，也是资本最安全的国家。

自由性的市场化外汇管理体制不仅仅要求外汇买卖自由，而且也要求汇价能够自由波动，完全由市场机制决定。我国长期实行固定汇率制度，因而需要放开汇价，使汇价走向市场化。自 2005 年 7 月起，我国选择了缓慢放开汇价的方式，使人民币对美元缓慢实现升值，从而为国家、民众和企业进行自我调整留下了有效的时间。当然，这种方式也使各方都存在着人民币升值的强烈预期，并且诱发了国际上的“热钱”试图通过各种途径进入我国，从而给我国经济带来了一些问题。但这是不可避免的，我们只能实行两害相权取其轻的原则。

3. 调整国际政策

在充分利用国内资源而争夺和占领国际市场的对外开放战略格局下，我们在国际政策上实行的是追求出口而限制进口的国际贸易政策，以及盲目吸引外资而限制中国资本走出去的资本流动政策，但在实行整合国际资源而开发国内市场的对外开放战略的条件下，这些政策都要进行有效调整。

首先要调整国际贸易政策。一是要调整出口退税政策，降低退税比例，甚至取消出口退税，尤其是对那些高污染环境和高消耗资源的出口产品，不仅不能退税，而且要提高出口关税，从而减少过度的出口，减缓顺差过大的压力；二是要调整进口政策，降低进口关税，尤其是对那些资源性和技术类的进口产品，应该大力降低进口关税，甚至可以取消进口关税，从而通过扩大进口而减缓顺差过大的压力。

其次是要调整外资政策和资本输出政策。对于外资政策的调整，重点在于调整对外资的优惠政策，现在对外资的政策不应该是优惠政策，而应该是实行国民待遇政策，因而应该取消对外资的税收优惠及土地优惠等，尤其是对那些没有技术含量和品牌效应的外资，我们应该限制其进入。同时，我们应该鼓励中国资本走出去，并从各个方面提供方便和优惠，这对我们整合国际资源和减轻人民币的外汇占款压力是很有作用的，可以促进我国国际收支的平衡，从而有效实现国内外经济的平衡协调发展。

(资料来源：魏杰. 改革开放三十年来中国对外开放战略的变革[J]. 中国金融，2008(6).)

问题：

1. 怎样理解充分利用国内资源争夺和占领国际市场？
2. 如何通过整合国际资源而开发国内市场，实现中国经济与世界经济对接？

第五章　世界贸易组织与中国对外贸易

【学习要求】

通过本章的学习，要求学生掌握世界贸易组织的宗旨与原则，熟悉世界贸易组织的主要协议，了解中国加入世界贸易组织的历程，掌握中国加入世界贸易组织的利弊及对策，能够结合实际情况分析加入世界贸易组织对我国各类产业的影响及应对措施。

【主要概念】

非歧视原则　最惠国待遇　国民待遇　透明度原则　1994 年关税与贸易总协定　“绿箱”措施　“黄箱”措施　“蓝箱”措施　服务贸易总协定　知识产权

【案例导读】

世界贸易组织的来龙去脉

GATT：世界贸易组织的前身

世界贸易组织(WTO)的前身是关贸总协定(GATT)。关贸总协定自 1948 年开始临时实施至 1995 年 1 月 1 日世界贸易组织正式成立，拥有 47 年的历史，其制定的一整套有关国际贸易的原则和规章得到了世界大多数国家和地区的认可，并在 WTO 中继续有效。关贸总协定的产生是资本主义积极推行自由贸易的产物，即针对战后国际贸易中的保护主义，试图通过互减关税，扭转日益盛行的贸易保护主义和歧视性的贸易政策，促进国际贸易的自由发展。1947 年 4—10 月，23 个国家同意接受国际贸易宪章草案中有关关税与贸易政策的内容而签订临时性议定书。这 23 个国家分别是：澳大利亚、比利时、巴西、缅甸、加拿大、锡兰(今斯里兰卡)、智利、中国、古巴、捷克斯洛伐克、法国、印度、黎巴嫩、卢森堡、荷兰、新西兰、挪威、巴基斯坦、南罗得西亚(今津巴布韦)、叙利亚、南非、英国和美国。

关贸总协定的八轮多边贸易谈判

关贸总协定的主要活动是进行多边贸易谈判和协调成员国的贸易事宜。世界贸易组织成立之前，从 1947—1995 年，关贸总协定共进行了八轮多边贸易谈判。

乌拉圭回合是关贸总协定主持下的第八轮多边贸易谈判，也是关贸总协定的最后一轮谈判。从 1986 年 10 月谈判的启动到 1994 年 4 月最终协议的签署历时 8 年。参加乌拉圭回合谈判的国家和地区从最初的 103 个，增加到 1995 年初的 128 个。此次多边贸易谈判的主要成果：一是强化了管理国际贸易的多边纪律框架，将农产品和纺织品重新纳入关贸总协定贸易自由化的轨道；二是进一步改善了货物和服务业市场准入的条件，并制定了与贸易有关的投资措施和与贸易有关的知识产权协议；三是关税水平进一步下降，通过这轮谈判，发达国家和发展中国家平均降税1/3，发达国家工业制成品平均关税税率降为3.5%左右；四是建立世界贸易组织的愿望终于得以实现。

关贸总协定前七轮谈判，大大降低了各缔约方的关税，促进了国际贸易的发展。但从20世纪70年代开始，特别是进入80年代以后，以政府补贴、双边数量限制、市场瓜分和各种非关税壁垒为特征的贸易保护主义重新抬头。为了遏制贸易保护主义，避免全面的贸易战发生，美、欧、日等共同倡导发起了此次多边贸易谈判，决心制止和扭转保护主义，消除贸易扭曲现象，建立一个更加开放、具有生命力和持久的多边贸易体制。1986年9月，部长们相聚在乌拉圭的埃斯特角城，同意发起乌拉圭回合谈判。谈判议程包括所有突出的贸易政策问题，其中包括贸易体制向几个新的领域拓展，特别是服务贸易和知识产权问题。

从关贸总协定到世界贸易组织

当1986年乌拉圭回合多边贸易谈判开始时，其中的15个议题并没有建立世界贸易组织问题，只是设立了一个关于修改和完善关贸总协定体制职能的谈判小组，但是在新议题中已涉及货物贸易以外的问题，如知识产权保护、服务贸易以及与贸易有关的投资措施等。因此，面对这些非货物贸易的重要议题，很难在关贸总协定的旧框架内谈判，而有必要创立一个正式的国际贸易组织来分别谈判解决。因此，在1990年初，当时担任欧共体主席的意大利首先提出建立一个多边贸易组织的倡议，这个倡议后来以12个成员国的名义正式提出。1994年4月在摩洛哥马拉喀什举行的关贸总协定部长级会议正式决定成立世界贸易组织。1995年1月1日，世界贸易组织成立。

(资料来源：http://www.people.com.cn/GB/jinji/31/181/2001109/601386.html，2001年11月9日)

世界贸易组织(WTO)于1995年成立，其前身是1948年正式开始生效的关税与贸易总协定(GATT)。世界贸易组织是当今规范国际经贸规则的多边经济组织，与国际货币基金组织、世界银行并称为世界经济的“三大支柱”。中国于2001年加入世界贸易组织，标志着中国对外贸易进入了一个新的发展阶段。

第一节　世界贸易组织的宗旨与原则

一、世界贸易组织的宗旨

任何一个国际组织都有自己的宗旨，然而世界贸易组织的宗旨有所不同，除建立世界贸易组织协定的序言有明文规定外，关贸总协定、哈瓦那宪章、服务贸易总协定等文件的序言也是世界贸易组织宗旨的重要内容。究其原因，一是世界贸易组织及其法律体系是在总协定的基础上发展而来的，而总协定又原本是哈瓦那宪章的组成部分；二是世界贸易组织不仅标志着一个新的国际组织的诞生，还意味着一个新的国际贸易法律体系的出现，其中各成员赋予世界贸易组织新的使命(如服务贸易领域的目标)也被收入到了相应的协议之中。因此，要了解世界贸易组织的宗旨，除了着重分析世界贸易组织的章程外，还必须结合历史研究和采取综合研究的方法。

在乌拉圭回合通过的《建立世界贸易组织协定》的序言部分，集中表述了世界贸易组织的宗旨。这些宗旨一方面秉承了关贸总协定在过去所遵循的准则，另一方面又依据国际经济贸易领域的新趋势作了重要的创新和发展。

综合起来，世界贸易组织的宗旨可归纳为以下五个方面。

(一)提高生活水平，保障充分就业

世界贸易组织的序言开宗明义地指出："本协议缔约方，认识到在处理其贸易和经济领域的关系时，应当是为了提高生活水平，保障充分就业……"在经济全球化飞速发展的今天，世界贸易组织继续将提高生活水平、保证充分就业作为重要的目标，是符合世界贸易组织存在和发展基础的。世界贸易组织致力于推动国际经济贸易的发展，终极目的是为了提高人民的生活水平，符合各国经济发展所追求的利益，能为各成员所接受。

(二)扩大货物、服务的生产和贸易

在20世纪，货物贸易是全球国际贸易最重要的内容，是带动全球经济发展的"引擎"。但在经济全球化迅速发展的今天，服务贸易已逐渐发展成为国际贸易中举足轻重的组成部分。近年来，全球服务贸易的增长率平均每年为11%，超过了同期货物贸易每年8%的增长速度。有鉴于此，世界贸易组织成员方"认识到服务贸易对世界经济增长和发展具有日益增长的重要性"，将服务贸易与货物贸易并列对待，从而极大地扩展了国际贸易的内涵，有利于服务贸易的进一步发展。

(三)坚持走可持续发展之路

《建立世界贸易组织协定》旗帜鲜明地将可持续发展写入前言，作为一个重要的宗旨，这是对 GATT 宗旨的重大发展。在发展国际贸易的过程中，必须牢记可持续发展的重大目标，着眼于全球的长远利益和子孙后代的幸福，防止片面追求眼前利益的倾向，防止片面追求某一时期生产与贸易的发展，而造成对环境的污染和生态的破坏，以至从根本上动摇国际贸易的基础，降低人类的生活水平。这是具有战略意义的根本大计，对今后全球的稳定和繁荣具有重大而深远的意义。

(四)保证发展中国家贸易和经济的发展

世界贸易组织成员进一步认识到."需要作出积极努力，以保证发展中国家，特别是其中的最不发达国家，在国际贸易增长中获得与其经济发展需要相当的份额"。在世界贸易组

织负责实施管理的贸易协定中都对发展中国家给予特殊和差别待遇，确认了发达国家必须承担的义务，有助于发展中国家成员方经济和贸易的发展。

(五)建立更加完善的多边贸易体制

《建立世界贸易组织协定》明确确立的一个宗旨，就是要巩固和发展《关贸总协定》项下48年贸易自由化和“乌拉圭回合”多边谈判的所有成果，从而建立“完整的、更具有活力和永久性的多边贸易体系”。这是具有战略眼光的定位，比《关贸总协定》前进了一大步。上述定位不仅解决了长期存在的农产品和纺织品问题，而且还扩大了协定的管辖领域，将有关的知识产权和投资等方面的内容都涵盖其中，有利于今后世界贸易组织的顺利运作。

总之，世界贸易组织的目标是建立一个完整的包括货物、服务、与贸易有关的投资及知识产权等更具活力、更持久的多边贸易体系，以包括关贸总协定贸易自由化的成果和乌拉圭回合多边贸易谈判的所有成果。为实现这些目标，各成员应通过互惠互利的安排，切实降低关税和其他贸易壁垒，在国际贸易中消除歧视性待遇。

二、世界贸易组织的原则

世界贸易组织的原则是指世界贸易组织成员在世界贸易组织范围内处理整个贸易关系应遵循的准则。在世界贸易组织负责实施管理的贸易协定与协议中，贯穿了一系列基本原则。归纳起来，这些原则主要包括非歧视原则，贸易自由化原则，透明度原则，市场准入原则，公平贸易原则，公正、平等处理贸易争端原则等。

(一)非歧视原则

非歧视原则又称无差别待遇，是针对歧视待遇的一项缔约原则。它要求缔约双方在实施某种优惠和限制措施时，不要对缔约对方实施歧视待遇。根据非歧视原则，世界贸易组织一成员方对另一成员方不采用任何其他同样不适用的优惠和限制措施。这一原则主要是通过最惠国待遇条款和国民待遇条款体现出来的。

所谓最惠国待遇是指，一成员给予其他成员的产品、服务和人员的优惠待遇，应该立即扩展到所有成员。如果一方成员与另一方成员进行了贸易壁垒减让谈判，那么，谈判结果应适用于所有成员。这是近代文明的体现，也是现实世界的准则。最惠国待遇原则可以保证各国间非歧视地开展贸易，从而实现世界贸易组织的宗旨。所谓国民待遇是指，一成员给予本国的产品、企业、服务和人员的优惠待遇，也应给予另一方成员。具体来说，一成员给予其他成员的贸易等方面的待遇，不能低于本国的相同待遇。

非歧视性贸易原则除体现在关贸总协定最惠国待遇条款和国民待遇条款中以外，还体现在其他一些协议条款中，例如，原产地协议、装船前检查协议、与贸易有关的投资措施协议、卫生及动植物检疫措施协议、服务贸易总协定、与贸易有关的知识产权协议，等等。

可见，它是一项基础广泛的贸易原则。

非歧视性贸易原则有一些例外，例如，关税同盟和自由贸易区，边境贸易的优惠规定，沿海贸易与内河航行，沿河捕鱼和武器进口、文化类产品的出口限制等，这些不适用最惠国待遇原则；再如，沿海航行和领海捕鱼，购买不动产，服务贸易总协定中针对特定国家的豁免，等等，这些不适用国民待遇原则。

(二)贸易自由化原则

贸易自由化就是限制和取消一切妨碍和阻止国际贸易开展与进行的障碍，包括法律、法规、政策和措施等。世界贸易组织的这一原则，在多国贸易谈判以及在与贸易保护主义的斗争中，得到进一步加强和更加广泛的发展。现在，贸易自由化原则不仅在传统的货物贸易范围内得到加强和发展，而且在服务贸易和其他领域贸易中也得到了发展。贸易自由化原则体现在世界贸易组织所管辖的各项协议中，主要通过互惠规则、关税减让规则和取消数量限制规则等实现。

1. 互惠规则

在国际贸易中，互惠是指两国相互给予对方以贸易上的优惠待遇。互惠有双边互惠和多边互惠之分。多边互惠是把双边互惠原则扩大到多国之间，在关税减让的谈判中，它起着关键作用。世界贸易组织强调多边互惠规则的作用，其目的在于明确各缔约方在关税谈判中，相互之间应该采取的基本立场，确定缔约方之间建立商务关系的基础，保证和鼓励通过关税及其他一些事项的谈判，使新加入的国家作出一定的互惠承诺，从而使缔约方的贸易建立在合理互惠的基础上。同时，与最惠国待遇原则的结合实施，还可以避免缔约方由双方互惠而引起的差别待遇。世界贸易组织的互惠原则也有例外规定。《关税及贸易总协定》规定，发达国家以其承担的对发展中国家的贸易减免税和其他壁垒的义务不能希望互惠。同时，《关税及贸易总协定》也允许缔约方在某些特殊情况下，可以援引免责条款，撤回或修改它已作出的关税减让。《服务贸易总协定》也有不少例外规定，其中一部分是针对发展中国家的。

2. 关税减让规则

关税减让是世界贸易组织倡导的重要规则之一，在数量限制被普遍视为非法的同时，世界贸易组织允许把关税作为保护国内产业的唯一手段，但同时又规定各缔约国必须不断地降低关税税率，以逐渐降低关税壁垒。《1994 年关税及贸易总协定》第二条、第二十八条以及第二十八条附加条款，对关税减让和进行多边贸易谈判的方法作了原则规定。关税减让除了规定直接降低关税税率之外，还规定，在谈判期间，不提高现行税率，不得增减免税税目，固定现行各项税率；规定税率的最高限等形式。关税减让以互惠为基础，通过谈判来实现。关税减让规则也允许一些例外。如缔约方在遇到某些特殊情况时，可以引用《关税及贸易总协定》中的免责条款，撤回它已作出的关税减让；发展中国家如因约束税率对

国际收支不利，可以暂时在关税保护方面免除该项规则的适用等。

3. 取消数量限制规则

为了保证关税作为唯一的保护手段，世界贸易组织原则上不允许实施数量限制措施。《关税及贸易总协定》第十一条规定，任何缔约方除征收税捐或其他费用以外，不得设立或维护配额、进出口许可证或其他措施，以限制或禁止其他缔约方领土的产品输入，或向其他缔约方领土输出或销售出口产品。同时，《关税及贸易总协定》也有例外规定。为防止数量限制例外的滥用，《关税及贸易总协定》第十三条规定，若确有必要实施数量限制，应在非歧视原则基础上实施。取消数量限制原则在乌拉圭回合得到进一步发展。这不仅表现在把取消数量限制原则扩大到纺织品和服装这一长期游离于《关税及贸易总协定》之外的商品贸易，逐步取消纺织品和服装类商品贸易的数量限制，最终实现自由化；而且还表现在把取消数量限制扩大到其他方面的协议，特别是《服务贸易总协定》。《服务贸易总协定》规定，不应限制服务提供者的数量，不应采用数量配额方式或经济需要调查的要求，限制业务的总量或用数量单位表示服务提供的总产出量，以及有关上述方面对雇用的自然人的总数量进行限制。但缔约方可以出于对公共道德或维护公共秩序，对人类、牲畜或植物的生命和健康的保护，法律的规定和安全方面的考虑原因而采取例外。

(三)透明度原则

透明度原则要求各成员的贸易法规、政策措施及统计数字等的充分透明，要求与贸易有关的情况及时予以公布，以保证国际贸易体制在开放、公平和无扭曲竞争的基础上发展。防止各成员之间进行不公开的对其他成员构成歧视性的贸易。不过，这一原则也有一些例外。如《关税及贸易总协定》、《服务贸易总协定》和《与贸易有关的知识产权保护协议》等都规定，某些会妨碍法令的贯彻执行，会违反公共利益，或会损害某一公、私企业的正当商业利益的机密资料，可以不予公开。

(四)市场准入原则

市场准入是指一国允许外国的货物、劳务与资本参与国内市场的程度。世界贸易组织制定市场准入原则的目的在于通过增强各国对外贸易体制的透明度，减少关税和其他各种强制性限制市场进入的非关税壁垒，以及通过各国对开放本国特定市场所作出的具体承诺，确立一个可以逐步开放市场的机制，切实改善缔约方市场准入的条件，使各国在一定期限内，逐步放宽市场开放的领域，从而达到促进世界贸易增长，保证各国可以在世界市场上公平自由竞争的目的。

(五)公平贸易原则

为了促进贸易的自由化，世界贸易组织不仅确定了市场准入原则，而且还确定了公平贸易原则。前者主要针对进口贸易；而后者主要针对出口贸易。各成员的出口贸易经营者不得采取不公正的贸易手段进行或扭曲国际贸易竞争，尤其不能采取倾销和补贴的方式在他国销售产品。世界贸易组织强调，以倾销或补贴方式出口本国产品，给进口方国内工业造成实质性损害，或有实质性损害威胁时，该进口方可以根据受损的国内工业的指控，采取反倾销和反补贴措施。同时，世界贸易组织强调，反对成员滥用反倾销和反补贴措施达到其贸易保护的目的。

(六)公正、平等处理贸易争端原则

为了使贸易争端不致对各成员国的贸易发展造成阻碍，在乌拉圭回合，达成了《关于争端解决的规则与程序的谅解》(以下简称《谅解》)，并随着《谅解》所规定的机构的相继成立，世界贸易组织开始受理一些成员国提出的申诉，新的国际贸易争端解决机制已经形成。与原贸易争端解决机制相比，新的争端解决机制体现了公正、公平处理贸易争端的原则，具体表现如下。

(1) 建立了统一的争端解决程序。它不仅适用于多边贸易协议，而且还适用于诸边贸易协议；不仅把《关税及贸易总协定》未涵盖的服务贸易、与贸易有关的投资措施等领域，以及农产品、纺织品等敏感性商品纳入其管辖范围，而且还在适用程序方面作出了明确规定，避免了适用法律问题上的分歧。

(2) 设立了争端解决机构。世界贸易组织成立了专门负责解决争端的机构，该机构隶属于总理事会，负责执行《谅解》中的规则与程序以及有关协议中的磋商和争端解决条款。

(3) 规定了更加严格、明确的工作时限，并且对专家小组的工作程序和时间表提出了具体框架。

(4) 增设了上诉程序，加大了裁决的执行力度。世界贸易组织争端解决的程序中设立了上诉程序，并建立了相应的常设上诉机构受理上诉案件。并规定，在专家小组报告或上诉报告通过30天内举行的争端解决机构会议上，有关成员方必须表明其执行裁决的意向，若有关成员方向争端解决机构提出仲裁请求，仲裁应在规定的时间内完成。仲裁的决定是终局的，应该被有关成员方接受。

(5) 引入了交叉报复的做法。《谅解》规定，为了保证所有成员的利益，确保争端的有效解决，立即遵守争端解决机构的建议和裁决是重要的。若发现不执行裁决，则有关当事方可以要求中止减让或其他义务。

(6) 设立了有关发展中国家、最不发达国家的特别程序。

三、世界贸易组织的主要协议

世界贸易组织的协议或协定是约束世界贸易组织行为、保障世界经济贸易正常运转的重要法律体系。WTO 的协议或协定是由大量的宣言、条约和决定等文件构成的。目前，

WTO 负责实施管理的多边协议或协定，总共有 17 个，下面介绍其中的几个主要协议。

(一)1994 年关贸总协定(GATT 1994)

1994 年关贸总协定(GATT 1994)是多边货物贸易协议的法律基础和原则基础。它包括两个要件。

(1) WTO 成立前的 GATT 文件。GATT(1994)继承了 GATT(1947)的整体。文本共分四个部分，38 个条款。

(2) 关于 GATT 条款的 6 项谅解。GATT(1994)通过解释谅解的方式，对 GATT(1947)的一些条款进行了修正。其主要内容是：①对第 2 条第 1 款(乙)项作了补充，规定各成员要将“其他税费”列入减让表。②对第 17 条作了修正，要求加强国营贸易企业活动的透明度，规定了严格的通知和审议程序，并建立了一个工作组专门负责监督。③对国际收支条款的谅解。对为国际收支平衡而采取的限制措施规定了更加严格的要求。此项谅解集中反映在 GATT(1994)第 12 条和第 18 条第 2 款。④对第 24 条作了修正。这项修正加强了对关税同盟和自由贸易区的审议标准、程序和评估办法。⑤对豁免义务的谅解。规定了免除 GATT(1994)义务的批准程序。⑥对第 28 条作了补充，对成员在修改或撤销约束关税时，如果一个成员出口中占第一位的产品受到影响，它可以享有同主要供应者同样的权利。

(二)农业协议

农产品贸易涉及的主要产品包括热带产品、谷物、肉类、奶制品、糖类等。虽然原 GATT 也适用于农产品贸易，但由于许多成员，特别是发达国家成员一直对小麦、肉类等农产品实施高关税和非关税壁垒措施，尤其是欧美国家每年对农产品给予大量出口补贴，使广大发展中的农业出口国因无力给予出口补贴而在国际竞争中受到巨大损害。同时，巨额补贴也使欧美国家财政不堪重负。“乌拉圭回合”的农产品协议对此进行了改革。

《农业协议》分为 13 个部分，有 21 个条款和 5 个附件，其主要内容如下。

1. 农产品市场准入

针对许多国家利用关税及非关税壁垒限制农产品进口的情况，《农业协议》要求成员方将非关税措施转化为关税，并逐步降低关税，以保证一定水平的市场准入机会。具体包括以下内容。

1) 非关税措施的关税化

对于在农产品贸易中所实施的各种非关税措施，如进口数量限制、各种进口差价税、最低进口价格许可、配额限制等，各成员方必须先将其转换成同等保护程度的关税措施，然后再逐步降低进口税率。具体做法是：以 1986—1988 年的平均值为基础，根据内外价格差额，按照一定公式把各种非关税措施转化为等额关税，再加上受非关税措施影响的产品现行正常关税税率，便构成混合关税。

2) 削减农产品进口关税

从 1995 年开始，发达国家成员在 6 年内，发展中国家成员在 10 年内，分年度削减农产品关税。以 1986—1988 年关税平均水平为基础，用简单算术平均法计算，发达国家成员削减 36%，每个关税税号至少削减 15%；发展中国家成员削减 24%，每个关税税号至少削减 10%。最不发达成员列入关税化及关税约束，但免于削减关税承诺。

3) 关税配额

非关税措施关税化后，有的关税仍处于很高的水平，这同样会阻碍农产品贸易的发展。《农业协议》规定，对关税化的产品实行关税配额管理。实施关税配额的成员方必须承诺每年的关税配额准入量，即规定这些进口该产品的国家以相对较低的关税水平进口一定量产品的义务。在准入量内的进口，征收低关税；超过准入量的进口，按关税化税率征收关税。关税配额下的关税税率为 0～23%。

4) 特殊保障措施

农产品的非关税措施关税化以后，如果进口急剧增加，并对国内产业造成较严重影响，世界贸易组织成员可以使用《1994 年关税与贸易总协定》中的保障条款、《保障措施协议》及《农业协议》规定的特殊保障措施，来维护自身的利益。但只能在上述协议所规定的措施中选择其中一种，不能同时并用。

2. 农业国内支持

为消除农业国内支持措施对农产品贸易产生的不利影响，《农业协议》对不同的国内支持措施进行分类处理。

(1) “绿箱”措施。《农业协议》规定的“绿箱”措施是指，由政府提供的、其费用不转嫁给消费者，且对生产者不具有价格支持作用的政府服务计划。这些措施对农产品贸易和农业生产不会产生或仅有微小的扭曲影响，成员方无须承担约束和削减补贴义务。

(2) “黄箱”措施。《农业协议》规定的“黄箱”措施是指，政府对农产品的直接价格干预和补贴，包括对种子、肥料、灌溉等农业投入品的补贴，对农产品营销贷款的补贴等。这些措施对农产品贸易产生扭曲，成员方必须承担约束和削减补贴义务。

(3) “蓝箱”措施。《农业协议》规定的“蓝箱”措施是指，按固定面积和产量给予的补贴(如休耕补贴、控制牲畜量)，按基期生产水平的 85%或 85%以下给予的补贴，按固定牲畜头数给予的补贴。这些补贴与农产品限产计划有关，成员方无须承担削减补贴义务。

3. 出口补贴

出口补贴是一项对贸易产生严重扭曲的政策措施，《农业协议》不禁止成员对农产品出口实行补贴，但要削减出口补贴。

(1) 以 1986—1990 年出口补贴的平均水平为基准，或在某些出口补贴已经增加的条件下，以 1991—1992 年的平均水平为基准，从 1995 年开始，每年等量削减。对出口补贴预

算开支，发达成员在 6 年内减少 36%，发展中成员在 10 年内减少 24%；对享受补贴的农产品出口数量，发达成员在 6 年内减少 21%，发展中成员在 10 年内减少 14%。对于农产品加工品的出口补贴，成员方只需削减预算开支。最不发达成员无须作任何削减。

(2)　下列出口补贴措施受到削减承诺的约束：视出口实绩而提供的直接补贴；以低于同类农产品的国内价格，将非商业性政府库存处置给出口商而形成的补贴；利用征收的农产品税，对相关农产品的出口补贴；农产品的出口营销补贴(发展中成员除外)；出口农产品的国内运费补贴(发展中成员除外)；视出口产品所含农产品情况，对所含农产品提供的补贴。

(3)　成员方应该控制补贴的扩大，如果在基期没有对某种农产品进行出口补贴，则禁止该成员将来对这种农产品出口进行补贴。

4. 卫生与植物卫生措施

《农业协议》规定：涉及农产品贸易有关的卫生与植物卫生措施，应遵循世界贸易组织《实施卫生与植物卫生措施协议》的规定。

5. 农业委员会

为更好地实施《农业协议》，世界贸易组织成立了农业委员会。农业委员会的主要职责是：审议成员方执行“乌拉圭回合”中所作承诺的进展情况，为成员方提供讨论与执行《农业协议》中任何事项的机会。

(三)纺织品与服装协议

从 1974 年起，纺织品与服装贸易基本上受《多种纤维协议》的管理，这一协议鼓励双方达成出口方对其出口的纺织品与服装进行限制的双边安排，对其实行配额管理。这是对《1947 年关税与贸易总协定》非歧视原则和禁止数量限制原则的严重背离。“乌拉圭回合”把纺织品与服装贸易列为 15 个谈判议题之一，并决定将纺织品与服装贸易纳入关税与贸易总协定规则的谈判目标。经过发展中国家和地区的不懈努力和坚决斗争，发达国家被迫作出较大妥协，谈判各方终于在 1993 年 12 月达成了《纺织品与服装协议》。该协议用来取代《多种纤维协议》，为最终取消配额限制制定了过渡性安排。《纺织品与服装协议》是世界贸易组织各项协议中唯一规定了自行废止内容的协议。

《纺织品与服装协议》有 9 个条款，1 个附件，其主要内容如下。

1. 适用产品范围

在《纺织品与服装协议》的附件中，列明了逐步取消配额限制的产品范围，包括毛条和纱、机织物、纺织制品和服装 4 个组，涉及《商品名称及编码协调制度》中第 50～63 章的全部产品以及第 30～49 章、第 64～96 章的部分产品，依照海关 6 位数编码共约 800 个税号，囊括了成员方根据《多种纤维协议》已实行进口数量限制的全部产品，也包括少量的非《多种纤维协议》中关于数量限制的产品。

2. 分阶段取消配额限制

《纺织品与服装协议》要求，成员方不得设立新的纺织品与服装贸易限制，并逐步取消已有的限制。具体做法是：按比例逐步取消附件中所列产品的配额限制，对尚未取消限制的产品逐步扩大进口配额。

在 1995—2005 年分四个阶段逐步取消各种数量限制措施。对尚未取消配额限制的产品，要逐步放宽限制，增加配额数量。

3. 过渡性保障措施

过渡性保障措施是指，某项纺织品或服装的配额限制取消之前，若进口方证明该产品进口数量剧增，对国内有关产业造成严重损害或有严重损害的实际威胁，并且自单个国家的进口出现急剧和实质性的增加，则可针对该出口方采取保护行动。

过渡性保障措施只允许针对尚未纳入《1994 年关税与贸易总协定》规则的产品使用，而已纳入《1994 年关税与贸易总协定》的产品应采用世界贸易组织的保障措施。

(四)实施卫生与植物卫生措施协议

《实施卫生与植物卫生措施协议》由 14 个条款和 3 个附件组成，其主要内容如下。

1. 《实施卫生与植物卫生措施协议》的适用范围

卫生与植物卫生措施是指，成员方为保护人类、动植物的生命或健康，实现下列具体目的而采取的任何措施。

(1) 保护成员方领土内人的生命免受食品和饮料中的添加剂、污染物、毒素及外来动植物病虫害传入危害。

(2) 保护成员方领土内动物的生命免受饲料中的添加剂、污染物、毒素及外来病虫害传入危害。

(3) 保护成员方领土内植物的生命免受外来病虫害传入危害。

(4) 防止外来病虫害传入成员方领土内造成危害。

卫生与植物卫生措施包括：所有相关的法律、法规、要求和程序，特别是最终产品标准；工序和生产方法；检测、检验、出证和审批程序；各种检疫处理；有关统计方法、抽样程序和风险评估方法的规定；与食品安全直接有关的包装和标签要求等。

2. 实施卫生与植物卫生措施应遵循的规则

(1) 非歧视地实施卫生与植物卫生措施。

(2) 以科学为依据实施卫生与植物卫生措施。

(3) 以国际标准为基础制定卫生与植物卫生措施。

(4) 同等对待出口成员达到要求的卫生与植物卫生措施。

(5) 根据有害生物风险分析确定适当的保护水平。

(6) 接受“病虫害非疫区”和“病虫害低度流行区”的概念。

(7) 保持卫生与植物卫生措施有关法规的透明度。

3. 有关发展中成员的特殊安排

(1) 成员方在制定和实施卫生与植物卫生措施时，应考虑发展中成员的特殊需要。

(2) 成员方同意以双边的形式，或通过适当的国际组织，向发展中成员提供技术援助。

(3) 发展中成员可推迟两年执行《实施卫生与植物卫生措施协议》。此后，如有发展中成员提出请求，可有时限地免除其在《实施卫生与植物卫生措施协议》项下的全部或部分义务。

(五)反倾销协议

《反倾销协议》在确定倾销的方法上作了明确、具体的规定，内容包括倾销的确定、损害的确定、反倾销税的施加与征收等。

这一协议设立了判定倾销导致国内产业受到损害时应考虑的附加标准，以及进行反倾销调查的程序、期限。要求在反倾销诉讼中，进口成员要证明倾销产品对其国内产业损害之间的因果关系，并确保所有利益方有机会提交证据，反倾销措施必须在实施后五年内结束。如果负责部门判定，倾销差额一般小于该产品出口价格的 2%，或者倾销量不足进口成员同类产品进口总数的 3%，反倾销调查应该立即终止。但是，如果由数个这种不足 3%的单个发展中国家的产品，累积占进口国同类产品的 7%时，则反倾销调查要继续进行。

这一协议还要求成员国的所有反倾销行为必须迅速、详细地通知反倾销措施委员会。各成员国也可以就该协议的实施、目标等任何事务进行磋商。

这一协议还规定，发达国家在实施反倾销时，对发展中国家出口的产品，在特殊情况时要给予特别考虑，尤其是该发展中国家成员如果主要依靠某一种或几种出口产品时，针对这些产品的反倾销措施，应当尽可能考虑采用建设性救济措施。

(六)补贴与反补贴协议

《补贴与反补贴协议》规范了补贴的定义，即成员国对其管辖内的一个企业、企业群或一个产业、产业群的补贴。它分为禁止的补贴、可申诉的补贴和不可申诉的补贴三类。

1. 禁止的补贴

禁止的补贴是指那些针对出口活动或进口替代货物而采取的补贴。这类补贴受争端解决程序的管辖，一经发现应立即撤销。

2. 可申诉的补贴

可申诉的补贴是指在一定范围内可以实施的补贴。但是，如果它对其他成员国的利益带来不利影响对方可对其提出申诉，补贴的一方必须撤销补贴或消除不利影响。

3. 不可申诉的补贴

不可申诉的补贴包括属于普遍性的非特定补贴以及涉及工业研究、落后地区援助、为适应新要求的改造提供援助等特殊补贴。

这一协议中有关反补贴措施条款，规定了反补贴诉讼的立案、有关部门的调查、证据的规则等内容，以确保所有利益方都能陈述事实和观点。另外，要求在确定和评估产业状况时要考虑有关的经济因素，最不发达国家和人均国民生产总值不足1000美元的发展中国家，可以免除禁止出口补贴的义务，并在一定时间内可以免除禁止其他补贴的义务。对上述规定的其他发展中国家，出口补贴的禁止于2003年生效。对于转型经济国家，禁止的补贴在2002年以前逐步取消。

(七)保障措施协议

《保障措施协议》规定，允许成员国保护某一特定国内产业的措施。但严厉禁止“自愿出口限制”等“灰色区域”措施来寻求对国内产业的保护。即任何成员国不得寻求、采取或维持任何自愿出口限制、有秩序的出口销售安排以及其他类似的措施。这些措施必须与《保障措施协议》相符，否则，应予取消。

这一协议制定了实施保障调查规则、损害评估标准，以及在确认进口影响时应考虑的因素等，如听证过程公开、保障各利益方展示证据等。保障措施的期限一般不超过4年，最长不超过8年。对原产于发展中国家的产品在进口国同类产品进口中的份额没有超过3%，而且这类发展中国家合计进口量不超过同类产品进口总值的9%，对这类发展中国家出口的产品不得采取进口限制或提高关税。还规定了被施以保障措施的出口方与进口方进行贸易补偿磋商的机制。如果磋商失败，出口方可以撤销对等的关税减让，但如该保障措施符合这一协议的规定，则不得采取上述报复行为。

案例 5-1

中国今年仍是贸易壁垒重灾区

刚刚过去的一年对于中国进出口贸易而言并不平坦。记者昨日通过商务部公布的中国出口产品遭遇贸易救济调查不完全统计发现，去年四季度中国产品共遭遇17起调查，加上去年前三季度遭遇的55起，2012年我国出口产品共遭遇72起贸易救济调查。无论是从数量还是从涉案金额上看，均超越2011年。专家表示，从目前的贸易保护格局来看，今年中国还会遭遇较多贸易保护主义，从国家层面建立统筹应对的综合措施应当引起足够重视。

从这72起调查来看，反倾销和反补贴调查数量占到多数，除此之外还包括数起反规避调查、保障措施调查等，被调查案件总数已超过2011年。商务部的数据显示，2011年我国出口产品共遭受69起贸易救济调查，涉案总金额约59亿美元。

值得关注的是，根据目前公布的去年前三季度涉案金额来看，2012年遭遇贸易救济调查案件涉案金额将毫无悬念超出2011年数倍。根据商务部此前对外发布的《中国对外贸易形势报告(2012年秋季)》，2012年前三季度，中国出口产品遭遇国外贸易救济调查55起，涉案金额243亿美元，增长近8倍。尽管四季度被调查案件的涉案金额还未出炉，但仅从前三季度来看，已是上年全年4.1倍。

对此，分析人士指出，国际金融危机爆发以来，针对中国的贸易保护主义行动愈演愈烈，不仅案数越来越多，金额越来越高，且呈现出领域性和地域性。记者发现，从调查发起国家或地区来看，2012年贸易救济调查主要由美国、欧盟、巴西、印度、加拿大、阿根廷以及泰国、澳大利亚、南非等国家发起。涉案产品也从传统的农产品、低附加值工业品拓展到大型企业及高附加值产品。

而相关资料显示，中国已连续17年成为全球遭受反倾销调查最多的国家，连续6年成为全球遭受反补贴调查最多的国家。去年闭幕的中央经济工作会议也指出，今年世界经济低速增长态势仍将延续，“各种形式的保护主义明显抬头”。

商务部研究院外贸战略研究部副主任、研究员张莉表示，从目前的贸易格局来看，中国今后还将遭遇较多贸易保护主义。目前，欧美等发达国家和其他新兴市场对中国出口产品发起的贸易救济调查已经形成联动效应，且考虑到国际经济复苏缓慢，各国都在努力发展实体经济、扩大出口，对于全球出口份额最大的中国而言，发起贸易壁垒一方面可以对其进行抵制，另一方面也为提升本国出口竞争优势来作铺垫。

对于可能愈演愈烈的贸易摩擦，张莉认为，今后应当从国家层面探究出台一个全盘应对贸易保护的综合措施来对企业进行指导，并且企业和行业协会应当加强自身作用的发挥，加快培育产品新优势的同时积极调研市场情况，未雨绸缪。

(资料来源：张慧敏. 北京商报，2013年1月8日)

(八)与贸易有关的投资措施协议

《与贸易有关的投资措施协议》的目的是促进世界贸易的增长和自由化，简化投资的跨国流动，加速全体贸易方，特别是发展中国家的经济增长，并确保自由竞争的进行。它是对成员国引进外资的投资措施进行约束，要求任何成员国都不得采用同GATT第3条和第11条不一致的投资措施。禁止采取不符合GATT(1994)的国民待遇原则和一般取消数量限制原则的与贸易有关的投资措施。为此，附加了与这些条款不一致的相关投资措施清单。清单包括企业在生产中采购一定价值的当地产品的“当地含量要求”措施，进口要与出口成一定比例的“贸易平衡”措施等。

这一协议要求成员国公告所有不符合协议的与贸易有关的投资措施，并要求发达国家在两年内，发展中国家在 5 年内，最不发达国家在 7 年内全部取消这些措施。到期时，发展中国家如能提出充分理由和申请，还可延长其过渡期。并允许发展中国家在执行这一协议时，可以享受暂时背离该协议中关于国民待遇和数量限制的规定。

(九)服务贸易总协定

服务贸易包括商业性服务、销售服务、金融服务、娱乐服务、通信服务、教育服务、卫生服务、运输服务、建筑服务、环境服务、旅游服务和其他服务等十二大类。

《服务贸易总协定》(GATS)是具有法律强制力的管理国际服务贸易的多边协定。它包括基本框架、个别领域特殊条件的附件以及各国市场准入承诺的减让表等内容。这一总协定适用于任何形式的国际服务贸易，在执行中适用 WTO 相关的国民待遇原则、最惠国待遇原则、透明度原则等一系列原则。要求成员国政府不得在其他成员国的服务和服务提供者之间有歧视行为，并要求提供全部有关法律和规章。各成员国政府还必须采取措施及时检查有关提供服务的行政决策，并不得对总协定所承诺的现金交易的国际支付与转移进行限制。

1. 服务贸易总协定的基本框架

总协定的基本框架包括 29 项条款，涉及一系列基本义务。

2. 服务贸易总协定的个别领域的附件

服务贸易总协定的个别领域特殊条件的附件的主要内容如下。

(1) 自然人流动的附件。它允许各成员国政府同意提供服务的人员享有暂时居留权。但不适用于寻求长期就业的人员，也不适用于有关公民权、居住权和长期就业的措施。

(2) 金融服务的附件。它强调成员国政府有采取保护投资者、储户和保险单持有人等谨慎措施的权力，以保证其金融制度的完整和稳定。同时，规定行使政府职能的服务，如中央银行业务，被排除在总协定之外。

(3) 电信服务的附件。它承认这一部门既作为一个经济部门，又作为提供其他经济活动的基础的双重作用，要求成员国政府给予外国服务提供者非歧视性的市场准入机会。

(4) 航空运输服务的附件。它将空中运输权及其相关的活动排除在总协定的范围之外。但可适用于航空器的维修与保养、航空运输服务的营销以及计算机订座服务。

3. 服务贸易总协定的市场准入承诺的减让表

在减让表中列明了得到市场准入保证的那些服务和服务行为，并指出这些市场准入的限制条件。对给予外国服务提供者市场准入的承诺和国民待遇的承诺，都必须写入减让表内。还要求进行持续的谈判，以进一步提高减让表的水平，逐步加深服务贸易自由化的进程。各成员国政府在它承诺的减让表中列明了有关的服务部门及其活动，保证其市场准入。同时，也对市场准入和国民待遇的限制作了一定规定。但是这些规定必须逐步得到改善，并且通过以后的谈判，将进一步趋于自由化。

在《服务贸易总协定》的制定过程中，很大程度上考虑了发展中国家的经济发展水平

和服务贸易经营能力及实际情况。因此，在这一总协定的条款中，给予发展中国家较多保留与例外。例如，各国之内制度应得到尊重；发展中国家制定新的有关服务贸易立法的权力应得到承认，并强调发展中国家在使用这些权力方面有特殊的需要；在实施逐步自由化方面，发展中国家有一定的灵活性，允许根据其本国实际情况，可以少开放一些服务市场，逐步增加参与度；可以少开放一些服务部门，使其有机会扩展国内服务业的竞争能力，以及在为平衡国际收支所采取的措施和补贴等方面给予发展中国家以适当的灵活性；等等。此外，还规定发达国家要向发展中国家提供技术援助。

(十)与贸易有关的知识产权协定

《与贸易有关的知识产权协定》(TRIPS)包括一般规定和基本原则、知识产权效力、范围和使用的标准等内容。这一协定以世界知识产权组织现有的《保护工业产权的巴黎公约》、《保护文学艺术作品(版权)的伯尔尼公约》等主要公约为出发点，以确保每个成员都具备足够的知识产权保护标准。其主要保护范围包括版权及相关权利、商标、专利、专有技术和商业秘密、工业品外观设计、集成电路外观设计和地理标志七个方面。

(1) 在版权及相关权利方面。协定确保计算机程序将作为文学作品置于《伯尔尼公约》保护之下。它对租赁权利作了规定。这些条款是对现有国际规则的一个重要补充。

(2) 在商标方面。协定界定了何种标志可作为商标或服务性标识，及其所有者应有的最低权利，它明确了使用商标和服务性标识的一系列义务，以及对它们的保护、许可和转让。对在特定国家中享有很高知名度的商标要享受额外的保护。

(3) 在专利方面。协定要求对几乎所有技术领域的一切发明，无论是产品或生产工艺，都给予20年的保护期。但在诊断、治疗和外科医疗手段，植物和动物，动植物生产的基本生物过程等方面，允许存在例外。

(4) 在专有技术和商业秘密方面。协定要求必须给予保护，以防止发生违背诚信原则和其他商业惯例的行为。

(5) 在工业品外观设计方面。协定规定的保护期为10年。设计所有者有权阻止生产、销售或进口带有或含有仿造被保护的设计的产品。

(6) 在集成电路外观设计方面。各成员除应以1989年《关于集成电路知识产权的华盛顿公约》为基础实施保护外，还应最少提供10年的保护期。

(7) 在地理标志方面。各成员必须设法禁止使用任何货物原产地方面误导消费者的标志，并禁止任何不正当竞争的地理标志的使用。对于葡萄酒和烈酒的地理标志，规定了更高的保护水平。

协定规定了知识产权的执法程序。各成员国政府有义务依据国内法律提供有关的程序和救济措施，以保证知识产权的有效实施。有关程序必须对侵犯知识产权的行为采取有效行动，并体现公平和公正。协定还规定了知识产权的民事和行政程序以及救济措施。各成员国对于故意假冒商标和盗版行为，还规定了刑事诉讼和刑罚。另外，各成员国海关当局必须帮助权利持有人，制止仿冒和盗版货品的进口。

对于过渡期的安排，协定规定：发达国家必须在 1 年时间内完成立法和修改措施，使其符合协定的要求。发展中国家和转型经济国家必须在5年内，最不发达国家必须在10年内达到要求。在其他一些领域，协定也给予发展中国家一定的宽限和优惠。如发展中国家对食品、药品、化学品等在协议生效时未予以保护的技术领域，可享有10年的过渡期。同时，不强制发展中国家成员必须修改其国内知识产权的立法。还有发达国家成员应向发展中国家和最不发达国家提供技术和财政援助等。

案例 5-2

盗版、免费是病根　国内付费视频龟速前进

据国外媒体报道，谷歌旗下视频网站 YouTube 或将在今年晚些时候推出付费订阅频道，价格为每月 1 美元到 5 美元。YouTube 是全球最大的视频网站，曾以用户自制视频片段赖以成名，近来开始增加专业级别的视频节目。目前，此类专业内容频道可供用户免费观看，但视频旁边会出现广告。

受此消息影响，业内人士对于 Netflix 和 Hulu 的未来业务感到担心。Netflix 和 Hulu 是美国知名的付费视频服务提供商，前者主要提供在线影片租赁；后者则是一家提供正版影视作品和电视节目的视频网站。业内人士认为，付费频道的推出将有助于提升 YouTube 的服务品质，并对 Netflix 和 Hulu 的业务造成冲击。

在中国，很多视频网站都是模仿 YouTube 或 Netflix 和 Hulu 而来，如优土、乐视网等。也有很多家网站开始做付费视频，但效果并不是很明显。爱奇艺 CEO 龚宇在一次采访中提到，爱奇艺收益来源中仅有 1%是来自用户付费。在中国，付费视频还是一个刚出襁褓的婴儿，无法生存。

YouTube 是目前世界上最大的视频网站，收益来源主要依靠销售广告。业内人士分析，付费频道的推出能够解决 YouTube 流量变现问题，不再单一局限在广告层面。反观国内，目前几乎所有视频网站的收益来源均依赖视频广告。视频网站提供免费的视频服务，附以贴片广告、背景广告等赚取广告费。长期下来，国内用户渐渐形成了视频网站全部免费观看的使用习惯，对于现在的付费视频，更多的用户抱有嗤之以鼻的态度。

此外，盗版问题也是阻碍国内付费视频发展的一大主因。早些年，互联网还未普及之时，盗版 DVD 光碟成为用户观看影视剧的主要渠道。近年来，随着互联网的发展，网络盗版逐渐取代了盗版光碟，成为新一代的盗版渠道。虽然，近几年国家对于盗版侵权问题的打击力度在逐渐加大，但网络盗版问题依然无法根治。影视剧、破解软件等，已经成为中国互联网的一大特色。业内专家认为，盗版问题很大程度上源于国内用户对于“免费”内容的无限索取，长期养成的使用习惯无法在短期内更改。

另外一个阻碍付费视频发展的原因是商业模式，国内视频网站的商业模式主要是以“免费内容+广告”形式为主。受前几年的版权大战影响，视频网站从 2010 年开始逐渐加长视频广告时长，对此用户怨声载道。但视频网站方面表态称，广告时长增加是因为内容支出升高，不加广告网站便会巨亏。

归根结底，广告时长是由视频网站商业模式决定的。以 Netflix 和 Hulu 为例，在美国本土对知识产权的保护非常严格，网络用户观看影视剧大部分都需要付费。说一个出现在《变形金刚》里的小段子，FBI 抓住了帮助破解霸天虎入侵电脑声音片段的胖子黑客，黑客却以为是因为他在网络上非法下载歌曲而被抓。从这个段子里可以看出美国本土对于版权内容的保护程度。

在国内，用户长期积累下来的免费意识似乎已经根深蒂固无可动摇。但随着市场发展和法律健全，未来国家对版权内容的保护还会更加严格。前不久，曾传出收费下载音乐的新闻。出于对音乐人和音乐版权的保护，未来用户将不能免费下载网络音乐。消息一出，网友反应激烈。大多数网友对此并不理解，怎么一直以来都是免费的东西突然间就要收费了。后期，便又传出了仅仅是对高品质音乐才会收费下载的消息。不难看出，国内用户无法接受强制性的从免费到收费的过渡，付费市场必须慢慢培育。

高品质音乐付费这件事事实上腾讯 QQ 音乐已经在做，用户付费成为绿钻会员便可以享受高品质音乐下载服务。类似的，国内视频网站也会为用户提供高清电影内容的付费观看。但像这种的高清内容付费观看模式，在国内还处于萌芽期。视频网站乐视网拥有国内最大的影视剧正版版权库，但其付费用户才仅有 70 万，而且这个数字已经有半年时间没有更新。

尽管要应对盗版、免费意识等诸多问题，国内的视频网站也正在尝试新的商业模式来增加收入，譬如付费下载高品质音乐、付费订阅电子书或者更多独家、高品质的视频服务等。以乐视网为例，乐视网近几年一直在对外宣传乐视的“平台+内容+终端+应用”的生态模式。作为一家视频网站，乐视网目前已经涉足智能电视领域，同时也在培养多屏终端上的用户付费习惯。

(资料来源：王新宇. 牛华网，2013 年 1 月 30 日)

(十一)诸边协议

所谓诸边协议是指四个原来在“东京回合”中达成的、只对签字方有效的协议。这些协议是：《民用航空器贸易协议》、《政府采购协议》、《国际奶制品协议》、《牛肉协议》。其中，《国际奶制品协议》和《牛肉协议》已于 1997 年底废止。

第二节　加入世界贸易组织与促进对外贸易发展

一、加入世界贸易组织的历程

早在 1947 年 4 月，当时的中国政府就应邀参加了在日内瓦举行的、由联合国经济社会理事会召开的国际贸易与就业会议第二届筹委会，参加了 1947 年 10 月举行的第一轮谈判，并签署了《关税及贸易总协定》。1948 年 3 月，又签署了联合国世界贸易与就业会议的最后文件，从而成为国际贸易组织临时委员会执委会成员之一。接着，4 月 21 日，当时的中国政府作为最后文件签字国之一，签署了《临时适用议定书》，中国成为《关税及贸易总协定》创始缔约国之一。1950 年，中国台湾当局“退出”《关税及贸易总协定》。后于 1965 年 1 月，中国台湾当局又申请加入《关税及贸易总协定》，获得了观察员席位。按照国际法的规定，自 1949 年 10 月 1 日中华人民共和国成立，中华人民共和国成为代表中国的唯一合法政府，对于原中国政府所签订的条约是否有效，完全由代表这一主权国家的政府来决定。因此，对于退出还是继承在《关税及贸易总协定》中的席位，理应由中华人民共和国政府作出决定，因此，中国台湾当局的退出是非法的和无效的。一方面，由于当时国际环境的影响，中国无法有效地参加《关税及贸易总协定》的活动。另一方面，由于对《关税及贸易总协定》也缺乏了解，对《关税及贸易总协定》规定的权利和义务没有进行全面系统的分析与研究，所以中国政府对《关税及贸易总协定》问题一直没有发表过看法。

1971 年，中华人民共和国在联合国的合法席位得到恢复，《关税及贸易总协定》立即取消了中国台湾当局的观察员资格。此后，中国又相继成为《联合国贸易与发展会议》和《关税及贸易总协定》下属机构国际贸易中心的成员，逐步恢复了与《关税及贸易总协定》的联系，尤其是 1978 年中国实行改革开放政策以后，和《关税及贸易总协定》的联系及交往明显增加。1982 年 11 月，中国政府首次派出代表团，以观察员身份列席了《关税及贸易总协定》第 38 届缔约国大会。而后，中国政府代表列席了历届缔约国大会及特别会议等。

1986 年 7 月 11 日，中国政府正式向《关税及贸易总协定》提出了关于恢复在关税及贸易总协定缔约国地位的申请。1986 年，中国代表团列席了在乌拉圭举行的《关税及贸易总协定》缔约国部长级会议。该次会议部长宣言正式宣告了新一轮多边贸易谈判的开始。根据这一宣言，中国成为乌拉圭回合的全面参加方之一。谈判开始后，中国进行了全面参与。然而，由于少数国家的阻挠，直到世界贸易组织诞生，中国 GATT 创始缔约国的地位尚未被恢复。

1995 年 1 月 1 日，世界贸易组织取代了《关税及贸易总协定》，成为一个新的国际组织。由于中国未能恢复《关税及贸易总协定》缔约方的身份，没有资格签署《建立世界贸易组织协议》，因此不能成为世界贸易组织的创始成员，而只能申请成为世界贸易组织的新成员。1995 年 11 月，应中国政府要求，中国“复关”谈判工作组更名为中国“入世”工作组，并相继于 1996 年 3 月召开第一次“入世”工作组会议，由“复关”转入“入世”的谈判。在程序上，“入世”谈判与“复关”谈判并没有区别，但由于世界贸易组织管辖的范围远比关税及贸易总协定广泛，不仅包括货物贸易，还将服务贸易、投资、知识产权等众多领域纳入其中，美国等谈判方要求我国在更多领域作出更大程度开放的承诺，谈判的广度和难度也大大提高。经过艰苦努力，2001 年 12 月，中国最终加入世界贸易组织，成为世界贸易组织的正式成员国。

二、加入世界贸易组织的利弊

中国加入世界贸易组织，总的来说有利有弊，但利大于弊。

(一)加入世界贸易组织的有利方面

1. 有利于进一步扩大出口和吸引外资

加入 WTO 后，我国将享受成员国拥有的最惠国待遇。这不仅能享受其他国家和地区开放市场的好处，使主要贸易大国对我国的歧视性做法逐步取消，而且会使我国产品拥有比过去更为有利的竞争条件，从而可以促进我国出口贸易特别是我国具有比较优势产业出口的发展。加入 WTO 后，我国要履行 WTO 规定的义务，逐步开放国内市场，这将进一步改善外商投资环境，增强我国市场对外商的吸引力，有利于更多地引进外国资本、技术和管理经验。

2. 有利于加快国内产业结构的调整和优化

产业结构的调整和优化是我国经济发展的一项重要而紧迫的任务。加入 WTO，将为实施这一战略任务营造一个有利的国际环境。通过 WTO 其他成员方对我国开放市场，可以将我国一些长线产品和产业转移出去；通过我国对其他成员方开放市场，可以利用外国资金、技术改造我国传统产业，加快高新技术产业和服务业的发展，提升我国产业发展的整体水平。

3. 有利于继续深化我国经济体制改革

世界贸易组织的规则实质上是市场经济规则在世界范围内的运用和发展。我国经济体制改革的目标是建立社会主义市场经济体制，它的基本要求是充分发挥市场竞争机制的作用。加入世界贸易组织，将会推动我国改革的进程。同时，将推动国有企业改革，建立现代企业制度；还将推动外贸、银行、保险、证券、商业等方面深化体制改革，以适应这些领域逐步开放的需要。

4. 有利于我国参与国际贸易新规则的制定，维护我国的正当权益，提升我国的国际地位

我国作为联合国常任理事国、世界银行和国际货币基金组织的成员，加入 WTO，参与多边贸易规则的制定，可以充分表达和反映我国和广大发展中国家的意见和要求，进一步发挥我国在国际经济事务中的作用，提高我国的国际地位。同时，我国还可以利用多边争端解决机制，减少与其他国家发生正面摩擦和冲突，有效维护我国的正当权益。

5. 有利于中国参与世界经济全球化进程

经济全球化是不可避免的历史潮流，而经济全球化对发展中国家来说，既有机遇，也

有严峻的挑战。为了适应经济全球化的新形势，我们需要寻求稳定、透明、可预见的多边贸易机制的保障，在参与经济全球化过程中更好地趋利避害，保护和壮大自己。加入WTO，我国与其他成员方均须严格按照国际规则办事，相互开放市场。这将有利于我国全面参与国际竞争和国际合作，充分发挥我国的比较优势。同时，加入WTO还有利于我国与跨国公司进行广泛合作，引进跨国公司的资金、技术和管理经验，利用跨国公司的销售渠道和网络，扩大出口。加入WTO也有利于建立我国自己的跨国公司，使我国企业走出国门，到其他国家设厂办企业，提高中国经济的国际竞争力。

(二)加入世界贸易组织的弊端

1. 会使国内一些产品、企业和产业面临更为激烈的竞争

过去在市场开放方面，我国根据经济发展的要求和经济体制改革的进程，自主地决定市场准入、削减关税和取消非关税措施。加入WTO后，我国必须遵守WTO关于市场开放的规定，这对我们开放市场的速度和步骤会形成一定压力。随着市场准入的扩大、关税的削减和非关税措施的取消，外国产品、服务和投资有可能更多地进入我国市场，国内企业将面临更加激烈的竞争，特别是那些成本高、技术水平低和管理落后的企业，将面临更加严峻的挑战。

2. 我国的对外经贸管理将在一定程度上受到WTO规则的制约

我国现行有关涉外经济法律、法规和政策还不完全符合WTO规则的规定，虽然这也是我国深化对外经贸管理改革的重要任务，但目前我们在观念和体制上都存在许多不太适应的地方，政府机关和企业管理人员的工作方式也有相当大的差距。

3. 多边争端解决的裁决也可能出现对我国不利的结果

世界贸易组织的多边争端解决机制是一把双刃剑，利用得好，受其惠；利用得不好，则受其损。由于我国市场经济有待完善，还有一些政策规定和企业行为与WTO规则不一致，再加上对WTO规则了解不够，经验不足，即使投入相当多的人力和物力，我们还是有可能在WTO的争端解决机制中“打输官司”。

总之，“入世”不可能一夜之间给中国带来繁荣，也不可能一夜之间带来灾难。总的来说是机遇大于挑战。从长远看，融入以规则为基础的多边贸易体制，有利于中国社会主义市场经济和法制经济的尽早确立。尽管我们必须承担必要的义务，但这还是有利于推动中国下一步的改革开放和一些重大举措的出台，有利于加快中国融入世界经济主流的进程。

三、加入世界贸易组织后的外贸发展对策

中国加入WTO有利有弊，可以说机遇与挑战并存，我们要抓住机遇，迎接挑战，发展中国对外贸易。具体来说，可以采取以下对策。

(一)加快推进政府职能的转变

加快推进政府职能的转变既是进一步完善社会主义市场经济体制的重要内容，也是适应加入 WTO 新形势的迫切需要。按照社会主义市场经济的要求搞好政府职能定位，实现政企分开。政府要减少对微观经济活动的直接干预，充分发挥市场配置资源的基础性作用，强化企业的市场主体地位；通过政策引导、制定法律法规、信息发布等，创造良好的宏观经济环境；遵循 WTO 的要求和国民经济发展的需要，完善以间接调控手段为主的货币政策体系，以及适应社会主义市场经济发展的公共财政保障机制，通过预算、税收、政府采购及转移支付等手段，促进经济结构调整和地区经济协调发展；建立并完善社会保障体系，保证低收入者的生活，促进社会稳定和全面进步；遵循经济规律，及时运用符合 WTO 要求的各种手段，调控市场供求和进出口，保持国内供求基本平衡和经济的持续稳定发展；做好宏观经济运行的预测和分析；加强重要商品和战略物资国家储备体系建设；加快推进行政审批制度改革，减少审批事项，简化审批程序，规范审批行为，增强透明度和公开性，健全监督制约机制；坚持精简、效能的原则，杜绝交叉管理、推诿扯皮，改进工作作风，提高工作效率；改变多层执法、多头执法的混乱状况，提高行政执法的统一性和公平性；打破地方保护和部门、行业垄断，废除阻碍统一市场形成的各种规定；坚决取消和禁止对跨地区营销、投资的限制和封锁，废除阻碍统一市场形成的各种规定，加大执法力度，建立和完善全国统一、公平竞争、规范有序的市场体系；电力、铁路、民航、通信、公用事业等垄断行业，要引入竞争机制，加快管理体制改革，降低费用，改进服务，为其他行业的发展、提高竞争力创造条件；以改革的精神，全面整顿和规范市场经济秩序，严惩破坏市场经济秩序的违法犯罪行为。

(二)加快法律法规规章的制定、修改和废止工作

要在深入理解和准确把握 WTO 协议、我国对外承诺的基础上，抓紧制定既能严格履行我国对外承诺，又能利用 WTO 规则保护和发展我国经济的法律、法规和规章。对现行与贸易有关的或者影响贸易的法律、法规和规章进行清理，按照法制统一、公开透明的原则，对违反 WTO 规则的规定，该修改的修改，该废止的废止，使我国的经济法律制度进一步符合国际通行做法。建立和完善市场准入的法律法规和标准体系，规范行政审批和管理。加强国际标准的研究和应用，逐步完善技术、质量、环保、安全等技术标准方面的法律法规，促进我国产品走向世界。

(三)努力提高中国企业的国际竞争力

要充分利用世界经济结构调整和产业重组提供的历史机遇，加快科技进步与创新，推动产业技术进步和产业结构升级，加快实现经济增长方式的根本性转变。为了尽快提高各

行业和企业的竞争力，要加快对内开放，凡是对外资开放的领域，内资均可进入。充分挖掘国内庞大的市场潜力，吸引社会资金投入，锻炼我国企业参与激烈市场竞争的能力，形成有效的竞争机制。不断深化国有企业改革，建立和完善现代企业制度，从根本上转换企业经营机制。要积极推进科技创新，提高商品和服务的科技含量，精心打造优秀品牌，不断增强国际竞争力。在世界贸易组织对发展中国家履行义务提供的宽限期内，加快经济改革步伐，逐步扩大开放外资领域，积极引进国外先进技术和管理经验，以提高我国企业的国际竞争力。

(四)充分利用世界贸易组织的争端解决机制，减少贸易摩擦

加入 WTO 以后，我国与其他国家的贸易争端不断增多，严重影响了我国对外贸易的发展。因此我们要充分利用世界贸易组织的争端解决机制，消除我国与贸易伙伴的贸易摩擦，为我国外经贸发展创造良好的国际环境。

(五)做好国际经贸合作与交流工作

在当前世界贸易增长乏力的情况下，要加快外贸体制改革，充分调动各方面的积极性。积极推进市场多元化战略，充分利用 WTO 成员提供最惠国待遇、取消对我国的歧视性限制等有利条件，开拓新市场。努力优化出口商品结构，不断提高出口商品的技术含量和附加值，扩大商品出口。进一步改善投资环境，正确引导外商投资方向，大力引进国外先进技术和设备、管理经验和人才，提高利用外资水平。积极实施“走出去”战略，鼓励国内优势企业开展国际化经营。

(六)加强对 WTO 规则的学习和人才培养

要抓好 WTO 知识的宣传和普及工作，以领导干部为重点，分期分批对广大干部进行培训，认真学习和研究 WTO 有关协定、我国加入 WTO 的议定书和工作组报告书，努力做到熟悉规则，熟练运用规则。充分发挥各级党校、行政学院、科研院所、大专院校的作用，加快培养一大批熟悉我国国情和法律法规，具有较高外语水平、丰富的专业知识，掌握 WTO 规则，了解其他国家商业法规和技术标准的综合型人才和各级各类的专门人才。充分发挥市场机制在人才资源配置中的基础性作用，推动人才资源在不同产业、不同地区以及不同所有制间的结构调整。创造条件，进一步完善人才市场体系，促进竞争，形成人才合理流动的良好社会环境。积极采取措施，激励和重视国有企事业单位的人才开发和利用，探索在国有企事业单位推行年薪制、持有股权等分配方式，建立适合人才发展需要的收入分配激励机制。

第三节　加入世界贸易组织对各类产业的影响和应对措施

加入世界贸易组织必然会对我国各类产业产品的生产与进出口产生一定的影响，既有正面影响，也有负面影响。我们应该按照WTO的有关原则或协议，采取有效的应对措施。下面就工业、农业、服务业、知识产权分别进行论述。

一、工业

(一)有利影响

1. 有利于促进我国有比较优势的工业品出口

未加入WTO之前，中国每年要同主要贸易伙伴特别是美国就双边贸易进行谈判，而且难以普遍享有优惠关税待遇。加入WTO之后，可以按照WTO的规则普遍享有包括美国在内的各成员国提供的最惠国待遇，这有利于扩大产品出口。中国还可以根据WTO有关市场准入、取消数量限制和非关税壁垒的规则，增加有比较优势的工业品的出口。

2. 有利于提高工业下游产业的竞争力

目前我国许多高档产品所需的原材料，如服装面料、化纤材料、钢材、建材等，由于国内企业技术或质量不过关，主要依靠进口，而进口关税高所导致的生产成本过高，大大降低了我国此类高档产品的价格竞争力。加入WTO之后，随着进口关税水平的大幅度下降，以这些原材料生产高档、优质产品的下游产业将大幅度降低生产成本，从而明显提高产品在国际市场上的竞争力。一方面，由于受进口配额的限制，不少工业中间产品如原油、钢材、化学原料等的国际市场价格大大低于国内市场价格，虽然中国加入WTO会对这些中间产品部门产生较大冲击，但对于以这些原材料作为投入品的下游产业来说却获得了大幅度降低成本从而提高国际竞争力的最好机会；另一方面，逐步调整那些我们不具有比较优势的产业，对于提高我国工业的整体竞争力从长期看是有利的。

3. 有利于吸引外商直接投资

一方面，加入WTO之后，通过进一步削减关税和进口配额，将大大降低外商投资企业的进入成本，提高产品出口的竞争力。另一方面，加入WTO之后，中国必然给予外商投资企业国民待遇，使外商在产品销售、运输、税收、服务等方面与内资企业享有同等条件，提高外商进入中国投资的收益预期。加入WTO，将大大改善我国的体制环境和政策环境，提高引入外资的吸引力，势必增强我国的国家竞争力和工业增长的后劲。

4. 有利于促进我国工业的结构升级和技术进步

由于生产效率和技术水平低下，以及高关税引起的成本升高，目前我国大部分高档、优质工业品都存在着价格远远高于国际市场水平的问题，在国内市场上高档、优质产品与中低档产品的价格差距也很大，如汽车就是一个典型的例子。加入WTO之后，进口高档、优质产品的价格将大幅度降低，这虽然对国内相关产业和企业造成了一定冲击，但消费者可以从低价高档、优质产品中获得更多的消费者剩余，也有利于扩大对高档、优质产品的需求，从而带动国内工业生产结构升级和工业技术进步。对于那些目前主要依靠技术和产品仿制的产业和企业来说，加入WTO后知识产权保护范围的扩大和保护措施的加强，将增大对这些产业和企业的压力和动力，有利于推动这些产业和企业的技术进步和产品升级。对于高新技术产业而言，加入WTO后，将消除发达国家向中国转让高新技术的疑虑，中国可以与发达国家建立更加紧密的科技合作关系，中国引进技术的国际环境将明显改善，这对中国工业进行结构调整和升级也会起到积极作用。

此外，加入WTO有利于促进我国国有企业的制度变革和国有经济的布局调整，优化资源在工业和国民经济各部门间的配置，促进包括国有企业在内的所有民族企业国际竞争力的尽快提高。

(二)不利影响

加入WTO在为中国工业发展带来机遇的同时，也会给经济发展带来负面的影响，主要是：一些具有比较优势的传统产业和劳动密集型产业如纺织工业、轻工行业等，以及一些市场开放程度高、市场竞争原本就十分激烈的行业如家电、日化行业，加入WTO之后不会带来太大的影响，而诸如纺织业这样的行业，加入WTO之后将使产业获得发展机遇；一些发展层次较低的技术密集型产业如汽车行业、化工行业、医药行业等，由于产品质次价高，以及技术模仿受到知识产权保护影响，许多企业和产品可能面临被市场淘汰的危险；一些规模经济要求较高，以及市场开放不够、国有经济比重较大的产业如石油行业、石化行业、钢铁行业等，由于与国际先进水平差距较大，在降低关税和减少非关税壁垒之后，国外产品大量涌入将使这些产业受到很大的冲击。从产业特征分析，国有经济比重较大的产业随着加入WTO，对消除政府对国有企业各种扶持和援助的国际商业运作规则的实施而面临严峻的挑战；目前外资企业比重较低的产业，如石油行业、冶金行业，在外部商品和外商进入的双重夹击下，将会面临较大冲击；处于工业生产上游的原材料产业在加入WTO之后将面临下游产业把购买力转向国际市场的危险。从产品特征看，受到较大冲击的是高档优质商品、国外知识产权保护的产品和工业加工的上游产品。

(三)应对措施

1. 进一步深化改革

深化改革是提高我国工业企业活力和国际竞争力的主要动力，也是工业企业所面临的主要课题。深化改革，要强调建立现代企业制度，转换企业经营机制，使企业真正成为法人实体和市场竞争主体；要强调从战略上调整国有经济和改组国有企业，把有限的国有资本集中到那些急需发展的关键领域，集中到那些关系到国家战略利益和公共利益的行业，并提高产业集中度，使企业不仅变大，而且变强；要强调转变政府职能，变直接管理为间接引导，加强行业管理，发挥行业协会等中介组织的作用；完善立法和监管，使我们的市场规则与国际惯例和世界贸易组织的规则相适应。

2. 加快企业技术创新

我国工业有一定竞争力的优势产品，主要集中在劳动密集型、资源密集型的中低档产品方面，而技术含量高的高附加值产品或产业在国际市场竞争中却处于劣势。如果这些行业和企业不进行技术上的创新，不能把别人的技术加以吸收和再创新，充分利用“后发优势”，就难以实现产业升级和产品的升级换代，这些行业同发达国家同类行业在技术上的差距就难以缩小。因此，企业在进行制度创新的同时，必须紧紧抓住技术创新，创造和积累技术专利和独有核心技术。

3. 充分发挥比较优势

企业要研究自己的产品在国际竞争中的优势与劣势，扬长避短，并谋求转劣势为优势。如在纺织品生产上，既要考虑到国内企业在劳动力成本上的优势，又要考虑到在技术上的劣势，努力提高产品的质量和档次。要了解各自行业的产品在国际市场上的销售条件、技术要求、关税税率、限制措施等，以便在加入世界贸易组织后扩大出口市场。

4. 大力实施名牌战略

轻纺、家电、烟草、建材等行业都存在一定程度的低水平过剩，这些行业所属企业如何在激烈的市场竞争中脱颖而出，继而走向国际市场，关键是走名牌和精品战略之路。有条件的企业，要开展跨国经营，努力创造国际名牌产品。企业应研究采取有效手段，使自己的产品打入国际市场，并成为国际市场上的名牌，包括在国外注册商标、寻找代理和进行广告宣传等。

5. 切实加强对幼稚工业的保护

在《建立世界贸易组织协定》中，并没有对“幼稚工业”给予明确的界定，只是对“特定工业”作了解释：建立某种特定工业，不仅适用于建立一项新的工业，也包括在现有工业中建设一项新的分支生产部门以及对现有工业进行重大改建和对只能少量供应国内需要的现有工业进行重大扩建。因此，可以依照对特定工业的保护条款来保护幼稚工业。这些保护措施包括：允许政府提供援助来“建立”或“加速建立”特定工业，提高关税，实行进口许可制度，临时征收附加税，实行进口限制等。

从总体上看，我国加入世界贸易组织后，受冲击较大的是电子信息、汽车、化学和石化工业、数控机床、仪表工业等。这些产业和它们的一些“新的分支生产部门”，是我国通过引进、开发逐步建立起来的具有高新技术特点的新兴工业，其兴衰事关国民经济发展全局，将其列为幼稚工业很有必要。轻纺、建材等传统产业受到的冲击较小，但近年来发展起来的“新的分支生产部门”也应当作为幼稚工业给予必要保护。

二、农业

我国是农业大国，有大量的农业人口，人均资源少，农业生产率低、成本高，农业产业化过程进展缓慢，一部分农民的贫困问题还没有最终解决。加入 WTO 对我国的农业必将带来深刻影响，其中既有有利的一面，又有受冲击的一面。

(一)有利影响

1. 我国可以更有效地利用国际农业资源，推动国内农业生产结构的调整

在获得 WTO 成员国的地位后，我国要相应开放粮棉油糖肉果等农产品的市场，这给我们调整农业生产结构带来了新的、宝贵的空间。众所周知，我国的农业自然资源相对稀缺，农产品增长空间狭小。多年来我们为了解决城乡居民的吃饭问题，不惜投入高昂的代价，毁林开荒、围湖造田，生产粮棉油等主要农产品，结果导致农业生产结构单一，生态环境恶化。加入 WTO，我们可以利用开放农产品市场的机会，依据承诺进口土地资源密集型产品，如粮棉油糖等，出口劳动密集型产品，如花卉、水果、蔬菜、养殖业产品及其加工品，以此进行农业资源置换，按照比较优势原则安排农业生产。这样可以大大减轻国内农业资源的压力，调整出较多的土地空间用于改善生态环境。

2. 有利于提高我国农产品的质量，促进农业增长方式的转变

目前我国大部分农产品的生产仍以产量最大化为目标，产品质量低，竞争力不强。加入 WTO 后，国外农产品进入国内市场，参与同类产品竞争，势必迫使农业生产经营者采用新的技术和手段，千方百计提高农产品质量，增强竞争力。同时，进口的优质农产品还可以起到示范效应，有利于农产品经营部门在产品的包装、外观加工及售后服务等方面进一步改善。

3. 有利于改善出口环境，增强优势农产品出口

我国的畜禽、水产、果菜和园艺等产品在国际市场上有较明显的价格竞争优势。加入

WTO后，我国便可以充分利用世界贸易组织的贸易对等原则、非歧视原则、公平原则、禁止数量限制原则等，扩大我国具有竞争优势的农产品的出口数量，并利用WTO仲裁规则保护我方利益。

4. 可促进我国与发达国家在农业领域进行全面合作交流，引进资本和技术，改造传统的农业生产经营方式

当前我国农业发展已进入一个新的阶段。在这个阶段，有许多基础设施要更新改造，生态环境要改善，农产品品种也应更新换代，所有这些都需要大量的资本和技术投入。加入WTO后，我国可以从发达国家吸收较多的资金，引进先进的农业技术，改造国内农业。同时，还可以学习这些国家管理现代化农业的经验，有助于我们对农业进行更有效的管理和调控。

5. 能推动我国农产品流通体制改革，规范贸易行为，尽快形成国内农产品统一市场

我国现行农产品经营体制，特别是粮棉油等大宗农产品的购销(包括进出口)体制是从传统的计划经济体制演变而来的，带有较大的国营垄断性质。加入WTO，我国必须实行市场化趋向的改革，在预定期内让非国有部门逐渐进入农产品购销和进出口领域，以平等的身份同国营企业进行竞争。同时还要削减一些阻碍农产品贸易的各种补贴政策。这些都有利于我国在建设社会主义市场经济体制过程中，对农产品特别是粮棉油等大宗农产品经营体制进行更加规范化的改革，最终促进我国建成以市场定价为主的农产品价格形成机制，以及多渠道、多形式、多主体的流通体制，并形成统一、开放、竞争、有序的市场。

(二)不利影响

1. 可能引起农产品生产减产，减少农民的就业机会

从当前我国农业的综合生产能力以及大宗农产品的储备量分析，国内大部分农产品供求平衡，有些产品还出现了结构性和地区性过剩。在这种情况下，让国外农产品进入中国市场，势必会部分替代国内农产品，从而冲击农业生产，并波及农民的就业。根据美国农业部经济研究局的一份报告分析，中国加入WTO后，会使国内稻谷、小麦、棉花、羊毛、植物油等农产品出现不同程度的减产，减产幅度为1.4%～37%，减少劳动就业机会约1320多万个。这些负面影响在全国各地的分布是有所区别的。沿海地区非农产业比较发达，经济实力较强，农业受到的影响不会很大。而以农业为主的地区，如东北以及中西部地区，受加入WTO的冲击相对较大，农业生产和农民就业都可能出现一定的波动。

2. 农产品价格将受到国际市场价格波动的影响

加入WTO意味着我国农产品国内市场要同国际市场接轨，这样国内市场国际化的趋势会越来越突出。在这个趋势中，国际农产品价格波动将直接或间接地影响国内农产品市场。

从直接影响来看，由于国外粮棉油糖等农产品价格较低，一旦进入中国市场，就会给同类产品造成竞争压力，迫使其压低价格，因此将导致农民收入减少。从间接影响来看，加入WTO后人民币向自由兑换方向迈进，汇率的变化也会给农业生产资料和农产品进出口带来影响。从长远来看，由于劳动密集型产品出口的大幅度增长，将使中国贸易盈余迅速增加，由此可能迫使人民币升值。人民币如果升值，将导致进口农业生产资料及技术产品价格下降，降低相关农产品的生产成本，但是同时这又会引起进口农产品价格下降，转移和吸引更多的国内需求，由此给国内农产品带来更大的竞争压力。面对上述影响，国家从宏观上调整粮棉油等大宗农产品供求关系的难度将进一步加大。

3. 对现行粮棉油等农产品流通体制的影响较大，将给国有企业带来巨大的冲击和压力

随着我国对粮棉油等农产品市场的开放，现有由国有企业一统天下、独占市场的体制和政策措施将要逐步取消。因此国有粮油和棉花经营企业在国内市场和进出口贸易方面获得的种种优惠政策也会随之消除。这些企业最终会和其他企业一样平等参与市场竞争。然而，多年来享受国家对粮棉油市场垄断和保护的影响，国有粮棉油经营企业体制僵化，管理落后，经营缺乏活力，经济效益低下。非国有企业和外资企业进入之后，将成为强大的竞争对手，给国有企业带来不小的威胁。可能会有相当一批国有企业在激烈的竞争中败下阵来，被冲垮并挤出市场。国有粮棉油经营企业对此应有充分的认识，从现在起就应转变观念，着手改革经营体制和管理方式，不断强化自身的市场竞争能力。

4. WTO 的规则限制和约束了国家对农业支持和保护的空间

按照 WTO 贸易规则的要求，国家内部实行的一些阻碍农产品自由贸易的政策措施必须废止。例如出口补贴、价格支持、对国有企业营销贷款的支持(贴息)、种子肥料等投入品的补贴以及有失公正的动植物检疫措施等，都在禁止之列。这就极大地限制了政府对国内农业的支持和保护的余地。众所周知，五十多年来我国的农业为国民经济的发展作出了巨大的贡献，为工业化建设提供了数千亿元的原始资本积累。当前我国刚刚具备了反哺农业的经济实力，却遇到了 WTO 贸易规则的种种限制。也就是说，我们将不能像西方发达国家以前那样对农业提供全面的支持和保护，而只能在 WTO 框架之内，利用有限的空间扶持本国农业的发展。

(三)应对措施

1. 积极调整农业生产结构，大力发展具有比较优势的农产品生产

借助加入 WTO 的难得机会，我国应当充分利用国际国内两个市场的农业资源，按照比较优势原则，合理配置土地、水、资金、技术等资源。从宏观上讲，要适当减少粮棉油糖等土地资源密集型农产品的生产，增加优质果、菜、花卉等劳动密集型产品的生产，增加

养殖及加工品的生产。从地区结构上讲，沿海地区经济实力强，外向型程度高，应发展一些资金和技术密集、附加价值高的农产品生产，以开拓国际市场，扩大农产品出口；中西部地区工业化程度不高，劳动力价格相对较低，应通过技术进步来降低农业生产成本，大力发展大宗农产品生产，同时围绕这些产品发展养殖业、加工业，在“优、精、深”方面做文章。从品种结构上讲，我国应引进、改造和推广优良品种，不断提高农产品质量。粮食生产要逐渐压缩高水分含量如玉米、春小麦、南方小麦、劣质早籼稻的生产面积，增加国内市场需要的硬粒小麦、特种玉米、饲料稻、优质早籼稻和小杂粮的生产；棉花要在适当压缩种植面积的同时，发展抗虫优质棉和特种棉生产；水果近几年的主要发展方向是压缩大路品种的生产，增加优质品种、小品种的生产量；蔬菜的发展方向是协调南北方的生产关系，稳定反季蔬菜的供给量，大力发展无公害的健康蔬菜。养殖业也要逐步转变增长方式，由追求产量最大化向提高质量、追求效益方向调整。为了促进和加快农业生产结构调整，政府应该利用加入WTO的过渡期，制定投资、技术、价格、税收等各种优惠政策措施，支持和帮助农民调整农业生产结构。

2. 积极主动地改革国内大宗产品的流通体制，加快市场化步伐

为了适应WTO规则的要求，我国农产品流通体制要搞好以下改革：一是国内粮棉油购销体制，特别是收购体制要逐步打破国有垄断的格局，让有条件的非国有企业逐步进入，以培育多元化的市场主体。二是在进口贸易体制上，为了能够尽快增强国内企业的国际竞争力，建议政府制定相关市场准入政策，从全国选择几家大的国有企业和私营企业，进入粮棉油以及农业生产资料进出口贸易领域，开展市场竞争。三是完善国内农产品市场体系建设，制定市场法律法规，以促进全国统一市场的形成。今后在农产品流通体制改革中，政府要逐步消除各种歧视性政策，赋予各市场主体平等的待遇，创造一个良好公平的竞争环境。四是为了减轻及更有效地防止国际农产品市场波动对国内的不良影响，国家还要不断完善粮、棉、油等大宗农产品的宏观调控体系，对大宗农产品的储备、吞吐调节以及市场价格的监测与管理等应更加适合市场经济的需要，有更规范的法规政策。

3. 要充分利用WTO的有关规则和政策支持国内农业发展

当今世界上尽管人们在理论上无不推崇自由贸易，但在实际中每个国家都在运用各种手段保护本国利益，尤以发达国家为甚。就拿农业来讲，无论是欧共体国家，还是美国、日本等国都在保护本国的农业和农民。因此，加入WTO并不是要完全放弃对我国农业的支持和保护，而是要在遵循和适应WTO的规则要求的前提下，尽可能地维护中国农民的利益，促进国内农业的发展。加入WTO后，我国在取消出口补贴、价格支持、对国营企业的营销支持以及投入品补贴的同时，应该加大对农业基础设施建设的投入和生态环境建设的投入，支持科技进步，对农民进行教育和培训，支持农村贫困人口的脱贫，以此增强农业的自我发展能力。另外，还要根据国际惯例，加强农产品的进出口管理工作，规范关税制度，严格进行动植物检疫，把住出入境口岸关，鼓励有竞争优势农产品的出口，限制国外有疫情产品及劣质产品的进入。

4. 加快城市化步伐，大力推进非农产业，特别是劳动密集型产业的发展，更多、更有效地吸纳农业剩余劳动力

同西方一些发达国家相比，我国农业的比较优势较低的根本原因是人多地少。如果我们能将农业中大量过剩的劳动力及时转移出去，国内农业的竞争优势不但不会下降，而且还会上升。因此，要防止和消除外来农产品的冲击，关键问题是要尽快转移农业剩余劳动力。对此在今后一段时间内，我国应加快城市化的步伐，扩大小城镇的发展数量，强化大中城市的承载力和辐射功能。以城市为中心，大力发展劳动密集型产业，尤其是服务性产业，以这些产业的扩张增加劳动力就业数量。同时国家应制定优惠政策，鼓励和支持农村非农产业向小城镇集中，连片发展，形成集聚效应，借以增大第三产业的发展空间，为农村剩余劳动力转移创造条件。

三、服务业

(一)加入 WTO 后对我国服务业的影响

我国加入 WTO 意味着服务贸易自由化进程将向前推进，会给我国服务业带来重要影响。具体到每一个行业，由于其开放程度、竞争力、劳动、技术、资本密集程度不同，因而受影响的强度也会不一样。

1. 电信业

电信产业是我国通过引进、开发逐步建立起来的具有高新技术特点的新兴工业，基础电信由政府垄断经营，其兴衰关系到国民经济发展的全局。加入 WTO 将对我国电信业的发展产生深远影响，具体如下。

(1) 对国内市场产生巨大的冲击。外商进入不会承担“普通服务”的义务，不会去边远地区架设电线，为获得丰厚的利润，他们将在大城市开发业务，因此，中国电信、中国联通、中国移动等处于主导地位的电信运营商就会面临转变观念、提高竞争力的紧迫问题，关键技术的缺乏和管理机制的转变，将是困扰我国民族通信产业发展的主要障碍。

(2) 可为设备制造企业创造新的商机。中国电信设备市场对外开放程度和透明度都很高，在引进设备和技术时遵循了公平竞争的市场原则。在与诺基亚、摩托罗拉、爱立信等著名跨国企业的合作中，我方积累了一定的经验，培养了相应的技术人员，因此有助于设备制造企业生产能力和科研能力的提高，从而开发新产品，开辟新市场，扩大效益。

(3) 产权明晰、服务质量的提高将使用户受益。从国际电信发展经验来看，电信市场自由化进程将导致电信资费迅速下调。如 1994 年，英国的前国有企业——英国电信在实行开放和民营化的过程中，电话费平均下降了 50%。

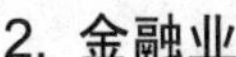

2. 金融业

按规定，加入 WTO 后的两年，外资银行可以为中国企业办理人民币业务，5 年以后可以向个人提供服务；允许外国金融公司在基金管理企业中持股 33%，3 年后增至 49%。我国目前已经形成了以中国人民银行为领导，三大政策性银行和四大国有商业银行为主体，包括多家股份制的全国性和区域性商业银行在内的综合银行体系。但是中国人民银行的金融监管能力比较弱，监管范围窄，力度小，标准不统一，风险预警和监控机制远未建立，四大国有商业银行资产质量不高，资产回报率远低于西方银行平均 2%的水平，国际竞争力与外资银行相距甚远。因此，加入 WTO 后我国金融服务业将面临空前的挑战和机遇，表现在以下方面。

(1) 中国金融格局将呈现巨大的变化。开放后中国金融市场不会在短期内出现剧变，因为现有商业银行在全国拥有 14 万个网点，国有企业在改革期间和中资银行的依存度较大，预期外资银行不可能在短期内从中资银行中抢走大量客户。但是，在华外资银行在税务、经营体制和管理经验以及分配激励制度上较国内银行享有优势。我国加入 WTO 后，外资金融机构将越来越多地享受国民待遇，而市场的进一步开放也意味着在华外资金融机构的数量将不断增加。预期外资银行进入大陆市场，在今后 5～10 年将改变我国的金融格局。

(2) 外资银行和保险公司的进入，将促使我国金融业加快改革步伐，用现代企业制度改革国有商业银行，建立全社会的信用体系，增强机构和个人的守信度，改善服务质量、提高竞争能力，通过外在压力和内在动力相结合，逐步建立起适应国际规则、具有国际竞争力的中国金融企业，推动我国金融业整体素质的提高。

(3) 加入 WTO 将有利于中国银行业国际化的发展。在外资银行不断进入的同时，加快中资企业和银行“走出去”的步伐是中国对外开放的重要内容，特别是通过海外中资银行业的发展来促进海外中资企业的发展，使更多的中资企业在海外设立分支机构，直接参与国际竞争。

(4) 加入 WTO 可能会使我国商业银行遇到强大的人才竞争压力。外资银行在中国拓展业务，首先需要的是大量熟悉银行业务、拥有众多客户关系的资深银行职员，他们会以高薪、出国培训机会以及优越的工作环境等条件，吸引大量国内银行的优秀人才。中国四大国有商业银行与外资银行在收入方面的巨大差距将导致许多优秀业务骨干“跳槽”，而人才的流失又将恶化中资银行的相对竞争地位。

3. 旅游业

从我国的国情来看，发展国际服务贸易的优势资源是劳动力资源、文化资源、自然资源，这些都是难以转移到国外去的，因此吸引消费者前来我国接受服务的“消费者流动”的旅游业前景将十分广阔。从目前旅游业开放程度来看，我国加入 WTO 对于一些开放程度相当高的行业特别是饭店业基本上没有什么影响，对旅行社行业影响最大的可能是目前获利颇丰的入境和出境旅游业务。具体反映在以下几个方面。

(1) 加入 WTO 后有利于旅游业的可持续发展，使旅游业在开放中深化改革，规范合理。进入国际市场，需要形成真正的市场主体，而开放可以为我国赢得更有利的外部国际环境，这就为体制、管理与经营尚有差距的旅游行业带来了调整和完善的机遇，有利于我国建立比较稳定的国际服务贸易秩序，即可将国内旅游贸易与世界旅游贸易融为一体。

(2) 有利于入境旅游市场的扩大。世界贸易组织对环保产业有各种保护条款，国内环保产业将因此进入黄金时代，从而改善旅游环境，吸引更多的国外游客。此外，加入 WTO 后，国外企业会抓住商机，进军中国市场，由此带动商务旅游的繁荣。

(3) 我国旅行社行业受到冲击，将会影响旅游业效益。WTO 要求国际贸易对等服务，在旅游业表现为人员要有进有出，因此我国将逐步放开公民出境旅游。同时，随着旅游业的扩大开放、行业竞争的加剧，外方旅行社将撇开我方旅行社，形成海外客源一条龙服务体系，这些都会引起收入的境外转移，从而影响我国旅游业的效益，我们必须清醒地认识到这一点。

(二)应对措施

1. 对世界贸易组织和《服务贸易总协定》的有关规则要加强学习，善于运用

我国虽然就加入世界贸易组织进行了十几年的谈判，但国内真正了解、熟悉有关世界贸易组织规则的并不多。要想利用加入世界贸易组织带来的机遇并迎接挑战，就必须了解、掌握世界贸易组织的宗旨、原则、规则、程序和实际运作。服务业的领导人和管理人员要带头学习，了解世界贸易组织的职能、基本原则、相关协议等基本知识，熟悉世界贸易组织的有关规则，为学会运用世界贸易组织的规则奠定基础，特别是针对《服务贸易总协定》，更要认真调查、仔细研究。WTO 是一个大的竞技场，要参加竞技，就必须懂得它的竞技规则。另外，WTO 虽要求各成员国实行市场准入和公平贸易等各项原则，但并不反对对本国市场进行合理的保护。我国过去是封闭的，并不谙于设防，因此需要向贸易保护主义的鼻祖们学习，了解他们的贸易保护措施，以其人之道还治其人之身。

2. 利用中国经济市场化中的时空差异对电信业进行必要的保护与扶持

电信业是集先导产业、基础产业和支柱产业于一身的行业，其国际竞争力的大小直接关系到我国的经济和国家的安全，因此国家应自主开发和经营。例如，通信卫星、程控交换机等事关国家和经济安全的电信工业部门，不能实施贸易和投资自由化；要大幅度地增加对国有电信企业等民族电信产业的投入，制定必要的政策，鼓励商业银行对电信工业发放风险贷款；国家要加强对电信服务业发展的规划、调控和监管，制止无序竞争和行业垄断。

3. 加强金融监管，加速整顿金融秩序、防范金融风险的工作

努力拓宽我国银行和非银行金融机构的业务覆盖面，抢在外资大规模进入前占领制高点和新阵地。这就要求建立有效的外部监管机制和严格的内部控制机制，建立金融机构风

险预警系统和风险特别报告制度，建立科学的金融业内竞争规则，以消除恶性竞争带来的金融风险。中国人民银行和中国保监会应该加快存款保险制度的建立，这样既可以减少存款人因为金融机构倒闭而造成的损失，防止金融机构因经营困难发生挤兑而失去渡过难关的机会，还有利于丰富我国金融保险机构开拓新业务的经验。

4. 抓好金融创新

摒弃传统式工作思路和常规化工作方法，在营销理念、金融工具、管理体制、传导机制等方面推陈出新。随着 WTO 范围的扩大，经济全球化的进程也将进一步加快，中国银行业要在这个大潮中勇立潮头的唯一出路就是抓好金融创新，这样才能构建新的操作模式，才能形成自身经营特色，才能适应经济发展要求，才能开拓生存发展空间，也才能应付 WTO 带来的许多挑战。当前，首先要面向市场积极开拓，在经营理念上创新，建立起与市场经济相适应的整体营销体制，加大金融产品的市场营销力度，主动向客户推荐和出售自己的服务；其次要大力发展中间业务，在金融工具上创新。

5. 积极创造条件，使上海、深圳、香港等地成为外资银行和大跨国公司在中国的集结地

吸引跨国公司是我们获取知识和技术的重要来源，也是缩小我们与发达国家知识与技术差距的重要途径。上海、深圳以及香港等地应把吸引大跨国公司的投资、技术与自己的地域优势、人才资源优势和巨大的消费市场优势结合起来，鼓励大跨国公司与自己的大企业联合。应采取得力措施，加快为外资银行和大的跨国公司落户，云集上海、深圳等地创造条件。

6. 根据 WTO 透明度原则的规定，完善立法

把原来主要依靠内部行业部门行政条令进行管理的做法，向国际通行的依靠公开的行政法规和法律来管制市场的方向靠拢，使中国服务市场管制走上法制化、规范化的道路。

7. 抓紧人才培训工作

世界贸易组织经过多年的发展，在贸易政策审议、争端解决、服务贸易自由化、知识产权保护等方面形成了一套比较完整的体系，不少规则涉及大量复杂的法律问题，专业性也很强。对服务业来说，仅仅是一般了解世界贸易组织的基本规则是远远不够的，要采取多种形式，尽快培养大批熟悉世贸规则、精通外语、能够参与贸易争端解决的专门人才，尽快拥有大量符合电信、金融保险市场需求的专业人才，并积极为他们发挥作用创造外部条件。竞争是人才的竞争，建立服务业人才培训阵地是当务之急，而健全人才政策来保护人才以防止人才流失则是重中之重。

四、知识产权

知识产权所有权和使用权的转移，是国际贸易的重要组成部分。通过技术许可协议等

手段，知识产权所有者将专利、商标等的使用权转让给技术、商标接受方，从而获得技术、商标使用费；通过版权(著作权)许可合同，版权人获得版权收入。一方面。一国国民如果拥有较高水平的知识产权，不仅有利于提高本国的技术水平，促进本国的经济贸易发展，还能增加本国出口收入，改善其在国际贸易中的地位。另一方面，国际货物贸易的正常发展，也离不开对知识产权的保护。因为加强知识产权保护，不仅可以通过知识产权的转让和许可，促进无形贸易出口，而且可以打击冒牌产品，保护和扩大正常货物贸易。同时，高新技术如计算机软件、半导体芯片、集成电路、生物技术等，既不属于传统工业产权的范畴，也不属于版权(著作权)的范畴，因而需要在世界范围内建立健全新的保护知识产权的法规和统一的知识产权保护标准。特别是由于世界性的侵犯知识产权现象日益严重，发达国家的利益受到较大损害。因此，发达国家强烈要求 WTO 达成全面保护知识产权的协议，而发展中国家由于在知识产权方面处于劣势地位，主张只谈与贸易有关的知识产权问题。发展中国家迫于发达国家的经济实力和压力以及自身的利益，终于在“乌拉圭回合”谈判中达成了《与贸易有关的知识产权协定》。这一协议的基本内容，尽管有“与贸易有关”的限定，但与原《巴黎公约》和《伯尔尼公约》相比，明显具有两个特点：一是引入了 WTO 关于货物贸易的基本原则和解决争端机制；二是知识产权保护的内容、范围、期限和力度加大了。但中国的知识产权保护制度还有一定的差距，主要是中国的保护水平还不能完全适应发达国家的要求，尤其是该协议取消了一切优惠条款和特殊保护措施。对中国来说，最迫切的问题是，要及时制定长期的知识产权保护战略和近期对策。

(一)建立和健全与国际发展趋势相吻合的知识产权保护制度

1. 增强知识产权保护的意识

当今时代，科学技术已成为一个国家综合国力、市场竞争力的标志。科学技术的竞争就是知识产权的竞争。因此，我们必须增强知识产权保护意识。有了商标，必须及时向国内外申请注册，才能受到法律保护。有了创造发明，必须及时向国内外申请专利，才能使新技术进入国际市场并受到保护。版权即著作权，作品创作完成，无须经过任何手续，即可自动享有版权并受到保护。这里所说的保护意识是双向的，既要保护自己的权益，也要不侵犯他人的权益。

2. 进一步完善知识产权的立法

从整体上说，中国知识产权制度与各项国际知识产权公约或协议是没有根本冲突的。因为在立法过程中，中国已注意到知识产权保护制度与国际惯例接轨的国际化趋势。但是，根据《与贸易有关的知识产权协定》的规定，中国知识产权法律制度仍然存在一些问题。这些需要我们进一步研究，逐步完善。

3. 进一步加强知识产权的保护工作

保护知识产权是一项涉及立法、司法、执法和行政管理等多方面的综合性工作，必须形成统一、协调的知识产权保护体系。如加强对外经济技术贸易中的知识产权保护，必须强化海关在保护知识产权、制止侵权产品进出境方面的职能，采取必要的边境措施，有效地制止侵权产品的进出口。要打破地方保护和部门分割，遵循“有法可依，有法必依，执法必严，违法必究”的原则，严格执行法律法规，依法查处并制裁各类侵犯知识产权的行为，以维护社会主义法制的统一和尊严，形成有利于保护知识产权的良好社会环境。

(二)制定科技法规、技术标准，加快科技体制改革

1. 制定合理的科技法规和科技标准，建立认证、检验制度

入世后，由于利用“幼稚产业”条款而得以保护的产业有限，WTO又明文规定不得使用非关税壁垒措施来保护民族工业，所以根据某些发展中国家入世后保护民族工业和促进科技进步的惯例，一般可以运用卫生条例、行政禁令、海关手续和技术标准等形式，适当保护自己的利益。特别是以技术标准，包括技术法规、标准、认证制度、检验制度等保护自己的利益是最不易引起非议的措施。

技术法规是为保护国家安全、防止欺骗行为、保护环境、保护人与动物的健康等利益而制定的。在这方面，我们必须建立一个统一的符合国际惯例的技术法律体系。技术标准是各国借以保护自身利益、促进科技进步的手段，即使是一些技术先进的发达国家也利用这一手段来维护自身的利益。因此，合理的技术标准，既可名正言顺地保护自己的科技发展和产品市场，又不妨碍开拓国外市场。认证、检验制度是各国普遍采用的保护国内产业和科学技术的重要措施。建立这一制度是把产品质量工作纳入法制化、规范化的重要手段。按照国际惯例，取得一国认证，该产品便可免检进入该国市场。而且这种认证、检验制度一般是由具有第三者性质的民间机构来承担的，不能由国际贸易的双方或其主体来承担，以保证交易的公正和公平。

2. 重视技术信息，加强技术合作，促进企业技术进步

根据《技术性贸易壁垒协议》的规定，各国制定有关技术法规、标准、认证和检验制度时，必须提前6～8个月向WTO各成员国通报，以征求意见，看是否属于非关税壁垒。这实际是获取世界先进技术发展的一个渠道，对中国的科技发展是有利的。在激烈的国际竞争中，只有加强技术信息工作，把握技术发展动态，才能取得技术竞争的主动权，并能引进比较便宜的新技术和先进技术。同时，必须加强国际技术交流与合作，依靠其他国家的先进技术为我国进行加工提供零配件，组装或生产一流产品。面对市场，企业技术进步是极其重要的。企业不仅可以推广技术承包制等有利于技术进步的体制，而且应积极与高等院校和科研院所合作，掌握世界技术发展动向，并把科研成果及时转化为生产力，实现

科技产业化。

3. 加快科技体制改革，加强科技管理人员的培养

世界范围内的科技人员短缺状况正在加剧，寻找、争夺、培养、留住人才是当今世界面临的最大挑战。面对国际科技市场的激烈竞争，只有打破条条块块对人才合理流动的限制，中国科技人才的潜力才能真正得以发挥。因此，加快科技体制的改革和完善是一项重要而紧迫的任务。同时还要加强科技管理人员的培养，要培养一批熟悉 WTO 相关规则和协议，了解各种技术法规、标准和规定，能迅速处理大量 WTO 的科技资料和信息，掌握各国专利文献的检索方法，掌握知识产权的各种条件及规定，能运用各种法律手段，维护自身权益的高级专门人才。

本 章 小 结

世界贸易组织的宗旨可归纳为五个方面：提高生活水平，保障充分就业；扩大货物、服务的生产和贸易；坚持走可持续发展之路；保证发展中国家贸易和经济的发展；建立更加完善的多边贸易体制。

在世界贸易组织负责实施管理的贸易协定与协议中，贯穿了一系列基本原则。归纳起来，这些原则主要包括非歧视原则，贸易自由化原则，透明度原则，市场准入原则，公平贸易原则，公正、平等处理贸易争端原则等。

世界贸易组织的协议或协定是约束世界贸易组织行为、保障世界经济贸易正常运转的重要法律体系。其中主要的协议有：1994 年关税与贸易总协定、农业协议、纺织品与服装协议、实施卫生与植物卫生措施协议、反倾销协议、补贴与反补贴协议、保障措施协议、与贸易有关的投资措施协议、服务贸易总协定、与贸易有关的知识产权协定、诸边协议。

中国加入世界贸易组织经历了一个漫长的过程。从 1986 年 7 月 11 日中国正式向世界贸易组织前身——《1947 年关税与贸易总协定》递交“复关”申请到中国最终加入世界贸易组织，历时 15 年，经过艰苦努力，2001 年 12 月，中国最终加入世界贸易组织，成为世界贸易组织的正式成员国。

加入世界贸易组织对中国对外贸易发展有利有弊，既为中国对外贸易发展带来前所未有的机遇，也使中国对外贸易面临严峻的挑战。从总体上看，加入 WTO 推动中国对外贸易发展顺应经济全球化的发展趋势，可以获取更大的发展空间，真正实现通过改革开放增强中国经济的总体目标。

加入世界贸易组织也必然会对我国各类产业产品的生产与进出口产生影响，既有正面影响， 也有负面影响。我们应该按照 WTO 的有关原则或协议，采取有效的应对措施。

思　考　题

1. 世界贸易组织的宗旨是什么？
2. 世界贸易组织的基本原则有哪些？
3. 加入世界贸易组织会给中国外贸发展带来哪些利弊，应采取哪些外贸发展对策？
4. “入世”后，我国各类产业应如何应对？

案　例　分　析

WTO 裁定银联部分垄断　支付市场开放压力渐增

经过长达一年多的磋商，世贸组织(WTO)在16日深夜正式对外发布专家报告，就美方起诉中方在电子支付行业准入方面存在垄断事宜作出初裁。

值得注意的是，虽然专家报告没有支持美方关于中国银联在所有人民币支付卡交易中保持垄断供应商地位的起诉，但却认定银联在“部分类别”的人民币支付卡清算交易中存在垄断。

“可以说这是不胜不败之局。因为WTO的裁定并不具备超越成员国法律的约束效应，短期来看银联在国内的市场地位不会受到影响。但从长期来看，银联一家独大的市场地位肯定会逐步有所动摇。”一位不愿具名的银联人士如是表示。

不胜不败之局

据上述银联人士称，虽然从字面看WTO驳回了美国关于银联垄断的指控，但WTO的裁定支持了美方的关键诉求，即电子支付属于中国加入WTO时承诺开发的“所有支付和汇划服务”。也就是说，无论银联是否存在垄断，在WTO框架下中国有义务将此块市场按贸易规则对外资供应商开放。

“这等于间接认定了银联在国内垄断，因为中国所有的银行卡必须加上银联标识，而且所有银行卡的支付清算业务都必须通过银联通道。如果按照世贸规定开放这块业务，那显然意味着维萨(VISA)、万事达(Master)等也可以介入人民币计价的银行卡清算和结算市场，所以银联并没有占到上风。”该人士表示。

记者在世贸组织公布的材料中看到，中美双方在这一领域的争执旷日持久。早在2010年9月份，美方就已经向中方提出在世贸组织框架内就电子支付市场开放问题进行双边磋商的请求。在磋商未果的情况下，美方于2011年2月正式向WTO申请启动争端解决机制，当年7月WTO就此案正式成立了三人专家小组。

而在双方矛盾不断升级的背后，则是VISA、Master等国际支付巨头在中国市场举步维艰和中国银联在海外市场不断开疆拓土的巨大反差。随着利益冲突逐渐增多，双方之间的较量在过去数年之间一直存在。

“双方会产生冲突是很自然的。银联在人民币计价的银行卡结算市场中一家独大，而随着中国公民在海外刷卡交易规模的不断增长，银联一方面稳守国内市场，另一方面不断拓展国际市场，这就直接触动了VISA等国际支付巨头的蛋糕。要知道，VISA等在海外市场没有银联这样天然的垄断优势，在难以渗入中国市场的情况下，很自然会认为中国没有对外开放这一市场。”前述银联人士认为。

资料显示，中国银联是2002年在中国人民银行的推动下，由中国境内80多家金融机构出资共同发起设立的。目前，中国的银联卡可在130个国家和地区使用，已有超过700万家商户受理银联卡刷卡消费。银联卡目前总发行量为20亿张，是全球使用人数最多的银行卡之一。

市场开放压力增大

部分受访人士认为，不管未来中国如何应对此份报告，中国电子支付的市场格局长远来看均将迎来改变。

前诉银联人士即称，从长远来看随着人民币资本管制的逐步放开，人民币计价的银行卡支付清算行为不再局限于中国境内，那么银联现有对境内市场的垄断地位也将会打破。“但是在短期，现有的裁决基本上还是各自说事，对现有的市场格局不会有什么改变。”该人士称。

值得注意的是，除了银联原本稳固的市场地位面临挑战之外，以往间接受益于市场准入限制的第三方支付企业，未来也有可能面临挑战。

“从心里说，我们是希望国家鼓励创新，以此来提高企业的竞争力。但目前的格局是，因为银联的特殊地位，我们也在一定程度上避免了与国外竞争对手的正面交锋，比如eBay旗下在线支付平台PayPal和美国移动支付创业公司Square等。”一位第三方支付企业人士坦承。

但是该人士称，虽然受益于目前格局，但相对于银联等传统的线下支付企业，依托网络技术的第三方支付企业并不害怕竞争。“靠保护，其实心里也挺慌的，现在支付行业跟以往不同了，放开准入限制对于提升竞争力未必是坏事。”该人士称。

(资料来源：罗克关. 证券时报，2012年7月18日)

问题：

1. 请分析全面开放银行市场对我国银行业的影响。
2. 我国银行业应如何提高国际竞争力？

第六章　中国进出口贸易

【学习要求】

通过本章的学习，要求学生了解我国发展进出口贸易的意义和状况，懂得我国出口商品战略和出口市场战略以及进口商品战略，掌握我国发展服务贸易的意义和技术引进与出口的原则。

【主要概念】

出口商品战略　出口市场战略　进口商品战略　国际服务贸易　国际技术贸易

【案例导读】

“十二五”服务贸易进出口年均增速将超 11%

《服务贸易发展“十二五”规划纲要》提出，2015 年，我国服务贸易进出口总额达到 6000 亿美元，年均增速超过 11%。

商务部服务贸易和商贸服务业司司长周柳军 28 日说，下一步，商务部将以“大服务”理念梳理、整合、细化《服务贸易发展“十二五”规划纲要》提出的各项战略任务与保障措施，出台行之有效的配套政策，形成具体可行的工作举措，稳步推进规划中各项战略目标的落实。

《规划》提出了五方面发展目标：一是贸易规模稳步扩大。服务贸易占对外贸易总额和全球服务贸易总额的比重要稳步提高。二是贸易结构不断优化。2015 年，通信、计算机和信息服务、金融、文化、咨询等智力密集、技术密集和高附加值服务贸易占服务出口总额的比重超过 45%；对外工程承包、劳务合作、运输、旅游、分销等服务出口规模进一步扩大。三是对外开放水平日益提升。扩大通信、金融、计算机和信息服务、商业服务等行业的商业存在规模，提升经营服务水平，带动、培育和壮大国内产业。四是国际竞争力不断增强。对外承包工程、劳务合作、运输、旅游、通信、计算机和信息服务、金融、文化、咨询、分销、研发等行业服务出口规模显著扩大，与货物贸易和境外投资协调发展，培育一批拥有自主知识产权和知名品牌的重点企业，打造“中国服务”。境外商业存在数量明显增加，加快培育一批具备国际资质和品牌的服务外包企业，国际市场开拓能力逐步提升。五是区域发展更加协调。

《规划》明确，30 个服务贸易领域将成为“十二五”时期的发展重点。这些服务贸易领域首先涵盖了中国具有比较优势的传统领域，如旅游、建筑服务等，其发展方向在于“巩固优势”；其次涵盖了一些符合国际服务贸易发展趋势的新兴领域，如咨询、计算机和信息服务等，其发展方向在于“重点培育”。其中，证券期货服务领域提出的重点工作包括：研究探索符合条件的境外机构和企业在境内发行人民币债券和人民币股票，支持境内企业境外上市，逐步探索推出以股票、利率、汇率、银行贷款等为基础的金融衍生工具，加大期货市场发展力度，有序推出新的期货产品等。

《规划》还明确了八项保障措施。其中，在完善法律法规体系方面，《规划》提出了修订《对外贸易法》，推动出台《服务贸易促进条例》。在加大财税金融支持力度方面，《规划》表示，引导和鼓励金融机构在风险可控的情况下，优化贷款审批程序，加大对服务贸易人民币结算和融资的支持力度，积极推动金融创新，开发适合服务贸易企业需求的金融产品。

《规划》规定，未来五年，要为境内外企业搭建国际交易平台，开展多种形式的服务贸易促进活动。周柳军表示，从 2012 年开始，中国商务部将每年在北京举办中国(北京)国际服务贸易交易会(简称京交会)。今后，商务部将会同各地区、各部门以“京交会”为龙头，搭建一个全方位、广覆盖、多层次的服务贸易促进平台体系。

(资料来源：倪铭娅. 中国证券报，2011 年 11 月 29 日)

出口和进口，是对外贸易的两个重要方面。出口是发展对外贸易的关键，是开展进口、引进技术、利用外资及一切对外经济活动的基础。出口贸易的规模和水平制约着对外开放的范围和程度，影响国民经济建设的规模和进程。进口通过引进技术、利用外资和购买必要物资，利用国内外两个市场、两种资源，促进我国新兴产业的开发和传统产业的改造，促进产业结构调整和优化，加快国民经济发展和改善人民生活。出口和进口两个方面互相制约、互相渗透、互为条件。只有出口，没有进口，出口就没有意义；只有进口，没有出口，进口就没有基础。既要大力发展出口贸易，也要积极开展进口贸易，使进出口保持基本平衡，才能实现对外贸易的持续、快速、协调发展。

第一节　出口贸易

一、发展出口贸易的重要意义

(一)出口贸易为我国增加进口、引进资金技术、开展对外经贸合作提供外汇保障

我国的外汇收入有 4/5 左右来自出口贸易的收入，只有 1/5 左右来自旅游、侨汇等非贸易外汇收入。我国要增加进口，大规模地利用外资、引进技术、开展对外承包工程、开展劳务合作、对外援助、进行双边和多边经贸合作等，都要靠出口贸易提供外汇保障。我国进口的重要原材料和人民生活急需的物品，要靠外汇支付；我国利用外资的本息要靠外汇来偿还；引进先进技术设备、开展对外承包工程和劳务合作以及对外援助，都需要靠出口

贸易提供的外汇资金作保证。出口贸易的规模制约着进口、利用外资、引进先进技术设备、开展对外承包工程和劳务合作及外援等对外经贸活动的规模，从而影响我国现代化经济建设的规模和进程，也影响到人民物质文化生活改善的进程。

(二)出口贸易为我国国民经济技术进步提供强大推动力

我国国民经济的发展必须依靠科学技术的进步。发展出口贸易，国内产品进入国际市场，参与激烈的国际市场竞争，就必须不断降低产品成本，提高产品质量。这就要求出口生产企业不断提高生产技术水平，更新设备和采用新工艺，采用新的原材料和先进的经营管理方法，才能提高劳动生产率，改善出口商品质量，增加花色品种。这样就能引起一系列国民经济技术改造的连锁反应，促进整个国民经济的技术进步。

(三)出口贸易有利于国内产业结构和整个国民经济结构的调整与优化

出口贸易的发展对产业结构和经济结构的调整与优化有巨大的促进作用。大力发展出口贸易，就要根据国际市场的需要，不断调整和改善出口商品结构，建立新的出口生产体系。这就必然要发展技术密集型产业和相关先进的基础产业，使出口产业结构得到调整和优化。这一过程还会通过与国内产业的关联性而传导并波及国内其他产业，从而带动国内产业结构的调整，促使整个国民经济结构不断优化和升级。

(四)出口贸易可以促进我国现代化建设外部环境的改善

我国社会主义现代化建设需要有一个宽松和谐的外部环境。出口贸易作为对外经贸关系最基本的内容，是广泛参与世界各国经济、技术交流与合作的重要手段。通过发展出口贸易，可以加强与其他国家的经济联系，促进我国同其他国家建立和发展良好的国家关系，从而有助于为我国社会主义现代化建设创造一个宽松和谐的外部环境。

二、我国出口贸易发展概况

(一)改革开放前我国出口贸易的发展

1. 出口贸易规模：逐渐扩大，但增速缓慢

改革开放前，由于受自给自足的自然经济思想的影响，我国没有建立面向国际市场的产业。客观上则由于我国经济发展水平和国际环境的制约，出口贸易规模不大，虽然在逐年增长，但增长速度相对缓慢。1950 年出口为 5.5 亿美元，1978 年达到 97 亿美元，比 1950 年增长了 17 倍。28 年来出口年均增长率为 10.8%。我国出口贸易额占世界出口贸易总额的比重，1953 年为 1.23%，但到 1978 年则降到 0.75%。中国在世界出口贸易中所居位次，也由 1953 年的第 17 位降到 1978 年的第 32 位，说明中国出口贸易发展速度大大低于世界出

口贸易的平均发展速度。

2. 出口商品结构：逐渐改善，但比较落后

1950 年我国出口商品构成中，初级产品所占比重高达 90.3%，而工业制成品仅有 9.7%。1957 年初级产品在出口总额中的比重降至 79.4%，工业制成品上升到 20.6%。1978 年工业制成品所占比重上升至 46.5%，初级产品所占比重降为 53.5%，出口商品结构有了较大改善，但初级产品所占比重仍然高于工业制成品，这表明我国出口商品结构比较落后。

(二)改革开放后我国出口贸易的发展

1. 出口贸易规模：迅速扩大，增长强劲

改革开放以来，出口贸易规模迅速扩大，增长强劲。1978 年我国对外贸易出口额为 97.5 亿美元，占世界比重的 0.75%，位居世界各国和地区的第 32 位；1990 年我国对外贸易出口额增长为 620.9 亿美元，占世界比重的 1.8%，位居世界各国和地区的第 15 位；到 2005 年我国对外贸易出口额增长为 7620 亿美元，占世界比重的 7.3%，位居世界各国和地区的第 3 位。1978—2005 年我国对外贸易额在世界出口中的比重提高了 6.55 个百分点，位次前进了 29 位。而同期我国 GDP 在世界的位次 1978 年为第 7 位，2005 年为第 4 位，位次前进了 3 位。这说明中国对外贸易出口额增速及在世界的位次提升速度，均快于中国 GDP 增速及在世界位次的提升速度。2012 年中国对外贸易出口额达到 20 489 亿美元，为 1978 年的 210 倍，同比增长 7.9%，高于同期世界出口平均增长水平。

2. 出口商品结构：根本变化，日趋优化

从出口的初级产品来看，1978 年初级产品出口额为 52.16 亿美元，占当年的出口比重为 53.5%，而且以活动物、原料、油等占较大比重；到 1990 年，初级产品在出口中的比重已下降为 25.59%；2011 年初级产品出口为 1005 亿美元，占当年出口中的比重下降为 5%，其中，食品及活动物、饮料及烟类、非食用原料、矿物燃料、润滑油及有关原料出口分别增长了 22.7%、19.4%、29.1%、21%和 47.9%。

从出口的工业制成品来看，1978 年工业制成品的出口额为 45.29 亿美元，占当年的出口比重为 46.5%，机械与运输设备只占 3.4%；到 1990 年，工业制成品出口额为 462.05 亿美元，占出口的比重上升为 74.41%，机械与运输设备占 9.00%，表明我国出口商品结构已实现由主要出口初级产品向主要出口工业制成品的转变；2011 年，我国工业制成品的出口额为 17 980.5 亿美元，占当年的出口比重为 95%，其中化学成品及有关产品、按原料分类的制成品、机械及运输设备、杂项制品(包括活动房屋等、家具等、旅行用品等、服装和鞋靴等)出口分别增长 31.1%、28.3%、15.6%和 21.6%。

同时，我国高技术产品出口额也不断增加，在出口商品中的比重也在不断扩大，我国商品出口呈现多元化和结构升级的趋势。1991 年我国高技术产品出口额为 28.77 亿美元，

占工业制成品出口比为 5.2%；1995 年我国高技术产品出口额为 100.91 亿美元，占工业制成品出口比为 7.9%；2003 年我国高技术产品出口额为 1103.2 亿美元，占工业制成品出口比为 27.3%；2006 年我国高技术产品出口额为 2814.7 亿美元，占工业制成品出口比为 30.7%。2011 年，中国高新技术产品出口额已达到 5488 亿美元，占工业制成品出口比为 30.5%，居世界第一位。世界银行的研究发现，中国出口增长更多地来源于新的产品种类。这表明我国在保持出口高速增长的同时，贸易条件得到了改善。

从出口贸易方式结构来看，加工贸易占有重要地位，支撑着出口贸易的半壁江山。1995 年加工贸易在出口贸易中的比重为 49.5%，1997 年为 54.5%，2000 年为 55.2%，2012 年为 42.1%。

从出口市场来看，改革开放以来，我国出口市场比较集中于西方发达国家，2012 年中国出口市场对象前 10 位国家、地区依次为美国、中国香港、日本、韩国、德国、荷兰、印度、英国、俄罗斯、新加坡。

三、出口商品战略

出口商品战略是出口贸易战略的一个重要组成部分，是关于出口商品结构的战略和规划。出口商品战略就是一国根据自己经济发展的具体情况和国际市场的需要，对出口商品构成作出战略性安排。制定出符合我国国情的出口商品战略措施，对于增强我国出口商品竞争力、扩大出口创汇能力、提高经济效益非常重要。

一国的出口商品结构不仅受国内经济发展水平、产业结构和发展政策的制约，还受国际市场和国际经济环境的制约。

从新中国成立到中共十一届三中全会，我国出口贸易规模逐渐扩大，但增长速度相对缓慢；出口商品结构虽然在逐渐优化，但始终以初级产品出口为主。而中共十一届三中全会以后，我国实行改革开放政策，国民经济得以全面迅速发展，对外贸易进入新的发展时期。因此，根据我国经济发展的具体情况和国际市场的需要，在不同的历史时期制定了不同的出口商品战略。

(一)“六五”时期 (1981—1985 年)

“六五”时期，我国开始实行改革开放，面对落后的产业结构和生产技术，我国实行的出口商品战略是：发挥我国资源丰富的优势，增加出口矿产品和农副土特产品；发挥我国传统技艺精湛的优势，发展工艺品和传统的轻纺工业品出口；发挥我国劳动力众多的优势，发展进料加工；发挥我国现有工业基础的作用，发展各种机电产品和多种有色金属、稀有金属加工品的出口。

(二)“七五”时期(1986—1990 年)

在 20 世纪 80 年代，国际初级产品价格大幅下跌，初级产品的贸易开始萎缩。“六五”

时期后期，我国初级产品的比重逐步下降，制成品比重逐步上升，但初级产品和粗加工制成品占绝大多数份额。为此，我国在“七五”计划中提出了以实现“两个转变”为核心内容的出口商品战略，即我国出口商品结构要逐步由主要出口初级产品向主要出口制成品转变，由主要出口粗加工制成品向主要出口精加工制成品转变。

在此期间，我国减少了一些大宗原料性产品的出口，轻纺织产品迅速发展。到“七五”计划末期，我国实现了由主要出口初级产品向主要出口制成品的历史转变。

(三)“八五”时期(1991—1995年)

进入“八五”时期，从国际市场来看，机电产品贸易迅速增加，并成为贸易额最大的一类产品。据此，我国提出的出口商品战略是：逐步实现由粗加工制成品为主向精加工制成品为主转变，努力增加附加值高的机电产品、轻纺产品和高技术产品的出口，鼓励那些在国际市场有发展前景，竞争力强的拳头产品的出口。

此间，我国出口商品结构进一步优化，机电产品已取代轻纺产品，成为出口的支柱性产品。

(四)“九五”时期 (1996—2000年)

进入“九五”时期，国际贸易中机电产品仍迅速增长，而高技术含量、高附加值的高新技术产品则增长更快。从我国国内来看，虽然出口结构不断优化，但总体上还是以粗加工、低附加值的劳动密集型产品为主，出口产品的竞争力不强。因此，根据“九五”提出的要实现经济增长方式从粗放型向集约型转变的方针，我国还制定了“以质取胜”战略，努力实现外贸出口增长方式由主要靠数量和速度向质量和效益转变。

因此该时期提出的出口商品战略是：“着重提高轻纺产品的质量、档次，加快产品升级换代，扩大花色品种，创立名牌，提高产品附加值。进一步扩大机电产品出口，特别是成套设备出口。发展附加值高和综合利用农业资源的创汇农业。”

(五)“十五”时期 (2001—2005年)

21世纪是知识经济时代，在国际贸易中，高附加值、高技术含量的产品增长十分强劲。经过改革开放以来二十多年的经济发展，我国的产业结构和出口商品结构都有较大的提升，特别是高科技产业发展迅速，产品出口快速增长，但是出口产品中低技术、低附加值产品仍占主导地位。因此，我国提出要继续贯彻以质取胜战略，重视科技兴贸，优化出口商品结构。

据此，我国提出的出口商品战略是：继续贯彻以质取胜战略，重视科技兴贸，优化出口商品结构，增加产品的国际竞争力，努力保持对外经济贸易的可持续发展。

(六)“十一五”时期(2006—2010 年)

在“十五”期末已经取得的成绩上进一步加快转变对外贸易增长方式，促进对外贸易由数量增加为主向质量提高为主转变，到 2010 年，货物贸易、服务贸易进出口总额分别达到 2.3 万亿美元和 4000 亿美元。优化出口商品结构，着力提高对外贸易的质量和效益。扩大具有自主知识产权、自主品牌的商品出口，控制高能耗、高污染产品出口。继续发展加工贸易，着重提高产业层次和加工深度，增强国内配套能力，促进国内产业升级。大力发展服务贸易，不断提高层次和水平。完善公平贸易政策，健全外贸运行监控体系，增强处置贸易争端能力，维护企业合法权益和国家利益。

(七)“十二五”时期(2011—2015 年)

国际服务贸易已经成为推动世界经济贸易发展的重要力量，大力发展服务贸易将是“十二五”期间加快对外贸易发展方式转变的重要战略任务。在此期间，我国外贸发展的目标有以下四个方面。

一是稳增长促平衡取得实质进展。进出口平稳增长，总额年均增长 10%左右，到 2015 年达到约 4.8 万亿美元。贸易平衡状况继续改善。

二是进出口商品结构进一步优化。机电产品进出口年均增长 10%左右，总额到 2015 年达到 2.5 万亿美元左右。劳动密集型产品出口附加值进一步提高。自有品牌和知识产权产品、大型成套设备出口比重显著提高。先进技术、关键零部件、国内短缺资源和节能环保产品进口比重进一步提高。消费品进口适度扩大。

三是发展空间布局更加完善。在巩固欧、美、日等传统市场的同时，着力扩大新兴经济体、发展中国家等新兴市场的贸易规模。到 2015 年，与新兴市场的贸易占全国外贸的比重力争提高 5 个百分点左右，达到 58%。东部地区外贸发展质量和效益明显提高，中西部地区加快发展，到 2015 年，中西部地区占全国外贸的比重力争提高 5 个百分点，达到 15%。

四是国际竞争力明显增强。以技术、品牌、质量、服务为核心的竞争新优势加快形成，贸易渠道控制力明显增强。在优势产业中形成一批具有全球资源整合能力的跨国企业。

案例 6-1

自主品牌与出口效益

相隔几年，草柳竹藤编织品又重返广交会。编织品的“生命力”如此顽强，是因为产品的后面，是千家万户农民的就业和生计。但与此相比，树立自主品牌、提高出口附加值更加刻不容缓。据广西玉林一家企业讲述，去年他们出口到欧美的编织品有 1000 多万件，昂然步入欧美中产阶级家庭的精美编织品，在国内每件至少可卖 30 元，可出口每件平均只赚 1 美分。在采访中，有位业务员说，他的母亲在山东农村为出口到美国的花生剥皮，每天夜以继日地剥到凌晨，手指都出血了，而剥一麻袋花生的报酬仅为 2 元人民币。近日中科院专家统计，中国经济增长 GDP 中，至少 18%是“透支”资源和生态环境获得的。而长期低廉的劳动力价格让底层劳动者不能共享经济增长的好处，反而造成贫富悬殊，成为制约社会良性发展的瓶颈。

我国是轻工业出口大国，每年几亿双鞋出口，排队可绕地球数圈，但由于还没培育出“耐克”、“阿迪达斯”那样的世界名牌，取得的附加值很低。一双耐克鞋，做 OEM 的中国企业只能获得几美分收益，而凭借其品牌知名度和全球营销网，耐克公司却能得到几十甚至上百美元的利润。我国轻工消费品出口历来是各国反倾销的重灾区，据 WTO 的报告，去年全世界遭受反倾销最多的是中国，今年第一季度，中国企业遭受的反倾销数量又比去年同期增长 80%，多么沉重的数字。

采访中，很多企业深有感触地说，创自主品牌，要注重创新，注重产品的科技含量，注重产品的深加工，注重客户服务，也要注重维权，包括反倾销的应诉。世界著名的麦肯锡公司指出，“因劳动力成本低廉，中国在世界制造业占有优势。目前大多数中国企业仍满足于为西方品牌做 OEM，其实本来可提供在品质上并不逊色于其他国家竞争对手的产品，但大多数的中国企业缺乏足够的营销技能使其自主品牌迅速地进入发达国家市场。可通过独立分销商一步步地将产品渗入海外市场，这种渐进方式可使中国企业逐步了解客户消费习惯，培养品牌认知度。其次是购买在困难时期倒闭的当地知名品牌，然后将生产转移到中国，利用成本的优势重塑辉煌。”

(资料来源：广交会通讯，2008 年 10 月 16 日)

四、出口市场战略

为加速我国外经贸的发展，我国在出口市场战略上提出了出口市场多元化战略。

(一)市场多元化战略的背景

在我国对外贸易的发展过程中进出口市场往往过分集中于少数国家和地区。在 20 世纪 80 年代末“七五时期”，我国的主要出口市场是港澳地区、日本、美国和欧盟，这些市场在我国总出口中所占的比重为 74.8%。以 1990 年为例，我国出口额为 520 亿美元，上面的四个市场所占的比重为 75%；而对于其他的 100 多个发展中国家和地区以及苏联、东欧国家所占的出口比重还不到 25%(苏联、东欧国家所占的出口比重为 5.8%，周边 11 国所占的出口比重为 6.6%，东盟所占的出口比重为 6%，中东所占的出口比重为 2.7%，拉美所占的出口比重为 1.27%，非洲所占的出口比重为 1.26%)。到了 1998 年，我国出口的市场结构中香港地区占 21%，美国占 20.6%，日本占 16.1%，欧盟占 15.3%。

乌拉圭回合多边贸易协定的签订和世界贸易组织的建立，为世界贸易的发展创造了一个更加开放和自由的贸易环境，世界市场的多元化趋势日益明显。但是近年来，由于贸易

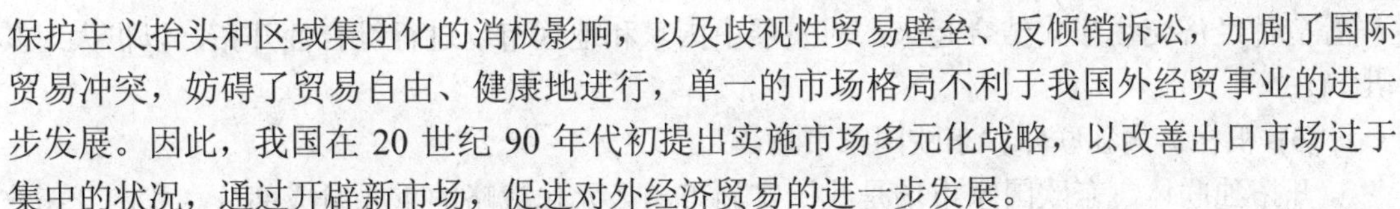

保护主义抬头和区域集团化的消极影响，以及歧视性贸易壁垒、反倾销诉讼，加剧了国际贸易冲突，妨碍了贸易自由、健康地进行，单一的市场格局不利于我国外经贸事业的进一步发展。因此，我国在 20 世纪 90 年代初提出实施市场多元化战略，以改善出口市场过于集中的状况，通过开辟新市场，促进对外经济贸易的进一步发展。

(二)市场多元化战略的含义与内容

1. 市场多元化战略的含义

市场多元化战略就是根据国际政治经济形势的变化，充分发挥我国的优势，有重点、有计划地采取巩固、发展、开拓、辐射等多种渐次推进策略，逐步建立起我国出口市场合理的、多元化的总体格局。

2. 市场多元化战略的内容

(1) 深度开发日、美、欧和港澳地区等传统市场。

首先，对该市场的深度开拓要以商品结构的优化为保证，在维持传统商品出口的同时，要提高出口产品的技术含量，增加技术、知识密集型产品的出口，逐步扩大参与水平分工的比重，获取更多的比较利益。其次，要进一步了解和研究发达国家和地区的贸易法规和惯例，充分运用其先进的贸易基础设施和经销网络，特别是要进入这些国家市场上深层次的销售系统，如利用国外超市、连锁企业直接进入其销售网络。第三，要改善售后服务，稳定和提高我国出口商品的市场占有率。

我国在深度开发和巩固传统市场时，还应根据各个市场的不同特点，制定相应的开拓策略。重点突破美国轻工业品、机电产品市场；调整对日本的出口商品结构，在保持传统出口商品稳定增长的同时，积极扩大工业制成品，特别是机电产品对日本的出口。通过调整我国出口商品结构，提高出口商品质量，增加花色品种，增强商品的适销性，巩固和发展欧盟市场。港澳地区是内地主要的出口市场和最大的转口市场。应充分利用香港国际贸易和国际金融中心的地位，继续发挥其作为内地出口商品中转站的作用，推动内地与香港的经济合作向更高层次发展。同时，要加强对港澳地区出口的管理和协调工作，维护对港澳地区出口的良好秩序，保证对港澳地区出口的稳定增长。

(2) 重点开拓亚洲、非洲、拉丁美洲发展中国家和地区市场。

加强同发展中国家和地区的经济贸易关系，使我国产品更多地进入这一市场。我国出口商品结构很适合发展中国家的消费水平，特别是我国的普通机电产品，操作技术要求不高，价格合理，与发展中国家的产业结构、生产力水平相配套，具有广阔的市场。但与此同时，我国开拓这一市场也存在一些障碍和问题，如许多国家经济发展水平低，贸易规模不大，外汇短缺，有些市场交通运输不便、气候不利等，这些都会制约我国对这些市场出口的扩大。因此，我国应做好市场调研，针对市场需要，组织适销对路产品出口。同时我国应根据不同情况，采取灵活的贸易做法，将出口、援外、对外投资、承包工程和劳务合作等多种经济交往形式结合起来，对发展中国家和地区市场进行综合性开拓，以扩大对其出口。

(3) 积极扩大独联体、东欧国家市场。

开拓独联体、东欧国家市场是我国实施市场多元化战略的重要组成部分。我国开拓这一市场的有利条件是，一方面独联体不少国家与我国相邻，发展双边经贸往来有着地理、交通上的便利；另一方面，我国与独联体国家在经济结构、产业结构上有一定的差异，从而使双方在经济贸易上有着广泛的互补性。应采取有力措施积极开拓独联体、东欧国家市场。为鼓励我国有实力、信誉好的公司、企业开拓独联体、东欧市场，国家在政策上，如贷款、配额等方面应予以扶持，使其与独联体、东欧信誉好的大企业建立长期合作关系，开展有一定规模、有较深层次的经贸活动，以促进对独联体、东欧国家出口贸易的发展。

(三)市场多元化战略的意义

首先，可以减少由市场集中可能带来的风险。其次，保证我国出口贸易持续、健康、快速发展。再次，多元化市场与我国多层次的产业结构和出口商品结构相适应，有利于促进产业结构调整。最后，发展多元化市场，有利于加强与第三世界国家的团结和合作，维护和发展世界和平事业，为我国经济建设创造良好的外部环境。

总之，实现市场多元化，既要求中央与地方相结合、政府与企业相结合，又要求贸易与投资、援外及其他经济合作形式相结合，同时还要求国家从宏观政策措施上予以整体推动。

案例 6-2

商务部：已选取约 30 个新兴市场国家作为外贸多元化战略重点突破市场

商务部副部长钟山 21 日表示，我国今年将加大对新兴市场，尤其是发展中国家市场的开拓力度，目前已选取约 30 个国家，作为今年及未来若干年外贸多元化战略重点突破市场，力争到 2015 年，我国与欧、美、日及香港等传统市场以外市场贸易占比提高 5 个百分点。

随着欧债危机愈演愈烈，过度依赖欧美市场的中国正寻觅应对措施。在此间召开的全国进出口工作会议上，钟山分析当前中国外贸形势时称，中国外贸对发达国家依赖程度高，与发展中国家外贸规模较小。当前，主要经济体受债务危机困扰，经济持续低迷，需求相对疲软，大力开拓发展中国家市场，有利于培育新的出口增长点，适应当前世界经贸调整格局。

“优化国际市场布局，重点是选择资源储量丰富、人口规模较大、双边贸易基数小、战略地位重要的发展中国家，作为重点优化市场。”钟山表示，已选取的新兴市场广泛分布于亚洲、欧洲、非洲和美洲，印度、南非、部分阿拉伯国家及其他一些资源丰富、战略地位重要的国家都包含在内。

钟山认为，积极开拓发展中国家市场，不仅能在短期内规避欧美债务危机带来的出口

问题，从长远看，也是中国从贸易大国向贸易强国转型的突破口。

为实现这一目标，他表示，首先要加大政策、资金支持力度。加强进出口银行、信保等政策性金融机构对开拓重点市场的支持，适当降低保费；调整中小企业市场开拓资金支持方向，对中小企业开拓国际市场补助标准提高20%。

此外，加强国际营销网络建设。鼓励企业采取自建或与外方合作等形式，在重点发展中国家建立一批境外展示中心、批发市场和零售网点；积极扩大进口，通过进口贴息、减免关税、组织企业采购团等手段，积极扩大我国从重点发展中国家市场进口的份额。

(资料来源：程迪，雷敏. 新华网，2012年2月21日)

第二节 进口贸易

一、发展进口贸易的重要意义

(一)通过进口推动国民经济持续、快速协调发展

进口贸易对国民经济有重要的推动作用。通过进口国民经济发展中急需的技术、设备和原材料，有助于实现社会扩大再生产，并实现对国民经济的技术改造，促进国民经济产业调整和优化，提高劳动生产率，增强生产能力，保证国民经济持续、快速协调发展。我国在经济建设的不同时期，根据国民经济发展规划和经济发展要求，在不同时期进口了大批先进的技术设备和有关建设物资，满足了经济建设需要，保证了生产和建设的顺利发展，取得了大大高于世界平均水平的高增长率，创造了中国经济持续快速发展的奇迹。

(二)通过进口提高出口商品的国际竞争力，促进进出口贸易协调稳定发展

提高出口产品的国际竞争力，要靠降低生产成本，提高产品质量，这都需要以开发技术作为先导。通过进口引进先进技术，有利于提高我国出口商品的国际竞争力。同时进口的扩大还可以为出口商品开辟市场，促进出口扩大。另外只有进口与出口保持基本平衡，在出口贸易发展的同时相应加快进口贸易发展，才能保证对外贸易发展进入良性循环轨道，实现对外贸易的协调稳定发展。

(三)通过进口增加国内消费品生产，更好地满足人民需要

满足人民群众日益增长的物质和文化生活需要，是外贸行业的重要任务之一。通过进口，引进先进技术设备，有利于发展消费品工业的生产，有利于提高工业消费品的质量、性能，增加花色品种，改善国内市场供应，更好地满足人民群众的需要。

(四)通过进口，有利于增进我国同各国经贸关系的发展

我国国土辽阔，人口众多，国内市场庞大，对世界各国和地区都有着很大的吸引力。特别是那些拥有我国急需的高科技的先进技术与设备和能源、材料丰富的国家，其经济发展更是依赖中国市场，希望扩大对中国的出口。我国“十一五”规划中提出要积极扩大进口和积极发展国际经济合作，实现互利双赢战略，这对于我国全方位地发展同世界各国之间的贸易和经济技术合作，促进扩大国际经济交流的深度和广度，全面参与国际分工将起到重要的推动作用。

二、我国进口贸易发展概况

(一)改革开放前我国进口贸易的发展

改革开放前，我国的进口贸易随着国家经济建设发展和出口的扩大，得到了相应的发展。但由于“左”的错误和“文化大革命”的干扰，进口贸易发展出现波折和起伏。1959年，我国突破以美国为首的主要资本主义国家的封锁、禁运，进口从1950年的5.8亿美元增加到21.2亿美元，增长了3.65倍，其中生产资料占91.5%。这对于恢复和发展国民经济，改善人民生活发挥了重要作用。1966年进口贸易总值达22.48亿美元。

由于“文化大革命”的干扰，1969年进口贸易总值降到18.25亿美元。进口商品结构也不得不扩大消费资料进口的比重，以弥补因“文化大革命”造成的物质匮乏。消费资料进口的比重由20世纪50年代末的8.5%上升到28.4%，这对于缓解国内市场物质匮乏，改善人民生活起到了巨大作用。

20世纪70年代在我国政治、经济处于重大转折的时期，进口贸易起伏不稳。20世纪70年代前期由于周总理狠抓外贸，1974年进口总值达76.19亿美元，比1970年的23.2亿美元增长了2倍多。后来由于“四人帮”的破坏，在1974年以后进口贸易连续两年下降，1976年下降到68.8亿美元，比1974年下降了14%。经过1977年和1978年的拨乱反正，进口贸易有了发展，1978年进口总值达到108.93亿美元，比上年增长了51%。

(二)改革开放后我国进口贸易的发展

改革开放后，进口贸易得到了持续稳定的发展。1979年进口总值达到156.8亿美元，比1978年增长43.9%；1980年进口总值为195.5亿美元，比1979年增长24.7%；1985年突破400亿美元，达到422.5亿美元；1993年突破1000亿美元，达到1039.6亿美元；2000年突破2000亿美元，达到243.1亿美元；2004年突破5000亿美元，达到5613.8亿美元；2007年突破9000亿美元，达到9558亿美元；2012年突破18 000亿美元，达到18 178.3亿美元。

这一时期，不仅进口总值连年增长，进口结构也在不断优化。1979 年初级产品进口额为 44.22 亿美元，占当年进口的 28.2%；2011 年初级产品进口额为 6043.8 亿美元，占当年进口的 33.2%，与 1979 年相比，有所增长。在初级产品中，矿物燃料、非食用原料等进口比重逐年上升，表明我国在这方面资源短缺和经济迅速增长、工业化进程推进对燃料和原材料的需求量增大。在食品和活动物方面的进口呈现下降趋势，表明改革开放以来，我国的农业、养殖业等行业发展迅速。进口的工业制成品 1979 年为 112.53 亿美元，占当年进口的 71%；1990 年为 434.92 亿美元，占当年进口的 81.53%；2007 年为 7128.4 亿美元，占当年进口的 74.6%；2011 年为 12 134.5 亿美元，占当年进口的 66.8%。工业制成品进口比重多年来一直维持在比较高的水平上，尤其是化工类产品和机械运输设备的进口存在逐年攀升趋势。这表明我国改革开放以来的进口贸易发展在推动工农业生产发展、加快现代化经济建设方面发挥着越来越大的作用。

三、进口商品战略

进口商品战略是指根据国内生产、消费的需要，对一定时期进口商品的构成所作的战略性规划。进口商品战略是以生产需求和消费需求为依据的，具体又表现为一定时期内国家的经济和社会发展目标与产业结构调整目标。

(一)改革开放以前我国进口商品战略(1949—1978 年)

解放前，进口水平很低，进口的商品绝大部分是一般生活消费品和奢侈品。解放后，随着我国社会主义建设事业的发展，进口贸易也得到相应的发展。

20 世纪 50 年代，是我国恢复国民经济和第一个五年计划建设时期。这一时期我国实行的进口商品战略是：大力组织国家经济建设所必需的机器设备、工业器材和原料以及其他重要物资的进口。这一战略的实施，不仅打破了以美国为首的世界主要资本主义国家的封锁禁运，而且对恢复和发展国民经济、增强我国的生产能力，改善人民生活，稳定市场价格起了重要的作用。

20 世纪 60 年代，是国民经济面临严重困难和调整的时期。三年自然灾害及中苏两党的矛盾和摩擦，加之当时经济建设指导思想“左”的错误，使国民经济的发展遇到了前所未有的困难。根据当时的特殊情况，进口商品战略调整了进口结构，在急需物资进口中，把粮食列为首位，依次安排化肥、农药、油脂、工业原料、设备等进口。进口贸易出现了上升继而下降的波动。

20 世纪 70 年代，是我国政治、经济发展史上极为复杂的时期，也是我国历史上重要的转折时期。在这个时期，中国再次从西方国家进口化肥、化纤、石油、化工、轧钢、采煤、火电、机械制造等方面的技术和成套设备共 222 个进口项目，但由于“四人帮”干扰，未能全面实现。进口贸易经历了上升、下降及再上升的变化。

(二)改革开放后我国的进口商品战略(1979 年至今)

20 世纪 80 年代以后，我国进入全面开创社会主义建设的时期。在这个时期，党中央作出了实行对外开放、对内搞活经济的战略决策，明确了对外贸易在国民经济发展中的重要地位。

我国各个五年计划都对进口结构进行了规划。

1. “六五”计划时期(1981—1985 年)

“六五”计划时期，我国实行的进口商品战略是：引进先进技术和关键设备；确保生产和建设所需的短缺物质的进口；组织好国内市场所需物资和以进养出物资的进口；对本国能够制造和供应的设备，特别是日用消费品，不能盲目进口，以保护和促进民族工业的发展。

2. “七五”计划时期(1986—1990 年)

我国在此时期的进口重点是引进软件、先进技术和关键设备，以及必要的、国内急需的短缺生产资料。

3. “八五”计划时期(1991—1995 年)

我国实行的进口商品战略是：按照有利于技术进步、增加出口创汇能力以及节约使用外汇的原则合理安排进口，把有限的外汇集中用于先进技术和关键设备的进口，用于国家重点生产建设所需物资以及农用物资的进口，以促进民族工业的发展；国内能够生产供应的原材料和机电设备争取少进口或不进口；严格控制奢侈品、高档消费品和烟、酒、水果等商品的进口。

4. “九五”计划时期(1996—2000 年)

“九五”计划以来中国进口商品结构升级显著：大量进口了短缺的资源型商品；以信息、通信类产品为主的高新技术产品进口大增；技术引进项目和金额成倍增长；国内技术和生产能力逐步完善的进口商品大幅度减少。我国实行的进口商品战略是：积极引进先进技术，适当提高技术、设备和原材料产品的进口比例，努力发展技术贸易和服务贸易。

5. “十五”规划时期(2001—2005 年)

根据“十五”规划期间我国社会经济发展目标和我国产业结构和进口结构的现状，我国进口商品战略结构的重点应是引进先进技术和关键设备；保证重要资源和加工贸易物资的进口；按照我国对国际社会承诺的市场开放进程和国内市场的需求，扩大消费品进口。

6. “十一五”规划时期(2006—2010 年)

实行进出口基本平衡的政策，发挥进口在促进我国经济发展中的作用。完善进口税收政策，扩大先进技术、关键设备及零部件和国内短缺的能源、原材料进口，促进资源进口多元化。积极发展对外贸易，优化进口商品结构，着力提高对外贸易的质量和效益。鼓励进口先进技术设备和国内短缺资源，完善大宗商品进出口协调机制。

由于进口贸易持续、稳定的发展，使国民经济对进口的依存度也不断增长。总之，建国以来，特别是改革开放政策实行以来，我国进口贸易对推动工农业生产的发展，加快现代化建设的步伐，起到了重要的推动作用。

7.“十二五”规划时期(2011—2015 年)

“十二五”规划期间将通过优化进出口结构、提高贸易便利化水平、加强进口国内流通对接等手段加强扩大进口工作。

我国以前的进口以中间产品、资源性产品和矿产品居多，而现在要加大资本品、关键零部件和消费产品的进口。在进口国别和企业上，要向贸易顺差较多的国家及拥有话语权的企业增加产品进口。通过商务部、海关等部门的合作，进口产品的通关效率及贸易便利化的水平要进一步提高；同时优化管理措施，进一步清除进口环节的不合理限制，降低进口成本。

在进口国内流通的对接上，要鼓励大型企业与国外消费品供应商建立长期合作机制，减少中间环节；还要鼓励有实力的企业把内贸物流等缓解进行整合，使得国外产品顺利进入国内流通领域，鼓励发展直购式的消费平台，打破垄断。

应该通过“走出去”带动进口，利用国外成本优势来提高进口产品的竞争力。同时，进一步完善的进口促进体系将提高政策透明度，利用各种金融税收手段扩大进口，向企业提供更多信息及融资便利。

案例 6-3

外贸顺差愈多愈好吗

要搞清这个问题，必然涉及国际收支平衡问题。国际收支不平衡最简单的判断标准就是外贸顺差额度和外汇储备的余额。西方国家通常有一个说法，外汇储备能够应付三个月或半年的进口量就是合理的。虽然目前很难判断中国这样一个特殊的发展中国家究竟要有多大的外汇储备规模才是合理的，但是不断增长的外贸顺差和外汇储备已经给我国经济发展带来了很多负面影响。在年前的中央经济工作会议上，促进国际收支平衡被列为 2007 年的四大重要任务之一，反映出近年来因国际收支失衡而使宏观经济调控日趋艰难的局面已到了非解决不可的地步。

改革开放初期，由于缺乏建设资金，出口创汇和引进外资曾是我国经济工作的重要内容。然而，随着20世纪90年代外资的大量进入以及加工贸易的兴起，过去十几年来几乎年年都保持了经常项目和资本项目的双顺差。

根据《中国统计年鉴》，1991—2005年我国进出口均保持了年均17%的增长速度。除1993年外，15年来商品贸易一直保持顺差且顺差额持续加大，15年中商品贸易顺差累计达3827.9亿美元。过大的贸易顺差，引发了诸多贸易摩擦。不仅欧美等发达国家对我国出口产品频频发难，一些发展中国家对中国产品的反倾销事件也越来越多。

值得注意的是，在巨额贸易顺差存在的同时，中国能从中取得的利益却少之又少。一个在美国售价为20美元号称“中国制造”的芭比娃娃，中国只能获得其中的35美分！中国生产的童鞋供应沃尔玛，在美国的售价最低是14.99美元，最高是29.99美元，而中国的出厂价只有5美元，扣除各种成本，一双鞋只能挣20美分！

与巨额贸易顺差相伴的还有巨额的外资流入。1991年我国实际利用外资只有115.5亿美元，2005年该数字已达638.05亿美元，15年实际利用外资年均增长12%，15年累计7395.5亿美元。在带来一些先进的管理经验与生产技术的同时，外资的进入也使我国付出了高额的环境成本。

出于保持汇率稳定的需要，在巨额的双顺差压力下，央行不得不被动干预外汇市场，就是发行人民币换回企业的外汇，如此积累了巨额的外汇储备。为了抑制投资过热和保持价格稳定，又不得不通过发行央行票据的方式收回部分流动性。迄今为止，央行未到期票据已超过30 000亿元。而由于美元的贬值，外汇储备在不断缩水，同时央行还要负担巨额的票据利息，央行的负债成本在不断上升。

更令人感到忧虑的是，由于巨额双顺差的存在，人民币升值压力不仅未得到有效缓解，相反由于境外资本对人民币升值的预期带来了更多的顺差，以致央行的货币政策陷入了极为尴尬的境地。面对近年来的高投资增长率，央行虽几次提息和提高准备金率，但超额的流动性却使上述政策的效果大打折扣，并且升息还导致了更多热钱的流入。巨额的外汇储备中美国国债比例的不断攀升也不可避免地使我国在双边谈判中丧失了部分主动权。

国际收支不平衡实际上是我国内部发展不均衡的外在表现。集中反映在内需不足，国内产能相对过剩，更多地依靠出口来消化。维护国际收支平衡是趋利避害的需要，是一个长期、动态的过程，需要加快政府职能转变，推进体制创新，加强政策协调，充分发挥市场机制的作用。

(资料来源：中国社会科学院世界经济与政治研究所研究员.
http://theory.people.com.cn/GB/49154/49155/5583369.html，2007年4月19日)

第三节 服务贸易

一、国际服务贸易概述

(一)服务贸易的概念

服务，一般来说，是指以提供活劳动的形式满足他人一定需要并索取报酬的特殊的劳动产品。服务本身具有价值与使用价值，因此，其本身具有商品的属性。服务往往不像货物那样具有物质形体，其生产与消费以及交换常常同时发生，并且某些服务的消费具有不可排他性。因此，它是一种特殊的商品。

服务贸易是乌拉圭回合的三大新议题之一。新议题所涉及的服务贸易概念专指国际服务贸易，即国家间的服务输入或服务输出这样一种贸易形式，而不包括国内服务贸易。乌拉圭回合达成的《服务贸易总协议》第一条对国际服务贸易的定义从以下四个方面进行了规定。

1. 跨界提供

由一个成员境内向另一个成员境内提供的服务。在这种形式下，服务提供者和被提供者分别在本国境内，并不移动过境。所以，这种服务提供方式，往往要借助于远程通信手段，或者就是远程通信服务本身。例如，国际电话通信服务。

2. 过境消费

在一个成员境内向任何其他成员的消费者提供的服务。在这种服务提供形式下，服务的被提供者，也就是消费者跨过国境进入提供者所在的国家或地区接受服务。出国旅游、出国留学实际上接受的就是这种服务提供方式。

3. 商业存在

通过一个成员的商业实体在任何其他成员境内的存在而提供的服务。这种商业实体或商业存在，实际上就是外商投资企业。其企业形式可以采取独立的法人形式，也可以仅仅是一个分支机构或代表处。在这里，服务的提供是以直接投资为基础的，其提供涉及资本和专业人士的跨国流动。例如，外资银行提供的服务就属于这种形式。

4. 自然人的流动

由一个成员在任何其他成员境内的个人提供的服务。这种形式涉及提供者作为自然人的跨国流动。与商业存在不同的是，它不涉及投资行为。例如，我们请一个国外著名会计师事务所的注册会计师前来作财务咨询以及进行讲学，那么这可以被看作“自然人的流动”。

但如果该所来中国开设了一家分支机构，那么这就是“商业存在”了。

“服务贸易”作为一个在经济领域被广泛引用的概念，并没有一个完全公认的定义与范围。世界贸易组织《服务贸易总协定》对服务贸易的定义主要是针对服务的不同提供方式而给出的外延式定义。

国际服务贸易是服务提供者从一国境内，通过商业区现场或自然人现场向消费者提供服务并获得外汇收入的交易过程。也可以说是国家间服务输入(进口)和服务输出(出口)的一种贸易形式。

(二)国际服务贸易的范围

乌拉圭回合服务贸易谈判小组在乌拉圭回合中期评审会议后，加快了服务贸易谈判进程，并在对以商品为中心的服务贸易分类的基础上，结合服务贸易统计和服务贸易部门开放的要求，在征求各谈判方的提案和意见的基础上，提出了以部门为中心的服务贸易分类方法，将服务贸易分为十二大类。分别介绍如下。

1. 商业性服务

商业性服务是指在商业活动中涉及的服务交换活动，服务贸易谈判小组列出的六类这种服务，其中既包括个人消费的服务，也包括企业和政府消费的服务。

(1) 专业性(包括咨询)服务。专业性服务涉及的范围包括法律服务、工程设计服务、旅游机构提供的服务、城市规划与环保服务、公共关系服务等；专业性服务中包括涉及上述服务项目的有关咨询服务活动；安装及装配工程服务(不包括建筑工程服务)，如设备的安装、装配服务；设备的维修服务，指除固定建筑物以外的一切设备的维修服务，如成套设备的定期维修、机车的检修、汽车等运输设备的维修等。

(2) 计算机及相关服务。这类服务包括计算机硬件安装的咨询服务、软件开发与执行服务、数据处理服务、数据库服务及其他。

(3) 研究与开发服务。这类服务包括自然科学、社会科学及人类学中的研究与开发服务等。

(4) 不动产服务。指不动产范围内的服务交换，但是不包含土地的租赁服务。

(5) 设备租赁服务。主要包括交通运输设备，如汽车、卡车、飞机、船舶等和非交通运输设备，如计算机、娱乐设备等的租赁服务。但是，不包括其中有可能涉及的操作人员的雇用或所需人员的培训服务。

(6) 其他服务。指生物工艺学服务；翻译服务；展览管理服务；广告服务；市场研究及公众观点调查服务；管理咨询服务；与人类相关的咨询服务；技术检测及分析服务；与农、林、牧、采掘业、制造业相关的服务；与能源分销相关的服务；人员的安置与提供服务；调查与保安服务；与科技相关的服务；建筑物清洁服务；摄影服务；包装服务；印刷、出版服务；会议服务；其他服务等。

2. 通信服务

通信服务主要是指所有有关信息产品、操作、储存设备和软件功能等的服务。通信服务由公共通信部门、信息服务部门、关系密切的企业集团和私人企业间进行信息转接和服务提供。主要包括：邮电服务；信使服务；电信服务，其中包含电话、电报、数据传输、电传、传真。视听服务，包括收音机及电视广播服务、其他电信服务。

3. 建筑服务

建筑服务主要指工程建筑从设计、选址到施工的整个服务过程。具体包括：选址服务，涉及建筑物的选址；国内工程建筑项目，如桥梁、港口、公路等的地址选择等；建筑物的安装及装配工程；工程项目施工建筑；固定建筑物的维修服务；其他服务。

4. 销售服务

销售服务指产品销售过程中的服务交换。主要包括：商业销售，主要指批发业务；零售服务；与销售有关的代理费用及佣金等；特许经营服务；其他销售服务。

5. 教育服务

教育服务指各国间在高等教育、中等教育、初等教育、学前教育、继续教育、特殊教育和其他教育中的服务交往，如互派留学生、访问学者等。

6. 环境服务

环境服务指污水处理服务；废物处理服务；卫生及相似服务等。

7. 金融服务

金融服务主要指银行和保险业及相关的金融服务活动。包括：①银行及相关的服务；银行存款服务；与金融市场运行管理有关的服务；贷款服务；其他贷款服务；与债券市场有关的服务，主要涉及经纪业、股票发行和注册管理、有价证券管理等；附属于金融中介的其他服务，包括贷款经纪、金融咨询、外汇兑换服务等。②保险服务；货物运输保险，其中含海运、航空运输及陆路运输中的货物运输保险等；非货物运输保险，具体包括人寿保险、养老金或年金保险、伤残及医疗费用保险、财产保险服务、债务保险服务；附属于保险的服务，如保险经纪业、保险类别咨询、保险统计和数据服务；再保险服务。

8. 健康及社会服务

健康及社会服务主要指医疗服务、其他与人类健康相关的服务；社会服务等。

9. 旅游及相关服务

旅游及相关服务指旅馆、饭店提供的住宿、餐饮服务、膳食服务及相关的服务；旅行社及导游服务。

10. 文化、娱乐及体育服务

文化、娱乐及体育服务主要包括广播、电影、电视在内的一切文化、娱乐、新闻、图书馆、体育服务，如文化交流、文艺演出等。

11. 交通运输服务

交通运输服务主要包括：货物运输服务，如航空运输、海洋运输、铁路运输、管道运输、内河和沿海运输、公路运输服务，也包括航天发射以及运输服务，如卫星发射等；客运服务；船舶服务(包括船员雇用)；附属于交通运输的服务，主要指报关行、货物装卸、仓储、港口服务、起航前查验服务等。

12. 其他服务

(三)国际服务贸易的特点

20 世纪 60 年代以来，世界经济重心开始转向服务业。在 1999 年世界国内生产总值(GDP)中，服务业的产值占 61%，制造业占 34%，而农业仅占 5%左右。服务业在各国就业和国内生产总值(GDP)中的比重也在不断加大，发达国家服务业占 GDP 的比重由 1970 年的 58.2%提高到 1999 年的 65.3%，服务业就业人数占国内就业总数的比重在 55%～75%之间，同期发展中国家服务业占 GDP 的比重也从 42.5%上升到 48.1%，服务业就业人数占国内就业总数的 30%～55%，服务业已经成为世界各国国民收入和就业增长的重要来源。

服务业的发展相应地推动了国际服务贸易的增长。服务贸易总额在 1970 年为 700 多亿美元，1980 年为 3800 亿美元，1990 年是 8660 亿美元。如果将其中的政府服务剔除，仅考虑商业服务，根据有关的世界经济组织的统计，1986 年国际商业服务出口额为 4496 亿美元，1990 年为 7827 亿美元，1994 年为 10 550 亿美元，1998 年是 13 320 亿美元，2000 年是 14 150 亿美元，2002 年是 15 400 亿美元，其年平均增长速度达到 7%左右，超过了同期的货物贸易 6%左右的增长速度。而 2011 年达到了 41 500 亿美元，同比增长 11%。

国际服务贸易在其快速发展中呈现出以下几个新的特征。

1. 服务贸易在国际贸易中的比重加大

20 世纪 70 年代以前，国际服务贸易在世界经贸关系中还不是一个引人注目的领域，关税及贸易总协定组织的多轮谈判都还没有考虑到要涉及这一议题。只是在这以后，国际服务贸易的发展潜力和重要性才开始为人们所重视。进入 20 世纪 70 年代以来，国际服务贸易有了突飞猛进的发展。据世界贸易组织的统计，1990—2000 年间国际服务贸易额年均增长率为 7%，高于同期世界货物贸易 6%的增长率；而从 2000—2007 年间国际服务贸易额年均增长率为 12%，2000—2007 年，世界服务贸易出口年均增速与货物贸易出口年均增速基本持平，均为 12%(见表 6-1)。

表 6-1 国际货物贸易与服务贸易增长率 单位：%

年 份	1990—2000	2000—2004	2005	2006	2007
国际货物贸易	6	12	14	16	15
国际服务贸易	7	12	12	12	18

资料来源：2007 年世界贸易报告。

随着知识经济时代的来临，新的服务部门不断涌现，越来越多的劳动者从实物生产转移到服务生产。与此相适应，国际服务贸易也将进入一个高速发展的时期。2011 年，世界服务进出口继续保持稳定增长态势，在同期货物贸易增速下滑的背景下，服务进出口增速仍略有提高。2011 年世界服务进出口总额为 80 150 亿美元，比 2010 年增长 10.6%。

2. 以新兴行业为代表的其他商业服务出口增长最快

自 2000 年以来，以新兴服务行业为代表的其他商业服务出口一直保持快速增长态势，其历年增速均高于同期运输和旅游服务出口增速。2000—2007 年，其他商业服务出口年均增长 14%，而同期运输和旅游服务出口年均增速分别为 11%和 9%。2007 年，其他商业服务出口 16 530 亿美元，比 2006 年增长 19%，增速比上年提高 4 个百分点，比同期运输和旅游服务出口增速分别高 1 个百分点和 5 个百分点。同期，运输和旅游服务分别出口 7420 亿美元和 8620 亿美元，分别比上年增长 18%和 14%。其中，运输服务出口增长相对较快，很大部分源于燃料价格的快速上涨。 其他商业服务占世界服务贸易出口总额的比重保持一贯的上升趋势。2007 年，其他商业服务占世界服务贸易出口总额的比重为 50.7%，超过运输和旅游服务出口总和。

3. 国际服务贸易的重要性日益加强

服务逐渐成为多数产品增值的主要来源，世界市场的竞争也相应地由价格竞争转向非价格竞争。诸如金融、技术、运输、通信、信息等生产性服务上升为服务贸易的主体，它们的发展状况成为衡量一个国家的经济发展和国际竞争力的重要标志。由于通信和信息技术与服务贸易的日趋融合，服务贸易正成为当代国际信息流动的主渠道。一方面，关系到国家经济命脉和主权安全的关键领域被日益加深的经济全球化的浪潮引入了国际市场，服务贸易发展与国家战略利益紧密相连，致使各国都给予本国的服务贸易以高度的关注；另一方面，信息、技术和金融资源获得了更有效地发挥它们功效的传播途径，服务贸易对物质生产和国民经济增长起着越来越重大的调节作用，服务贸易已经成为一国竞争优势的重要组成部分。

4. 国际服务贸易日益显示出发达国家占主导

从地理分布上讲，西欧和北美的国际服务贸易较为活跃，据初步数据显示，2007 年，服务贸易出口世界排名前四位的国家依次为美国、英国、德国和日本，其出口额分别为 4540

亿美元、2630 亿美元、1970 亿美元和 1360 亿美元，占世界服务贸易出口总额的比重依次为 13.9%、8.1%、6.1%和 4.2%。2007 年服务贸易进口世界排名前四位的国家依次为美国、德国、英国和日本，其进口额分别为 3360 亿美元、2450 亿美元、1930 亿美元和 1570 亿美元，占世界服务贸易进口总额的比重依次为 11%、8%、6.3%和 5.1%。2011 年，美国、德国、英国、中国稳居世界服务进出口前四位。美国排名居首，服务进出口总额达 9690 亿美元，继续以较大优势领先；德国、英国和中国服务进出口总额分别为 5370 亿美元、4450 亿美元和 4191 亿美元。日本服务进出口总额为 3080 亿美元，排名第五。

5. 国际服务贸易的发展以高新技术为核心

高新技术的发展和应用，促进了世界经济发展中以服务生产为核心的新的国际分工格局，同时扩大了服务的领域，改变了传统的服务提供方式，在一定程度上增加了服务的可贸易性。

科学技术的发展和应用，改变了国际服务贸易的方式、内容和构成。现代的电信和传递技术，使时间和空间这样的距离概念在经济生活中逐渐失去了它们本来带有的制约性的色彩，导致服务的不可储存性和运输的传统特性都发生了改变。从而，许多生产和消费原来需要同步进行的服务，现在可以实现生产与消费的分离。银行、保险、医疗、咨询和教育等原来需要供需双方直接接触的服务，现在可以采用远距离信息传递的方式。

通信革命大大提高了服务的可贸易性，加速了生产专业化发展的进程。从而，服务贸易的主要内容从运输、工程建筑等传统领域转向知识、技术和数据处理等不断涌现的新兴领域。

现代科技的发展使得物质生产和服务生产中的知识、信息投入比重不断提高，从而推动了服务贸易结构的变化。以劳动密集为特征的传统服务贸易地位逐渐下降，而以资本密集、技术密集和知识密集为特征的新兴服务贸易逐渐发展壮大。

二、我国服务贸易进出口的发展概况

我国服务贸易起步于 20 世纪 80 年代，最早是 1979 年海外工程承包。1982 年，我国服务贸易进出口总额为 44 亿美元，在世界服务贸易中的比重为 0.6%，贸易差额为顺差 6 亿美元；到 1992 年我国服务贸易进出口总额为 183 亿美元，在世界服务贸易中的比重为 1.0%，首次出现贸易逆差，贸易逆差额为 1 亿美元，此后我国服务贸易差额一直处于逆差，并且逆差不断扩大。

“十一五”规划时期以来，我国服务贸易进出口总额从 2005 年的 1571 亿美元增长到 2011 年的 4191 亿美元，年均增长 18.3%，高于货物贸易年均增长 2.3 个百分点，高于世界服务贸易年均增长近 10 个百分点，全球占比从 3.2%增长到 5.2%。

同时，我国服务贸易的世界排名基本保持每年上升一位的发展速度，2011 年我国服务

进出口总量世界排名第四位，服务出口和服务进口分别位居世界第四和第三位。

而且计算机和信息服务、金融服务、咨询等高附加值新兴服务贸易快速起步，竞争优势不断提升，这一部分的进出口总额从2005年的152.7亿美元上升到2011年的646亿美元，年均增长27.2%，占服务进出口总额的比重从9.7%上升到15.4%；运输、旅游、建筑等传统服务贸易稳步发展，规模优势继续巩固，这一部分的进出口总额从2005年的991.4亿美元上升到2011年的2555.2亿美元，年均增长17.1%(见表6-2)。

表6-2　我国服务贸易总体概况

年份	中国进出口额			中国出口额			中国进口额		
	金额/亿美元	同比增长/%	占世界比重/%	金额/亿美元	同比增长/%	占世界比重/%	金额/亿美元	同比增长/%	占世界比重/%
1982	44		0.6	25		0.7	19		0.5
1983	43	−2.3	0.6	25	0.0	0.7	18	−5.3	0.5
1984	54	25.6	0.7	28	12.0	0.8	26	44.4	0.7
1985	52	−3.7	0.7	29	3.6	0.8	23	−11.5	0.6
1986	56	7.7	0.6	36	24.1	0.8	20	−13.0	0.4
1987	65	16.1	0.6	42	16.7	0.8	23	15.0	0.4
1988	80	23.1	0.7	47	11.9	0.8	33	43.5	0.5
1989	81	1.3	0.6	45	-4.3	0.7	36	9.1	0.5
1990	98	21.0	0.6	57	26.7	0.7	41	13.9	0.5
1991	108	10.2	0.6	69	21.1	0.8	39	−4.9	0.5
1992	183	69.4	1.0	91	31.9	1.0	92	135.9	1.0
1993	226	23.5	1.2	110	20.9	1.2	116	26.1	1.2
1994	322	42.5	1.5	164	49.1	1.6	158	36.2	1.5
1995	430	33.5	1.8	184	12.2	1.6	246	55.7	2.1
1996	430	0.0	1.7	206	12.0	1.6	224	-8.9	1.8
1997	522	21.4	2.0	245	19.0	1.9	277	23.8	2.2
1998	504	−3.4	1.9	239	-2.5	1.8	265	−4.5	2.0
1999	572	13.5	2.1	262	9.6	1.9	310	17.0	2.3
2000	660	15.4	2.2	301	15.2	2.0	359	15.8	2.5
2001	719	9.0	2.4	329	9.1	2.2	390	8.8	2.6
2002	855	18.9	2.7	394	19.7	2.5	461	18.1	3.0
2003	1013	18.5	2.8	464	17.8	2.5	549	19.0	3.1
2004	1337	32.0	3.1	621	33.8	2.8	716	30.5	3.4
2005	1571	17.5	3.2	739	19.1	3.0	832	16.2	3.5
2006	1917	22.0	3.5	914	23.7	3.2	1003	20.6	3.8
2007	2509	30.9	3.8	1217	33.1	3.6	1293	28.8	4.1
2008	3045	21.4	4.1	1464	20.4	3.8	1580	22.2	4.4
2009	2867	−5.8	4.3	1286	-12.2	3.8	1581	0.1	4.9
2010	3624	26.4	5.0	1702	32.4	4.6	1922	21.5	5.5
2011	4191	15.6	5.2	1981	16.4	4.8	2370	23.3	6.1

注：①遵循WTO有关服务贸易的定义，中国服务进出口数据不含政府服务。

②数据来源：WTO国际贸易统计数据库(International Trade Statistics Database)；中国商务部。

(一)我国服务贸易进口概况

1. 起步阶段(1982—1991 年)

从 1982—1991 年，我国服务贸易进口总额为 278 亿美元，在世界服务贸易进出口中的比重占 0.5%。在 1982 年我国服务贸易进口额为 19 亿美元，到 1990 年增加到 41 亿美元。

2. 发展阶段(1992—1999 年)

从 1992—2000 年，我国服务贸易进口总额为 1687.59 亿美元，在世界服务贸易进口中的比重占 1.95%。在 1992 年我国进口贸易额为 92 亿美元，在世界进口中的比重为 1%，到 1997 年增加到 277.25 亿美元，在世界进口中的比重增加到 2.1%；到 1999 年增加到 309.66 亿美元，在世界进口中的比重为 2.2%。

3. 快速发展阶段(2000 年至今)

2000 年我国服务贸易进口总额为 358.58 亿美元，占世界服务贸易的比重仅为 2.4%，到 2011 年进口额达到 2370 亿美元，占世界服务贸易的比重上升到 5.2%，服务贸易进口居世界第三位。

(二)我国服务贸易出口概况

我国服务贸易出口起步于 20 世纪 80 年代，最早的是 1979 年海外工程承包。我国的服务贸易出口从 1982 年的 25 亿美元，到 1992 年的 90.5 亿美元，再到 2007 年的 1216.5 亿美元，发展十分迅速。

按照我国的服务贸易出口在世界服务贸易出口中的位次，可以将我国的服务贸易出口分为以下几个发展阶段。

1. 起步阶段(1982—1991 年)

1982—1991 年，我国服务贸易出口总额为 400.8 亿美元，在世界服务贸易出口中的位次是 25 位左右。

2. 发展阶段(1992—2000 年)

1992—2000 年，我国服务贸易出口总额为 1489.3 亿美元，在世界服务贸易出口中的位次是 16 位左右。

3. 快速发展阶段(2001 年至今)

从“十五”开始我国服务贸易进入快速发展阶段。出口额于 2003 年为 467.3 亿美元，2005 年为 739.09 亿美元，2007 年增加到 1216.5 亿美元，2011 年服务贸易出口上升到 2370 亿美元，出口额世界排名位居第四位。

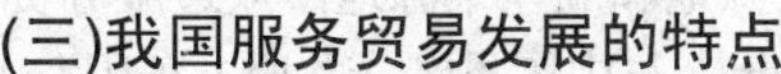

(三)我国服务贸易发展的特点

过去 20 多年中，国际服务贸易平均增长速度高于货物贸易，在这一国际背景下，中国服务贸易保持了快速发展，到 2011 年服务贸易突破 4000 亿美元大关。

1. 服务贸易规模迅速扩大

1982—2011 年，我国服务贸易占全球服务贸易的比重从 0.6%增长到 5.2%，服务贸易出口占全球服务贸易出口总额的比重由 0.7%增长到 4.4%，出口世界排名由 1982 年的第 28 位上升到 2011 的第 4 位(前三位依次为美国、英国、德国)，进口世界排名由第 40 位上升到第 3 位(前两位依次为美国、德国)。服务贸易规模居发展中国家之首。

2. 服务贸易增速远高于世界平均水平

20 世纪 80 年代以来，除个别年份外，我国服务贸易出口增速一直高于同期世界服务贸易平均出口增速和全球服务贸易主要出口国家(地区)平均水平。我国服务贸易进出口总额年均增长 18.3%，高于货物贸易年均增长 2.3 个百分点，高于世界服务贸易年均增长近 10 个百分点，全球占比从 3.2%增长到 5.2%。

3. 服务贸易逆差持续扩大

1982—1991 年中国服务贸易一直保持顺差。自 1992 年开始，中国服务贸易出现逆差，除 1994 年略有顺差外，其他年份均为逆差，而且逆差额持续扩大，2004 年达到 95.46 亿美元，2005 年开始回落，2005—2010 年逆差分别为 93 亿美元、89 亿美元、76 亿美元、116 亿美元、295 亿美元、220 亿美元。2011 年，中国服务出口和进口呈现出不同的发展态势，进口增长明显快于出口。其中，服务出口 1820.9 亿美元，由上年的增长 32.4%转为增长 7%；服务进口 2370 亿美元，增幅由上年的 21.5 %上升至 23.3 %。服务贸易逆差由 2010 年的 220 亿美元扩大至 549 亿美元，同比增长 1.5 倍。逆差主要集中于运输服务、旅游、保险服务及专有权利使用和特许费等服务类别；其他商业服务、建筑服务、咨询、计算机和信息服务则实现较大数额顺差。

4. 与货物贸易相比服务贸易发展水平偏低

我国服务贸易与货物贸易相比，发展水平较低。2011 年我国服务进出口与货物和服务进出口总额之比为 10.3%，低于同期 18%的世界平均水平；从我国服务贸易总额占世界服务贸易总额的比重来看，水平也较低，2011 年该比值仅为 5.2%。同期，我国货物进出口总额占世界货物进出口总额的比重则为 20%。

5. 服务贸易国际市场结构不平衡

我国服务进出口主要集中于中国香港、欧盟、美国、日本、东盟等国家(地区)。其中，中国香港一直是内地最大的服务出口目的地、进口来源地和顺差来源地，双边服务贸易占我国服务贸易进出口总额的比重达到四分之一。2011 年，与中国香港、欧盟、东盟、美国、日本等国家(地区)的服务贸易额占我国服务贸易总额的 64%。

不过，从总体上看，我国服务业的发展不仅总体水平较低，而且其行业结构也属于明显的低发展阶段结构，其基本特征是，劳动密集型服务业企业居主导地位，技术和知识密集型服务业企业所占比重十分低。尽管如此，我国服务业在某些部门也具有一定的优势，如在航运、工程建设服务等部门都有着相当的优势和发展潜力。劳动力便宜且训练有素是我国拓展海外服务市场的最大优势。

三、中国发展服务贸易的意义

预计到 2015 年，中国有望成为世界最大的消费市场，社会消费品零售总额将突破 5 万亿美元，出境旅游将达 8800 万人次；中国的国际航空运输市场将达到 360 亿吨公里的规模。中国内需市场潜力巨大、层次多元、前景广阔，商机无限。另外中国社会对家政服务、教育培训、医疗保健等领域的服务需求将不断释放，对金融、技术、旅游等领域的服务需求将快速增长。

(一)大力发展服务贸易，可以抓住新一轮服务业跨国转移的重大机遇，提高我国承接世界服务外包的能力和竞争力

从 20 世纪 70 年代开始，服务外包以其有效降低成本、增强企业核心竞争力等特性成为越来越多企业采取的一项重要的商业措施。由外国直接投资产生并通过境外商业存在形式，即服务外包形式实现的国际服务贸易规模迅速扩大，在一些发达国家已经超过了跨境方式的服务贸易。

随着跨国公司基本竞争战略调整以及系统、网络、信息技术的迅猛发展，很多跨国公司不断扩大服务外包的业务范围，由业务流程外包 (BPO)和信息技术外包(ITO)组成的服务外包，正逐步成为服务贸易的重要形式。联合国贸发会议预测，未来几年将继续保持 30%～40%的增长速度。可见，全球服务外包市场潜力巨大。

在全球外包支出中，美国占了约 2/3，欧盟和日本占近 1/3，世界发达国家和地区是主要服务外包输出地。发展中国家是服务外包业务的主要承接地，亚洲是承接服务外包最多的地区，约占全球服务外包业务的 45%。印度是亚洲的服务外包中心，墨西哥是北美的服务外包中心，东欧和爱尔兰是欧洲的服务外包中心，中国、菲律宾、俄罗斯等国家正在成为承接外包较多的国家。根据 McKinsey 调查，印度是迄今为止最受离岸外包业务青睐的地区，目前是 IT 离岸外包市场的中心，据称至少 80%的全球外包业务都去了印度。从中国目前的承接能力来看，与印度等国家还有相当大的差距。美国、日本和欧洲作为世界三大软件外包发包方，中国获得的市场份额极小。

据分析，服务外包对国内增加值的贡献是来料加工的20倍，印度500亿美元软件的出口额，给国内创造的增加值相当于中国制造业1万亿美元创造的价值。两种贸易形态，创造了完全不同的价值量，但资源能源和生态环境的代价却很小。在上一轮全球制造业转移中，中国是最大的受益国之一。我们必须充分认识承接服务业国际转移的重要性，抓住全球兴起的离岸服务外包的历史机遇，采取综合的、配套的措施提高承接服务业国际转移的能力，以赢得这一场新的国际竞争。

(二)大力发展服务贸易，可以促进对外贸易增长方式的转变，推动我国从贸易大国向贸易强国迈进

改革开放30多年来，我国积极扩大制造业领域的对外开放，抓住第三次国际制造业跨国转移的重大机遇，大力发展货物贸易，成为一个名副其实的货物贸易大国。但在对外贸易快速增长的过程中，我们既过度支付了能源原材料消耗的成本、过度支付了生态和环境的代价、过度压低了劳动者福利，还容易引发国际贸易摩擦。我国对外贸易增长，总体上看是规模的扩张、速度的扩张、外延的扩张和数量的扩张，是粗放型的对外贸易增长方式，难以支撑我国对外贸易的持续增长。

发展服务贸易，能够减少资源和能源的消耗，获得产业高端附加值的服务品。从整体上看，世界服务贸易规模在不断扩大，占世界贸易出口的比重从1/7增长到近1/5。2000—2011年间，世界服务贸易进出口年均增长18.3%，世界服务贸易额与货物贸易额之比达到1:4.5。这预示着在全球经济转向服务经济的过程中，服务贸易的发达程度，标志着一个国家对外贸易增长的协调性和持续性，也标志着一个国家贸易增长方式的科学性和合理性。

(三)大力发展服务贸易，可以加快推进工业化发展进程，提升我国制造业在国际产业分工和价值链中的层次和地位

改革开放至今，我国的贸易结构之所以以获得附加值较少的加工贸易为主，就是因为我们的工业化程度低、产业化程度低、组织化程度低和现代化程度低，制造业发展主要是采用了加工组装型、生产主导型、模仿型和粗放型的模式。过去我国主要是世界的“加工厂”、世界的“组装车间”，将来应该是世界的现代化“大工业制造基地”，应该是世界的“办公室”和世界的“创造基地”，成为资本密集、技术密集和人才密集的区域。过去我国制造业在国际产业链和价值链中处于低端，今后主要是向高端发展，就是蕴含在高水平服务能力中服务品转化为贸易品的能力。

提升我国制造业发展水平，应该特别注重生产性服务贸易的发展，促进现代制造业与现代服务业高度融合，细化深化专业分工，把生产过程中的服务流程部分分离出去，通过服务流程的再造，提高制造业资源整合和利用的水平。生产性服务贸易在服务贸易中的比重，直接反映了一个国家制造业的工业化程度和现代化程度。我国服务贸易不发达，就在于我国制造业中的高端服务环节尚未形成，高端服务无法分离出来成为可贸易的服务产品，

如我国的工业设计服务能力很低，难以创造出具有自主知识产权的专利、品牌等价值量高的服务品。据国家统计局和世界知识产权组织的数据，目前在我国制造技术领域，发明专利数只有美国、日本的1/30。我国高新技术产业用于技术引进与消化吸收的收支比仅为1∶0.1，作为计算机制造的IT核心企业，只有1∶0.01。

我国制造业发展到了一个重要的转型时期，到了需要进行设计研发创造、品牌价值创造和营销渠道创造等高端服务环节创造利润、创造附加值的阶段。服务贸易的发展对提升我国的产业层次和地位具有重要的作用。我们必须抓住国际资本向服务业和高技术产业转移的历史契机，积极吸引优质高效的跨国公司，形成跨国公司在我国的先进服务业基地、先进制造业基地、研发中心和地区总部，通过服务外包的“溢出效应”，推动我国进入全球产业链的高端，在利润创造、效率提高和创新方面赶上世界水平。

(四)大力发展服务贸易，可以提升我国现代服务业发展水平，开辟崭新的财富创造方式

世界各国产业结构变动的一般规律，是农业在国民经济中所占份额持续下降，工业份额在工业化阶段迅速增长，服务业份额在工业化中后期持续上升，劳动力从农业先转移到制造业，继而转移到服务业，最终形成服务业在国民经济增长中占据主要份额的局面。一个国家或地区向国际市场提供服务的能力，直接受国内服务业发展水平的影响。20世纪70年代后期，发达国家服务业加速发展，制造业随着在全球配置资源而在国际市场的比重相对降低，日益兴起的现代服务业，在发达国家经济增长中成为新动力。服务业发展水平成为衡量一个国家现代化程度和一个国家社会经济发达程度的重要标志，也成为发展服务贸易的基础和支撑。

国家“十二五”规划纲要指出，2015年服务业产值占GDP的比重要从目前的42.6%提高到47%，提高4个百分点。第三产业的规模届时将达到26万亿人民币，复合增长率将达到8.9%，明显高于同期预期7%的GDP增长率。中国服务业的发展潜力巨大。我国服务业正面临与我国当初制造业发展相类似的机遇，大力发展服务贸易，成为发挥现代流通对经济运行先导性作用的高端和前端，也成为通过服务贸易带动和提升现代服务能力，形成在国际市场交易和交换、创造增值价值的财富实现方式。尽快使服务业成为国民经济的主导产业，是提高我国服务贸易水平的根本措施，是推进经济结构调整、加快转变经济发展方式的必由之路，是有效缓解能源资源短缺的瓶颈制约、提高资源利用效率的迫切需要。

(五)大力发展服务贸易，可以解决大量高素质人才的就业问题，把高端劳动力转变为创造力最强的人力资本

服务贸易特别是离岸外包转移的工作岗位主要集中在知识密集型和服务技术密集型行业。发展服务贸易，关键是把高端劳动力变为有竞争力的人才，变为人力资本的有效途径。越来越多的精通英语、掌握世界前沿科技、与海外市场联系广泛的人才脱颖而出，将为中

国发展服务贸易的高端奠定重要基础。中国要素价格的比较优势明显，特别是劳动力价格，不仅普通产业工人的劳动力价格具有明显优势，高级设计师和高端人才的劳动力价格同样具有比较优势。

承接外包服务可以拓展更多的现代服务业发展，创造更多的高端人才就业岗位，把我国的高端劳动力造就为可以创造更多财富的人力资源，同时缓解我国目前存在的就业压力，特别是解决高素质人才的就业问题。自2003年开始，中国就是世界上应届毕业大学生最多的国家。当今高素质人才就业难的关键原因不仅仅是教育问题，而是没有合理的产业来吸收他们，发挥他们的智力优势。专家认为，服务外包对大学生就业的拉动会很大，因为其许多业务来自于金融、电信、医疗、制造等行业，服务外包所提供的就业规模将是很大的，不亚于当年的制造业向中国转移所创造的机会。因此，解决中国高端人才就业问题，发展服务贸易也是最好的选择。

入世以来，我国服务贸易迅速发展，随着国际竞争机制的引入，我国的企业都将受到来自外国同行的挑战，同制造业相比，服务业受到的挑战将会更大。中国发展服务业正面临着前所未有的历史机遇。扩大服务贸易出口，不仅有利于改善服务贸易国际收支，优化中国外贸出口的整体结构，而且对于改善中国在国际分工中的地位，促进中国产业结构调整，走可持续发展的道路，都具有重大的历史意义和现实意义。

四、服务贸易发展“十二五”主要目标

《服务贸易发展“十二五”规划纲要》提出，到2015年，服务贸易进出口总额达到6000亿美元，年均增速超过11%。其中，通信、信息服务、金融、文化、咨询等智力密集型服务出口占我国服务出口总额的比重要超过45%。

此外，《服务贸易发展“十二五”规划纲要》还提出了服务贸易发展的七项战略任务，分别为积极推动重点行业服务出口；继续扩大服务领域对外开放；加快服务贸易企业“走出去”步伐；培育具有较强国际竞争力的服务贸易企业；推进服务贸易领域自主创新；促进服务贸易区域协调发展；加快发展与战略性新兴产业相配套的服务贸易。

为了实现上述战略任务，将会在法规体系、统计体系、管理机制、促进体系、贸易环境、创新扶持、知识产权、行业协会这八个方面健全保障体系。《规划》提出，将制定和完善支持服务贸易发展的财政税收政策，引导鼓励金融机构优化贷款审批程序，开发适合服务贸易企业需求的金融产品，积极搭建中小企业融资平台，完善出口信用保险机制等。

此外，《规划》提出“十二五”时期服务贸易发展重点领域，包括旅游服务，信息技术服务，航海、航空、铁路、公路运输服务，保险、银行、证券期货等金融服务、文化艺术服务等30个重点领域。其中，到2015年，实现旅游服务贸易进出口总额进入世界前5位；培育20家具有国际竞争力的大型信息技术服务企业；国际航空运输市场达到360亿吨公里的规模，中国承运人份额达到34%；至少有3家本土会计事务所进入世界前30强的行列；

同时，培育6～7家具有国际竞争力的大型传媒集团和国际化数字出版企业。

第四节 技术贸易

国际技术贸易是当今国际经济交往中的一项重要内容，我国的技术贸易从技术引进开始，在20世纪80年代以后有了长足的发展。

一、国际技术贸易概述

(一)国际技术贸易的含义与内容

1. 国际技术贸易的含义

广义的技术概念是指解决某些问题的具体方法和手段。狭义的技术概念是指应用于改造自然的技术。世界知识产权组织认为："技术是指制造一种产品或提供一项服务的系统知识。这种知识可能是一项产品或工艺的发明、一项外形设计、一种实用新型产品、一种动植物新品种，也可能是一种设计、布局、维修和管理的专门技能。"

国际技术贸易中所指的技术是一类特定技术，它是一种特殊商品，可以在国际市场上交换和流通。换句话说，并非所有技术都是商品，有些技术已进入公有领域，属于人类共同的财富，不属于国际技术贸易的对象。

国际技术贸易是指不同国家的企业、经济组织或个人之间，按照一般商业条件，向对方出售或从对方购买软件技术使用权的一种国际贸易行为。它由技术出口和技术引进这两方面组成。简言之，国际技术贸易是一种国家间的以纯技术的使用权为主要交易标的的商业行为。

2. 国际技术贸易的内容

国际技术贸易以无形的技术知识作为主要交易标的，这些技术知识构成了国际技术贸易的内容，它主要包括：专利技术、商标和专有技术。商标虽不属于技术，但它与技术密切相关，所以常将它作为国际技术贸易的基本内容之一。

1) 专利

专利是由政府机构或代表几个国家的地区机构，根据申请而发给的一种文件，文件中说明一项发明并给予它一种法律上的地位。专利权就是专利持有人(或专利权人)对专利发明的支配权。专利权受到专门法律《中华人民共和国专利法》的保护。专利权不是自动产生的，需要申请人按照法律规定的手续申请，并经过审查批准才能获得。

根据专利技术的创造性程度的高低和其他特点，常把专利分为三种类型：发明专利、实用新型专利、外观设计专利。

专利权有其明显的特点：①专利权是一种法律赋予的权力。发明人通过申请，专利机关经过审查批准，使他的发明获得法律地位而成为专利发明，而他自己同时也因之获得专利权；这种权利的产生与物权的自然产生是不同的。②专利技术是一种知识财产、无形财产。专利权是一种特殊的财产权。③专利权是一种不完全的所有权。专利权的获得是以发明人公开其发明的内容为前提的。而公开了的知识很难真正为发明人所独有。④专利权是一种排他性(独占性、专有性)的权力。对特定发明，只能有一家获得其专利权。也只有专利权人才能利用这项专利发明，他人未经专利权人的许可，不能使用该专利发明。⑤专利权是一种地域性的权利。专利权只在专利权批准机关所管辖的地区范围内发生效力。⑥专利权是一种时间性的权利。专利权存在有效期，超过有效期，专利权即失去效力。

2) 商标

商标权是商标使用者向商标管理部门申请注册并得到批准的商标专用权。但在少数国家，商标权是由于商标的首先使用而获得的。在我国，商标权是以注册在先原则而取得的。商标权的内容包括使用权、禁止权(禁止他人使用)、转让权、许可使用权和放弃权。商标权受专门法律《中华人民共和国商标法》的保护。

商标权的特点：①商标权是一种排他性权利。 ②商标是一种无形的知识财产。商标权是一种特殊的财产权。③商标权是有时间性但又可无限延期的权利。与专利权期满不可延期不同，商标权到期可续展延期，且延期次数不限。④地域性。商标权只在注册机构所管辖地区范围内有效。

3) 专有技术

专有技术的英文名称叫 Know-how，意为“知道如何制造”。它有许多中文名称：技术诀窍、技术秘密、专门知识等。还有直译成“诺浩”的，但最常用的名称是“专有技术”。所谓专有技术是指在实践中已使用过了的没有专门的法律保护的具有秘密性质的技术知识、经验和技巧。专有技术可以是产品的构思，也可以是方法的构思，但它在不少方面与专利技术不同。

专有技术有如下几个特点：①专有技术必须是可以通过语言来传授的，但它未必都是可言传的，有些只能通过“身教”才能传授。②专有技术是处于秘密状态下的技术；而专利技术是公开技术。③专有技术没有专门法律的保护，所以它不属于知识产权。④专有技术是富于变化的动态技术，专利技术则是被专利文件固定了的静态技术。⑤专有技术是靠保密而垄断的，因而它被垄断的期限是不定的。专利技术受保护或被垄断的期限则是有限的(最多 20 年)。

(二)国际技术贸易与一般商品贸易的区别

国际技术贸易是以技术作为交易内容，在国家间发生的交换行为，必然遵循商品交换的一般规律。技术贸易不同于一般的商品贸易，形成了相对独立的世界技术市场，技术贸易与一般商品贸易有以下区别。

1. 交易的标的物不同

一般商品贸易的标的物是各种具体的物质产品；而技术贸易的标的物是知识产品，是人们在科学实验和生产过程中创造的各种科技成果。一般商品贸易是有形贸易，是看得见摸得着的物质产品；而技术贸易则是无形贸易，无法称量也难以检验其质量。

2. 所有权转移不同

商品所有权是指对商品的占有、使用、收益和处分的权利。一般商品的所有权随贸易过程发生转移，原所有者不能再使用、再出卖；而技术贸易过程一般不转移所有权，只转移使用权，绝大多数情况下是技术转让后，技术所有权仍属技术所有人，因而一项技术不需要经过再生产就可以多次转让。这与技术商品的特点有关，因为技术商品的所有权与使用权可以完全分开，技术转让只是扩散技术知识，转让的只是使用权、制造权、销售权，并非所有权。

3. 贸易关系不同

一般商品贸易只是简单的买卖关系，钱货两清，贸易关系终结。而技术贸易是一种长期合作关系：一项技术从一方转移到另一方，往往须经过提供资料、吸收技术、消化投产，最后才完成技术贸易行为。因此，技术交付不是双方关系的终结，而是双方关系的开始，技术贸易双方通常是“同行”，所以能合作，但也会存在潜在利益冲突和竞争关系。

4. 作价和价格构成不同

一般物质商品的价值量是由生产该商品的社会必要劳动时间决定的；而技术商品的价值量是由该技术发明所需的个别劳动时间直接构成的。因为新技术具有先进性，新颖性是社会唯一的，不可能形成社会平均必要劳动时间，同时新技术又具有垄断性、独占性的特点，这就决定了技术商品作价原则的特殊性，技术商品价格构成也复杂得多。

(三)国际技术贸易的方式

国际技术贸易采用的方式主要有许可贸易、特许专营、技术服务和咨询、合作生产、工程承包，以及含有知识产权和专有技术许可的设备买卖等。

1. 许可贸易

许可贸易有时称为许可证贸易，是指技术产权所有人作为许可方(licensor)，允许被许可方(licensee)取得其拥有的专利、商标或专有技术的使用权以及制造、销售该技术下产品的权利，并由被许可方支付一定数额的报酬。许可贸易的三种基本类型是：专利许可、商标许可和专有技术许可。许可贸易是国际技术贸易中使用最为广泛的技术贸易方式。

许可贸易实际上是一种许可方用授权的形式向被许可方转让技术使用权同时也让度一定市场的贸易行为。根据其授权程度大小，许可贸易可分为如下五种形式。

(1) 独占许可。它是指在合同规定的期限和地域内，被许可方对转让的技术享有独占的使用权，即许可方自己和任何第三方都不得使用该项技术和销售该技术项下的产品。所以这种许可的技术使用费是最高的。

(2) 排他许可。排他许可又称独家许可，它是指在合同规定的期限和地域内，被许可方和许可方自己都可使用该许可项下的技术和销售该技术项下的产品，但许可方不得再将该项技术转让给第三方。排他许可是只排除第三方，不排除许可方。

(3) 普通许可。它是指在合同规定的期限和地域内，除被许可方允许使用该技术和许可方仍保留对该项技术的使用权之外，许可方还有权再向第三方转让该项技术。普通许可是许可方授予被许可方权限最小的一种授权，其技术使用费也是最低的。

(4) 可转让许可。可转让许可又称分许可，它是指被许可方经许可方允许，在合同规定的地域内，将其被许可所获得的技术使用权全部或部分地转售给第三方。通常只有独占许可或排他许可的被许可方才获得这种可转让许可的授权。

(5) 互换许可。互换许可又称交叉许可，它是指交易双方或各方以其所拥有的知识产权或专有技术，按各方都同意的条件互惠交换技术的使用权，供对方使用。这种许可多适用于原发明的专利权人与派生发明的专利权人之间。

2. 特许专营

特许专营是近二三十年迅速发展起来的一种新型商业技术转让方式。它是指由一家已经取得成功经验的企业，将其商标、商号名称、服务标志、专利、专有技术以及经营管理的方式或经验等全盘地转让给另一家企业使用，由后一企业(被特许人)向前一企业(特许人)支付一定金额的特许费的技术贸易行为。

特许专营合同是一种长期合同，它可以适用于商业和服务业，也可以适用于工业。特许专营是发达国家的厂商进入发展中国家的一种非常有用的形式。由于风险小，发展中国家的厂商也乐于接受。

3. 技术服务和咨询

技术服务和咨询是指独立的专家或专家小组或咨询机构作为服务方应委托方的要求，就某一个具体的技术课题向委托方提供高知识性服务，并由委托方支付一定数额的技术服务费的活动。技术服务和咨询的范围和内容相当广泛，包括产品开发、成果推广、技术改造、工程建设、科技管理等方面，大到大型工程项目的工程设计、可行性研究，小到对某个设备的改进和产品质量的控制等。企业利用“外脑”或外部智囊机构，帮助解决企业发展中的重要技术问题，可弥补自身技术力量的不足，减少失误，加速发展自己。我国“二汽”委托英国的工程咨询公司改进发动机燃烧室型腔设计，合同生效半年内就取得了较好的技术经济效果。

4. 国际合作生产

国际合作生产是指两国企业根据签订的合作生产合同，合作完成制造某些产品。这种方式多用于机器制造业，特别是在制造某些复杂的机器时，引进方为了逐步掌握所引进的技术，且能尽快地生产出产品，需要和许可方在一个时期内建立合作生产关系，按照许可方提供的统一技术标准和设计进行生产，引进方在合作过程中达到掌握先进技术的目的。这种合作生产的方式常常和许可证贸易结合进行。有时合作双方可以共同研究、共同设计、共同确定零部件的规格型号，双方互相提供技术，取长补短。利用国际合作生产来引进国外的先进技术，已成为各国的普遍做法。

5. 国际工程承包

国际工程承包也是国际技术贸易的一种方式。国际工程承包是通过国际间的招标、投标、议标、评标、定标等程序，由具有法人地位的承包人与发包人按一定的条件签订承包合同，承包人提供技术、管理、材料，组织工程项目的实施，并按时、按质、按量完成工程项目的建设，经验收合格后交付发包人的一项系统工程。工程承包项目多是大型建设项目，一般都伴随着技术转让。在施工过程中，承包商将使用最新的工艺和技术，并采购一些国家的先进设备，有些项目还涉及操作人员的技术培训、生产运行中的技术指导以及专利和专有技术的转让。目前，国际上流行的交钥匙工程和BOT建设方式中技术转让的内容十分广泛，许多国家都希望通过国际工程承包来改善本国基础设施条件和推动本国企业技术改造。

二、我国的技术引进

(一)技术引进的含义和作用

1. 技术引进的含义

技术引进是指一国通过各种方式从他国获得先进科学技术成果的活动。包括购买专利，技术咨询，引进成套设备，聘请专家或派出人员培训，引进先进的管理方法等。

2. 引进先进技术的意义和作用

(1) 加速我国经济的发展，增强自力更生的能力。

一个国家经济的发展，主要靠科学技术的进步。根据一般规律，一项重大的基础科研成果，从研究、实验、设计到投入生产，技术创新国需要10～15年的时间，而技术引进国只需要2～3年的时间就可以使之产业化，达到提高国内生产技术的水平。

(2) 促进我国科学技术的发展，赶超国外的先进水平。

引进国外先进技术，是直接使用现成的科研成果，这就可以避免人家走过的许多弯路，节省自己探索的时间，一般从引进到投产，只需要两三年的时间就可以办到。可见，引进技术是一条赶超世界先进水平的捷径。

(3) 提高我国的管理水平。

在引进技术的设备制造、安装和投产过程中，也同时引进了国外先进的科学管理经验，这有助于改变我国目前管理上的落后状况，促进企业经营管理的改善，不断提高我国的科学管理水平。

(4) 提高我国出口商品的竞争能力，促进对外贸易的发展。

我国要发展对外贸易，必须大力提高出口商品的竞争能力。而提高出口商品的竞争能力就必须降低生产成本，提高产品质量，这两者又都要以开发技术作为先导。

(二)我国技术引进的概况

我国从 1950 年开始技术引进，到现在已经有 60 多年的历史，整个技术引进大致可以分为以下两个阶段。

1. 初始阶段(1950—1978 年)

从 1950—1978 年，我国总共签订技术引进合同 845 项，合同总额为 119.72 亿美元，该阶段又可以分为以下不同的发展时期。

20 世纪 50 年代为引进成套设备、奠定基础时期。这一时期我国引进了约 450 项技术，总金额为 37 亿美元。其中“一五”时期的 156 个大项目成套设备为该时期的重点项目。我国与前前苏联签订贸易合同 116 项。

20 世纪 60 年代为引进技术、填补空白时期。由于我国经历了三方面的变化，即三年自然灾害、“文化大革命”和中苏关系恶化，因此我国从 1963 年起转向从日本、西欧各国引进技术。该时期我国引进技术约 84 项，总金额为 14.5 亿美元。另外技术引进的产业结构也发生了变化，过分重视重工业的现象有所改变，开始用于冶金、化纤、石油、化工、纺织等行业。

20 世纪 70 年代为扩大规模引进技术时期。我国开始从美国、德国、日本、英国和法国进行技术引进。该时期我国引进了约 310 项技术，总金额为 68.22 亿美元，其中 90%以上是用于成套设备的技术引进。

在我国技术引进的初始阶段，技术引进的特点如下。

(1) 技术引进的基本目标是进口成套设备以建立大型企业为主。

(2) 引进项目的实施由中央实行高度的计划管理：技术引进的谈判、签约和合同的执行，全部由中国技术进出口公司负责；技术引进的用汇主要靠国家调拨。

(3) 在技术引进的方式上主要以成套设备为主，到 20 世纪 70 年代后期开始使用国际

技术许可。

2. 发展阶段(1979 年至今)

进入改革开放新时期后，从 1979 年开始，中国的技术引进发生了本质性的变化。改革开放以后中国经济建设速度不断加快，对技术进口的需求也在不断加大，技术引进的战略也相应进行了较大调整。我国总结了以往盲目大规模进口成套设备的教训，从国情出发，调整了技术引进工作的重点，强调从进口大型成套设备转向引进单项技术，并鼓励以灵活多样的方式进口国外先进技术。中国的技术引进工作开始稳步前进，并扩大发展。这一阶段又可划分为以下三个时期。

(1) 改革开放初期(1979—1990 年)。

1978 年 12 月举行的党的十一届三中全会，提出了具有深远影响的“改革开放”方针，并指出“在自力更生的基础上积极发展同世界各国平等互利的经济合作，努力采用世界先进技术和先进设备”。在以后的十多年里，经过“六五”、“七五”时期，随着国内外经济、社会环境的变化和科学技术的发展，我国技术引进的规模和领域不断扩大。技术引进由以往单一的生产领域，转向生产领域与生活领域并举。除了从国外引进经济建设所需的技术装备外，还大量引进了消费品(如电视、冰箱、洗衣机等)的生产技术和生产线，技术来源也开始向多元化转变。我国与世界上越来越多的国家建立了经济合作和技术合作关系，能够根据自身需求，有选择地引进所需技术与装备，引进技术内容也由单一的成套装备引进，转向技术与装备引进相结合；在引进国民经济建设所需设备的同时，还引进了设计、制造和工艺技术，引进主体也由政府逐步转向政府与企业相结合。

值得指出的是，我国在这一时期加强了技术引进的法制化管理工作。1985 年和 1987 年，国务院先后颁布了《技术引进合同管理条例》和《技术引进合同管理条例实施细则》。这两个法规的颁布，在技术的引进、消化、吸收、考核、验收等方面形成了严格的程序，建立了技术引进合同审批生效制度，从而成为我国技术引进工作法制化建设的一块重要基石。

据统计，1980—1990 年，我国共签订了 4000 多项技术引进合同，对外签约总金额约 300 亿美元。这一时期，以引进软件技术为特征的许可贸易等与 70 年代相比有了明显增加。1980—1989 年，许可贸易、顾问咨询、技术服务、合作生产等软件引进合同的金额，约占全部引进合同金额的 21%，比重扩大了 13 倍。

(2)“八五”计划与“九五”计划时期(1991—2000 年)。

1991 年的“八五”计划中要求“按照有利于技术进步、有利于增加出口创汇能力和有利于节约使用外汇的原则，合理安排进口。积极引进先进技术，并加强消化、吸收和创新”，并且“要逐步增加技术引进的投入，并提高进口软件在技术引进中的比重”。1996 年的“九五”计划中又进一步规定，要“改革进口体制，建立有利于改善进口结构、促进技术引进、消化、创新的机制”。1999 年以后，国家开始实施科技兴贸战略。在一系列政策的指导下，我国技术引进规模逐步上升，跨上了一个新的台阶。这一时期共引进技术约 37 770 项，合

同金额共计 1159.95 亿美元。在技术引进中，我国除增加自有外汇投入外，还积极争取和利用国际金融组织及外国政府贷款，贷款项目涉及国民经济各个领域，技术来源包括欧洲、美国、日本等 50 多个国家和地区。其中的主要项目有上海地铁一、二、三期工程，三峡工程，广州地铁，黄河小浪底水利枢纽，天津石化公司聚酯工程等。

这一时期技术引进的主要特点如下。

一是技术引进方式日趋合理，成套设备和关键设备引进比例稳步下降，技术许可、技术服务、技术咨询等已成为主要的引进方式。据统计，1998 年成套设备的进口比例为 33.16%。到了 2000 年，该比例下降到 19.18%。技术许可引进比例则由 1998 年的 9.81%上升到 2000 年的 18.68%。

二是技术引进主体实现多元化。不仅仅局限于国有大中型企业，外商投资企业和民营企业也逐渐加入到技术引进行列中来。

三是引进规模逐渐扩大。到了“九五”计划时期，技术引进规模每年都在 150 亿美元左右。

(3)“十五”规划与“十一五”规划时期(2001—2010 年)。

自 2001 年 12 月加入世界贸易组织后，中国技术引进发展迅速，引进规模频频创历史新高。这一时期的技术引进主要有以下几个特点。

其一，在技术引进合同数量明显增长的同时，引进金额稳步提高。技术引进合同数量从 2001 年的 3900 项增加到 2007 年的 9773 项，合同金额从 2001 年的 90.9 亿美元增加到 2007 年的 254.15 亿美元。2007 年技术引进前 10 位行业，分别是电力、蒸汽、热水的生产和供应业，电子及通信设备制造业，交通运输设备制造业，化学原料及化学制品制造业，黑色金属冶炼及压延加工业，专用设备制造业，计算机应用服务业，普通机械制造业，电气机械及器材制造业，石油和天然气开采业。2010 年，全国共登记技术引进合同 11 253 份，合同金额为 256.4 亿美元，同比增长 18.8%。其中，通信设备、计算机及其他电子设备制造业是技术引进金额最大的行业，共引进技术 1061 项，合同金额达 58.4 亿美元，占全国技术引进合同总金额的 22.8%。交通运输设备制造业技术引进金额为 38.4 亿美元，金额占比为 14.97%；电力、热力的生产和供应业技术引进金额为 22.7 亿美元，金额占比为 8.87%。上述两行业分列第二、三位。

其二，引进主体以国有企业和外资企业为主，各类企业技术引进金额均有所上升。中国加入世界贸易组织后，外资企业技术引进项目逐年增加，技术引进合同金额位居各类企业首位。2002 年，外资企业技术引进合同金额占全国技术引进合同金额的比重为 71.39%，2003 年后，该比重虽有所下降，但仍保持在 50%左右。2010 年，外资企业引进技术金额为 153.7 亿美元，占全国技术引进总金额的六成；国有企业技术引进总额为 62.7 亿美元，金额占比为 24.5%；民营企业技术引进金额为 21.4 亿美元，金额占比为 8.3%。

其三，欧盟、美国和日本等发达国家和地区是中国技术引进的主要来源地。2006 年至今，欧盟一直是中国技术引进的最大来源地。2008 年上半年，由于汽车、电子等相关技术

的引进，我国自韩国的技术引进增长迅速，引进金额达 21.2 亿美元，占技术引进总金额的 16.8%。韩国超越美国，在我国技术引进来源地中居第三位，而日本和美国分列第二、第四位。2010 年，我国技术引进的来源国家和地区达 71 个。其中，与欧盟签订技术引进合同 3058 份，合同金额达 78.2 亿美元，占技术引进合同总金额的 30.5%；自美国和日本技术引进金额分别为 57.5 亿美元和 45.6 亿美元，金额占比为 22.4%和 17.8%，分列第二、第三位；自韩国技术引进金额 21 亿美元，列第四位。

其四，技术引进质量明显提高。传统的以关键设备、成套设备为主的技术引进格局已经被打破，取而代之的是专有技术许可或转让、技术咨询、技术服务等多种技术引进方式相互交织的新局面。2010 年，专有技术许可合同成交额为 94.1 亿美元，占技术引进总金额的 36.7%，是我国技术引进的最主要方式；技术咨询、技术服务合同金额为 74.7 亿美元，占合同总金额的 29.2%，列第二位。上述两项技术引进金额占技术引进总金额的六成。值得关注的是，计算机软件进口金额占比也呈稳定增长之势，从 2007 年的 3.4%，增长到 2010 年的 9%。这表明软技术已经占据中国技术引进的主导地位，引进技术质量有了明显改善。

其五，技术引进主要集中在东部发达地区。2007 年，上海、北京、天津、江苏、广东、浙江等沿海省市居技术引进的主体地位，中部地区的湖南、河北、湖北等省市的技术引进合同金额占比不足 1%，山西、内蒙古、宁夏和新疆等则不足 0.1%。2008 年上半年，合同金额排在前五位的省市仍为上海、北京、广东、天津和江苏。上述省市登记的合同金额占所有地方管理部门登记合同金额的 72.6%。河南、山西、湖南等的技术引进尽管在全国所占比重不高，但呈现出较快的增长势头。

(三)现阶段我国技术引进的目标与基本原则

1. 现阶段我国技术引进的总体目标

优化技术引进结构，提高技术引进质量和效益，引进技术的消化吸收配套资金比例有所提高，逐步建立以企业为主体，以市场为导向，政府积极引导推动，各方科技力量支持的技术引进和创新促进体系，实现“引进技术—消化吸收—创新开发—提高国际竞争力”的良性循环。

2. 现阶段我国技术引进的基本原则

(1) 把大力引进先进技术和优化引进结构结合起来，提高产品设计、制造工艺等方面的专利或专有技术在技术引进中的比例。

(2) 把引进技术和开发创新结合起来，强化技术引进与消化吸收的有效衔接，注重引进技术的消化吸收和再创新，使企业在核心产品和核心技术上拥有更多的自主知识产权。

(3) 把发展高新技术产业和改造传统产业结合起来，选择重点领域和产业，扩大引进规模，实现传统产业结构优化和技术升级。

(4) 把整体推进和重点扶持结合起来，培育技术引进和消化创新的主体。

(5) 把提高引进外资质量和国内产业发展结合起来，鼓励外商投资高新技术企业，发展配套产业，延伸产业链，培育和支持出口型企业的发展。

(四)我国对技术引进的管理

为维护我方利益，根据我国实践经验并参考一些国家的做法，我国规定引进合同中不得含有下列不合理的限制性条款。

(1) 要求受方接受同技术引进无关的附带条件，包括购买不需要的技术、技术服务、原材料、设备或产品。

(2) 限制受方自由选择从不同来源购买原材料、零部件或设备。

(3) 限制受方发展和改进所引进的技术。

(4) 限制受方从其他来源获得类似技术或与供方竞争的同类技术。

(5) 双方交换改进技术的条件不对等。

(6) 限制受方利用引进的技术生产产品的数量、品种或销售价格。

(7) 不合理地限制受方的销售渠道或出口市场。

(8) 禁止受方在合同期满后，继续使用引进的技术。

(9) 要求受方为不使用的或失效的专利支付报酬或承担义务。

依照我国法律规定，合同的引进方应自合同签订之日起的30天内，向审批机关报批。审批机关应在收到报批申请书之日起的60天内决定批准或不批准。审批机关逾期未予答复的，视为合同获得批准。经批准的合同自批准之日起生效，并由审批机关发给《技术引进合同批准证书》。在技术引进合同的履约过程中涉及税收和用汇问题，分别统一由国家税务局(涉及关税的由海关总署)和国家外汇管理局负责解决和管理。

三、我国的技术出口

(一)我国技术出口概况

新中国成立后一个很长时期，中国的对外技术贸易是只进口不出口的单向流动局面。改革开放以后，从20世纪80年代初起，中国开始技术出口，90年代以后发展迅速。

从20世纪50年代末期到70年代，我国的技术出口主要是通过对外经济援助的方式进行的，并且技术出口的对象是第三世界发展中国家，出口的技术主要是关于某些技术和成套设备，并用于农业、铁路、公路、水利等项目。而真正具有商业性质的技术出口始于20世纪80年代，进入90年代发展加快，出口项目和金额逐年增加。我国的技术出口经历了以下四个发展阶段。

1. 探索阶段(1981—1985年)

我国的技术出口起步较晚，开始于1981年。从1981—1985年，属于缺乏国家宏观管理的自发阶段。当时我国在技术出口方面，没有专门的法规和政策，也没有明确的管理部门。我国签订技术出口合同 40 项，总金额为 0.67 亿美元。1981 年，我国的技术仅出口到联邦德国、美国和巴基斯坦 3 个国家。

该时期我国技术出口的主要特点如下。

(1) 技术出口无计划、无组织，纯属自发性质。

(2) 没有专门的技术管理部门，没有专门的法规和政策。

(3) 出口金额小，每年约 1000 万美元左右。

(4) 出口的主要市场是美国、英国、瑞士等发达国家。

(5) 出口的项目多为新技术、新工艺等软件技术。

2. 起步阶段(1986—1989 年)

从 1986 年开始，我国的技术出口开始走向有组织、有管理的阶段。1986 年 10 月，国家就技术出口措施等方面作了原则规定，另外经贸部和国家科学技术委员会为技术出口的管理部门，还明确规定了技术出口的政策、技术审批和合同审批权限与审批程序。从 1986—1989 年，我国技术出口约 389 项，总金额为 11.73 亿美元。

该时期我国技术出口的主要特点如下。

(1) 技术出口规章开始建立。

(2) 建立技术出口的管理机构并批准一批公司从事技术出口的经营权。

(3) 出口的国别多元化，但发达国家是主体。此外还包括发展中国家。

(4) 出口的技术除单纯转让“软件”技术以外，成套设备出口、技术服务等方式开始出现。

3. 初级发展阶段(1990—1997 年)

该阶段我国签订技术出口合同 6269 项，总金额为 203 亿美元，同起步阶段相比，我国技术出口进入一个新阶段。1991 年我国技术出口猛增到 12.27 亿美元，1993 年达到了 21.74 亿美元。1990 年国务院颁布了《技术出口管理暂行办法》对我国的技术出口的发展起到了积极的推动作用。

该时期我国技术出口的主要特点如下：①技术出口走上了法制化的道路。②技术出口速度明显加快。③成套设备出口在技术出口中的比重不断增加。例如 1997 年大型成套设备出口占技术出口总额的 55%，1995 年高达 94%。④出口市场多元化取得进展。到 1997 年我国技术出口的国别和地区已经达到 110 个，对发展中国家的出口份额达到 70%。⑤技术含量不断提高，技术出口已经初具规模。成套设备的出口从小型成套设备逐步转向大型成套设备，我国已经拥有多层次的技术资源，机电产品的出口占有一定比重。

4. 快速发展阶段(1998 年至今)

自 1998 年开始，中国技术出口开始步入发展阶段。1999 年初，外经贸部提出“科技兴贸”战略，并与科学技术部、信息产业部等部门建立了联合工作机制，制订了《科技兴贸行动计划》。随着对外贸易体制的改革，越来越多的国内科研院所也获得了技术出口经营权。国家还制定了一系列鼓励技术出口的优惠政策，如给予信贷、税收等政策优惠或给予一定的补贴，以及鼓励企业到境外注册商标或出国参展等。2001 年 12 月，中国成功加入世界贸易组织。上述这些因素为我国的技术出口增强了后劲，提供了更大的发展空间。

该阶段的中国技术出口主要有以下几个特点。

(1) 高技术产品成为技术出口增长的重要力量。“十五”规划期间，我国高技术产品出口即表现出前所未有的增长势头。2000 年，高技术产品出口额为 370.43 亿美元，比 1999 年增长 50.0%，在此后的 4 年时间里，其年均增长幅度大致在 44%左右。“十一五”规划时期，中国高技术产品出口增势更是明显，出口额连续 5 年保持世界第一。2010 年，我国高技术产品出口一扫 2009 年的低迷，出口额强劲增长到 4924.1 亿美元，较“十五”规划末的 2005 年翻了一番多。

(2) 企业是技术的最主要输出方。据统计，包括国内外市场在内，2006 年企业共签订技术合同 130 125 项，输出技术交易额达 1528.0 亿元，较上年增长 66.3%，占技术合同成交总金额的 84.0%；科研机构输出技术项目 44 079 项，输出技术交易额达 141.0 亿元；高等院校输出技术项目 18 401 项，输出技术交易额为 65.0 亿元。继 2006 年企业输出技术交易额首次超过吸纳技术交易额后，2007 年企业输出技术交易额又创新高。2007 年，企业输出技术合同项目为 135 922 项，输出技术交易额为 1923 亿元，较 2006 年增长 25.9%，占全国成交总金额的比例较 2006 年进一步增长，达到 86.4%。

(3) 技术出口市场多元化。随着市场多元化战略的实施，中国技术出口的国别、地区呈多元化趋势，既包括发展中国家，也包括发达国家。东南亚、西亚、中国香港地区是技术出口稳固发展的重点市场，对非洲及欧美发达国家的出口也有较大增长。从高新技术产品出口来看，自 1996 年以来，中国香港、欧盟和美国一直是我国高技术产品出口市场前三位，对这三个市场的高技术产品出口占我国高技术产品出口总额的比重一直保持在 50%以上，2009 年该比重超过 60%。

(4) 技术出口领域广泛。目前，我国技术出口涉及计算机、通信、软件、机械、汽车、化工、冶金、农业、医药等诸多领域，如中铝国际工程有限责任公司对印度、伊朗、越南、俄罗斯、沙特、卡塔尔等国的多家铝公司进行技术转让，标志着我国已成为重大铝技术的输出国。中国中医研究院西苑医院则以知识产权形式，向日本输出了中药技术。2009 年，计算机与通信技术、电子技术、光电技术和生命科学技术成为我国高技术产品出口最多的四个技术领域，这四类技术领域的出口总额占高技术产品出口总额的比重高达 96.97%。

(二)我国对技术出口的管理

我国以贸易渠道出口技术是从 20 世纪 80 年代开始的。1986 年国家制定了我国技术出口的方针、原则和管理制度。我国技术出口应遵循六项原则。

(1) 遵守我国的法律、法规。

(2) 符合我国外交、外贸和科技政策并参照国际惯例。

(3) 遵守我国对外签订的协议和所承担的义务。

(4) 不得危害国家安全和社会公共利益。

(5) 有利于促进我国对外贸易发展、科学技术进步以及经济技术合作。

(6) 保护我国经济技术权益和我国产品在国际市场上的竞争地位。为贯彻上述原则，我国把技术项目分为禁止出口、控制出口(重大技术)和允许出口(一般技术)三大类，并对技术出口项目和技术出口合同实行双重审批制度。

本章小结

出口和进口是对外贸易的两个重要方面，它们互相制约、互相渗透、互为条件。只有出口，没有进口，出口就没有意义；只有进口，没有出口，进口就没有基础。既要大力发展出口贸易，也要积极开展进口贸易，使进出口保持基本平衡。

出口贸易为我国增加进口、引进资金技术、开展对外经济合作提供外汇保障，为国民经济技术进步提供强大推动力，推动产业结构和国民经济调整与优化，促进国际环境改善。出口商品战略是一国根据自己经济发展的具体情况和国际市场需要，对出口商品构成作出的战略性安排。我国在不同时期制定了不同的出口商品战略。在出口市场战略上，我国提出了市场多元化战略。

发展进口贸易可以推动国民经济持续、快速协调发展；提高出口商品的国际竞争力，促进进出口贸易协调稳定发展；增加国内消费品生产，更好地满足人民需要；增进与各国经贸关系的发展。进口商品战略是根据国内生产、消费的需要，对一定时期进口商品的构成所作的战略性规划，以生产需求和消费需求为依据，体现一定时期国家经济社会发展目标和产业结构调整目标。

服务贸易是指国家间的服务输入或服务输出的一种贸易形式。乌拉圭回合提出以部门为中心的服务贸易分类方法将服务贸易分为十二大类。20 世纪 60 年代以来，世界经济中心开始转向服务贸易，呈现出一些新的特点。扩大服务贸易有利于优化中国外贸结构，充分发挥中国劳动力比较优势。“十二五”期间，我国将扩大服务贸易规模，优化服务贸易结构，形成更加开放的格局，大幅提高市场开拓能力。

技术贸易是不同国家的企业、经济组织或个人之间，按照一般商业条件，向对方出售或从对方购买软件技术使用权的一种国际贸易行为。其内容包括专利、商标、专有技术等。它交易的标的物、所有权转换、贸易关系、作价和价格构成与一般商品贸易是不同的。我国的技术引进要优化结构，提高质量和效益，实现“引进技术—消化吸收—创新开发—提高国际竞争力”的良性循环。我国的技术出口应遵循技术出口管理的六项原则。

思 考 题

1. 发展出口贸易有什么重要意义?
2. 我国“十二五”规划期间出口商品战略的内容是什么?
3. 我国实施出口市场多元化战略的重要意义何在? 应采取哪些具体措施?
4. 发展进口贸易有什么意义?
5. 我国“十二五”规划期间进口商品战略的内容是什么?
6. 中国发展服务贸易有什么重要意义?
7. 我国对技术贸易的引进和出口管理应遵循哪些原则?

案 例 分 析

3万亿美元服务贸易市场或拯救中国外贸

在外贸发展面临增长困境的当下，服务贸易的发展被寄予厚望。商务部原副部长、中国国际经济交流中心秘书长魏建国在日前召开的“2012 年度‘中国商务竞争新优势’新春报告会”上透露，据测评，未来 3～5 年，中国将迎来 3 万亿美元的世界服务贸易市场，如果中国不积极承接，菲律宾、印度、马来西亚等国家就会抢先承接过去。因此，要认清当前的形势，同时采取更大的措施来主动争取这块蛋糕，服务贸易更有可能在货物贸易遇阻的当下成为拯救中国外贸的有力拉手。

“当前，国际产业转移中心由制造业转向服务业，我们应紧紧抓住当前国际转移的契机，把大力发展服务贸易作为转变外贸增长方式、提升对外开放水平的重要内容，进而推动服务业乃至整个第三产业的发展。”魏建国表示，以服务外包、现代服务业为主要内容的国际性服务产业转移，正在成为全球产业转移趋势，这也为新兴经济体提供了新的机遇，印度、巴西、俄罗斯、南非、印尼、菲律宾都积极制定措施，竞相承接这一产业从发达国家的转移。

主要从事软件服务外包人才培训的北软教育副校长孙述龙预计，单纯在国际服务外包业务方面，今年我国的市场份额就将达到 300 亿美元，这也将带来更多的就业机会。但由于目前相关行业缺乏合格的从业人才，未来 5 年将有 34 万的离岸服务外包人才缺口。商机无限的同时，也对我国的服务贸易环境提出了更高的要求。

商务部研究院国际市场研究部副主任白明告诉记者，由于我国服务业和服务贸易起步较晚且相对落后，导致我国服务贸易竞争力相对落后，短期内扭转逆差局面不太现实，但可以通过大力发展与货物贸易衔接的运输服务贸易以及旅游、计算机信息服务等领域来尽量缩小逆差。

值得一提的是，目前相关工作已经开始。继以货物贸易为主的广交会后，以服务贸易为主的京交会从去年起永久落户北京，在服务立国的道路上迈出了一大步。

(资料来源：张慧敏. 北京商报，2013年2月4日)

问题：

1. 服务贸易是什么？它与货物贸易有何区别？
2. 为何我国目前要大力发展服务贸易？意义何在？

第七章　中国对外贸易价格

【学习要求】

通过本章的学习，要求学生了解进出口商品价格的含义、国内外商品市场价格的区别与联系，掌握我国处理商品国内外价格关系的各项政策，并系统地把握我国进出口商品价格的作价原则及影响价格的各项因素。

【主要概念】

进出口商品价格　国别价值　国际价值　商品价格体系　出口商品换汇成本　出口商品盈亏率

【案例导读】

需警惕贸易逆差背后高涨的初级产品进口价

尽管3月份当月贸易收支已经重返顺差格局，当月贸易顺差为1.4亿美元，但1、3两月贸易顺差之和终究抵不过2月份令人震撼的73.28亿美元逆差，致使今年一季度我国累计出现了10.2亿美元的贸易逆差，为6年来首度贸易逆差，去年一季度贸易收支为顺差139.1亿美元。那么，一季度的贸易数据说明了什么？

首先，我们可以确认，今年一季度的贸易逆差还不至于造成全年贸易收支格局彻底逆转，全年贸易收支仍将维持顺差局面。之所以如此，源于中国出口的需求和进口供给两方面因素。在中国出口需求方面，无论是美国政府"关门"危机，还是欧洲主权债务危机的新发展，抑或西亚北非动荡升级到内战和国际战争地步，目前政治经济的不确定性都尚不足以颠覆其他主要经济大国实体经济部门复苏改善的基本趋势，日本大地震甚至为中国出口增添了某些新的需求，为中国某些出口腾出了市场份额。

在进口供给方面，主要大宗商品进口量增价涨是一季度进口额暴涨和贸易逆差的重要成因，如铁矿砂进口量增长14.4%至1.8亿吨，进口均价上涨59.5%至每吨156.5美元；大豆进口量虽然减少0.7%至1096万吨，但进口均价上涨25.7%至每吨573.9美元；……利比亚战火推动国际市场油价直达新高，更令人担忧中国初级产品进口支出增长失控。但主要初级产品价格假如真的达到了可以逆转中国贸易收支基本格局(在其他条件相同的情况下)的地步，这个价格也注定不可能维持多长时间，因为在这种情况下要么是制成品价格(换言之，中国出口价格和出口额)随之全面上涨，从而使得年度贸易收支仍然呈现顺差；要么是国际经济因此而降温，对初级产品进口需求下降。

进一步考察，由于通货膨胀和资产泡沫压力出乎预料，主要经济大国收紧货币政策的步伐可望提前、加快，这对于很大程度上源于投机炒作“虚火”的大宗商品价格将产生釜底抽薪之效。

更重要的是，某些快速增长的进口项目尽管在短期内恶化了贸易收支，促进了贸易逆差形成，但在较长时间跨度内将通过进口替代和促进出口两种机制而改善中国贸易收支。一季度中国机电产品进口1729.2亿美元，增长25.6%，其中固然有汽车(进口增加31.8%至23.6万辆)之类的消费品，但很大一部分是技术装备等投资品，也正是这类投资品是我国扩大进口政策促进的主要对象。在中国强力发展新兴先进制造业、推进产业升级的浪潮中，预计这类技术装备进口还会继续显著增长。但这类装备进口之后，其产品常常替代了昔日的进口产品，要么提高了出口的增加值，要么形成了新的出口能力，从而在较长时间跨度上是改善而不是恶化了中国的贸易收支。笔者走访过的一处大型液晶面板生产线项目，其设备投资近170亿元，80%以上进口，仅仅这一个项目的设备进口需求就完全可能使该大型企业集团今年全年贸易收支转为逆差，但在该项目投产之后，由于产成品替代了此前完全依靠进口的液晶面板，出口的电视机等产品也因档次提高而价格上涨，该大型企业集团未来贸易收支将显著改善，不仅会恢复顺差格局，而且顺差额可望进一步提高。

一个季度的贸易逆差尚不足为虑，可忧虑的是高涨的初级产品进口价格会过度刺激我国国内相关生产，而这种国内生产扩大从长期看并不利于中国经济社会可持续发展，甚至有可能形成潜在的安全风险。最近几年，高涨的进口铁矿砂等矿产价格已经显著刺激了国内生产，但国内铁矿砂等金属矿产品位就总体而言远远低于进口矿，如国内铁矿按国际标准仅有海南一处富矿，其含铁量也不过是巴西铁矿的1/3而已，且储量不大。这样，一旦国际初级产品市场“虚火”破灭，进口矿产价格大幅度下跌，在矿石价格高涨时期被迫使用低品位国产矿的下游厂商将移情别恋，优先选用进口矿，国内相关矿山就有可能面临困境。

更重要的是，我们需要明确界定进口矿和国内矿山的功能定位。我们需要认清这一点：我国资源禀赋决定了国内矿产不能满足中国工业化需求，且过多使用有损中国制造业竞争力和经济安全。我国矿产资源品位不高，开采难度大，成本高。在经济全球化的今日，从铸造国内产业总体竞争力的视角考察资源状况，资源开发成本的国际竞争力比资源拥有量更有意义。也正是从全球初级产品市场的角度看，我国许多煤炭、石油、金属资源在现阶段并不具备开发价值。如果盲目固守资源立足国内的方针，那么，在当今这个高度国际化的工业品市场上，我们的下游工业在生产链条的第一个环节就要支付高于国际同行的成本，环境成本更难以计算。相比之下，取得海外优质原料和仅靠国内低品位资源，孰优孰劣，不言自明。加之我国矿产资源区域分布不平衡，大宗矿产普遍远离经济中心和海路，运输成本高，尽管我们的劳动力、土地等项成本远远低于发达国家，但20世纪90年代以来广东进口澳大利亚煤炭成本就低于使用山西煤炭的成本。而且，中国目前消耗的资源中有很大一部分系用于制造出口商品，以至于2005—2008年间中国国内批发和零售业销售额(对应于可贸易品)仅相当于当年货物贸易出口额的81%～91%，我们不能为目前供应外国市场而耗尽中国资源，从而将自己推向未来国际政治、军事危机期间遭受外国讹诈的危险境

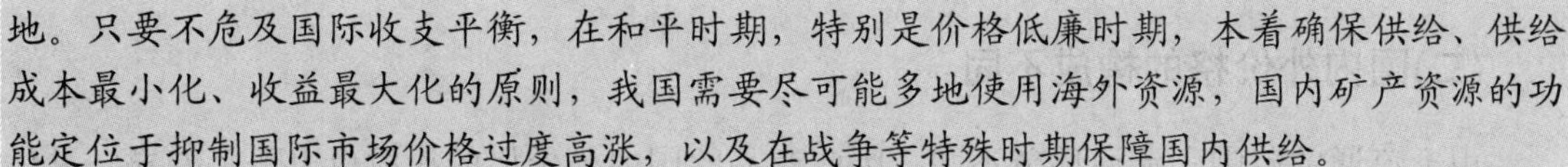

地。只要不危及国际收支平衡，在和平时期，特别是价格低廉时期，本着确保供给、供给成本最小化、收益最大化的原则，我国需要尽可能多地使用海外资源，国内矿产资源的功能定位于抑制国际市场价格过度高涨，以及在战争等特殊时期保障国内供给。

(资料来源：梅新育. 中国日报，2011 年 4 月 23 日)

在市场经济条件下，价格在引导资源配置方面发挥了基础性的作用，并促使资金、劳动、技术等资源从收入低的行业和部门流向收入高的行业和部门，进而导致产业结构不断优化。另外价格还作为对商品和劳务的社会评价标准，价格的高低将决定生产者、经营者的收益多寡，并激励企业努力降低成本，提高生产效率，以取得较大的收益。因此，在我国的对外贸易工作中，对外贸易价格已成为一个研究的核心对象。

第一节　进出口商品的国内外市场价格

进出口商品价格，即对外贸易价格，是指一定时期内，某国进出口商品的国内外价格，包括进口商品的国外价格、国内价格以及出口商品的国内价格和国际价格。在对外贸易活动中，对外贸易价格是联结国内外经济的重要纽带，也是联系国内外商品市场的重要桥梁。

一、国内外市场价格的区别

因为在价格形成基础、价格构成和价格体系等诸多方面存在差异，所以进出口商品的国内外价格间形成了一系列的区别。

(一)国内外价格的内涵形成基础不同

商品价格的内涵是价值，商品买卖活动中应按照商品价值进行交换，即按照社会必要劳动时间进行交换。所谓社会必要劳动时间，是指在现有的社会标准生产条件下，用社会平均的劳动熟练程度和强度生产某种使用价值所需要的劳动时间。这是商品价格形成的一般规律，但是进出口商品的某一国国内价格是由该国国别价值决定的，而国际价格则是由国际价值决定的，这构成了国内外价格的根本性区别。

商品的国别价值和国际价值作为一般人类劳动的凝结物，本质是完全相同的，但在量上却存在不同。国别价值是由某国国内生产该商品的社会必要劳动时间决定的，而国际价值则是由世界劳动力的平均单位决定的。在世界市场上，国家不同，劳动的中等强度也不同，有些国家高，有些国家低。于是各国的平均劳动即世界经济在一般条件下生产某种产品时所需的特殊社会必要劳动时间，成为衡量商品国际价格高低的内在标准。

(二)国内外价格的构成不同

由于流通的范围和流通环节不同，因此商品的国内外价格的构成也出现了差异。具体来看，商品的国内价格的构成主要包括生产成本、利润、各项税款和国内流通费用等，结构相对比较简单。但当商品进入国际市场后，随着流通领域扩大，交易风险和流通环节都变得相对复杂，从而增加了商品国际价格制定时需要考虑的因素。一般而言，国际价格中除了包括国内商品价格的构成因素外，还包括国际运费、包装费、仓储费、保险费、商检费、关税、外贸企业的代理手续费、中间商的佣金、港务费及其他杂费，这些费用的增加导致了商品的国际价格远远高于其国内价格。

(三)国内外价格的体系不同

在商品交易市场中，不同的国家、不同的企业和消费者必须遵守价值规律，服从等价交换的原则，形成了各种不同商品的价格和劳务收费，这就构成了商品国内价格体系。但在一体化的世界经济中，价值规律的作用范围也超出了国界，使得国内价值转化为国际价值。这样，任何一个国家的价格已经不可能自成体系，而都要与国际市场价格发生联系，尽管联系的紧密程度随着这个国家的对外贸易的依存度、进口的商品结构和外国资本的流向等因素而变化，但最终构成了一个完整的、统一的商品国际价格体系。

1. 我国的商品价格体系

商品价格体系包括各种商品的比价体系和差价体系。我国的商品价格体系是指在国别价值基础上，按照计划经济与市场经济相结合的理论，考虑整个社会再生产过程和国民经济各部门的均衡发展而建立起来的一套具有紧密联系的、统一的国民经济价格体系，具体包括计划价格和非计划价格、各经济部门价格、商品流通环节价格等方面。

以上不同环节的价格间及同种商品在不同地区、不同季节间存在的差价关系，构成了差价体系。经过1979年的价格改革，我国价格体系中的某些不合理的价格差别情况已有所改善，但总的来说，我国的价格体系还存在一定的不合理性。建立合理的价格体系，应该使商品的价格既反映价值，又反映供求关系，而且要使价格体系能够促进社会再生产发展和人民需要满足的职能得到更好的发挥。具体地说，就是要使物价总水平有利于社会生产的发展和经济效益的提高；城乡居民收入水平与物价水平相适应，劳动生产率上升幅度高于工资上升幅度，工资上升幅度高于物价上升幅度；多数重要商品价格大体接近价值，实现等价交换等。但目前，我国的商品价格体系离这些要求还存在一定的差距。

2. 国际商品价格体系

商品的国际价值量是确定国际商品交换价格的基础，商品的国际价格是商品国际价值的货币表现，是国际价值的转化形态，因此国际生产价格是由各国的平均成本和各国平均

利润之和的多少决定的。在全球范围内，伴随商品的国际交换，逐渐形成了国际商品的价格体系。与商品的国内价格体系相比，国际价格体系最大的特点是市场调节价格占据主导地位，其形成是不可控的。

二、国内外市场价格的联系

国内外市场价格虽然在内涵、构成和体系等方面存在区别，但两者间也存在联系。一般而言，当一国经济对国际市场的依赖程度逐渐增强时，其国内价格同国际价格的联系也将越来越紧密。国内外市场价格间的联系及紧密程度主要取决于下列因素。

(一)生产率水平的差异

商品的国内外价格分别由该国的国别价值和国际价值决定，而国别价值和国际价值又分别由一国的生产率和国际平均生产率水平决定，因此生产率水平将直接影响国内外价格的相互联系。当国内生产率与国际平均生产率越接近时，国内价值和国别价值也就越接近，而商品的国内外价格水平就差距越小；反之，则差距越大。

(二)一国参与国际分工的程度

一国参与国际分工的程度越高，意味着其经济的对外贸易依存度相对较高，其进出口额占该国工农业总产值的比重越大，因此，商品的国内外价格的联系也就越紧密。

(三)一国国内市场与国际市场的供求变动是否一致

由市场供求关系的变化引起的价格变动对社会经济活动进行的调节，是价值规律调节商品生产和商品流通的表现形式。当商品的生产超过需要时，市场上供过于求，价格下跌，利润减少。当价格跌到价值以下时，利润率低于平均水平，商品生产者就会缩减生产，使市场上供给开始减少，逐渐接近于需求水平。价格以价值为中心上下波动，使社会劳动在各部门之间的分配得到调节，使生产和需要趋向平衡。因此当一国国内市场的供求变动与国际市场的变动趋势越趋于一致，商品的国内外价格的变动也就越相似，两种价格的联系也就越紧密了。

(四)商品自由流动障碍大小

商品的国内外价格产生联系的前提是商品可以在国内外市场间相对自由流动。若一国采用了一些阻碍商品自由流动的贸易政策，将会导致国内外市场的人为割裂，降低该国参与国际分工的程度，破坏两个市场间供求变动的一致性，从而弱化了商品的国内外价格的联系。

(五)经济机制差别

经济机制对商品价格的形成具有指导作用。若一国实行计划经济机制或正处在由计划经济机制向市场经济机制的转变过程中，那么就无法与国际市场的市场经济机制完全适应，导致商品的国内外价格出现割裂。反过来，若一国实施市场经济机制，则会为国内外价格的联系创造客观条件。

第二节 中国处理国内外价格关系的政策

一、正确处理国内外价格关系的意义

商品的国内外价格的联系，可以从侧面反映出该国生产率水平与国际水平的差距、该国参与国际分工的程度、该国经济机制与国际经济机制的一致程度及市场供求变动的相关情况，因此，正确处理好国内外价格关系，对增强一国经济与国际经济的联系，促进其发展具有非常重要的意义。

(一)充分发挥价值规律的调节作用

价值规律是商品经济的基本规律，只要商品经济存在，价值规律就必然发生作用。价值规律的基本内容和客观要求是：商品的价值量由生产商品的社会必要劳动时间决定；商品交换要以价值为基础进行等量交换。可见，价值规律既是价值决定的规律，又是价值实现的规律。在商品经济中，价值规律对社会经济具有以下作用。

(1) 价值规律自发地调节生产资料和劳动力在社会各生产部门之间按比例分配，即配置社会资源。

(2) 价值规律自发地刺激商品生产者改进技术，改善经营管理，进而促进社会生产力的发展。

(3) 价值规律会引起和促进商品生产者的两极分化，造成优胜劣汰的结果。

在对外贸易中，正确处理国内外市场价格，使价值规律既反映国际价值，又反映国别价值，使国内商品生产、流通根据价值规律的调节，即由供求变化引起价格涨落，引导社会劳动力和生产资料在各个部门的分配，较合理地进行资源配置，使企业的生产经营与市场直接联系起来，促进竞争，增加社会经济效益。

(二)有利于减轻财政负担

价格改革之前，为保护国内商品市场的稳定，防止国际经济危机的冲击和影响，我国出口商品的收购，一律按国内价格，而出口商品的外销则根据国际市场价格水平作价；进

口商品内销，按国内价格作价，而其购进时根据国际市场价格作价。在这种国内外价格割裂的背景下，虽然商品的国际价格不断上涨，但其国内价格仍然维持不变，于是导致进出口商品的国内外价格差距越来越大，国家为消除价差支付的财政补贴越来越多，这对国家财政形成了巨大的压力。价格改革后，为适应对外开放的需要，进出口商品价格开始参考国际市场价格，随后逐步实行进出口商品代理作价原则，取消进口补贴。进口商品的国内代理价格、出口商品的收购(出厂)价格由市场决定，国内市场价格与国际市场价格在形成机制上基本衔接，国家主要运用税收(关税)杠杆影响进出口商品价格进而调节商品进出口。目前，绝大多数商品的国内市场价格水平与国际市场价格水平已比较接近，这正是我国正确处理商品国内外价格的成效之一。

(三)促进经济效应提高

正确处理商品的国内外价格，消除两者间的价差，将有利于企业对进出口商品进行合理的成本核算，促进企业对外贸易经济效应的提升。另外，加强了国内外价格的联系，有利于合理分配国内外资金与各种资源，提升资源的利用率，提升国家对外贸易的宏观经济效应。

二、中国处理国内外价格关系的政策

要正确处理我国商品的国内外价格的关系，最重要的是尽快完善社会主义市场经济体制和进行价格改革。

(一)我国价格改革已经取得的成绩

三十多年来，价格改革实现了具有中国特色的计划价格体制向市场价格体制渐进转变的尝试，建立并逐步完善在宏观调控下以市场形成价格为主的机制和价格调控体系，促进我国价格体系趋于合理，增强了国内外商品价格的相互联系，为建立完善社会主义市场经济体制作出了重大贡献。价格改革有力地促进了经济社会发展、对外开放和广大群众生活的提高及社会稳定和谐。

1. 转变了价格形成机制

价格改革转变了价格形成机制，建立并逐步完善了在宏观调控下以市场形成价格为主的机制。1992 年是新旧价格形成机制的转折点，与 1991 年相比发生了重大变化，市场机制在价格形成中已经起主导作用。

2. 完善价格调控体系

价格改革后，我国的价格调控体系在性质、手段等方面发生了巨大改变，而且构成了涵盖面宽、内容广泛且相互联系的有机体系。具体来讲，确立了价格宏观调控目标，对微观经济主要实行间接调控；价格调控监管以经济手段、法律手段为主，行政手段为辅，还配以宣传舆论手段，通过行业协会、商会组织企业加强价格自律；实行调控目标责任制，建立了少数重要商品储备制度和价格调节基金制度，建立了价格监测信息网络，逐步完善价格预测预警系统和临时价格干预措施和紧急措施等。价格调控、监管走上了规范化、法制化、民主化的轨道。

3. 国内外市场价格联系加强

价格改革前，国内市场价格与国际市场价格的联系是切断的，进口商品的国内销售价格和出口商品的国内外贸收购(出厂)价格主要是考虑与国内同类商品的比价关系和政策需要单独制定的，国内外价格脱钩。价格改革初期，适应对外开放需要，进出口商品价格开始参考国际市场价格，随后逐步实行进出口商品代理作价原则，取消进口补贴。进口商品的国内代理价格、出口商品的收购(出厂)价格由市场决定，国内市场价格与国际市场价格在形成机制上基本衔接，国家主要运用税收(关税)杠杆影响进出口商品价格进而调节商品进出口。目前，绝大多数商品的国内市场价格水平与国际市场价格水平按现行汇率计算是接近的。

4. 建立了以《价格法》为核心的价格法律体系

1997 年 12 月 29 日经八届全国人大常委会第二十九次会议通过，确定从 1998 年 5 月 1 日起施行《价格法》，这是我国价格法制建设的重要里程碑。《价格法》是根据社会主义市场经济的要求，在总结价格改革经验的基础上，用法律形式对社会主义市场经济条件下的价格形成机制、价格管理形式、政府调控监管、经营者的价格行为、政府的定价行为、价格总水平调控以及保护市场竞争、制止不正当价格行为等重大问题作了规定，对构建新的价格形成机制和价格调控机制，发挥价格合理配置资源的作用，增强政府宏观调控能力，稳定市场价格总水平，规范市场价格行为，保护消费者和经营者的合法价格权益，提供了法律保障。

随后，我国又以《价格法》为核心，制定了一批相配套的价格法规、规章和规范性文件。如：《价格违法行为行政处罚规定》、《制止牟取暴利的暂行规定》、《关于制止低价倾销行为的规定》、《禁止价格欺诈行为的规定》、《制止价格垄断行为暂行规定》、《关于商品和服务实行明码标价的规定》、《价格行政处罚程序规定》、《价格违法行为行政处罚实施办法》、《价格违法行为举报规定》、《国家计委和国务院有关部门定价目录》、《非常时期落实价格干预措施和紧急措施暂行办法》、《政府制定价格行为规定》、《政府价格决策听证办法》、《政府制定价格成本监审办法》、《行政事业性收费标准管理暂行办法》、《价格监测规定》等。此外，一些省、市结合本地情况，出台了《价格管理条例》、《收费管理条例》、《价格监督检查条例》和《价格鉴证条例》等。

5. 形成了具有中国特色的社会主义价格理论体系

价格改革不仅使价格体制发生了深刻变化，而且在实践中创新了价格理论，逐步形成了具有中国特色的社会主义价格理论体系，成为具有中国特色社会主义理论体系的组成部分。社会主义价格理论体系主要回答了社会主义条件下价格的地位和作用以及发挥价格杠杆作用的方式、方法、手段，建立相关机制、制度等问题。社会主义价格理论体系包括在社会主义条件下，价格是市场机制的核心；价格在宏观调控下主要由市场供求形成，宏观调控要以市场供求为基础，在正常情况下不能干预经营者自主定价；价格管理形式为政府定价、政府指导价、市场调节价；价格调控要综合运用经济、法律、行政、舆论导向等多种手段，打“组合拳”；价格形成机制、运行机制、约束机制与调控体系、制度、法制等存在着内在的相互制约、相互联系；开始探讨在价格形成、运行中如何体现效率与公平的结合，如何有利于社会主义和谐社会的构建等。

(二)价格改革的深化

在充分肯定价格改革的巨大成就的同时，我们也要清醒地看到资源性产品价格改革还有较大差距，环境价格改革还刚刚起步；要素价格改革还未到位；医疗、教育收费和房地产价格改革还存在不少问题；价格调控决策的科学化、民主化、透明度还有待提高，而这些都是我国正确处理国内外商品价格的障碍。在适应新时期要求抓住机遇深化改革，掌握改革时机、力度等方面也有着某些不足，这都需要在今后深化改革中逐步解决。

1. 建立国内外市场价格相互影响的机制

要进一步合理处理国内外价格的关系，首先就要建立两者间的相互影响、相互制约的机制。既要顺应经济全球化潮流，使国内市场价格与国际市场价格互动，又要防止国际市场价格变动对国内市场价格的冲击。

2. 完善政府定价机制和价格调控监管机制

政府在正确处理商品的国内外价格中发挥着非常重要的作用，在进一步深化价格改革的过程中，应不断完善政府定价机制和价格调控监管机制，具体包括以下内容。

(1) 进一步调整政府定价的范围，放开可由市场竞争形成的产品服务价格，减少行政事业性收费项目。

(2) 加强政府定价成本监审法制建设。对关系人民生活和生产发展的重要商品的社会平均成本，如普通商品住宅成本进行调查，并向社会公布，克服消费者与生产者信息不对称的问题。

(3) 改革政府定价方法。完善资源、环境、生态价格构成和科技产品价格构成。

(4) 健全社会对政府价格决策的监督机制。

(5) 规范经营者的价格行为。严厉打击价格垄断、不正当价格竞争等违法行为。

(6) 改进价格总水平调控方法和健全价格异常波动应急机制。

(7) 尽快编制出台城镇低收入群体生活价格指数。

(8) 进一步转变政府职能，加强价格主管部门在价格调控、监管方面的综合协调的职责，提高价格调控、监管水平。

第三节　中国进出口商品的作价原则

商品的进出口价格，一般分为国内价格和国外价格两部分，进出口商品的国外价格又分为进口商品国外进价和出口商品的国外销价，即我国外贸企业在国际市场上进口商品的购进价和在国际市场上出口商品的外销价。在对外贸易中，合理确定出口商品的成交价格，对提高外贸企业的经济效益非常重要，但首先必须在深入了解影响商品价格的各种因素的基础上，确定灵活的进出口商品作价原则。

我国进出口商品的作价原则是：在贯彻平等互利原则的基础上，根据国际市场价格水平，结合国别(地区)政策，并按照我们的经营意图确定适当的价格。由于价格构成因素不同，影响价格变化的因素也是多种多样的。因此，在确定进出口商品价格时，必须充分考虑影响价格的各种因素，加强成本和盈亏核算，并注意同一商品在不同情况下应有合理的差价。

一、作价原则的影响因素

确定进出口商品价格应考虑下列因素。

(一)交货地点和交货条件

在国际贸易中，由于交货地点和交货条件不同，买卖双方承担的责任、费用和风险也不同，在确定进出口商品价格时，必须首先考虑这一因素。例如，在同一距离内成交的同一商品，按 CIF(成本加保险费、运费)条件成交与按 DES(指定目的港船上交货)条件成交，其价格应当不同。

(二)运输距离

国际商品买卖，一般都要经过长途运输，运输距离的远近关系到运费和保险费的开支，从而影响到商品价格。因此，在确定商品价格时，必须核算运输成本，做好比价工作。

(三)商品的品质和档次

在国际市场上，一般都是按质论价，即优质高价，劣质低价。品质的优劣，包装装潢

的好坏，款式的新旧，商标、品牌的知名度，都会影响商品价格。

(四)季节因素

在国际市场上，某些节令性商品，如赶在节令前到货，抢行应市，即能卖上好价。过了节令，商品往往售价很低，甚至以低于成本的“跳楼价”出售。因此，应充分利用节令因素，争取按有利的价格成交。

(五)成交量

按国际贸易的习惯做法，成交量的大小会直接影响价格。成交量大，在价格上应予适当优惠，或采用数量折扣办法；反之，成交量小，可适当提价。

(六)支付条件和汇率变动的风险

支付条件是否有利和汇率变动风险的大小，都会影响商品的价格。例如，在其他条件相同的情况下，采取预付货款同采取凭信用证付款方式，其价格应有区别。同时，确定商品价格时，一般应采用对自身有利的货币成交。如采用不利货币成交时，应把汇率风险考虑到商品价格中去。

二、出口商品的对外作价原则

商品出口价格直接关系到贸易买卖双方的经济利益，作价时一方面须参考企业产品生产成本，另一方面还需按照国际市场的供求水平，结合成交条件、运输费用和汇率变化等因素。

(一)按国际市场价格水平作价

国际市场价格因受供求变化的影响而上下波动，有时甚至出现瞬息万变的情况，因此，在确定成交价格时，必须考虑供求状况和价格变动的趋势。当市场商品供不应求时，国际市场价格就会呈上涨趋势；反之，当市场商品供过于求时，国际市场价格就会呈下降趋势。由此可见，切实了解国际市场供求变化状况，有利于对国际市场价格的走势作出正确判断，也有利于合理地确定进出口商品的成交价格，该涨则涨，该落则落，避免价格掌握上的盲目性。

1. 国际市场价格的类别

国际市场中存在多种交易方式，形成了不同的商品国际市场价格，具体分为实际成交价格和参考价格。其中实际成交价格包括交易所价格、拍卖价格、招标价格和一般实际成交价格。

1) 交易所价格

商品交易所是一种典型的具有固定组织形式的市场，是指在指定的地点、按照规定的程序和方式，由特定的交易人员(一般为会员经纪人)进行大宗商品交易的专业市场。在商品交易所进行交易的商品往往具有同质性，即品质相同，如有色金属、谷物、原料、橡胶等。目前主要通过交易所交易的商品大约有50多种，占世界商品流通额的15%～20%，而且世界性的商品交易所，如芝加哥商品交易所、芝加哥商业交易所每天的开盘价、收盘价和全天最高价、最低价均会刊登在世界重要的报刊上，作为商品市场价格的指示器。因此，世界性商品交易所的价格一般被公认为世界市场价格的重要参考数据，对确定商品的出口价格产生着建设性的影响。

2) 拍卖价格

拍卖是一种在规定的时间和场所，按照一定的规章和程序，通过公开叫价竞购，把事先经买主验看的货物逐批或逐件卖给出价最高者的活动。以拍卖方式进入国际市场的商品，大多数是品质不容易标准化、不易存储、产地分散或难以集中交易的商品，如毛皮、茶叶、古玩艺术品等。拍卖的方式一般可分为英式拍卖和荷式拍卖两种。

拍卖价格的形成过程具有不同于其他国际市场价格的三大特点，具体如下。

第一，在拍卖中，买卖双方不直接洽谈，而通过专业拍卖行进行沟通。

第二，拍卖是一种单批、实物的现货交易，具有当场公开竞购、一次成交的性质，拍卖货物在拍卖前经过有意购买的买主验查过，拍卖结束后，卖方和拍卖行对商品的品质不承担赔付责任。

第三，拍卖交易对买方的要求较高，买方必须对货物的质量和价值有鉴赏力。

案例 7-1

拍卖活动中的定价案例

拍卖是以公开竞价形式买卖物品和有形、无形资产权利，将标的物转让给最高应价者的市场交易活动，拍卖的过程就是对标的物的一个市场寻价过程。在拍卖活动中竞买人的心理变化决定其竞买行为，其竞买行为又直接决定着拍卖会的成败。因此，研究竞买人的心理，掌握其变化规律，对拍卖企业及拍卖师来说，都是极其重要的。

材料 1:

某拍卖公司受某破产清算小组委托拍卖一条专业生产流水线，底价 195 万元。会前共有 10 位竞买人交了 20 万元保证金，其中两人还私下与拍卖师协商，表示愿意以高出底价 30 万元的价格提前买走。但在拍卖会上拍卖师采取增价拍卖方式以 195 万元起拍，却因无人应价而流拍。

分析:

这是一个典型的竞买人私下串通的案例。竞买人虽然来自全国各地，彼此之间并不熟悉，但拍品预展和竞买登记给了他们认识的机会，共同的利益使他们团结起来。很可能他

们彼此间已经达成了一个以低于 195 万元的价格买走再由买受人给其他人分钱的协定。对此可以采取错开预约时间参观拍品与办理竞买登记以减少竞买人相互认识的机会。但是一旦这种防范措施失效，竞买人之间形成联盟，拍卖人就要做好与这种联盟进行心理较量的准备。按照竞买人事先已经知晓的程序拍卖，只能落入他们的圈套。拍卖人要认识到，这种联盟是临时性的松散联盟，打破这种联盟非常容易。在具体做法上可采取以下两种方式：一是以低于底价的价格起拍以打乱竞买联盟的部署，引发其相互间的竞争；二是直接采取投标式拍卖，让竞买人在无法直接沟通的情况下背靠背竞标。

材料 2:

在某场拍卖中，第 7 号拍品是农肥部的两间店面，起拍价 8 万元，经过激烈的竞争以 12 万元的价格成交。这一拍品的成交引起了轰动。同一标的在前一场拍卖中，因起拍价 10 万元，却因无人应价而流标。

分析:

这是拍卖活动中常见的现象。有人将这种现象称作“弹簧现象”，即成交价根据起拍价的高低在一定范围内波动。起拍价越低，成交价越高。在“弹簧现象”的背后是人们心理上的规律性波动。大凡人们在拍卖会上购买商品都有一个预期的界限值。对大多数可以在普通商店里见到的商品来说，这个界限值一般在市价的 60%～80%以内。高于这个值，人们就觉得不如在商店里购买；略低于这个值，人们也会觉得意思不大，买不买两可；只有低于这个值差距较大时，人们才会踊跃竞买。因此，当竞买人足够多，人们的购买意向也比较强烈的情况下，降低起拍价(可以低于委托底价)反而有助于实现拍品的价值。

(资料来源：四川拍卖，2005 年，第 2 期)

3) 招标价格

招投标是贸易活动中常见的一种交易方式，是卖主之间的竞争，标的公开、竞争公开、成交迅速是该种方式的特点。在企业购进商品数量较多或价值较高时，往往以公告方式向世界承销商招标，由于参加投标者众多、竞争性强，因此招标价格往往比一般成交价格低。

4) 一般实际成交价格

一般实际成交价格是由买卖双方直接商议决定的价格，是一种非公开的国际价格，不仅可以反映商品的市场供求变化情况，还反映产品质量的优劣、成交额的大小、支付条件、买卖双方的业务关系等因素。成交价格通常与商品质量的好坏成正比，与成交额的大小、业务关系成反比。正因为实际交易价格的非公开性，其一般不能作为世界市场价格的重要决定因素，而只能提供参考作用。

2. 按国际市场价格作价的原因

1) 国际市场价格是国际价值的转化形式

商品的国际价格也是受价值规律的支配，而价值规律是国家间商品交换的重要指导思想。在资本主义生产方式建立以前，在国内商品交换中，商品是按照价值进行交换，价值一直是价格运动的中心。随着资本主义的发展，资本主义国内市场形成，利润开始转化为平均利润，商品价值也转化为生产价格。在以各国市场组成的世界市场上，随着商品的国别价值向国际价值的转变，世界市场上商品的国际价值成为国际市场价格变动的基础和中心。因此，以国际市场价格作为确定出口商品价格的依据，可以充分反映价值规律的内涵。

2) 国际市场价格反映商品的国际供求状况

商品在世界市场上，按照国际市场价格而非价值出售，并不是对价值规律的否定，而是反映了国际市场价格常常受到国际供求状况的影响。当商品的供给超过需求时，世界市场价格往往低于国际价值；反之，当商品的需求大于供给时，价格就可能上涨到价值以上。但是，价格本身的变动，又会反过来影响供给和需求的变化，使它们逐渐趋于平衡，从而使国际市场价格接近国际价值。这种价格与市场供求间相互影响的过程，使得任何企业都无法完全支配商品的市场价格，有利于公平合理地确定商品的出口价格。

(二)作价时应体现贸易政策

出口商品在作价时，除了要充分考虑国际市场价格外，还需配合外交活动，在改革开放总方针的指引下，实行全方位协调发展的国别政策，对不同国家或地区采取与我国贸易政策相适应的作价原则。如为了发展同发展中国家的友好关系，在制定向他们出口商品的价格时可灵活处理，采用略低于国际市场价格的方式定价。而对西方工业发达国家，我们在坚持平等互利的基础上，全面发展同各国的贸易往来和合作，特别是需加强同那些贸易条件较优惠、市场较开放等国家的贸易关系，坚持按国际市场价格作价。但对某些对华采取歧视性贸易规定的国家，我们应进行适当的价格斗争。

(三)出口商品作价时的注意事项

在对出口商品作价时，除了要遵循以上的两项原则外，还有一些因素也需要加以注意。

1. 计价货币

在国际贸易中，对于现汇贸易，应采用可兑换货币。我国的人民币，已实行经常项目下可兑换，所以也是我国对外贸易中使用的货币之一。可兑换货币的价值，因汇率的变动而变动，故而买卖双方均应密切注意货币汇率的升降趋势。选择合适的货币，以减少由于汇率波动而带来的风险。

通常，买卖双方愿意选择汇率稳定的货币作为计价货币。但在汇率不稳定的情况下，出口方倾向于选用“硬币”，即币值坚挺、汇率看涨的货币，而进口方则倾向于选用“软币”，即币值疲软、汇率看跌的货币。合同中采用何种货币要由双方自愿协商决定。若采用的计价货币对其中一方不利，这一方应采取合适的保值措施，比如远期外汇买卖，就应把所承担的汇率风险考虑到货价中去。

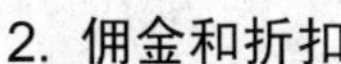

2. 佣金和折扣

在商品价格中，有时会包含佣金和折扣。佣金(Commission)是指卖方或买方支付给中间商代理买卖或介绍交易的服务酬金。我国的外贸专业公司，在代理国内企业进出口业务时，通常由双方签订协议规定代理佣金比率，而对外报价时，佣金率不明示在价格中，这种佣金称之为“暗佣”。如果在价格条款中明确表示佣金多少，则称为“明佣”。在我国对外贸易中，佣金主要出现在我国出口企业向国外中间商的报价中。

包含佣金的合同价格，称为含佣价，通常以含佣价乘以佣金率，得出佣金额。其计算公式为：佣金=含佣价×佣金率，而佣金=含佣价-净价，整理后得出含佣价和净价的关系：含拥价=净价/(1-佣金率)。佣金通常以英文缩写字母 C 表示。比如每公吨 1000 美元 CFR 西雅图包含佣金 2%，可写成：每公吨 1000 美元 CFRC2 西雅图。其中的“C2”即表示佣金率为 2%。卖方应在收妥货款后，再向中间商支付佣金。

折扣(Discount)是卖方在原价格的基础上给予买方的一定比例的价格减让。使用折扣方式减让价格，而不直接降低报价，使卖方既保持了商品的价位，又明确表明了给予买方的某种优惠，是一种促销手段，如数量折扣、清仓折扣、新产品的促销折扣等。比如每件 20 美元 CIF 纽约减 5%折扣。卖方在开具发票时，应标明折扣，并在总价中将折扣减去。

3. 出口商品的成本

出口商品的成本核算主要有两个经济效益指标。

1) 出口商品换汇成本(换汇率)

该指标反映出口商品每取得 1 美元的外汇净收入所耗费的人民币成本。换汇成本越低，出口的经济效益越好。其计算公式为：出口换汇成本=出口总成本(人民币元)/出口外汇净收入(美元)。这里的出口总成本，包括进货(或生产)成本、国内费用(储运、管理、预期利润等，通常以费用定额率表示)及税金。出口外汇净收入指的是扣除运费和保险费后的 FOB 外汇净收入。

例：某商品国内进价为人民币 7270 元，加工费 900 元，流通费 700 元，税金 30 元，出口销售外汇净收入为 1100 美元，则出口总成本=7270+900+700+30=8900 元(人民币)，换汇成本=8900 元人民币/1100 美元=8.09 元人民币/美元。

2) 出口商品盈亏率

该指标说明出口商品盈亏额在出口总成本中所占的百分比，正值为盈，负值为亏。

出口商品盈亏率=(出口人民币净收入-出口总成本)/出口总成本×100%

出口人民币净收入=FOB 出口外汇净收入×银行外汇买入价

盈亏率和换汇成本之间的关系为

出口商品盈亏率=(1-出口换汇成本/银行外汇买入价)×100%

可见，换汇成本高于银行买入价，盈亏率是负值；换汇成本低于银行外汇买入价，出口才有盈利。

三、进口商品的对外作价原则

(一)作价原则

进口商品的对外作价原则与出口商品的作价原则基本一致，应在考虑参考国际市场价格水平的同时，体现国别政策和进口意图，结合进口工作中的一些具体情况，灵活调控，既保证购进进口商品的数量和质量，又尽可能地为国家节约外汇支出。

(1) 在充分的市场调查的基础上，以不高于或略低于国际市场价格的作价原则指导进口商品的价格确定工作。

(2) 在确定进口商品价格时，既要考虑其国际市场价格，也要兼顾影响国际市场价格变动的多方面因素，全面考虑，以免遗漏。

(3) 无论进口何种商品，进口时都应货比三家，多向几个国家和卖方询价，做好前期市场调研工作，根据多方面报出的技术、规格、材质、性能和价格，综合分析，然后择优选购。

(4) 对于某些急需物资的作价，不能单纯考虑价格，有时甚至要略高于国际市场价格，以便加速进口速度，提前生产，创造更多的价值。

(5) 要根据进口商品的数量大小，灵活采取一次性与长期稳定性进口方法，充分利用商品进口数量较多的优势，降低该类商品的进口价格。

(二)我国进口商品作价原则的变化过程

进口商品的作价原则和方法，应随国民经济管理体制和国内外政治环境的变化而调整。建国以来，我国进口商品的作价变化过程大致经历了四个阶段。

1953—1963年，在这一时期内，我国进口商品的作价办法不统一。1964—1980年，进口商品的作价进入了统一阶段。1963年12月，国务院颁发了《关于进口商品实行统一作价办法的暂行规定》，从1964年1月1日起，各种进口商品，无论从哪个国家进口，无论是中央部门或省、自治区、直辖市所属部门订货，都要尽可能按照国内同类产品价格作价。其原则是国内价格与国际价格脱钩，以保持国内价格的相对稳定。1981—1984年，这一时期进口商品国内作价试行贸易汇价，即国家制定了只供内部结算使用的贸易外汇内部结算价格。1985年以后，停止试行贸易汇制，外贸进口经营逐步实行代理制，从而进口商品作价实行进口商品代理作价。

进口商品代理作价，即承办进口的外贸企业按照商品的到岸价格，加上进口关税、国内税、银行管理费和手续费，向订货部门拨交进口商品，代理价和国内同类商品的差价，由用户自负盈亏，外贸企业只按到岸价格收取一定比例的手续费。

第四节　影响对外贸易价格的因素

在商品的国际交换中，其价格受到多方面变动因素的影响，其中表现最为突出的有以下几个方面。

一、商品成本

(一)成本的内涵

成本是商品经济的产物，是商品价值的主要构成部分，也是影响商品价格的重要因素。根据马克思、恩格斯的著名公式和有关成本价格的论述，可以得出成本就是商品生产者为生产商品和提供劳务等所耗费的物化劳动和活劳动中的必要劳动价格的货币表现。就社会再生产而言，产品成本是企业维持简单再生产的补偿尺度，如果产品的成本耗费不能得到补偿，简单再生产就无法进行。市场经济条件下的生产过程，商品的价格是在市场竞争中形成的，商品生产者必须降低成本。因为在一定的销售量和销售价格条件下，生产商品的成本水平如何将决定利润的多少，进而决定该商品扩大生产或停止生产的可能性，关系到企业的生存和发展。在公式 $W=C+V+m$ 中，商品价格 W 先由市场制定出来，成本$(C+V)$越高，利润 m 越少，因为 $m=W-(C+V)$，成本$(C+V)$如果大于 W，就会赔本，生产数量越多，赔钱越多，迫使企业降低成本，否则停止生产。

目前商品成本主要包括以下方面。

(1) 原料、材料、燃料等费用，表现商品生产中已耗费的劳动对象的价值。

(2) 折旧费用，表现商品生产中已耗费的劳动手段价值。

(3) 工资，表现生产者的必要劳动所创造的价值。

在实践中成本构成有两种划分方法：①按费用的经济内容(经济性质)划分，包括物质消耗和劳动报酬。前者包括外购材料及其费用、折旧、大修理基金；后者包括基本工资、津贴、奖金、福利基金、劳动保险。②按费用的经济用途划分，包括原材料；燃料和动力；工资及工资附加费；废品损失；车间经费；企业管理费。成本构成在不同部门之间、同一部门内部，甚至同一部门、同一行业的不同时期都有所不同。因此，明确不同部门、不同行业以及不同时期产品成本的构成，不仅有利于各部门、各企业明确降低或控制产品成本的主导方向，而且有利于研究科学技术的发展和劳动生产率的增长在改变成本构成中所起的作用，同时有利于研究自然条件对降低成本、改变成本构成的影响和作用。

(二)成本的作用

成本作为一个特殊的经济范畴，在商品经济活动中具有重要作用。

1. 成本的补偿是保证企业进行正常生产活动的最基本的、必要的条件

“商品出售价格的最低经济界限，是由商品的成本价格规定的。如果商品以低于它的成本价格出售，生产资本中已经消耗的组成部分，就不能全部由出售价格得到补偿。如果这个过程继续下去，预付资本价值就会消失”。①

2. 成本是制定商品价格的主要依据

在还不能准确计算商品的价值时，成本作为价值构成的主要组成部分，它的高低能反映商品价值量的大小，因而商品的生产成本成为制定商品价格的主要依据。正确地核算成本，才能使价格最大限度地反映社会必要劳动的消耗水平，从而接近价值。

3. 降低成本是稳定市场价格的有效途径

商品的生产成本在商品价格的构成中占有相当大的比重，因而成本的变动在很大程度上决定价格的变动。研究各部门、各类产品成本的变化趋势，有利于认识和掌握价格变动的规律，从而较好地制订价格的长远规划。稳定商品的生产成本，特别是降低成本，则是稳定市场价格的有效途径。

4. 降低成本是企业提高竞争能力的关键

成本作为价格的主要组成部分，其高低还是决定企业有无竞争能力的关键。因为在商品经济条件下，市场竞争实质上就是价格竞争，而价格竞争的实际内容就是成本竞争。企业只有努力降低成本，才能使自己的产品在市场中具有较高的竞争能力。

(三)我国商品成本构成中的问题

我国商品成本构成中集中体现的五个“高”和五个“低”的问题，在很大程度上制约了我国商品的对外贸易价格的合理确定。

1. 五“高”现象

(1) 政府成本高。一是政府部门行政审批程序烦琐，延误企业商机，从而增加了企业成本；二是有些地方政府的某些职能部门权力寻租，变无偿服务为有偿服务，由此增加了企业成本；三是有些行政部门巧立名目，乱收费，多收费，由此而加重了企业负担；四是政府行政干预过多，违背市场经济规律，破坏资源配置效率，使企业付出不必要的代价。

(2) 社会成本高。集中表现在企业直接负担应由财政负担的公共支出。例如，企业直接承担职工的生育、养老、医疗等事务的费用，尤其是国有企业最为突出，有些国有老企业，退休人员所占比重较高，甚至超过在职人数，使企业背上沉重的包袱。又如，打击制

① 马克思恩格斯全集. 第25卷[M]. 北京：人民出版社，1974：45～46.

假、售假行为本是政府部门的一大职责，但由于某些地方政府打假不力，企业不得不花巨资对制假行为进行调查取证，承担这笔不应由企业负担的费用。有不少地区，在水、电、交通、通信等基础公共设施方面比较落后，企业不得不承担更重的额外负担。

(3) 信用成本高。由于我国信用体系很不健全，人们的诚信意识还比较淡薄，企业对客户的资信调查取证比较困难，尤其是对中小企业、个体私营企业的信用状况更难把握，企业对使用商业信用开展贸易活动心存芥蒂，个体私营企业之间普遍采用原始的现金交易就是信用体系不发达的结果，大大增加了交易成本，从而使市场效率遭受损失。在买方经济条件下，企业为扩大销售，仍然不得不借助于赊销形式，使企业存在数额庞大的应收账款，由于信用意识淡薄，企业不得不付出昂贵的讨债费用，最后又得承担数额不小的坏账损失。在商品交易中，企业须时刻提防假信息、假合同、假汇票、假发票、假冒伪劣产品等信用陷阱，为此投入大量的人力、物力和财力。

(4) 制度成本高。由于经济体制在制度设计上存在的诸多不合理，对某些权力失去必要的法律与制度约束，扭曲了企业正常的经营贸易活动，如药品市场中的制度性缺陷，一些医生按处方获取药品价格回扣，不少医院利用病人对药品消费的特殊性及信息上的不对称获取药品的高额差价；如工程成本中隐含的各权力部门及掌握实权人物的各种好处费、回扣大大抬高了项目工程成本。至于企业经常超标的业务招待费，其中又不知有多少是在为制度缺陷而付出代价。

(5) 政策成本高。一是有些地方政府政策多变，企业无所适从，原来可行的项目，一旦上马后，由于政策变化变得无利可图。政策之间缺乏连续性。二是政策的执行有时缺乏统一性，存在诸多对人不对事、因人而异的现象。

2. 五“低”现象

(1) 知识成本低。一方面。由于知识产权得不到有效保护，一个企业投入大量人力物力财力开发出来的新产品，一旦投放到市场，马上就有大量的仿制品在市场上出现，这些仿制品由于其成本中不含知识成本，可以低价销售，对产品的研制开发企业构成极大的威胁，得利的反而是不重视科技投入而热衷于抄袭模仿的企业。另一方面，在企业治理结构中，没有建立健全的知识投资分配机制，知识产权的投资在企业收益分配上得不到有效保护，科技人员不能得到应有的回报。

(2) 人力成本低。在我国商品成本中，直接人工成本所占的比重低，人力资源报酬尤其是高级人才的劳动报酬远低于发达国家，也低于与我国经济同等发展水平的国家。即使有的企业愿意提高职工工资水平，但是，我国现行企业所得税法规定的职工工资税前列支标准太低，使大部分企业的人力成本得不到足额补偿，增加了企业的额外负担。

(3) 资本成本低。如果就银行的贷款利率水平来看，我国的资本成本与国际比较并不低，尤其是1998年前几年的利率水平是比较高的。但是，我国国有企业扭亏任务一直比较艰巨，政府投资难有投资回报；而上市公司热衷于圈钱，为数不少的上市公司长期很少发放现金红利，廉价使用投资者的资本；由于国有商业银行真正实行商业化管理在我国尚处于不断探索之中，企业利用改组、破产等手段千方百计逃废银行债务现象时有发生，凡此种种，对许多企业来说，资本成本并不高，有的甚至很低。

(4) 环境成本低。有的企业以环境污染为代价创造了几千万的收益，政府又不得不投资几个亿来治理环境污染。一些高污染企业，以其较低的环境成本，反而成为一个地区的税利大户，得到地方政府的重点保护。

(5) 违规成本低。由于我国政府对经济的监管尚有诸多不到位之处，企业的违规行为被发现的可能性较小，即使被发现，往往面对企业与政府官员之间一对一的讨价还价，受到的处罚并不重，如企业制假获利可能很大，但制假成本并不高。

为合理制定商品的对外贸易价格，今后就必须特别关注商品成本构成中的五“高”和五“低”现象，采取适当措施，消除其不利影响，促进我国商品进出口贸易利益的提升。

案例 7-2

中国制造业低成本优势渐行渐远　订单减少产能外移

以轻工、纺织等为代表的劳动密集型产业曾是我国外贸出口的主力军。而从第 112 届广交会上透露的种种迹象显示，这些行业的中低端产能正在面临越来越突出的订单减少和产能外移压力。专家指出，在旧产业逐步淡出的同时，新产业、新产品和新产能能否取而代之，将是我国产业格局变化的新考验。

低端制造产能逐渐外流

“越南工人 600 块钱一个月，而我们国内工人工资要占成本的 20%～30%。”广东雄英集团有限公司经理卢先生给记者算了一笔账。除了工人工资，东南亚国家的土地成本也相对较低。

文化上的接近也是工厂能够顺利转移到东南亚的一个重要原因。卢先生说：“潮州有很多陶瓷工厂转移到泰国、越南、菲律宾、柬埔寨，除了成本比较低外，潮州人几百年来都在东南亚做生意，在泰国用潮州话基本上都能沟通。一些台商也开始将投资转向东南亚。”

中国轻工工艺品进出口商会调查显示，我国轻工产业已经出现向外转移的势头，特别是一些低端加工制造环节向外转移速度更快。“2008 年，轻工行业保持全年高速增长，但有些行业的量已经开始放缓。2009 年更是出现大幅减少。”中国轻工工艺品进出口商会副会长李文峰说。

广东省外经贸部门的调查数据显示，今年以来由广东转移到中国境外的投资项目有 41 个，其中转移到马来西亚和越南的项目分别达到 15 个和 13 个，它们以纺织服装和鞋帽等为主。我国一些企业也主动将部分产能向外转移，以保持国际竞争力。

“世界工厂”优势仍在

“目前我国人口红利窗口趋于关闭，用工难和用工贵愈演愈烈，这方面我们的优势正在慢慢消失。”华南师范大学经济管理学院教授邓于君说。与此同时，人民币汇率、目标市

场等也成了工厂选择外迁的重要因素。

在有关专家看来，中国正在失去的低端制造产能的确会产生一定冲击。传统制造业是我们的传统优势，也是保持外贸增长的动力，对稳定就业也发挥了很大的作用。

“和电子产业等相比，鞋帽、服装、家具等劳动密集型产业的产品特性决定了这些行业对海洋运输的要求很高，不太可能通过向内地转移降低成本压力，这些产业在全球滨海区域梯度转移，是国际产业调整的成熟路径。”邓于君说。

来自深圳盐田港的信息证实了这一点。据有关负责人介绍，今年上半年以来，该港运输量下降的指标之一就是东莞、深圳两地的家具出口量大幅下滑，对远洋运输的需求自然也在下降，“这些产能很多向东南亚地区转移了”。

不过业内人士认为，不仅我国劳动密集型产业的中高端产能仍然保持稳定，即使低端产能的外流也不会太快，这主要是因为中国还继续保持着“世界工厂”的优势。“在东南亚设厂，一大缺陷是产业链不配套。你有做陶瓷的土，没有配套的提炼工厂，挖出来也没有用。”广东四通集团副董事长蔡镇通说。此外，工人的素质也是一大阻碍。虽然东南亚用工成本低，但工人流动性大，每周清算工资的做法也让企业的流动资金受到影响，对企业的管理能力也是一大考验。

在蔡镇通看来，中国无论在投资环境，还是在生产高性价比产品，以及产品的多样性上，仍然保持着优势。

失去的该从何处夺回

随着低端制造产能不断外流，我国外贸格局正从数量拉动向价格拉动悄然转型。“从今年的外贸数字来看，轻工产品的增长主要是靠价格拉动。1—8 月份珠宝首饰增长 70%，但其平均单价上涨 60%。1—9 月份家具上涨 30%，其中价格上涨 21.5%。”李文峰说。

李文峰认为，我国外贸需要正视一个事实是：过去的比较优势正在消失，而新的优势还有待培育。从价格拉动模式来看，虽然也有一些经营良好的企业通过开发新产品获取议价上升的优势，但大部分还是靠成本推动。

那么，在低成本优势渐行渐远之后，中国制造业失去的产能应该从何处夺回？

专家认为，中国制造亟待培养新的外贸增长点。“转型升级的意义在于向产业链高端推进，使我国工业部门进入世界先进水平。”邓于君说，企业个体的应对办法是致力于提高自主创新和培育自主品牌、替代低端产能、实现产品档次升级换代，这将最终带动整个产业形成成熟的技术能力和完整的发展体系。

“在新的经济环境下挖掘新的热点也很重要。”李文峰说，从轻工产品来看，虽然面临全球经济下行，但基本需求和新的消费热点仍在。比如，人们在经济不好时更愿意美化庭院，通常对竹制品以及户外用品需求较高。很多中国企业在这一领域下工夫，这也成为今年轻工产品出口的新亮点。

（资料来源：王攀，范超，冯璐. 中国青年报，2012 年 10 月 29 日）

二、供求关系

在市场经济中，商品价格是由需求与供给这两种相反的力量相互作用而形成的。这种价格又称为均衡价格，是指该种商品的市场需求量和市场供给量相等时的价格。在均衡价格水平下相等的供求数量被称为均衡数量。从几何意义上说，一种商品市场的均衡出现在该商品的市场需求曲线和市场供给曲线相交的交点上，该交点被称为均衡点。均衡点上的价格和供求量分别被称为均衡价格和均衡数量。当商品的市场价格高于均衡价格时，依据供给规律和需求规律，必然出现商品的供给量大于均衡数量，而需求量小于均衡数量，此时供给和需求之间存在差额。满足需求以外的剩余供给量(差额)积压，必然会使部分生产者(或厂商)停止生产或缩小生产规模，从而使供给量减少。另外，生产者(或厂商)为了卖掉剩余供给量，也可能采取低价销售策略，降低市场价格。价格降低会刺激需求增加，当价格降到一定水平时，需求量等于供给量，此时会出现供求平衡。此时的价格是供给者和需求者都愿意接受的价格，即均衡价格。

当商品的市场价格低于均衡价格时，依据供给规律和需求规律，必然出现商品的供给量小于均衡数量，而需求量大于均衡数量，市场需求大于供给。为了刺激生产增加供给，必然要提高供给价格。为了限制需求，也必然要提高需求价格。当价格提高到一定程度时，商品的供给和需求相等。此时的价格是供给者和需求者都愿意接受的价格，即均衡价格。

三、竞争机制

在市场经济条件下，竞争作为一种普遍现象广泛存在于社会生活的各个领域，商品的价格会随着竞争的变化而变化。当然，不同程度的市场竞争条件对商品价格的影响是完全不一样的。

(一)完全竞争条件下的商品价格

所谓完全竞争又称纯粹竞争，是指一种竞争不受任何阻碍和干扰的市场结构。完全竞争的市场需具备以下条件。

(1) 市场上有许多买主和卖主，他们买卖的商品只占商品总量的一小部分。

(2) 他们买卖的商品都是相同的。

(3) 新卖主可以自由进入市场。

(4) 买主和卖主对市场信息(尤其是市场价格变动信息)完全了解。

(5) 生产要素在各行业之间有完全的流动性。

(6) 所有买主出售的商品条件(如质量、包装、服务等)都相同。

在完全竞争条件下，没有哪一个卖主或买主对现行市场价格能有很大影响，其价格是在竞争中形成的。由于任何人都不能左右市场价格，买主和卖主只能按照市场供求关系决定的市场价格来买卖商品。也就是说买卖双方只能是价格的接受者，而不是价格的决定者。其商品价格完全由供求关系来决定。需要指出的是，这种完全竞争条件下的市场，在现实世界是不存在的，仅作为理论分析中的一种状况。

(二)垄断竞争条件下的商品价格

垄断竞争是一种介于完全竞争和纯粹垄断之间的市场形式，既有垄断倾向，同时又有竞争成分，因而是一种不完全竞争。在垄断竞争的市场上有许多买主和卖主，但各个卖主所提供的产品有差异，如产品质量、花色、式样、服务或消费者心理所致的差异。因而各个卖主对其产品有相当的垄断性，能控制其产品价格。这就是说，在垄断性竞争条件下，卖主已不是消极的价格接受者，而是强有力的价格决定者。

(三)寡头垄断竞争条件下的商品价格

寡头垄断竞争是竞争和垄断的混合物，也是一种不完全竞争。在此条件下，一个行业中只有少数几家大公司，它们供应、销售的产品量占这种产品的总产量和总销售量的很大比重，它们之间的竞争就是寡头垄断竞争。很显然，这些寡头是有能力影响和控制市场价格的，而且各个寡头企业之间互相依存、互相影响。任何一个寡头的一举一动都会影响其他寡头企业，同样任何一个寡头在进行市场营销策略的制定时都必须密切注意其他企业的反应与对策。

西方国家寡头垄断有两种形式：完全寡头垄断和不完全寡头垄断。在前者条件下，各企业产品属于同类，顾客也无明显偏好，因而价格比较稳定。企业间竞争手段主要在于广告宣传、促销等方面，而不是在于价格。在后者条件下，各企业产品有所差异，顾客也有偏好，产品不能相互替代，因而产品的价格会随产品的差异而存在不同。

(四)纯粹垄断条件下的商品价格

纯粹垄断(或完全垄断)是指在某一行业中某种产品的生产和销售完全由一个卖主独家经营和控制。它包括政府垄断和私人垄断两种。在纯粹垄断的条件下，企业没有竞争对手，因而可以在国家法律允许的范围内随意定价。

四、经济政策

国家经济政策对价格形成的影响，主要是通过国家对商品价格的直接管理即直接定价来实现的，如普遍服务政策、价格补贴政策、农产品收购保护政策等，这些方针和政策直接关系某些商品价格的形成与确定。

经济政策对价格形成与水平的影响，具体表现在以下方面。

(1)　财政、税收政策与价格形成。财政、税收政策对价格形成与运行的影响主要是通

过对商品成本和企业利润的影响来实现的。

(2) 金融政策与价格形成。金融政策对价格形成与运行的影响主要是通过利息率、资产价格的变动来实现的。

(3) 产业政策与价格形成。所谓产业政策，就是产业发展的基本方针和原则，是政府利用各种手段对产业发展和结构转换的干预行为。

(4) 对外贸易水平。

(5) 价格政策与价格形成。价格政策直接关系着商品和服务价格的形成水平。

五、市场条件

各国不同的地理位置、交易术语、季节、货物数量、付款方式和消费习惯、包装，也会对商品的进出口价格产生不同的影响。

(一)地理位置对商品价格的影响

国际货物买卖，一般都要通过长途运输。运输距离的远近，影响运费和保险费的开支，从而影响商品的价格。因此，确定商品价格时，必须核算运输成本，做好比价工作，以体现地区差价。

(二)交易术语对商品价格的影响

在国际贸易中，由于交货地点和交货条件不同，买卖双方承担的责任、费用的风险有别，在确定进出口商品价格时，必须考虑这些因素。例如，同一运输距离内成交的同一商品，按 CIF 条件成交同按 Ex ship 条件成交，其价格应当不同。在我国进出口业务中，最常采用的贸易术语是 FOB、CFR 和 CIF 三种。这三种贸易术语仅适用于海上或内河运输。在价格构成中，通常包括三方面的内容：生产或采购成本、各种费用和净利润。 FOB、CFR 和 CIF 三种贸易术语的价格构成的计算公式如下：FOB 价=生产/采购成本价+国内费用+净利润；CFR 价=生产/采购成本价+国内费用+国外运费+净利润，即 FOB 价+国外运费；CIF 价=生产采购成本价+国内费用+国外运费+国外保险费+净利润，即 FOB 价+国外运费+国外保险费。

案例 7-3

选择 CIF 对内陆商品定价的影响

2000 年 5 月，美国某贸易公司(以下简称进口方)与我国江西某进出口公司(以下简称出口方)签订合同购买一批日用瓷具，价格条件为 CIF LOS－ANGELES，支付条件为不可撤销的跟单信用证，出口方需要提供已装船提单等有效单证。出口方随后与宁波某运输公司(以下简称承运人)签订运输合同。8 月初出口方将货物备妥，装上承运人派来的货车。途中由

于驾驶员的过失发生了车祸，耽误了时间，错过了信用证规定的装船日期。得到发生车祸的通知后，我出口方即刻与进口方洽商要求将信用证的有效期和装船期延展半个月，并本着诚信原则告知进口方两箱瓷具可能受损。美国进口方回电称同意延期，但要求货价应降5%。我出口方回电据理力争，同意受震荡的两箱瓷具降价1%，但认为其余货物并未损坏，不能降价。但进口方坚持要求全部降价。最终我出口方还是作出让步，受震荡的两箱降价2.5%，其余降价1.5%，为此受到货价、利息等有关损失共计达15万美元。

事后，出口方作为托运人又向承运人就有关损失提出索赔。对此，承运人同意承担有关仓储费用和两箱震荡货物的损失；利息损失只赔50%，理由是自己只承担一部分责任，主要是由于出口方修改单证耽误时间；但对于货价损失不予理赔，认为这是由于出口方单方面与进口方的协定所致，与己无关。出口方却认为货物降价及利息损失的根本原因都在于承运人的过失，坚持要求其全部赔偿。3个月后经多方协商，承运人最终赔偿各方面损失共计5.5万美元。出口方实际损失9.5万美元。

在案例中，出口方耗费了时间和精力，损失也未能全部得到赔偿，这充分表明了CIF术语自身的缺陷使之在应用于内陆地区出口业务时显得心有余而力不足。

(1) 两种合同项下交货义务的分离使风险转移严重滞后于货物实际控制权的转移，在采用CIF术语订立贸易合同时，出口方同时以托运人的身份与运输公司即承运人签订运输合同。在出口方向承运人交付货物，完成运输合同项下的交货义务后，却并不意味着他已经完成了贸易合同项下的交货义务。出口方仍要因货物越过船舷前的一切风险和损失向进口方承担责任。而在货物交由承运人掌管后，托运人(出口方)已经丧失了对货物的实际控制权。承运人对货物的保管、配载、装运等都由其自行操作，托运人只是对此进行监督。让出口方在其已经丧失了对货物的实际控制权的情况下继续承担责任和风险，这非常不合理。尤其是从内陆地区装车到港口越过船舷，中间要经过一段较长的时间，会发生什么事情，谁都无法预料。也许有人认为，在此期间如果发生货损，出口方向进口方承担责任后可依据运输合同再向承运人索赔，转移其经济损失。但是对于涉及有关诉讼的费用、损失责任承担无法达成协议，再加上时间耗费，出口方很可能得不偿失。本案例中，在承运人掌管之下发生了车祸，他就应该对此导致的货物损失、延迟装船、仓储费用负责，但由此导致的货价损失、利息损失的承担双方却无法达成协议，使得出口方遭受重大损失。

(2) 运输单据规定有限制，致使内陆出口方无法在当地交单，根据《Incoterms 2000》的规定，CIF条件下出口方可转让提单，不可转让海运单或内河运输单据，这与其仅适用于水上运输方式相对应。在沿海地区这种要求易于得到满足，不会耽误结汇。货物在内陆地区交付承运人后，如果走的是内河航运，也没有太大问题，但事实上一般是走陆路，这时承运人会签发陆运单或陆海联运提单而不是CIF条件要求的运输单据。这样，只有当货物运至装运港装船后出口方才能拿到提单或得到在联运提单上“已装船”的批注，然后再结汇。可见，这种对单据的限制会直接影响到出口方向银行交单结汇的时间，从而影响出口方的资金周转，增加了利息负担。本案中信用证要求出口方提交的就是提单，而货物走的是陆路，因此他只能到港口换单结汇。如果可凭承运人内地接货后签发的单据在当地交单结汇的话，出口方虽然需要就货损对进口方负责，但他可以避免货价损失和利息损失。

(3) 内陆地区使用 CIF 术语还有一笔额外的运输成本。在 CIF 价格中包括的运费应该是从装运港到目的港这一段的运费，但从内陆地区到装运港装船之前还有一部分运输成本，如从甘肃、青海、新疆等地区到装运港装船之前的费用一般要占到出口货价的一定比例，有一些会到达 20%左右。

从以上分析可以看出，CIF 术语在内陆地区出口中并不适用。事实上，对于更多采用陆海联运或陆路出口的内陆地区来说，CIP 比 CIF 更合适。

(资料来源：http://www.nanshan.edu.cn/gjmy/News_Show.asp?Id=125)

(三)季节对商品价格的影响

在国际市场上，某些节令性商品，如赶在节令前到货，抢行应市，即能卖上好价。过了节令的商品，其售价往往很低，甚至以低于成本的“跳楼价”出售。因此，应充分利用季节性需求的变化，切实掌握好季节性差价，争取按有利的价格成交。

(四)货物数量对商品价格的影响

按国际贸易的习惯做法，成交量的大小影响价格。即成交量大时，在价格上应给予适当优惠，或者采用数量折扣的办法；反之，如成交量过少，甚至低于起订量时，也可以适当提高出售价格。那种不论成交量多少，都采取同一个价格成交的做法是不恰当的，我们应当掌握好数量方面的差价。

(五)付款方式对商品价格的影响

支付条件是否有利和汇率变动风险的大小，都会影响商品的价格。例如，同一商品在其他交易条件相同的情况下，采取预付货款和凭信用证付款方式下，其价格应当有所区别。同时，确定商品价格时，一般应争取采用对自身有利的货币成交，如采用不利的货币成交时，应当把汇率变动的风险考虑到货价中去，即适当提高出售价格或压低购买价格。

(六)消费习惯对商品价格的影响

企业定价策略是否适当，往往决定产品能否为市场所接受，直接影响产品在市场上的竞争地位与所占份额，从而关系到企业的兴衰成败。企业定价策略是定价目标与方法的组合，也是定价科学与艺术的结合。定价策略能否达到预期目的，与其是否透彻地了解、准确地把握消费者心理息息相关。对消费者心理的任何忽视，都可能会造成定价策略的完全失败。因此，在市场经济条件下，企业定价策略的制定，必须以认真研究消费者心理活动及其指向性为基础。当然，不同的企业，不同的消费者群，应该有不同的定价策略。

1. 非整数定价心理策略

这是一种典型的心理定价策略，是运用消费者对价格的感觉、知觉的不同而刺激其购买欲望的策略。其具体做法是给待售商品定一个带有零头数结尾的非整数价格，这是目前国际市场上广为流行的一种零售商品的定价策略。由于世界各地的消费者有不同的风俗习惯和消费习惯，所以，不同国家和地区运用此法时也有一些差别。

2. 习惯价格与方便价格心理策略

习惯价格策略是根据消费者的价格习惯心理而制定的符合消费者习惯的一种定价策略。由于某些商品在长期的市场流通中已经形成了消费者所习惯的价格，企业确定商品价格时要尽量去适应这些习惯，一般不轻易改变。即使这类商品的生产成本提高或降低，也不要轻易调整，否则就会引起消费者对该类商品品质的怀疑，产生强烈的心理反应，影响该类商品的销售。当这类商品成本上升，不改动价格会影响企业的效益时，可以采用变量不变价的心理策略。即不改变消费者已经习惯了的商品价格，而是改变包装容量，或减少商品数量的办法。

方便价格策略也称为整数价格策略，一般适用于特别高价或者特别低价的商品。对于那些款式新颖、风格独特、价格较高的商品，采用整数方便价格，能给予该类商品高贵的形象，从而提高此类商品的地位，满足那些以追求社会性需要为购买动机的顾客。

3. 折让价格心理策略

折让价格心理策略包括商品销售过程中的折让和让价，这是商品销售者在一定条件下，用低于原定价格的优惠价格来争取消费者的一种定价策略。其心理功能是利用消费者追求“实惠”，抓住“机会”的心理，利用优惠价格来刺激和鼓励消费者大量购买和重复购买。折让价格心理策略在实际运用时，通常分为数量折让价格策略、季节折让价格策略、新产品推广折让价格策略和促销折让价格策略。

4. 分档定价心理策略

分档定价心理策略也称分级定价策略，这种策略是把某一类商品的不同品牌、不同规格、不同型号划分成若干个档次，对每一个档次的商品制定一个价格，而不是一物一价。这种定价策略，既便于消费者挑选，也便于简化交易手续，通过制定不同档次的商品价格来代表不同商品的品质水平，可以满足不同消费者的消费水平与消费习惯。

综上所述，消费者对价格的心理反应是纷繁多样的。在实际市场营销活动中，企业应针对不同商品、不同消费者群体的实际情况，在明确消费者心理变化趋势下，采取切实可行的定价策略，以保证营销活动获得成功。

(七)包装对商品价格的影响

商品包装的优劣也会对商品价格产生深远的影响，一般包装精美、小巧方便的商品价格往往高于包装粗糙、笨重的商品，这体现了商品包装对消费者心理的影响。一个适宜的包装设计应当满足如下需求。

1. 方便

消费者要求商品携带、开启、使用和保存都非常方便，为满足这些要求，设计时可以给包装加上提手，给罐头附带简易的开启装置，用盒装易碎的玻璃等。

2. 适应性

一个包装必须有一个理想的形状，大小适宜。

3. 安全感

消费者对商品尤其是对需要多次分量消费和自行配制使用的商品，希望其包装牢固、耐用、安全。对产品内容的介绍，特别是对食品成分或药物疗效的介绍，或标明甜食中无糖精和其他添加剂，或标明药品有无副作用，可以让消费者食用或服用时放心。

4. 可靠性

商品的包装应有助于消费者对商品和制造厂家产生信任。

5. 体现地位与威望

包装应有利于显示商品的社会象征作用。消费者经常要通过商品的包装来显示自己的社会地位、身份和经济实力。

6. 美感

审美是人类的天性。在许多场合下，富有美感的包装更有可能在同类商品销售竞争中得胜。

总之，进出口商品的价格会受到多方面因素的影响，进出口商品作价是一项非常重要而复杂的工作，必须在国际相关政策的指导下，加强市场调查研究，充分掌握市场动态，针对不同商品、不同客户和不同市场，制定相应的价格，从而才能在日益激烈的市场竞争中，提升企业对外贸易的经济效益。

本章小结

进出口商品价格是一定时期内某国进出口商品的国内外价格，包括进口商品的国外价格、国内价格和出口商品的国内价格及国际价格。因为在价值形成基础、价格构成和价格体系等诸多方面存在着差异，所以进出口商品的国内外价格形成了一系列的区别。但两者间也存在联系，一般而言，当一国经济对国际市场的依赖程度逐渐增强时，其国内价格同

国际价格的联系也将越来越紧密。联系程度取决于生产率水平的差异、参与国际分工的程度、国内外市场供求是否一致、商品自由流动障碍大小和经济机制差别。

正确处理好国内外价格关系，对增强一国经济与国际经济的联系，促进其发展具有非常重要的意义。正确处理我国商品的国内外价格关系，最为重要的是尽快完善社会主义市场经济体制和进行价格改革，建立国内外市场价格相互影响的机制，完善政府定价机制和价格调控监管机制。

商品出口价格直接关系到贸易买卖双方的经济利益，作价时一方面要参考企业产品生产成本，另一方面还需要按照国际市场的供求水平，结合成交条件、运输费用和汇率变化等因素。进口商品的对外作价原则应考虑参考国际市场价格水平的同时，体现国别政策和进口意图，结合进口工作中的一些具体情况，灵活调控，既保证进口商品的数量和质量，又尽可能地为国家节约外汇支出。

影响对外贸易价格的因素有商品成本、供求关系、竞争机制、经济政策、市场条件等。

思 考 题

1. 概述商品的国内外价格的区别与联系。
2. 正确处理国内外价格关系的意义表现在哪些方面？
3. 进出口商品的作价原则的影响因素有哪些？
4. 供求关系如何影响商品的外贸价格？
5. 市场条件从哪些方面影响商品外贸价格的制定？

案 例 分 析

“三角”牌光管支架进入香港市场

广东省湛江市家用电器工业公司是从生产光管支架发家的。1974 年该厂生产的光管支架拟打进香港市场，但是在香港和东南亚地区，光管支架这一产品一直为日本松下公司的“长寿”牌所垄断。如何打进去？除了在质量、造型上痛下功夫之外，该公司以比较明显的价格优势，挤走了日本松下的“长寿”牌光管支架。1977 年，该公司 30 万支“三角”牌光管支架进入香港市场，使松下的“长寿”牌光管支架失去了竞争力。

后来台湾和香港地区的 20 多家公司联合起来在香港市场上投放了一批廉价光管支架，企图抢走“三角”牌光管支架所占的市场。面对挑战，该公司又研制了一种简易型的新产品投放到香港市场，价格比港台产品便宜 10%，在与港台产品的竞争中取得了胜利。后来该公司每年出口150万支光管支架到香港，市场占有率达80%～90%。

(资料来源：邰启扬，余广宽，朱其呈. 商海智谋宝鉴. 北京：大众文艺出版社，2000.)

问题：

1. “三角”牌光管支架在香港市场上能挤走居于垄断地位的“长寿”牌光管支架，采用了什么样的价格策略和价格原则？

2. 面对供大于求的国际市场，怎样让产品在激烈的市场竞争中取胜？

3. 提高产品质量和降低产品成本对提高“三角”牌光管支架的国际市场竞争力发挥了什么样的作用？

第八章　中国对外贸易经济效益

【学习要求】

通过本章的学习，要求学生明确对外贸易经济效益的概念，掌握对外贸易经济效益的表现形式和影响外贸经济效益的因素等基础理论问题，把握我国评价对外贸易经济效益的原则和指标体系，以及提高对外贸易经济效益的途径。

【主要概念】

对外贸易经济效益　对外贸易社会经济效益　对外贸易企业经济效益

【案例导读】

调整产业结构优化进出口贸易格局

近年来，我国一直致力于削减贸易顺差、实现贸易平衡，自 2008 年 2981 亿美元的峰值水平后，我国贸易顺差一直呈现逐年缩减趋势，到 2011 年已减至 1549 亿美元。2012 年在欧债危机导致出口需求大减的同时，我国的贸易顺差仍在持续扩大。

“我国的贸易结构决定了当前贸易顺差的规模和格局。”中国社会科学院世界经济与政治研究所国际贸易研究室主任宋泓在接受《中国产经新闻》记者采访时表示，我国贸易逆差主要产生在一般贸易项下，贸易顺差主要体现在加工贸易项下。“贸易顺差在扩大，主要原因是一般贸易项下的逆差在缩小，一般贸易下进口的规模和增长要远远慢于出口的增长。”海关数据显示，每月进出口商品贸易方式总值表(累计)中一般贸易项下的贸易逆差自 6 月以来一直在逐月递减，自 5 月份的 579 亿美元最高值后，10 月份此项逆差已大幅降至 328 亿美元。“目前我国贸易格局中，加工贸易规模已占进出口贸易总规模的一半，由此带来结构性问题。”宋泓指出，在加工贸易环节中会产生原材料和零部件的进口、组装，以及最终产品的出口。而最终产品的附加值使得出口的增加值总大于进口的增加值。

为控制日渐增长的贸易顺差规模，扩大进口政策的落实将成为未来外贸政策的关注重点。2012 年 3 月份国务院常务会议已确定了扩大进口政策的框架，下一步将稳定和引导大宗商品进口，积极扩大先进技术设备、关键零部件和能源原材料进口，适度扩大消费品进口。但具体措施还未全盘落实，比如部分日用消费品的进口降税。有观点认为，此前被界定为奢侈品的部分商品有望纳入与群众生活密切相关的日用消费品，进而实现以暂定税率的形式下调进口关税。这一做法或可解燃眉之急，但并不会对贸易顺差规模有长期的改善作用。贸易格局的改变依赖于整体经济结构的变化。

“当前的进口政策主要支持一些生产环节，例如技术和设备的关税下降或者手续便利化，仍以生产性用途为主而非消费，扩大进口的政策效果有限。”宋泓认为，随着经济结构的改变，贸易结构会自然地有所调整。在经济转型过程中，劳动成本上升将导致低端加工贸易逐渐减少，其贸易顺差也将会减少，不过这将是一个长期的趋势和调整。“短时间内，贸易顺差的规模很难改变。”

另一方面，新的进口增长点形成尚需时日。“国内需求增加主要体现在部分消费品总量的提升，而并非整体需求量的增加。需求不振、经济萎靡已经持续了较长时间。从 PMI、工业用电量等重要指标来看，我国制造业、基建行业尚未步入企稳回升通道，经济筑底仍需时日。”中投顾问宏观经济研究员马遥对《中国产经新闻》记者说。“随着我国经济结构的不断优化，经济发展方式的不断改善，进口结构也应当作出适当调整，我国应当重点加强对高科技、高附加值、新型产品的引进力度，帮助企业尽快掌握相关核心技术，而适当降低对奢侈品、低端制造产品的引进。”马遥说。

(资料来源：http://news.hexun.com/2012-11-15/147996537.html，2012 年 11 月 15 日)

对外贸易经济效益是对外贸易活动的目的，只有取得高水平的经济效益，才能保证对外贸易最大限度地促进国民经济的发展。改革开放以来，我国的对外贸易得到了长足的发展，对外贸易总量持续增长。然而我国的对外贸易经济效益却处在较低水平。20 世纪 90 年代以来，我国对外贸易经济效益呈下滑趋势，已成为我国对外贸易健康发展的巨大障碍。因此，有必要从理论和实践上探讨对外贸易经济效益的形成、分类，外贸经济效益的评价以及外贸经济效益提高的途径等问题。

第一节　对外贸易经济效益的形成

一、对外贸易经济效益的概念

经济效益，一般是指在经济活动中为了达到一定的经济目标所耗费的劳动和由此取得的成果之比，是资金占用、成本支出与有用生产成果之间的比较。简言之，即投入产出之比。以尽量少的劳动耗费取得尽量多的经营成果，或者以同等的劳动耗费取得更多的经营成果。所谓经济效益好，就是资金占用少，成本支出少，有用成果多；反之经济效益就差。经济效益可分为两个层次，一是宏观经济效益。是从全社会的投入产出出发来考察的经济效益，也称社会经济效益。它反映该国全局性的国民经济整体的效益，同时也是长期与近期相结合的效益。二是中观或微观经济效益。是从一个产业部门或企业的投入产出来考察的经济效益。提高经济效益本质上就是时间的节约，是社会生产力发展的表现，反映生产力的水平。

对外贸易经济效益是指在一定时期内投入对外贸易领域的劳动(活劳动与物化劳动)和

由此取得的成果之比。对外贸易经济效益不同于国内经济效益，这主要表现在两个方面：一方面，它不仅取决于国内生产的经济效益在不同要素间的分配比例，而且还取决于各国的国内经济效益在国家间的分配。一方面，利用国内价值和国际价值的比较差异，输出本国有相对优势的产品，输入本国有相对劣势的产品，从而实现价值增值，实现社会劳动的节约；另一方面，由于生产要素在国际间不能自由流动，对外贸易中的经济效益不受利润均等化规律的影响。通过输出本国相对富余的产品，换回本国所短缺的产品和资源，实现实物形态上国民经济的综合平衡，扩大社会再生产规模，最终达到创造更多价值的目的。因此，对外贸易经济效益，一方面以价值增值表现，另一方面通过使用价值转换来表现。但二者殊途同归，最终都表现为社会劳动的节约和社会财富的增加。

对外贸易的经济效益可以表现为宏观(对外贸易社会经济效益)和微观(对外贸易企业经济效益)两个层面。宏观上，一国可以通过出口自己具有比较优势的产品，节约社会劳动，提高整个社会的福利水平，这种经济效益被称为对外贸易的社会经济效益。它不仅包括由对外贸易活动实现的直接的价值增值，还包括由对外贸易活动派生出来的、间接的社会劳动节约。从微观上，外贸企业可以通过国内外市场的价格差，以高于国内价格的价格出口商品而以低于国内价格的国际价格进口商品，从而直接获取利润，这种外贸经济效益又称为对外贸易企业经济效益。对外贸易企业经济效益较之对外贸易社会经济效益，其考察的范围狭小、内容单一，对外贸易企业经济效益仅考察外贸企业财务账面上的，以货币形式出现的盈利或亏损。对于发达国家而言，由于其产品技术含量高，在国际市场上具有一定垄断优势，因此，其产品的售价往往远远高于成本，因而发达国家可以同时获取宏观和微观两方面的外贸经济效益；而对部分发展中国家而言，其出口以技术含量低的劳动密集型产品和原材料为主，只能以接近甚至低于成本的价格在国际市场上销售，因而，发展中国家从事对外贸易主要是为了追求对外贸易的社会经济效益。

改革开放以来，我国的对外贸易得到了迅速的发展。1988 年，我国对外贸易进出口总额首次突破 1000 亿美元大关，达到 1027.9 亿美元。此后，经过 6 年的发展，于 1994 年再迈一个千亿美元的台阶。1997 年，对外贸易总值突破 3000 亿美元，并首次跻身世界十大贸易国行列。2001 年我国加入世贸组织以后，对外贸易更是焕发出勃勃生机，每年都以 20%以上的速度递增，是改革开放以来增长周期最长、速度最快、增速最稳定的时期，取得了举世瞩目的成绩。2004 年对外贸易进出口规模突破 1 万亿美元，成为世界第三大贸易国。2007 年对外贸易进出口总额首次突破 2 万亿美元，达到 21 738 亿美元，进一步缩小了与第二大贸易国的差距。入世 6 年间合计对外贸易进出口总值已超过从改革开放到“入世”之前 23 年的总和。2012 年我国外贸进出口总值为 38 667.6 亿美元，比上年增长 6.2%，“保十”目标虽未完成，但在全球主要经济体中，中国外贸的表现依然算是最好的。对外贸易的发展不仅优化了我国的资源配置、提高了资源使用效益，而且为我国的经济建设提供了大量的外汇资金，截至 2012 年末，我国有超过 30 000 亿美元的外汇储备，居全球第一。

二、对外贸易经济效益的形成过程

对外贸易是一个特殊的经济部门，它联系着国内外的生产流通，有着特殊的职能，因此，其经济效益亦有着十分独特的形成过程。

(一)对外贸易社会经济效益的形成

1. 利用“绝对差异”和“比较差异”，形成对外贸易社会经济效益

对外贸易经济效益是外贸领域的投入与产出之比，这种比例关系所包含的经济内容和实质就是社会对劳动的节约程度。因此，对外贸易经济效益还可以表述为通过对外商品和劳务的交换所节约的社会劳动。

对外贸易经济效益是通过对外交换取得本国国民经济发展短缺的使用价值，同时还可以获得价值的增值。价值增值本质上同社会劳动的节约是相同的，价值增值可以理解为投入一定量的劳动而获得比一般水平更多的新价值；社会劳动的节约可以理解为获得一定量的价值而为此投入的劳动少于一般水平。因此，对外贸易经济效益也就是通过对外交换所获得的价值增值。

价值增值是由于国内价值和国际价值之间存在差异而产生、形成的。国内必要劳动时间和世界必要劳动时间的差异导致国内价值和国际价值的差异，进而使对外贸易活动可实现价值增值。

国内价值和国际价值的差异可以归纳为两类：绝对差异和比较差异。绝对差异是指同种商品的国内价值高于或低于国际价值；比较差异是指不同种商品的国内价值和国际价值的差异在程度上的不同。这两类差异的存在都有可能使参加贸易的各方获得国别价值增值。

(1) 绝对差异。

设A国甲商品的国内价值低于国际价值，乙商品的国内价值高于国际价值(如表8-1所示)；而B国乙商品的国内价值低于国际价值，甲商品的国内价值高于国际价值。两国进行国际分工，各自发挥绝对优势，即 A国出口甲商品，进口本国有绝对劣势的乙商品；B国出口乙商品，进口甲商品，则两国获得国别价值增值。

表8-1 A国甲、乙商品的国内价值与国际价值

商品	国内价值	国际价值
甲	4小时	6小时
乙	3小时	2小时

A国出口 n 件甲商品，内含 $4n$ 小时国内价值，在国际市场上被承认为 $6n$ 小时国际价值，用 $6n$ 小时的国际价值，可进口 $3n$ 件乙商品，$3n$ 件乙商品在国内被承认为 $3\times3n$ 小时国内价值。通过出口 n 件甲商品，进口 $3n$ 件乙商品该国获得 $9n-4n=5n$ 小时的价值增值。

(2) 比较差异。

设 A 国甲商品和乙商品的国内价值均高于国际价值(如表 8-2 所示)，该国出口国内价值高于国际价值程度较小的甲商品，即发挥其比较优势，进口国内价值高于国际价值程度较大的乙商品，从而可获得国别价值增值。不同商品间国内价值与国际价值的比例差是决定比较优势的核心。

表 8-2 A 国甲、乙商品的国内价值与国际价值及其比值

商 品	国内价值	国际价值	比 值
甲	2 小时	1 小时	2∶1
乙	6 小时	2 小时	3∶1

A 国出口 n 件甲商品，内含 $2n$ 小时国内价值，在国际市场上被承认为 n 小时国际价值，由于单位乙商品的国际价值含量为 2 小时，在等价交换原则下，n 小时国际价值只可进口 $n/2$ 件乙商品，而 $n/2$ 件乙商品在国内市场上被承认为 $6\times n/2=3n$ 小时国内价值。这样，通过进出口活动，该国以 $2n$ 小时国内价值，实现了 n 小时的价值增值。

设 B 国甲商品和乙商品的国内价值均低于国际价值，但甲商品国内价值低于国际价值的程度较小，乙商品国内价值低于国际价值的程度较大(如表 8-3 所示)，因此，该国出口具有相对优势的乙商品，进口具有相对劣势的甲商品。

表 8-3 B 国甲、乙商品的国内价值与国际价值及其比值

商 品	国内价值	国际价值	比 值
甲	1 小时	2 小时	1∶2
乙	1 小时	3 小时	1∶3

B 国出口 n 件乙商品，内含 n 小时国内价值，在国际市场上被承认为 $3n$ 小时国际价值，可进口 $3n/2$ 件甲商品，在国内市场上被承认为 $3n/2$ 小时国内价值，这样，通过进出口活动，该国获得了 $n/2$ 小时的价值增值。

可见，只要存在国内价值和国际价值的绝对差异或比较差异，国际贸易的各方就可利用绝对优势或相对优势，通过进出口活动，实现国别价值增值，实现社会劳动节约。由此获得的价值增值或劳动节约，是对外贸易社会经济效益的重要组成部分，但不构成对外贸易社会经济效益的全部。

案例 8-1

中印农畜产品贸易中的比较优势

中国从 20 世纪 70 年代末期，印度从 20 世纪 90 年代初期起，分别开始进行经济改革。在经过二十多年和十多年的改革之后，目前两国 GDP 增长速度已进入世界最快的国家之列。

据联合国商品贸易统计数据库(COMTRADE)资料显示：中印双方农畜产品贸易额从1992年的2228.03万美元上升为2002年的12 017.96万美元，年均增长15.94%，目前印度在中国外贸伙伴中位于第20位。虽然中印两国都是以农牧业为主的国家，但由于贸易是促进各国经济发展的助推器，故随着两国GDP增长和经济快速发展及两国关系的进一步缓和，双边的农畜产品贸易也得到快速发展。中印两国均是发展中国家，两国现阶段的农牧业生产条件和技术水平差别并不是很大，这也就决定了两国农畜产品是依据各自的资源及生产技术条件而呈现出比较优势。

中国自20世纪90年代以来，由于粮食的生产成本过高，大米和小麦在国际市场上不具备竞争优势。农畜产品、水果、蔬菜虽然在价格上具有比较优势，但在品质上表现为相对劣势，中国农畜产品的比较优势很少。因此，中国农畜产品要想在国际市场上获得竞争优势，应在农畜产品品种改良和农畜产品加工技术上有所突破。20世纪70年代以前，印度的传统农产品如茶叶、咖啡、香料、香烟等在国际市场上具有比较优势，1965年其传统的农产品出口值占农畜产品出口总值的52.4%。因而印度政府随后在力图保持其市场份额的基础上，利用本国廉价劳力和多种农业气候资源优势，发展园艺、畜牧、渔业和桑蚕产业，并扩大对传统产品的技术投入，从而增加了大米、水果和海产品的出口量。

总之，中国在对印度农畜产品贸易中的比较优势较少，而印度对中国的比较优势也不明显。相比而言，印度的传统农畜产品相对中国有比较优势，而蔬菜、糖类等中国农产品对印度具有比较优势。中印两国农业生产、资源条件、技术水平和贸易结构上的差距并不是很大，但两国居民的消费习惯却存在很大差异。在农畜产品的国际竞争市场上，虽然两国面临同样的国际竞争对手，即生产技术水平极高的发达国家，但中印两国在农畜产品贸易领域可以充分发挥各自的比较优势，积极开展产业内贸易。通过双方在农畜产品贸易方面的竞争和互补，促动两国经济的快速发展。

(资料来源：http://www.wenmi114.com/wenmi/lunwen/zonghelunwen/2007-07-31/20070731110441_2.html，2007年7月31日)

2. 通过使用价值转换，形成对外贸易社会经济效益

(1) 使用价值是价值的载体。

对外贸易的两个基本职能是进行使用价值转换和实现价值增值，二者是不可截然分开的。实现价值增值的同时，必然完成使用价值的转换。因此，利用国内价值和国际价值的绝对差异或比较差异实现价值增值，必须建立在使用价值转换的基础上，使用价值是价值的载体，是物质承担者，没有使用价值的转换，就无以实现价值的增值。但使用价值在对外贸易经济效益形成中的作用，不仅仅限于在纯粹的商品流通中充当价值的载体，实现价值的增值，而且还包括由于使用价值对外转换在社会再生产中产生的新价值。

(2) 使用价值对外转换在社会再生产中产生的新价值。

进行对外商品流通，是将本国的一部分产品和资源从经济循环中分离出来，在国际市

场上转换成另一部分产品和资源，从而在一定程度上缓解国内产业结构不平衡对经济发展的束缚，扩大再生产规模，加速经济增长，使整个社会有可能获得更多新增价值。通过对外商品流通，通过使用价值转换，调整国民经济比例关系，改善社会产品构成，使社会获得更多的新价值或劳动节约，也是外贸经济效益的组成部分。

(二)对外贸易企业经济效益的形成

对外贸易企业经济效益直接形成于国内外市场的价格差，即从出口看，是指国内货源买入价与国际市场售出价之间的差价；从进口看，是指国际市场商品买入价与国内市场售出价之间的差价。这种价格差再减去商品流通费用即是外贸企业的盈利(若为负数则为亏损)，也即外贸企业经济效益。

1. 从理论上看

在价格与价值大体一致的情况下，国内外市场价格差反映的是国内价值和国际价值之间的绝对差异或比较差异。在存在绝对差异条件下，单纯的出口或进口即可取得对外贸易盈利，即当一商品国内价值低于国际价值时出口，而对国际价值低于国内价值的商品则进口。在比较差异条件下则需要通过出、进口双向循环贸易才可取得外贸盈利。这时，需要出口本国有比较优势的商品，进口本国劣势较大的商品，进出口贸易相结合，才能获利。

2. 从实践上看

外贸企业经济效益还受其他许多因素的影响，如企业经营管理状况、政府的政策措施、对外贸易体制等。

第二节　影响对外贸易经济效益的因素

一、影响对外贸易社会经济效益的主要因素

对外贸易经济效益是通过对外商品交换带来的价值增值，而价值增值是由国内外价值差异以及使用价值转换在社会再生产中发挥特定作用而形成的。可以说，一切影响商品国内价值、国际价值以及二者之间相互关系的因素，一切影响使用价值在社会再生产中发挥作用，带来更多新增价值的因素，均影响外贸经济效益。

(一)一国劳动生产率

对外贸易经济效益是通过对外贸易活动实现的价值增值，而价值增值是通过发挥比较优势取得的，即通过出口有比较优势的商品、进口有比较劣势的商品取得的。因此，比较

优势是取得外贸经济效益的客观基础。在古典贸易模型中，生产的唯一投入要素是劳动，一国的比较优势就取决于一国劳动生产率水平及其与世界劳动生产率水平的差异。二者差异的程度和方向决定着国内价值和国际价值差异的程度和方向，进而决定了获得对外贸易经济效益的量和层次。随着古典贸易模型的拓展，单一劳动要素假设被扩展为多种生产要素假设，从而比较差异不仅仅由劳动生产率所决定，各国要素禀赋的差异也成为各国比较优势的决定性因素。

如果一国劳动生产率水平大大高于世界平均劳动生产率水平，则该国绝大部分商品的国内价值低于同类商品的国际价值。在以国际价值为基础的对外交换中，该国每小时平均劳动投在各经济部门所形成的国内价值在国际市场上被承认为超过一小时的国际价值。该国以高于国内价值的国际价值输出商品，以低于国内价值的国际价值购买某些商品，以少量劳动按质的比例与多量劳动交换，从而取得对外贸易经济效益。该国是凭借劳动生产率水平的绝对优势取得对外贸易经济效益的。

如果一国的劳动生产率水平低于世界平均劳动生产率水平，则该国绝大部分商品的国内价值高于同类商品的国际价值。该国进行对外交换只能输出国内价值高于国际价值程度较小的商品，输入国内价值高于国际价值程度较大的商品，以少量社会劳动换回多量社会劳动，实现价值增值。这类国家取得对外贸易经济效益是利用了绝对劣势中的相对优势。

以上两类国家通过对外商品交换，都能够实现社会劳动的节约，形成外贸经济效益。生产率水平高的国家通过对外贸易所实现的价值增值量或社会劳动节约量并不一定绝对地多于劳动生产率水平低的国家，但是，由于二者劳动生产率水平与世界平均劳动生产率水平的差异方向不同，二者借以实现外贸经济效益的条件不同，决定了二者获得的外贸经济效益的层次的不同。前一类国家劳动生产率水平有绝对的优势，它所取得的外贸经济效益也是绝对的；而后一类国家劳动生产率水平处于绝对劣势，绝对劣势中相对优势的利用，形成对外贸易经济效益，但这种效益的获得是相对的局限性的。因此，前者获得的对外贸易经济效益是比后者更高层次的外贸经济效益。

(二)进出口商品结构

对外贸易经济效益源于国内价值与国际价值的差异，而国内价值与国际价值的差异必须通过一定的使用价值为载体表现出来。因此，不同的使用价值结构，即进出口商品结构会影响国内外价值差异的程度与方向，从而影响外贸经济效益。进出口商品结构是指一国对外贸易中各商品组成部分在贸易总体中的地位、性质以及相互之间的比例关系。进出口商品结构的特征、结构层次的高低以及进出口商品结构与本国经济发展状况、世界经济贸易发展趋势的关系，对于一国参与国际分工的深度、广度以及对外贸易促进国民经济发展作用的发挥，都有着重大的影响。

(1) 从出口商品结构来看，由于经济发展的不平衡，一国国内各部门各行业的劳动生产率水平参差不齐，甚至相差悬殊，与世界同行业平均的劳动生产率水平的差异程度更不

尽相同。由于各部门劳动生产率水平相异，一小时国内平均劳动投入到不同经济部门、行业所形成的国内价值量也就不同。同时，又由于各部门各行业劳动生产率水平与世界同行业平均劳动生产率水平的差异不尽相同，同一国内价值量由于物质承担者不同，在国际市场上得到承认的程度也就不同。所以，劳动生产率的双重差异——“内差异”和“外差异”，使出口商品结构极大地影响输出的国内价值量以及该国内价值量在国际市场上得到承认的程度。

(2) 从进口商品结构来看，由于相同的原因(劳动生产率的内外差异)，同一可支配的国际价值量，由于其物质承担者不同，即进口商品结构不同，在国内市场上会被承认为不同量的国内价值，而对外贸易经济效益的集中表现乃社会劳动的节约或国内价值的增值。可见，进出口商品结构，作为国内价值、国际价值的物质承担者——使用价值的构成，对于源于国内、国际价值差异的对外贸易经济效益有着重要的、实质性的影响。

(3) 进出口商品结构对外贸的宏观效益有着更深的影响。进出口商品结构的安排合理与否，影响着对外商品流通对再生产促进作用的发挥。例如，理想的贸易格局应是出口长线产品，进口短线产品，通过外贸促进宏观经济平衡。若出口商品正是本国供过于求的长线产品，本国需求的满足不会因此受到影响，这时出口贸易能促进国民经济的综合平衡。如果进出口商品结构安排不当，若出口商品国际与国内需求结构重叠，出口商品结构挤在国内供不应求的短线产品上，在此结构下发展出口贸易，必然有着很高的机会成本，出口的发展以牺牲国内消费为代价，经济效益恶化，这样的出口商品结构必然不能维持下去。因此，进出口商品结构对外贸经济效益有重大影响。

案例 8-2

中国外贸在出口结构改善中快速增长

2007 年，对于中国外贸是丰收的一年。对外贸易继续保持远高于 GDP 的增长速度，贸易结构得到进一步改善，对外贸易效益逐步提升。这一年“减顺差”成了贯穿始终的主旋律。减少出口激励政策成为实现“减顺差”最直接的手段：取消或降低部分商品出口退税率，调整部分商品进出口关税，特别是削减乃至取消对高能耗、高污染、低增值、低技术产业的出口激励。同时，一系列进口促进和便利化措施也相应出台。尽管如此，中国的贸易顺差仍增长较快。一方面是我国经济实力壮大的体现，另一方面也是国际产业转移和分工变化的结果。中国政府已经在各种场合明确表态，将继续通过优化进出口产品结构来抑制这一局面。而从国际经验来看，贸易顺差过大的矛盾确实需要循序渐进地调整。

对外贸易继续高速增长

截至 2007 年 11 月，中国进出口贸易额达 19 690.88 亿美元，同比增长 23.6%，顺差 2381.21 亿美元，已超过 2006 年全年贸易顺差 1774.75 亿美元，同比增长 52.2%。据商务部国际贸易经济合作研究院 2007 年的秋季报告预计：2007 年全年中国进出口总额将超过 2.1 万亿美元，增长 20%以上，继续保持世界第三大贸易国地位。这一年来，中国不仅对传统三个主要贸易伙伴如欧、美、日出口全面增长，对新兴市场的出口也增势迅猛。例如，前三季度，对印度出口 170.5 亿美元，增长 67.5%。

随着对外贸易规模的增长，中国外贸的结构也在这一年里有所改善。主要表现在：机电产品出口增幅继续高于出口总额增幅，初级产品进口增幅继续高于进口总额和工业制成品进口增幅。商务部研究员梅新育博士分析，这表明中国在国际贸易和国际分工格局中的工业国地位日益巩固，且出口商品结构趋向提升。更令人欣慰的是，2007 年中国主要出口制成品出口单价全面提升。专家认为，这在很大程度上是我国出口商品结构提升和中国企业议价能力增强所致。

多项政策出台　优化进出口结构

2007 年，为抑制“两高一资”(高能耗、高污染、资源性)产品出口过快增长，促进贸易平衡，我国对进出口关税、出口退税和加工贸易政策做了进一步调整。

4 月 5 日，商务部、海关总署、环保总局联合发布 2007 年版加工贸易禁止类目录，至此，2007 年加工贸易禁止类目录共计 1140 个(10 位码)税号商品列入加工贸易禁止类目录。

6 月 1 日，中国调整部分商品进出口关税税率。主要涉及对 80 多种钢铁产品加征 5%～10%的出口关税。6 月 18 日，财政部、国家税务总局发布通知，取消金属碳化物和活性炭产品等 553 项“两高一资”商品的出口退税，降低服装等 2268 项容易引起贸易摩擦的商品的出口退税率，10 项商品的出口退税改为出口免税，总共涉及 2831 项商品。

7 月 23 日，商务部与海关总署联合公布了新的加工贸易限制类目录，宣布从 8 月开始将 1853 个 10 位商品税号列入新一批加工贸易限制类目录，占全部海关商品编码的 15%。

12 月 20 日，国家对小麦、稻谷、大米、玉米、大豆等 84 种粮食产品的出口退税被取消。12 月 21 日，商务部与海关总署联合发布了新一批加工贸易禁止类目录，共计 589 个 10 位海关编码商品。

中国政府在扩大加工贸易禁止类和限制类目录的同时，也加强了对加工贸易企业的准入管理，将环保、能耗、用工、设备水平等指标纳入了加工贸易企业核查范围。加工贸易门槛的提高，将更好地促进中国加工贸易技术水平提高，加快加工贸易转型升级。而遏制“两高一资”产品出口，限制低附加值、低技术含量产品出口过快增长，支持高新技术产品出口，既有利于减少贸易摩擦，抑制顺差过快增长，也对弥补国内资源不足、优化国内产业结构、实现进出口均衡发展起到作用。

外贸顺差过大　需循序渐进地调整

中国顺差的快速增长，从某种角度说，是中国产业进步和竞争力增强的体现。“减顺差”一直是中国政府外贸工作的重点，但顺差的存在是国内外诸多因素综合作用的结果，业内认为中国外贸顺差的存在在今后仍将持续，具有长期性。

中国进出口持续顺差和近几年顺差不断扩大，主要是国际产业转移和分工格局变化、中国工业化快速发展和出口商品竞争力提高等长期因素决定的。从主要发达国家的经验来

看，各国在工业化快速发展时期，均经历了长期顺差的阶段。从目前来看，国际市场需求仍较旺盛，美欧等国家大量产业转移造成明显的供给缺口，需要通过进口来弥补。同时美欧发达国家对我高新技术及产品的出口管制也在一定程度上制约我国进口的扩大。

(资料来源：经济参考报，2007 年 12 月 27 日，第 2 版)

(三)货币因素

价格是价值的货币表现形式，在商品经济条件下，价值增值或劳动节约必然要通过价格来衡量和表现。

对外贸易是特殊的经济部门，它联系着国内外的生产和流通，在每一次对外商品交换中通常都要使用两种或两种以上的货币计价，这就使得通过交换实现的社会劳动节约或价值增值的表现更为复杂。通过交换实现的价值增值要得以正确表现和反映，一方面要求国内外价格都必须真实地反映商品的国别价值和国际价值；另一方面要求计价货币的“价格”，即汇率正确反映每一单位本币和外币所代表的价值量的关系。比较优势只有正确地表现为价格差时，对外贸易才会依此进行，比较优势才会成为现实的比较利益。因此，价格是否真实地反映价值、价格与价值的背离程度与方向都可影响对外贸易商品结构，从而影响外贸经济效益。即使商品的国内外价格能正确反映商品的国内外价值，如果汇率不能正确反映参与交易的不同货币之间的比例关系，则对外交换产生的价值增值也得不到正确反映；反之亦然。

价格机制不仅会影响价值增值的正确表现，还会通过对进出口商品结构的作用，进而影响实际的价值增值量或劳动节约量，影响对外贸易经济效益。

如果一种商品的国内价格严重偏离国内价值，价格所表示的价值量大大高于实际的价值量，则价格对价值的扭曲使所表现出来的商品国内价值大大高于同类商品的国际价值。这种国内价值的“高估”使实际上具有绝对优势或相对优势的商品貌似具有绝对优势或相对优势，使本该出口的商品成为事实上的进口商品。同样，国内价值的“低估”也可能使本该进口的商品成为出口商品。如果汇率高估了每单位本国货币所代表的价值量，会使实际上出口可以节约劳动的商品似乎也成了亏损商品，而汇率的低估则可能使实际上没有优势的商品出口，似乎也能节约社会劳动。所以，价格对价值的扭曲、汇率的高估或低估等货币价格因素会影响进出口商品最优结构的形成，从而影响对外贸易经济效益。

假定 1 小时的国内价值对应于 1 元人民币，设 A 商品的国内价值为 2 小时，若价格正确地反映价值，则此时 A 商品的价格应为 2 元，但由于价格高估了价值，把本应表现为 2 元的价值表现为 3 元，而此时，国际市场 A 商品的价格以人民币来表现为 2.5 元。那么由于出现了价格差，国内的企业将进口 A 商品以获得利益。这样就使得本可以出口的 A 商品变为进口，从而改变了进出口商品的结构。

(四)市场机制

在市场经济条件下，对外贸易活动的国内环节和国际环节都要通过市场运作来完成，高水平的外贸经济效益的实现必须有健全的市场机制作保证。如果市场机制不健全甚至缺乏必要的要素市场，通过外贸活动最终实现的社会劳动的节约就得不到正确的表现，从而使促进外贸经济效益提高的经济驱动力无从发挥。比较优势的发挥有赖于完善的市场机制，使资源能够根据比较优势的变动实现最优配置，保证对外贸易经济效益的实现。

二、影响对外贸易企业经济效益的因素

1979 年之前，我国建立了集外贸经营与管理为一体、政企不分、统负盈亏的外贸管理体制，中央以指令性计划直接管理少数的专业性贸易公司进行进出口贸易(1978 年底外贸公司有 130 多家)。贸易目标主要是进出口贸易在总体上达到平衡，对外贸易实行高度集中的计划管理，财务上实行“统收统支、统负盈亏”的体制，进出口企业的盈利，集中上缴国库，而发生的亏损，也统一由国家财政拨款予以补贴。这有利于国际收支平衡，维持较低的国内价格水平，但是我国与世界市场的有机联系被割断，不利于外贸和整个国民经济的发展。

1978 年 12 月中共十一届三中全会以后，我国开始实行改革开放的国家战略，进行经济体制改革，其中包括外贸体制的改革。主要内容是放开部分贸易经营权(包括对外资企业)，以及贸易公司自主化改革。外贸体制改革分为三个阶段。

(1) 1979—1987 年间，政府根据政企分开，外贸实行代理制，工贸结合，技贸结合，进出口结合的原则，下放部分外贸经营权，开展工贸结合试点，简化外贸计划内容，实行出口承包经营责任制。

(2) 1988—1991 年间，全面推行对外贸易承包经营责任制，地方政府、外贸专业总公司和工贸总公司向中央承包出口收汇、上交外汇和经济效益指标。承包单位自负盈亏，出口收汇实行差别留成。

(3) 1990 年 12 月 9 日，外贸企业出口实行没有财政补贴的自负盈亏，以完善对外贸易承包经营责任制。从 1991 年起，我国外贸体制进一步深化改革，建立起了以市场供求为基础的、单一的、有管理的人民币汇率制度；绝大多数商品的价格都由市场供求决定，价格与价值的背离得到根本的改变；减少行政干预，扩大市场调节的范围；取消了国家对外贸企业的出口亏损补贴，使外贸企业真正实现自主经营、自负盈亏、自我约束、自我发展。通过对外贸企业的改革，中国的对外贸易体制开始初步摆脱了过去的不合理状况，朝着适应对外开放和建立有计划的商品经济的方向发展。

1992 年开始，我国贸易政策体系的改革已经不限于贸易权和外贸企业等内容，伴随着

1986 年中国要求“复关”开始，中国的贸易政策改革已经开始以符合国际规则为导向，逐步涉及国内管理的各个方面。1992 年 10 月，党的十四大提出了“深化外贸体制改革，尽快建立适应社会主义市场经济发展的，符合国际贸易规范的新型外贸体制”。符合国际贸易规范，也就是要符合关贸总协定的规范，因此我国提出改革方向是统一政策、平等竞争、自负盈亏、工贸结合、推行代理，以建立适应国际通行规则的外贸运行机制。在进出口管理上，1992 年取消进口调节税；1994 年取消进出口指令性计划。此后进行了多次的关税降低，整体关税已经与国际平均水平大为接近，与世界市场更加接近。此外，进口配额及其他的非关税措施数量也在逐年减少。

1994 年颁布的第一部《对外贸易法》，开始了系统地完善外经贸领域法律法规的改革阶段。以国际规范为目标，在货物贸易、外资、知识产权、反倾销等各个领域出台了一系列的法律法规，同时政府的政策透明度也不断加强。外贸体制改革的实施，加强了市场经济机制的调节作用，促进了我国对外贸易市场化的进程。

自 2001 年 12 月加入 WTO 至今，我国在市场准入、国内措施、外资待遇、服务贸易等各个领域均较好地履行了自身的承诺和义务，得到了 WTO、世界银行等国际组织的高度评价和赞扬。最明显的特征就是，贸易政策体系改革已经与国际贸易体制接轨、发展同步，政策变化的动力由单纯的内生或者外生转变为内外协调。这种变化最根本的动力来源是我国经济贸易本身的高速增长，并且我国有着市场容量庞大、与发达国家经贸互补性明显、政策稳定性强并对国际高度负责等优点，我国对世界经济的良性影响也逐渐加大。

改革开放以来特别是 1981—1990 年间，我国对外贸易连年亏损，国家不得不给予大量财政补贴。外贸亏损的原因除了国际市场价格变化趋势于我不利、一些外贸企业经济管理水平较差等客观因素外，其主要原因还有政策性方面，我国曾长期实行国内外价格割断政策，国内价格体系和国际市场价格体系相脱节；体制性方面，税收、汇率等方面的改革不同步，外贸体制不完善是造成外贸企业非正常亏损的因素之一；结构性方面，我国进出口结构存在的问题也是产生外贸亏损的因素；生产性方面，由于我国劳动生产率水平低，导致生产成本高，产品质量差，国外售价低，造成外贸亏损；经营性方面，由于外贸企业经营管理水平低造成的亏损也相当可观。而从 1994 年起，外贸企业实行自主经营、自负盈亏，国家财政的外贸盈亏就不存在了。

从理论上讲，盈利或亏损是节约或浪费社会劳动的货币表现。盈亏是社会主义经济活动中一项不可忽视的经济指标。外贸盈亏同样在一定程度上反映我国对外贸易的经济效益。但是，外贸盈亏与外贸经济效益之间不能简单地画等号，外贸财务盈亏的状况及其变化，深层次的原因在于经济体制，外贸出现亏损并不等于外贸经济效益差。

改善外贸企业经济效益，不仅需要改进外部宏观环境，更需要改变企业的微观机制。在市场机制充分发挥作用的条件下，价格与价值相一致、汇率准确反映货币之间比率的条件下，影响外贸微观经济效益的主要因素是企业的经营机制、管理机制等微观因素。在价格、汇率扭曲的情况下，外贸微观经济效益的决定因素就要复杂得多，许多因素往往是外贸企业所不可控制的。但是，随着经济体制改革的推进，市场经济体制逐步趋于成熟与完善，价格扭曲与汇率扭曲的逐步消除，外贸盈亏与外贸经济效益的差异也会趋于缩小以至消失。影响外贸企业经济效益的因素主要有以下几个。

(一)外贸企业的企业制度

外贸企业制度改革的方向是建立现代企业制度。只有建立现代企业制度，才能使外贸企业成为自主经营、自负盈亏、自我发展、自我约束的市场主体。现代企业制度具有以下特征：一是产权关系明晰。企业中的国有资产所有权属于国家，企业拥有包括国家在内的出资者投资形成的全部法人财产权，成为享有民事权利、承担民事责任的法人实体。二是权责明确。企业以其全部法人财产，依法自主经营、自负盈亏、照章纳税，对出资者承担资产保值增值的责任。出资者按投入企业的资本额享有所有者的权益，即资产收益、重大决策和选择管理者的权利。企业破产时，出资者只以投入企业的资本额对企业债务负有限责任。三是政企分开。企业按市场需求组织生产经营活动，以提高劳动生产率和经济效益为目的，政府不直接干预企业的生产经营活动，企业在市场竞争中优胜劣汰。四是科学管理。建立科学的企业领导体制和组织管理制度，调节所有者、经营者和职工之间的关系，形成激励和约束相结合的经营机制。

(二)外贸企业的经营制度

外经贸企业的经营模式应由商品经营向资本经营转变。商品经营是以完成进出口商品计划为特征的；资本经营是以利润最大化和资本增值为目的，以价值管理为特征，通过生产要素的优化配置和资产结构的动态调整，对企业所控制的内外部有形与无形资产进行综合运营的一种经营方式。实行资本经营，要求外贸企业按照资本运动的一般规律进行进出口活动，实现资产增值和效益最大化的目的。具体地说，就是外贸企业要建立最佳资本结构，以经济效益为中心，实行多元化、综合性经营。

外贸企业传统的单一商品经营模式已难以适应快速变化的国际经济环境，必须转向多元化、综合性经营，外贸企业在经营进出口商品的同时，应利用自身联系广、信息灵的优势，积极参与技术进出口贸易、国际服务贸易、国际投资等活动；在国内市场上，也应参与各种实业化经营，如制造业、运输业、服务业等，形成国际化、实业化、综合化经营模式，从根本上提高企业创造高效益的能力。

(三)外贸企业的管理制度

外贸企业要提高企业经济效益，必须建立科学高效的管理制度，提高管理水平，向管理要效益。外贸企业应按照社会主义市场经济的要求，建立以财务管理为中心，资金管理

为重点，辅之以健全的劳动管理、人事管理、分配管理，建立约束和激励机制，从而提高企业经济效益。

改革企业制度，建立现代企业制度是基础。只有进行企业制度的革新，建立现代企业制度，实现微观经济基础的根本变革，外贸企业才能最终摆脱传统计划经济体制的束缚，真正成为在市场竞争中求生存、求发展，追求高效益的、独立的市场竞争主体。

第三节 对外贸易经济效益的评价

开展对外贸易经济效益评价，促进外贸经济效益增长，是我国对外贸易活动实现两个转变的重要前提。对外贸易经济效益作为客观存在，要求得到评价和衡量。当前我国对外贸易经济效益的衡量指标分为两类：一类是对外贸易社会经济效益的衡量指标，另一类是对外贸易企业经济效益的衡量指标。对外贸易社会经济效益的衡量指标包括：进出口贸易总额、平均换汇成本、资金利润率、进出口贸易税利、贸易条件等。进出口贸易总额是对外贸易的直观总体表现，反映了我国对外贸易活动的规模，以及参与国际分工的程度和外贸计划的完成情况。以此为基础构筑的外贸社会经济效益评价指标体系在我国外贸的发展过程中起到了度量、评价和引导作用，极大地促进了我国外贸的快速发展。经过 20 多年的发展，我国已成为一个贸易大国。2004 年我国进出口贸易总额超过 11 000 亿美元，提前 6 年实现突破 10 000 亿美元的规划目标，其中顺差超过 300 亿美元。2005 年我国对外贸易仍然保持着迅猛的发展速度，贸易总额为 14 221. 2 亿美元，贸易顺差高达 1010. 8 亿美元。我国对外贸易在世界贸易中的排名也由 2003 年的第四位升至 2004 年的第三位，并在 2011 年跃居世界第二位。2012 年中国的外贸总额首次超越美国，成为全球最大贸易国。

一、对外贸易社会经济效益的评价原则

(一)外贸宏观经济效益的评价是价值评价

外贸经济效益所揭示的是由于进行对外贸易活动所实现的社会劳动节约，这里的“劳动”乃抽象劳动，它是价值的唯一构成要素。因此，外贸经济效益属于价值范畴，对它的评价必须从价值角度进行。在对外贸易经济效益评价中，使用价值评价可以归结为价值评价，价值评价可包含使用价值评价。

对外贸易活动实现使用价值的转换，对外贸易经济效益所包括的并不是转换来的使用价值的全部效用，转换来的使用价值的全部效用与不进行转换所拥有的使用价值的效用之间的差额，才是对外贸易经济效益的组成部分。

使用价值的效用通常只能用笼统的标准衡量，即满足程度。一种使用价值带给消费者

的满足程度越高，该使用价值的效用越大。对外贸易经济效益所包含的内容是效用的增大，即满足程度的提高。对外贸易活动所导致的满足程度的提高，主要通过两个形式得以表现，即通过生活消费和生产消费。对外贸易活动转换来的商品投入国内经济循环，或者直接用于生活消费，或者用于间接消费——生产消费。使用价值的效用，使用价值带来的满足程度必须在消费中才能表现出来。由于使用价值是价值的物质承担者，所以，使用价值的评价可以归结为价值评价。

(二)评价对外贸易宏观经济效益应包括对贸易机会成本的考查

评价对外贸易社会经济效益不仅应考查通过对外交换活动所实现的劳动节约，还须考查参加交换的商品如果用于其他用途可能带来的收益，考查参加交换的价值量如果选择其他的物质承担者可能带来的收益，即考查进出口商品的机会成本，这样才能更全面、更准确地评价对外贸易活动给国民经济带来的净收益。

进出口商品的机会成本同一般的机会成本有所不同。出口商品的机会成本指的是出口商品如果不用于出口而用于国内的生产、消费所可能带来的最大收益。进口商品的机会成本则指的是同一可支配的国际价值量，如果选择其他的物质承担者给国民经济可能带来的最大收益。

如果出口商品的机会成本高于出口所得的收益，对外贸易活动给国民经济带来的净收益就应该是外贸带来的价值增值减去出口机会成本高于出口收益的部分；如果进口商品的机会成本高于进口收益，就说明对外贸易活动还不完全符合经济效益最大化原则，即以尽可能少的耗费取得尽可能多的成果，还有潜在的更大的经济效益有待挖掘。

单纯考查进出口活动所实现的价值增值，不能全面反映对外贸易活动给国民经济带来的净收益状况，也不能反映在可支配国际价值量不变的情况下，潜在的更大的外贸经济效益。而评价对外贸易经济效益的目的不仅在于明确进出口活动的实绩，更重要的还在于发现问题，明确努力方向。因此，评价对外贸易经济效益应该包括对贸易机会成本的考查。

(三)对外贸易宏观经济效益的评价必须借助于货币、价格形式

价格是价值的货币表现。对外贸易经济效益乃是通过对外交换活动所实现的价值增值，增值了的价值与价值本身一样，它是抽象的、非实物的，但又必须依存于商品体中，是商品的基本属性。因此，价值增值在商品经济中必须借助货币、价格形式。评价对外贸易经济效益，评价对外贸易产生的价值增值只能是评价、衡量以货币价格形式表现出来的效益、价值增值，而不可能是看不见、摸不着的东西。评价对外贸易经济效益借助于货币价格形式，其根本前提是价格能够真实地反映价值、货币并与它所代表的价值量相符。如果价格扭曲，不能正确反映价值，货币不能正确反映所代表的价值量，汇率不能反映货币之间真正的比率，对外贸易经济效益的评价就会失真，评价就会失去原有的意义，甚至使外贸工

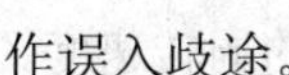

作误入歧途。

(四)对外贸易宏观经济效益的评价应是宏观的、全面的评价

对外贸易经济效益是通过对外商品交换所节约的社会劳动。这里的劳动节约是指一国范围内的劳动节约，因此对外贸易经济效益的评价范围是一个国家，评价角度应是宏观的、全面的。

一国范围内的劳动节约，是指通过对外商品交换给一个国家带来的全部的劳动节约，无论其具体形式如何。无论它是显见的，还是隐含的；无论是直接的，还是间接的，因为它们最终都可归结为抽象的社会劳动的节约，而这些社会劳动的节约又都是由对外贸易所导致的。对外贸易作为国民经济的一个特殊部门，对外贸易活动成果不仅表现为现实的劳动的节约，还表现在为国民经济提供了节约社会劳动的能力。但是，这种节约社会劳动的能力转化为现实的劳动节约的过程，往往是在其他非对外贸易部门进行的，而且转化过程中往往有许多非对外贸易因素共同起作用。因此对对外贸易经济效益要作出正确的评价，必须从国民经济的宏观角度进行评价。

即使是对外贸易活动产生的直接的劳动节约，也必须对对外贸易的全过程进行全面考察，才能得到正确的评价。

二、对外贸易企业经济效益的评价

外贸企业经济效益评价指标体系由三部分共十五个指标构成。

(一)反映企业资产负债和偿债能力的指标体系

(1) 资产负债率。该指标是指企业负债与资产的比值，反映企业总资产中的债务比例。其公式如下。

资产负债率=(负债总额/资产总额)×100%

(2) 流动比率。该指标是指企业流动资产与流动负债的比值，反映企业偿还即将到期债务的能力。其公式如下。

流动比率=流动资产/流动负债

(3) 速动比率。该指标用来衡量企业运用随时可变现资产偿付到期债务的能力。其公式如下。

速动比率=(速动资产/流动负债)×100%

(4) 流动资产周转率。该指标是指企业营业收入与流动资产的比值，反映企业流动资产运转的能力。其公式如下。

流动资产周转率=(商品销售收入净额+代购代销收入+其他业务收入)/(期初流动资产总额+期末流动资产总额)÷2

(5) 存货周转率。该指标是指企业销售成本与存货的比值，反映企业存货的周转速度。其公式如下。

存货周转率=商品销售成本/(期初存货+期末存货)÷2

(二)反映盈利能力和国有资产保值增值情况的指标

(1) 销售(营业)利润率。该指标用来反映企业销售收入的获利水平。其公式如下。

销售(营业)利润率=[利润总额/产品销售收入(营业收入)] ×100%

(2) 出口每美元成本。该指标用来反映企业出口商品每一美元所耗费的成本。其公式如下。

出口每美元成本=出口商品总成本(商品进价不含增值税)/出口额(美元数)

(3) 进口每美元赔赚额。该指标用来反映企业每进口一美元商品的获利能力。其公式如下。

进口每美元赔赚额=(进口商品销售收入-进口商品总成本)/进口国外进价(美元数)

(4) 费用水平。该指标用来反映企业商品销售每百元所耗的费用。其公式如下。

费用水平=(商品流通费/商品流通额)×100%

(5) 资本金收益率。该指标是指企业实现的净利润与实收资本的比值，反映企业对投资者的回报能力。其公式如下。

资本金收益率=(净利润/实收资本)×100%

(6) 总资产报酬率。该指标是指企业一定时期内实现的利润总额和支付的财务费用与资产的比值，反映企业运用全部资产赚取收益的能力。其公式如下。

总资产报酬率=[(利润总额+财务费用)/(期初资产总额+期末资产总额)÷2]×100%

(7) 资产保值增值率。该指标是指企业期末所有者权益与期初所有者权益的比值，反映企业对所有者权益的保值和增值能力。其公式如下。

资产保值增值率=(期末所有者权益总额/期初所有者权益总额)×100%

(三)反映企业对社会贡献的指标

(1) 出口收汇额。该指标用来反映企业实际为国家创造的外汇收入。

(2) 社会贡献率。该指标用来衡量企业运用全部资产为国家或社会创造或支付价值的能力。其公式如下。

社会贡献率=(企业社会贡献总额/平均资产总额)×100%

(3) 社会积累率。该指标用来衡量企业社会贡献总额中多少用于上缴国家财政。其公式如下。

社会积累率=(上缴国家财政总额/企业社会贡献总额)×100%

第四节 提高对外贸易经济效益的途径

一、提高外贸社会经济效益的途径

(一)调整和优化产业结构及进出口商品结构，是提高外贸社会经济效益的重要途径

对外贸易经济效益的重要源泉是商品国内价值和国际价值的差异。因此国内价值和国际价值的物质承担者——使用价值的构成，即进出口商品结构，无疑是提高外贸经济效益的关键之一。而优化进出口商品结构的前提条件是要优化本国的产业结构，因为产业结构是进出口商品结构的物质基础。

有什么样的产业结构，就决定了有什么样的出口商品结构。优化产业结构和进出口商品结构，可以改善我国在国际分工中的地位，提高外贸经济效益。从国内产业发展的基础看，我国具备了在“十一五”期间加快转变对外贸易增长方式的基本条件。一是国内产业整体技术水平和竞争力在较快提升，包括汽车及零部件、数控机床、电站设备在内的一批技术含量较高、附加值较高的产品，出口有望出现突破性的快速增长。二是传统出口商品的技术含量和附加值继续提升，即使是劳动密集型产品，也可以从出口中获得更大的收益。三是外商投资企业继续提升产业层次和加工深度，加强研发能力，有利于提升其出口商品的国内增值率。可以对现行的鼓励出口政策作适当的调整，逐步建立起主要依靠科技进步促进出口的政策体系。如改革出口退税政策，根据产品的技术含量、资源耗费、加工增值率等，实行有差别的出口退税税率；鼓励关联性大、能改善我国贸易条件的产品的出口；沿海发达地区要对产业实行必要的“挤出”政策，腾出空间，主要发展高新技术产业，对某些纯资源产品出口征收出口税。改革金融扶持政策，对贷款、贴息、贴现、出口信贷等实行有差别的利率等。

长期以来，传统的资源密集型初级产品和劳动密集型的轻纺产品的出口额几乎每年都占我国出口总额的 50%以上。这种模式正承受着我国资源环境日益恶化、劳动力成本不断上升和国内对初级产品的需求不断增加的压力，初级产品的出口市场也受到经济日益崛起的发展中国家的激烈竞争以及发达国家进口配额限制等贸易保护主义的抑制，资源和劳动密集型产品难以有更大的发展。在知识经济为主导的当代社会，科学技术已经成为提高产品国际竞争力和社会经济发展的决定性因素，世界经济的竞争就是以经济为基础、以科技特别是高科技为先导的综合国力的竞争。随着国际市场商品结构的变化，技术密集型的高科技产品正成为最具生命力和竞争力、出口增长最快、贸易规模最大和发展后劲最足的支柱产品。因此，积极发展高技术产业，开拓产品出口市场，这既符合我国经济发展现状和发展方向，又符合国际贸易的发展趋势。

(二)建立高效的宏观调控体系，协调外贸社会效益与外贸企业经济效益的关系

外贸社会效益与外贸企业效益是整体和局部的关系，而这既是统一的，又是有矛盾的。国家和外贸企业作为不同的利益主体，在经济行为中追求的效益目标必有差别。因此，为了尽可能地使两者统一起来，国家应加强宏观调控手段，充分发挥市场机制的作用，辅之以必要的行政手段，既满足外贸企业的效益目标，又要保证国家外贸社会经济效益目标的实现。

外贸企业若要提高经济效益，从根本上讲，需要国家在经济体制上进一步深化改革，最终形成有利于节约资源、降低消耗，增加效益的企业经济机制，形成有利于自主创新的技术进步机制，形成有利于市场公开竞争和资源优化配置的经济运行机制。因此，要提高我国外贸经济效益，我国政府必须由过去的外贸经营者转变为外贸宏观调控者，由直接的行政干预转变为通过汇率、关税等经济手段进行间接调控，使外贸企业在市场机制的作用下更合理地利用我国的优势，提高产品在国际市场上的竞争力。政府还应向效益好的外贸企业提供政策，支持如出口信贷、出口许可证等，同时，政府应代表外贸企业参加相关国际会议、签订国际协议，为外贸企业争取应得的权利，积极帮助外贸企业协调解决贸易争端。国家作为法律法规的制定者，还应借鉴国外经验，制定完善保护我国对外贸易发展的法律法规，为外贸企业创造一个公平竞争的国际国内环境。

(三)加速建立和完善社会主义市场经济体制是提高外贸社会经济效益的保证

首先，建立和完善社会主义市场经济体制，使市场真正成为资源配置的基础性手段，促使我国经济同世界经济互接互补，更好地利用国际分工，提高生产力水平。

其次，建立和完善社会主义市场经济体制，可引进国际竞争，加速我国企业和国民经济的技术改造，推进产业结构、经济结构的优化。

再次，建立和完善社会主义市场经济体制，可促使外贸企业在市场竞争中求生存、求发展，从而从整体上提高外贸企业的经济效益。

在世界经济日益融合、国际竞争不断加剧的今天，仅仅依靠价格优势在国际市场上立足，单纯通过数量扩张实现对外贸易的发展都已成为过去，我国必须采取积极的措施，进一步加强宏观调控的力度，加强对外贸管理的制度和法规建设，用政策、法规和经济调节机制来协调和管理对外贸易，在政策上向经济效益好、出口规模大、有发展潜力的行业、企业倾斜，在进出口信贷、出口退税等方面给予优惠待遇。建立完善的进出口审批、最低出口限额等制度，优先保证效益良好企业的进出口用额，统一制定进出口最低限价，杜绝恶性竞争、国家受损的不良现象，将一切经济行为切实转到以提高经济效益为中心的轨道上来，向质量、技术、规模和管理要效益，实现我国对外贸易增长方式由粗放型向效益型转变。

二、提高外贸企业经济效益的途径

提高外贸企业经济效益，除了必须为企业创造平等竞争的宏观环境外，更要从微观层面上进行变革，挖掘企业内在潜力。

(一)转换外贸企业经营机制

转换外贸企业的经营机制首先要推行股份制，使外贸企业真正成为自主经营、自负盈亏、自我发展、自我约束的独立生产者和经营者。按照现代企业制度关于“产权明晰，权利明确，政企分开，管理科学”的要求，加大外贸企业体制改革的力度，促进外贸企业管理水平的提高。

(二)大型外贸企业应走三化道路

大型外贸企业应走实业化、国际化和集团化的道路，实现综合经营、规模经营；加强横向、纵向联合，实行“一业为主，多种经营”的方针，扩大经营规模，实行规模经营。“一业为主，多种经营”的方针，可使外贸企业在更广泛的领域发展，使企业拥有的资源得到更有效的配置，也可增强风险抵御能力，从而提高外贸企业经济效益，实行规模经营，可降低企业运营成本，改变投入产出关系，增加企业盈利。小型外贸企业要进一步放开搞活，可兼并、联合或租赁，有的可改组为股份合作制，有的可出售。

(三)加速生产企业技术进步

必须推行“以质取胜”战略，加大企业技术改造力度，用高新技术武装企业，增加产品技术含量，增加产品附加值。提高外贸产品附加值是提高外贸企业经济效益的必要选择，外贸企业要加强市场调研，适时推出新产品来提高附加值；改进工业设计，通过创新求变来增强国际市场竞争力和适应性，注重产品质量，以质量为依托来扩大外贸产品销量，增强批量出口创汇的能力，将外贸产品的附加值提高到一个新水平。

(四)建立科学的企业管理制度

按市场经济的要求，建立劳动人事制度、财务制度，特别是分配制度。全面实行劳动合同制，使企业和职工在平等自愿、协商一致的基础上，签订企业职工劳动合同，通过劳动合同以法律形式确立和规范双方的劳动关系，明确责、权、利，充分调动广大职工的积极性和创造性，促进企业建立自主用人、自主分配和自我约束的竞争机制。实行优化组合制，对于优化组合后的剩余人员，按待业处理、自愿停薪留职、自动调出、提前退休等形式安置。改革分配制度，在分配上，全部推行岗位职务工资和效益工资，拉开分配档次，真正做到多劳多得。

(五)培养人才，提高企业素质

市场经济条件下，企业家及职工素质是极为重要的因素。企业之间的竞争在很大程度上是人才的竞争，外贸企业要想在竞争中取胜，提高企业经济效益，必须有一支足够数量、高素质的职工队伍。要打破计划经济的上级任命制，建立竞争机制，选拔优秀人才，变终身制为任期制，加强外贸企业负责人的综合考核，实行与综合考核目标挂钩的浮动年薪制；加强政策、业务和科学技术知识的学习，经营者既懂政策，又精通业务，同时又有广博的科技知识。企业文化在企业管理中具有凝聚、激励效能，其核心是企业精神，是企业的无形动力。通过外贸企业文化的建立，建立适应现代企业发展的企业精神，有利于调动广大外贸企业干部职工的积极性、创造性，提高企业的凝聚力，推动企业的发展，进而提高外贸企业的经济效益。

案例 8-3

瑞士中小企业发展的诀窍

瑞士是世界上最富裕的国家之一，其最具特色的是中小企业在国民经济中占有很重要的地位，许多久负盛名的产品都是中小企业生产的。根据瑞士联邦统计局的最新统计，瑞士工业部门的中小企业共有 7 万多家，占工业企业总数的 98.9%。瑞士的工业发展始于传统的钟表和纺织业。长期以来，瑞士中小企业克服了国内市场狭小，周围都是工业高度发达的欧洲资本主义大国等不利条件，依靠传统的技术优势，以深加工为主，生产高度专业化，产品主要面向国际市场，为瑞士工业现代化和产品占领国际市场发挥了重要作用。瑞士中小企业能长期生存并占有重要地位的诀窍在哪里呢？

一、在协作配套中大显身手

瑞士中小企业很早就认识到，随着专业分工发展到相当程度，很多拥有强大的资金实力、科技实力和品牌、市场网络的大企业，为了最大限度地降低生产成本，实现效益的最大化，必将寻找合适的协作配套伙伴。为此，瑞士中小企业十分重视与世界著名大企业沾上“裙带关系”。目前瑞士机械制造业 3000 多家中小企业中，近一半专门为欧洲汽车生产大厂生产汽车零配件。瑞士自己没有汽车制造厂，但其小厂专门生产汽车的某一个部件和零件供应外国汽车行业配套，如汽车门锁和橡胶、塑料制成的汽车密封件、安全装置、排气装置、刹车装置等产品。又如，日本、中国香港、美国的大电子表集团都需用瑞士钟表小厂生产的电子表马达、表壳、机芯，以装配各种型号的手表。美国摩托罗拉公司驻瑞士公司一年有 1 亿多美元的零部件订单发给它在瑞士的合作伙伴，另外还向总部推荐，又为该国的中小企业在其他国家的摩托罗拉公司每年揽到 2 亿多美元的“额外活”。

二、凭专精优特显独有优势

瑞士保持着一百多年钟表王国的地位，主要靠的是中小企业世世代代相传的钟表技术。

20世纪60年代以前，瑞士钟表几乎独霸世界市场。到了20世纪70年代，日本、中国香港、美国的电子表迅速崛起，对瑞士传统的机械钟表业形成了猛烈的冲击。面对国际钟表市场的激烈竞争，瑞士在大力开发电子表技术的同时，保持中小企业生产传统机械表的技术优势，走“专精优特”路线，将产品做到极致，作出了同行业其他人无法取代的特色。如大力发展高档名牌表和豪华装饰表，瑞士的老牌名表欧米茄、劳力士以及具有收藏价值的金表、钻石表、蓝宝石表、景泰蓝表、多功能用途表、高技术的太空表、潜水表等，大部分都是由小企业承担装配和生产的。这些小厂由于生产的高档豪华表技术含量高，工艺水平无与伦比，因此在国际市场上的价值居高不下，很能满足一些富翁和达官贵人的需要。据调查，瑞士手表平均价格相当于世界手表市场平均价格的5～10倍。瑞士高档豪华表只占瑞士钟表出口量的4%，但其出口值却占其出口总额的50%以上。

三、抓产品质量赢得好信誉

瑞士中小企业十分重视企业的产品质量。保证有质量才能赢得信誉，才能赢得市场，企业才有生命力。而质量的关键取决于工人的生产技术和工艺水平。瑞士的企业员工素质很高，就业者不仅要接受正规学校教育的训练，而且还需接受专门职业教育培训，否则就很难找到就业岗位。瑞士中小企业为了保证产品质量，都十分舍得花钱对企业员工进行再训练、再教育。因此，瑞士企业员工特别是一线工人的理论实践知识都很丰富，动手能力特别强。瑞士中小企业还十分舍得投入大量资金引进世界上最先进的生产设备(全部自动化)和检验设备(有些中小企业生产设备和检验设备的投资各占一半)；每道生产工序都需要检验才能过关，有的产品甚至要经过几十次检验才能最后包装出厂。盛行于瑞士中小企业的一句口号便是“产品质量合格率必须是100%，99.9%都不行”。目前，世界上大型体育比赛所需的误差不到1‰的计时表，全部为瑞士钟表企业所垄断。瑞士一家名叫奈压精密金属制品公司，是一家只有38名职工的小企业，专门从事超精细零部件加工。由于有先进的技术设备和加工设备，它加工的超精细零部件的误差不超过±0.02微米。靠着产品的质量高、信誉好，这家企业的产品在美国市场的占有率达到85%以上。

四、瞄准市场空隙发展商机

瑞士中小企业规模小、人员少，一般只有十几人、几十人，中型企业一般不超过500人，自身不具备科研力量。但是为了适应现代市场科技产品的激烈竞争，瑞士中小企业的市场敏感性、前瞻意识特别强，它们积极主动与各科研机构、高等院校和大公司的科研单位联系，密切关注市场需求的变化，不断推陈出新、引导消费，以创造新的市场需求。如针对中东国家缺水现象严重和世界旅游业快速发展的情况，2003年瑞士一家防水公司推出了最新科技环保产品——“无水洗液”，这种洗手液使用时无需用水，且携带十分方便，产品一问世，就深受消费者欢迎。当年就销售4000多万箱，以色列政府还对这一产品实行免税政策。瑞士中小企业十分善于进行市场细分。1990年末，在世界上不少著名的服装商纷纷抱怨服装市场饱和时，瑞士一家小服装商却以独到的眼光发现了成熟女性职业装仍短缺的事实，并据此推出了这类服装。结果，产品以高品位、款式新、色彩迎合国际流行趋势等特点赢得了众多职业女性的青睐，从而一举成为当年世界服装市场成长最快的女装名牌之一。瑞士中小企业还善于发挥决策快、经营机动灵活等特点，以小批量多品种的生产方式，生产众多的深受消费者欢迎的产品。一家纺织公司专门生产折叠式桌椅、野营床、帐篷等旅游用品，就是这家专门生产不起眼小产品的企业，2003 年产品出口到美国、日本、法国、德国等 30 多个国家和地区，完成销售额 1 亿多美元。

五、在营销国际化上下功夫

在营销上，瑞士中小企业大力开展国际化的营销。这与瑞士本国地域小，市场容量不大有很重要的关系。瑞士中小企业自 20 世纪 50 年代起就开始了市场营销国际化过程。时至今日，瑞士中小企业平均每家拥有 7～8 个国外分支机构。在瑞士成功的中小企业中，85%以上在美国市场上有自己的分支机构，60%以上在日本建立了自己的全国性服务网络。这种现象在发达国家中除了德国之外是绝无仅有的。为了扩大企业影响，促进产品出口，瑞士中小企业普遍重视到国外参加多种国际博览会、专业展览会和各类出口商品交易会。瑞士一家生产火车模型的小企业只有 15 名员工，其中有 6 人就专门负责外出参展等事宜。正是这家企业，模型火车占据了世界市场份额的 40%。近年来，随着互联网的兴起，97%的瑞士中小企业都在网上注册，为了易于查找，企业的网址一般都设在著名的网站或相关搜索引擎上。

(资料来源：http://www.cntoworld.com/disp.asp?msgid=2951，2004 年 4 月 22 日)

本 章 小 结

对外贸易经济效益是指一定时期内投入对外贸易领域的劳动(活劳动与物化劳动)和由此取得的成果之比。表现在宏观(社会)经济效益和微观(企业)经济效益两个方面。利用“绝对差异”和“比较差异”，通过使用价值转换，形成对外贸易社会经济效益，对外贸易企业经济效益是国内外市场的价格差减去商品流通费用。

影响对外贸易社会经济效益的主要因素有一国劳动生产率、进出口商品结构、货币、因素、市场机制等；影响对外贸易企业经济效益的主要因素有外贸企业的企业制度、外贸企业的经营制度、外贸企业的管理制度等。

外贸社会经济效益的评价原则是：必须从价值角度进行评价，使用价值的评价可以归结为价值评价；要对贸易机会成本进行考查；必须借助货币、价格形式；进行宏观的全面评价。外贸企业经济效益评价指标体系由三部分共十五个指标构成。

提高外贸社会经济效益的途径：调整和优化产业结构及进出口商品结构；建立高效的宏观调控体系，协调外贸社会效益与外贸企业经济效益的关系；加速建立和完善社会主义市场经济体制。提高外贸企业经济效益则要通过转换外贸企业经营机制，大型外贸企业要走实业化、国际化和集团化道路，加速生产企业技术进步，建立科学的企业管理制度，培养人才，提高企业素质。

思 考 题

1. 对外贸易经济效益是通过何种形式表现出来的？
2. 对外贸易宏观经济效益是如何形成的？
3. 对外贸易微观经济效益是怎样形成的？
4. 影响外贸宏观经济效益的因素有哪些？
5. 影响外贸微观经济效益的因素有哪些？
6. 我国外贸宏观经济效益的评价原则是什么？
7. 联系实际说明通过什么途径提高外贸宏微观经济效益。

案 例 分 析

中、美货物贸易结构比较分析

(1) 我国的进出口商品结构。20 世纪 80 年代以来，我国对外贸易总额不断扩大，2003 年我国进出口总额为 8512.1 亿美元，其中出口额为 4383.7 亿美元，进口额为 4128.4 亿美元。出口商品结构逐渐得到优化，从以初级产品为主逐渐转向以工业制品为主，1980 年出口商品结构中，初级产品所占比重与工业制成品相差无几，分别为 50.3%和 49.7%，而 2002 年初级产品出口比重仅为 8.8%，工业制成品出口比重达到 85.5%。可见，在出口产品中，初级产品的出口比重持续大幅度下降，而工业制成品的比重持续上升。这说明，在外贸量迅速扩大的同时，外贸结构发生不断的变化。同时初级产品出口的内部结构也发生很大变化，改变了改革开放以前单纯以矿物燃料、润滑油及有关原料为主、食品及活动物为辅的出口格局，形成了以食品及活动物为主、以矿物燃料和润滑油及有关原料为辅的良性出口结构。另一方面，我国制成品出口内部结构也得到优化，改变了过去以轻纺品、橡胶制品、矿冶产品为主的出口格局，形成了以机械运输设备及杂项制品并重的出口结构。我国的出口制成品正朝着以高附加值、技术含量高的高级制成品为主的方向发展。工业制成品一直是我国进口的主要商品，而进口的初级产品结构也在逐步提升。

(2) 美国进出口商品结构。美国产品贸易除 1973、1975 年外，从 1971 年起，30 多年来连年逆差而且逆差额逐年扩大，1971 年出口额为 672 亿美元，进口额为 727 亿美元，逆差额为 55 亿美元；2003 年出口额为 10 186 亿美元，进口额为 15 079 亿美元，逆差额达 4894

亿美元。虽然美国的商品贸易连年逆差，但由于其经济基础雄厚，所以它的进出口规模仍是世界最大的，而且对世界经济具有重大影响，这也是美国能动辄以贸易制裁威胁有贸易争端的国家的原因。美国的出口商品结构几十年来都是以工业制成品尤其是知识密集型和高附加价值产品为主。在出口贸易中，宇航、信息、通信及电子构成了美国出口的主要部分；出口的初级产品中占前列的是食品，达7.9%(2001年)。国外竞争的激烈和生产的全球化使许多高技术产业的进口也加强，出口最集中的美国高技术产业同时也是进口最集中的产业，只有塑料和飞机除外；工业制成品在美国的进口占83.8%(2002年)。美国每年要从国外进口大量的原材料，尤其是原油，进口的生产资料占初级产品进口的72.7%(2002年)。

(3) 中、美货物贸易结构比较。美国贸易结构水平属典型的水平分工型，这种结构的基本特征是由于国际分工高度化和跨国公司生产国际化，制成品在出口和进口中均占很大比重。与美国相比，我国的商品贸易结构水平非常低，属中级垂直分工。因此，我国的货物贸易结构中出口结构以轻纺制品为主，重化工业制品比重较低，机电产品出口不足30%，进口结构则以重化工业制品尤其是机电设备为主，初级产品所占份额很小，不到20%。这样的贸易结构使我国在两国的国际贸易分工中处于较低层次。

(资料来源：李夏玲，洪毅颖. 经济纵横，2004年第7期)

问题：

1. 中、美两国都处于不同的经济发展阶段，不同的货物贸易结构对我国优化进出口结构加快外贸增长有什么启示？

2. 通过案例，请分析如何提高外贸社会经济效益。

第九章 中国对外贸易管理

【学习要求】

通过本章的学习，要求学生明确对外贸易宏观管理的概念，认识中国进行对外贸易管理的必要性，了解中国各时期对外贸易管理的特点，重点掌握中国现行对外贸易管理的各种手段和措施。

【主要概念】

对外贸易管理 法制手段 《中华人民共和国对外贸易法》 对外贸易救济措施立法 中国对外贸易管理的经济调节手段 对外贸易税收 浮动汇率制度 进出口信贷 中国对外贸易管理的行政手段 进出口许可证管理 进出口商品检验管理 海关监管

【案例导读】

WTO 服务贸易第一案——2004 年美墨电信服务案

1997 年之前，墨西哥的国内长途和国际电信服务一直由 Telmex 公司所垄断；1997 年之后，墨西哥政府授权多个电信运营商可以提供国际电信服务，但根据墨西哥国内法，在国际电信市场上对外呼叫业务最多的运营商有权力与境外运营商谈判线路对接条件，而 Telmex 公司作为墨西哥对外呼叫业务最多的运营商，自然就享有了该项谈判权利，事实上就拥有了排除外部竞争者的权力，从而引发了希望大举进入墨西哥市场的美国电信业巨头的不满。

2000 年 8 月 17 日，美国以墨西哥的基础电信规则和增值电信规则违背了墨西哥在 GATS 中的承诺为由，向墨西哥提出磋商请求。之后，美墨双方进行了两次磋商，但未能达成共识。2002 年 4 月 17 日，根据 DSU 第 6 款，成立了专家组，因双方未能在规定期限内就专家组的组成达成一致，2002 年 8 月 26 日，WTO 总干事最终任命了以 Ernst- Ulrich Petersman 为首的三人专家组。另有澳大利亚、巴西、加拿大、欧共体、古巴、日本、印度、危地马拉、洪都拉斯和尼加拉瓜等 10 国提交了他们的书面意见。专家组分别于 2003 年 11 月 21 日和 2004 年 4 月 2 日提交了中期报告和最终报告。2004 年 6 月 1 日，经过再次磋商，墨西哥放弃了上诉，正式接受了专家组的最终报告，并最终就此电信服务争端与美国达成协议。协议中，墨西哥同意废除本国法律中引起争议的条款，并同意在 2005 年引进用于转售的国际电信服务；美国同意墨西哥继续对国际简式电信服务进行严格限制以组织非授权的电信传输。

电信服务是 WTO 体制的服务贸易中一直以来的重要领域，它不仅涉及微观层面的两成员国电信商之间的贸易条件，也涉及宏观层面一成员国调整其引进国外电信服务的许可、竞争等方面的政策。面临日趋激烈的电信业的竞争，中国政府和有关电信服务企业还应努力熟悉 GATS 下争端解决机制，勇敢面对潜在的一些争端，争取使中国电信服务企业能在激烈的市场竞争中争得一席之地并获得长足的发展。应按 GATS 及其有关电信服务的附件的要求和中国电信改革开放的方向，加快制定和出台有关的电信法律、法规，建立健全完善的电信服务贸易方面的法律体系。

(资料来源：http://tradeinservices.mofcom.gov.cn/h/2008-05-06/34834.shtml)

对外贸易管理是以国家法律、规章和方针政策为依据，从国家宏观经济利益以及对内、对外政策的需要出发，对进出口贸易进行的指导、控制和调节。中国对外贸易管理，是通过制定有关法规，运用经济杠杆和采取必要的行政手段进行的。随着国内外形势的发展、变化，中国对外贸易管理在不同的历史时期也是发展、变化的。在社会主义市场经济条件下，需要建立一整套既符合社会主义市场经济运行机制，又符合国际贸易规范的对外贸易管理体制。

第一节　对外贸易管理的必要性

实行对外贸易管理是当代国际贸易中的普遍现象。世界各国为了维护本国的政治、经济利益，发展对外经贸关系，都采取了一系列措施来管理本国的对外贸易活动。我国的一切对外贸易活动由国家统一领导、控制和调节，这不仅在建国初期到改革开放之前很有必要，而且在改革开放后，特别是实行社会主义市场经济的条件下，中国仍需要加强对外贸易管理。其必要性主要表现在以下几个方面。

一、弥补市场调节机制的不足

中国经济体制改革的目标是建立社会主义市场经济体制，而建立完善的市场机制和进行必要的国家宏观管理，都是社会主义市场经济体制的重要组成部分，两者是相互结合、相辅相成，缺一不可的。也就是说，既要注重充分发挥市场在资源配置中的基础性作用，又要看到市场存在的自发性、盲目性、滞后性等不足。因此，必须加强社会主义国家对市场活动的宏观指导和调控，以弥补市场调节的弱点和不足。我们所要建立的社会主义市场机制是把有效的市场机制和有效的宏观管理结合起来的新的经济机制。国家要成为市场经济的管理者，市场秩序的维护者，主要用经济手段、法律手段，辅之以必要的行政手段控制经济总量，协调经济布局，保证公平竞争。尤其我国经济体制改革还在继续进行，向市场经济过渡需要有一个转轨的过程。在这个过程中，新的经济体制正在建立和逐步完善中，各方面措施也不配套。这就会出现经济体制过渡时期不能有效调节的真空地带。在体制转

轨中，迫切需要一系列相应的体制改革和政策调整，必然涉及经济基础和上层建筑的许多领域，要从总体上协调好各方面的利益关系。因此，必须十分重视和加强国家的宏观管理和调控。

二、保证对外贸易体制改革的顺利进行

当前，随着中国对外开放的扩大和外贸体制改革的深化，中国对外经济贸易得到迅速发展，规模扩大，渠道增多，方式多样，层次不同，越来越多的企业参与到外贸活动中来。这一方面有助于中国外向型经济的发展；另一方面，由于中国各项改革措施不配套，规章制度还不健全，对外贸易的宏观管理还比较薄弱，这就要求加强对外贸易的宏观调控和管理，协调各方面的利益，保证对外贸易的健康发展。

三、保证国家对外贸易方针政策的贯彻执行

对外贸易管理是保证中国对外贸易方针政策顺利实行的重要手段。它通过各项具体的管理规定和所采取的管理措施，保证国家发展对外贸易的任务、目的和方向的实现，并通过对进出口贸易有关活动的管理和对经营单位、经营商品的控制，在引导对外贸易企业进行有效经营、促进进出口商品结构的合理调整、保证外汇收支平衡，以及有组织地发展和扩大同世界其他国家和地区的经济贸易关系，协调和保证双边和多边贸易协议义务的履行等方面，具体贯彻国家的对外贸易政策。

四、保证对外贸易健康有序发展

对外贸易涉及国内和国际两个市场，无论是出口还是进口，都有一个考虑国内和国际市场供求情况的问题。如果某种商品国际市场已经饱和，大量出口不仅会把价钱压下来，而且还会造成积压，带来经济损失。某些商品的进口，如果冲击了国内生产和市场的安排，就会影响到国内经济的发展。因此，从宏观上把握和调节进出口商品的总体数量和市场流向，保证对外贸易健康有序发展，国家必须加强对外贸易管理。

五、保证对外贸易获得最佳经济效益

加强对外贸易管理，国家可以从宏观上把握和控制进出口商品的总体数量和市场流向，合理调节和控制进出口贸易的速度及规模，保证对外贸易战略的贯彻实施、出口产业结构和进出口商品结构的调整及优化，保证我国国别地区政策的执行，保证各地区引进技术、利用外资的协调发展。加强对外贸易的管理，有利于引导外贸企业进行有效经营，保证进出口贸易平衡、外汇收支平衡，确保对外贸易获得最佳经济效益，促进社会主义市场经济的发展。

六、保证在激烈竞争的国际市场上处于有利地位

对外贸易涉及国内外两个不同市场的特点，决定了政府在激烈的国际竞争中必须加强宏观管理。中国建立社会主义市场经济，必须要依靠国内外两个市场、两种资源，来促进国民经济的发展，实现社会主义现代化的目标。在世界经济舞台上，中国面临风云变幻的国际政治经济形势、世界经济区域集团化趋势的发展、贸易保护主义的日趋加剧以及排他性倾向加强和激烈的国际竞争。为了在严峻的国际政治经济形势下维护国家的政治独立和经济利益，有效地对付国际垄断势力和冲破贸易保护主义和区域集团排他性的限制，争取对等和公平的竞争条件，保证对外贸易的迅速发展，必须要加强对对外贸易的宏观管理和调控。

第二节　对外贸易的立法管理

一、对外贸易管理的法制手段概述

法制手段是指在对外贸易中借助法律规范的作用对进出口活动施加影响的一种强制性手段。它的调节作用主要体现在两个方面：一是通过经济立法使经济活动有法可依，保证经济活动的规范化；二是通过经济司法保护合法行为，惩治违法行为，维护良好的社会经济秩序，促进社会主义市场经济健康发展。它具有权威性、统一性、严肃性和规范性的特点。在社会主义市场经济条件下，应该逐步做到主要通过规范的经济法律法规而不是随意的行政干预对经济进行宏观调控，这样既可以达到规范市场运行和市场主体行为的目的，又可以避免或尽量减少因政府的任意干预而造成市场效率损失。中国外贸体制改革的目标是建立既适应社会主义市场经济要求，又符合国际贸易规范的新型外贸经营管理体制。这就要求中国必须建立完善的外贸法律调控机制，使法律手段作为中国进行外贸管理的基础手段。

(一)中国外贸法制手段的建立和发展

中国对外贸易法律建设大致经历了以下四个时期。

1. 1949—1977 年

1950—1956 年我国先后颁布了《对外贸易管理暂行条例》等 30 多项法律法规，涉及进出口、海关、商检、外汇、仲裁等各个方面，初步形成了新中国的对外贸易法律体系。1957—1977 年，由于国家外贸计划和行政命令对控制外贸活动起着主导作用，并行使了带有法律性质的职能，再加上“文革”十年动乱对外贸管理制度的冲击和破坏，使我国外贸立法受到严重影响，法律手段在外贸管理中的作用被大大削弱。

2. 1978—1991 年

1978—1991 年，我国颁布的主要外贸法律法规有：《中华人民共和国涉外经济合同法》、《中华人民共和国海关法》、《中华人民共和国进出口商品检验法》、《中华人民共和国技术引进合同管理条例》、《中华人民共和国进口货物许可制度暂行条例》、《出口货物原产地规则》、《一般商品进口配额管理暂行办法》等。这一时期围绕恢复和新建的对外贸易行政管理手段颁布了一系列相应的法规；规范市场主体和市场行为的新法规数量明显增加；除了进一步完善货物贸易立法之外，还相继颁布了技术贸易、服务贸易等多项法规。但这些法规、规章过于分散，缺乏系统性和透明度，在很多方面仍带有计划经济体制以行政手段管理为主的色彩。

3. 1992—2000 年

1992—2000 年，国家先后制定和颁布的外经贸法律、法规共 700 多项，包括《中华人民共和国对外贸易法》、《合同法》、《公司法》、《票据法》、《仲裁法》、《海商法》、《进口商品经营管理暂行办法》、《出口商品管理暂行办法》、《反倾销和反补贴条例》、《技术引进和设备管理规定》、《外资金融机构管理条例》等。这一时期初步建立了符合社会主义市场经济要求的立法体系，法律法规体系和程序规范更加符合市场经济的一般规律，更加注意与国际经济条约、规则和惯例相衔接。另外，在立法数量、范围、内容、等级和水平方面，都是过去所不能比拟的。随着外贸立法的不断完善，外贸宏观调控正从行政直接控制为主转向运用经济和法律手段调节为主的轨道。

4. 2001 年入世后至今

中国在《中华人民共和国加入议定书》中承诺："将通过修改现行法规和制定新法的方式，全面履行世贸组织协定的义务。"因此，入世前后，中国针对外贸法制建设制订了详细的废、改、立计划，并确定了各项计划完成的具体时间表。

1) 外经贸法律法规清理工作基本完成

中国根据世贸组织的要求，在法制统一、非歧视和公开透明的原则下，对与世贸组织规则和中国对外承诺不一致的法律、行政法规、部门规章和其他政策措施进行了全面清理：行政法规 2300 多件，其中废止了 830 件，修订了 325 件。外经贸部门废止部门规章 356 件，内部文件 178 件，涉及货物贸易、技术贸易、服务贸易、知识产权及投资等诸多方面；废止或停止生效 19 万多件地方性法规、地方政府规章和其他政策措施，实现了地方性规章与国家法律法规相一致，确保了在全国实行统一的外经贸法律制度。

2) 抓紧进行外经贸法律法规的修改和新定

中国各级立法机构在对有关外经贸法律法规进行全面清理的基础上，抓紧进行法律、行政法规和规章的修改和制定工作，涉及货物贸易、技术贸易、服务贸易、知识产权保护、海关、外汇、进出口商品检验等众多方面。如对《中外合资经营企业法》、《中外合作经营企业法》、《外资企业法》、《商标法》、《著作权法》以及《专利法》这六部法律进行了修改，这些法律主要涉及利用外资和知识产权保护的内容，与入世的法律衔接关系最为密切。同时，还修改和新制定了一系列的法规和规章，其中涉及货物贸易的有《货物进出口管理条例》、《出口许可证管理规定》、《进口许可证管理办法》、《出口商品配额管理办法》、《反倾销条例》、《反补贴条例》、《保障措施条例》等；涉及技术贸易的有《技术进出口管理条例》、《禁止、限制进口技术管理办法》、《禁止、限制出口技术管理办法》等；涉及服务贸易的有《外资金融机构管理条例》、《外商投资保险公司管理条例》、《外商投资电信企业管理规定》、《外国律师事务所驻华代表机构管理条例》、《旅行社管理条例》、《国际海运条例》等；涉及知识产权保护的有《计算机软件保护条例》、《植物新品种保护条例》等。

3) 进一步提高外经贸立法的透明度

凡涉及货物贸易、服务贸易、与贸易有关的知识产权保护以及与贸易有关的投资措施的法律、法规、规章，中国均在指定的官方刊物上公布，任何世界贸易组织成员、企业及个人都能从该刊物上了解中国法律法规的最新进展。同时，中国还设立了“中国政府世贸组织通报咨询局”和世贸组织“实施卫生与植物卫生措施协定”与“技术性贸易协定”两个国家咨询点，向世界贸易组织及其成员通报中国相关法律、法规和具体措施。2002 年 1 月，中国政府世界贸易组织咨询点正式向各界提供咨询服务，内容涵盖中国所有有关或影响货物贸易、服务贸易和与贸易有关的知识产权或外汇管制的法律、法规和其他措施的信息。

(二)中国对外经济贸易法律体系及立法渊源

1. 中国对外经济贸易法律体系

对外经济贸易法的法律规范体现在一国涉外经济贸易的国内立法及其正式参加或缔结的双边、多边国际经济贸易公约、条约、协定。中国的涉外经济贸易法律体系主要由以下几部分组成。

(1) 《宪法》、《民法通则》中有关涉及经济贸易的原则规定。

(2) 对外经济贸易的基本法，如《中华人民共和国涉外经济合同法》、《中华人民共和国对外贸易法》、《中华人民共和国海关法》、《中华人民共和国进出口商品检验法》等。

(3) 有关对外经济贸易的各种专门性法律、法规，如《中华人民共和国对外合作开采海洋石油资源条例》、《出口商品管理暂行办法》等。

(4) 既是国内经济法，又是对外经济贸易法的法律、法规，如《产品质量法》等。

(5) 地方对外经济贸易法规，其中有综合性的，如《深圳经济特区涉外经济合同规定》，也有单项的，如《上海浦东外高桥保税区外汇管理实施细则》等。

(6) 中国参加缔结的国际经济贸易条约、公约、双边或多边协定。这些条约与协定主要有以下几类：商务条约或通商航海条约；贸易协定、支付协定和贸易支付协定；交货共同条件、协议书；贷款协定、经济援助协定、经济技术合作协定或有关的协定或换文；关于专门问题的协定、协议书或换文；中国参加的国际经济贸易公约，如《联合国国际货物销售合同公约》、《保护工业产权巴黎公约》、《国际运输公约》、《国际商事仲裁和司法协助公约》等。

2. 中国对外经济贸易法的渊源

中国涉外经济贸易法的渊源有两个：一个是国内渊源，主要是指国内立法；另一个是国际渊源，主要是指国际条约和国际惯例。中国对外贸易立法主要是全国人民代表大会及其常务委员会制定和颁布的法律，以及国务院及其职能部门依法制定的各项法规，其中尤以行政法规占主要地位。国际渊源主要包括国际立法、国际组织决议、各国缔结的双边或多边条约、国际惯例。中国缔结和参加的有关国际贸易的条约、协议，中国承认和接受的国际贸易惯例，这些也是中国对外贸易法规的表现形式。

二、《中华人民共和国对外贸易法》概述

《中华人民共和国对外贸易法》(以下简称《外贸法》)于1994年5月12日八届人大常委会七次会议审议通过，并于1994年7月1日正式实施。十届全国人大常委会第八次会议于2004年4月6日通过外贸法修订草案，修订后的《外贸法》于2004年7月1日起施行。《外贸法》所确立的中国对外贸易基本制度和原则，为今后有关对外贸易条例、规章的制定和完善，为对外贸易的经营与管理提供了必要的法律依据。这表明中国对外贸易立法体系已日趋成熟，也标志着中国对外贸易已开始全面纳入法制管理的轨道。

(一)《外贸法》的立法宗旨

制定外贸法的目的是“为了扩大对外开放，发展对外贸易，维护对外贸易秩序，保护对外贸易经营，促进社会主义市场经济的健康发展”。

(二)《外贸法》的基本框架和主要内容

新《外贸法》由11章70条组成，包括总则、对外贸易经营者、货物进出口与技术进出口、国际服务贸易、与对外贸易有关的知识产权保护、对外贸易秩序、对外贸易调查、对外贸易救济、对外贸易促进、法律责任和附则。《外贸法》主要规定了中国对外贸易的基本方针、基本政策、基本制度和基本贸易行为(具体见表9-1)。

表9-1　《外贸法》的主要内容

序　号	标　题	主要内容
第一章(七条)	总则	立法宗旨 对外贸易制度的基本特征 对外贸易的基本原则 调整的法律关系的范围
第二章(六条)	对外贸易经营者	对外贸易经营者的主体资格 对外贸易经营者的权利与义务

续表

序　号	标　题	主要内容
第三章(十条)	货物进出口与技术进出口	货物与技术进出口原则 货物与技术进出口管理制度与方式 限制或禁止进出口货物与技术的范围
第四章(五条)	国际服务贸易	发展国际服务贸易的原则 限制或禁止国际服务贸易的范围 国际服务贸易的管理制度与措施
第五章(三条)	与对外贸易有关的知识产权保护	对实施贸易措施，防止侵犯知识产权的货物进出口和知识产权权利人滥用权利，促进我国知识产权在国外的保护作了规定
第六章(五条)	对外贸易秩序	对外贸易主体在经营活动中的行为规范
第七章(三条)	对外贸易调查	对外贸易调查的范围 对外贸易调查的程序
第八章(十一条)	对外贸易救济	对反倾销、反补贴、保障措施等贸易救济制度作了较系统的规定
第九章(九条)	对外贸易促进	对外贸易促进措施 对外贸易促进组织及其行为规范 扶持和促进中小企业开展对外贸易 扶持和促进民族自治地方和经济不发达地区发展对外贸易
第十章(七条)	法律责任	规定通过刑事处罚、行政处罚和从业禁止等多种手段，对对外贸易违法行为以及对外贸易中侵犯知识产权行为进行处罚
第十一章(四条)	附则	明确特殊商品进出口管理按另行规定 边境贸易灵活优惠的特殊原则 对单独关税区的非适用性 该法的生效日期

(三)《外贸法》的基本原则

《外贸法》的基本原则是对外贸易法确定的法律规范和法律制度的基础，贯穿于对外贸易立法、执法、守法过程中。

1. 实行全国统一的对外贸易制度的原则

统一的对外贸易制度，是指由中央政府统一制定、在全国范围内统一实施的制度。中

国实施统一的对外贸易制度，不仅对于维护国家在对外贸易方面的整体利益和处理国与国之间的外贸关系具有十分重要的意义，而且可以保证我国履行国际条约、协定的义务，为对外贸易发展创造一个良好的外部环境。

2. 维护公平的、自由的对外贸易秩序的原则

国家维护公平的、自由的对外贸易秩序，是指国家在法律上为外贸企业提供平等、自由的竞争环境，维护企业独立自主的经营地位，保障公平的进出口秩序，使外贸企业享受法律上的平等待遇，并要求外贸企业依法经营。统一管理下的公平与自由，是建立在法律规定所允许的范围之内的公平与自由。为此，《外贸法》第六章和第八章就维护对外贸易秩序作了专门规定。从对内方面来看，主要对对外贸易经营者规定了若干重要的行为准则；从对外方面来看，主要针对外国的倾销、补贴等不正当竞争行为作出相应的规定。

3. 货物与技术贸易自由进出口原则

货物与技术贸易是中国对外贸易的重要组成部分。中国对于货物、技术的进出口，实行在一定必要限度管理下的自由进出口制度，具体是指国家在保证进出口贸易不对国家安全和各项社会公共利益产生损害前提下的自由；而当国家法律所规定的某些不良倾向出现时，则对进出口贸易实施必要的限制或禁止。依据国际贸易通行规则，在确立货物与技术自由进出口原则的同时，还借鉴国际上的通行做法，采取关贸总协定所允许的外贸管理措施，即采用配额、许可证进行管理，明确公布国家限制和禁止进出口的法定范围和程序。

4. 发展国际服务贸易的原则

国际服务贸易是国际贸易不可分割的部分。改革开放以后，中国服务贸易虽然取得了长足进展，但同发达国家相比差距还很大。如果盲目开放服务贸易领域将会给社会、就业等带来严重影响。因此，《服务贸易总协定》实施的是允许逐步开放服务业市场的原则，即将缔约国承担的义务分为一般性义务和具体承诺的义务。《外贸法》确定了中国根据缔结或参加的国际条约、协定所作的承诺发展国际服务贸易的原则：一方面给予其他缔约方或参加方市场准入和国民待遇，另一方面还列举了国家限制和禁止国际服务贸易的范围。

5. 平等互利、互惠对等的多边、双边贸易关系原则

中国根据平等互利的原则，促进和发展同其他国家和地区的贸易关系，缔结或者参加关税同盟协定、自由贸易区协定等区域经济贸易协定，参加区域经济组织。中国在对外贸易方面根据所缔结或参加的国际条约、协定，给予其他缔约方、参加方最惠国待遇、国民待遇等待遇，或者根据互惠、对等原则给予对方最惠国待遇、国民待遇等待遇。

6. 对外贸易促进原则

《外贸法》第九章就对外贸易促进措施的内容、实施主体及其行为规范等作了规定。

(1) 对外贸易促进措施。

第一，国家制定对外贸易发展战略，建立和完善对外贸易促进机制。

第二，国家根据对外贸易发展的需要，建立和完善为对外贸易服务的金融机构，设立对外贸易发展基金、风险基金。

第三，国家通过进出口信贷、出口信用保险、出口退税及其他促进对外贸易的方式，发展对外贸易。

第四，国家建立对外贸易公共信息服务体系，向对外贸易经营者和其他社会公众提供信息服务。

第五，国家采取措施鼓励对外贸易经营者开拓国际市场，采取对外投资、对外工程承包和对外劳务合作等多种形式，发展对外贸易。

(2) 贸易促进主体及其行为规范。

第一，对外贸易经营者可以依法成立和参加有关协会、商会。有关协会、商会应当遵守法律、行政法规，按照章程对其成员提供与对外贸易有关的生产、营销、信息、培训等方面的服务，开展对外贸易促进活动。

第二，中国国际贸易促进组织按照章程开展对外联系，举办展览，提供信息、咨询服务和其他对外贸易促进活动。

(3) 国家扶持和促进中小企业开展对外贸易。

(4) 国家扶持和促进民族自治地方和经济不发达地区发展对外贸易。

三、对外贸易其他各项立法

除《外贸法》这一基本大法外，中国在对外货物贸易、技术贸易、服务贸易管理的各种手段、各个环节、各个方面都制定和颁布了具体的法规和条例。

(一)对外贸易经营管理立法

《外贸法》明确规定，中国对外贸易实行经营许可制度，即从事货物与技术进出口的对外贸易经营者必须具备有关条件，经国务院对外经济贸易主管部门许可，方可从事对外经济贸易活动。改革开放后，随着对外贸易经营权的不断下放，中国先后颁布了一系列有关对外贸易经营许可的法律、法规。如《国务院关于审批设立外贸公司有关问题的批文》、《关于设立外贸公司的条件和审批程序的暂行办法》、《关于赋予科研院所科技产品进出口经营权暂行办法》、《关于赋予商业、物资企业进出口经营权有关问题的通知》、《经济特区生产企业自营进出口权自动登记暂行办法》、《关于赋予私营生产企业和科研院所自营进出口权的暂行规定》、《中华人民共和国外资企业法》、《中华人民共和国中外合资经营企业法》、《中华人民共和国中外合作经营企业法》等。这些法律、法规对赋予不同类型企业进出口经营权的原则、条件、申报审批程序、权利与义务以及奖惩都作了明确规定。此外，1988

年外经贸部还制定了在国外设立贸易机构的审批管理办法，使中国企业面向世界开拓经营有章可循，促进了外贸企业向国际化方向发展。“入世”后，我国对上述各项法规已经或正在进行修订。

案例 9-1

中国出台审查外资并购新规引热议

中国国务院办公厅 12 日发布通知称，将建立外国投资者并购境内企业安全审查部级联席会议制度，对外资在中国境内并购企业进行相应审查。消息一出，立即引起外媒热议。有的国外媒体认为，这是中国对外资设置的一道“门槛”，有的认为，中国开始重视对外资的投资进行监督。也有分析人士认为，中国是借鉴了美国和澳大利亚等国的做法，并非在设置障碍。

根据中国国务院的决定，这项安全审查制度将具体承担并购安全审查工作。中国政府计划为此设立一个部级机构，该机构将由发改委和商务部领导。按照目前的计划，中国在 3 月份之后将依据这项新制度对中国境内包括军工企业等与国防相关的企业与外资并购时进行严格的审核。此外，涉及农产品、能源、自然资源、基础设施以及交通服务业的产业机构也在被审查范围之内。

其实，早在 2008 年《反垄断法》实施后，中国便提出将建立一个部级联席委员会，以审查外资并购中的国家安全问题。审查机构类似于由 12 个部门组成的美国外国投资审查委员会。法国的经济日报《论坛报》在网站上刊登评论称，这一法律说明中国开始重视对外资投资的控制和监督。

彭博社 12 日引述上海一家律师事务所人士的话说：“外资在中国的并购行为今后可能会常常受到这个新机构的审查，并会以威胁国家安全的理由遭到拒绝，这样的结果是国际投资者不想看到的。”法新社 12 日也报道称，中国称此举是“旨在维护国家安全”，但“这样会遏制一些外国集团的雄心”。

但路透社的分析认为，中国这样做是为了回击中国过去几年在海外收购其他国家企业时，被以“有损国家安全”为由遭拒的事例。2005 年，中海油试图以 185 亿美元收购加州联合石油公司，被美国参议院以“有损国家安全”为由叫停。中国在澳大利亚的能源类企业并购案中也常常遇阻。

分析人士称，无论外商乐不乐意接受中国政府的这项并购审查新制度，中国都不会太担心从此吸引不到外资。中国目前是世界第二大经济体，并保持着两位数的经济增长速度，去年吸引了 1050 亿美元的外国直接投资，同比增长 17.4%。彭博社的分析也说，新兴市场依旧是国际投资者热衷关注和投入的领域。在巴西、俄罗斯、印度和中国这“金砖四国”，去年的并购总量就激增 80%，占全球 2.23 万亿美元并购额的 22%。

但路透社也提醒说，严格的商业审核制度难免会引发外商的不满，因为之前已经有一些外商抱怨中国政府对外来投资者越来越“不友善”。英国广播公司在去年 8 月就曾经提出，中国“无条件的外资优先时代”已经结束。日本《产经新闻》13 日报道称，中方建立海外资本并购审查制度，可能预示着中国对待海外资本进入中国的态度将发生变化，原来海外资本在中国享受超国民自由和待遇，而现在这种待遇正逐渐被“剥夺”。

对此，国务院发展研究中心研究员丁一凡 13 日表示，中国此时推出这个审查制度，主要出于两方面考虑：一个是国家安全问题，另一个是市场垄断问题。当初之所以提出要建立审查制度，就是因为一些外资在并购中国的企业上表现出垄断市场的趋势，还有中国的独特技术企业被外资兼并就会涉及一些安全问题。国外其实很早就建立了审查制度，我们的企业在投资或兼并国外企业时屡屡因通不过审查而碰壁。现在我们也建立审查制度，其实是与国际接轨，是为了公平竞争。

(资料来源：http://www.sina.com.cn ，2011 年 2 月 16 日)

(二)货物进出口管理立法

《货物进出口管理条例》及其配套规章构成了中国货物进出口管理的主要法律依据。《货物进出口管理条例》(以下简称《条例》)于 2001 年 12 月 31 日由国务院制定发布，是《外贸法》关于货物进出口规定的实施细则，共 8 章 77 条，涉及的主要内容有：国家对货物进出口实行统一的管理制度。国家准许货物的自由进出口，依法维护公平有序的货物进出口贸易。属于禁止进口的货物不得进口；国家规定有数量限制的限制进口货物，实行配额管理，其他限制进口货物实行许可证管理，进口属于自由进口的货物不受限制；属于关税配额内进口的货物，按照配额内税率缴纳关税，属于关税配额外进口的货物，按照配额外税率缴纳关税。国家对部分进出口货物实行国营贸易，实行国营贸易管理的货物，国家允许非国营贸易企业从事部分数量的进出口；国务院外经贸主管部门基于维护进出口经营秩序的需要，可以在一定期限内对部分货物实行指定经营管理。条例规定，国家采取出口保险、出口信贷、出口退税、设立外贸发展基金等措施，促进对外贸易发展。与此同时，为了配合该条例的实施，国务院有关部委相继颁布了新的配套部门规章，如《出口许可证管理规定》、《货物进口许可证管理办法》、《货物自动进口许可管理办法》、《出口商品配额管理办法》、《原油、成品油、化肥国营贸易进口经营管理试行办法》、《货物进口指定经营管理办法》，等等。

(三)进出口商品检验管理立法

进出口商品检验制度是实行对外贸易管理的主要手段之一，为规范进出口商品检验管理，中国颁布了《货物进出口管理条例》及其配套规章。《进出口商品检验法》(以下简称《商检法》)于 1989 年颁布，2002 年进行了修订，是规范进出口商品检验活动的基本法。现行《商检法》共有 6 章 41 条，包括总则、进口商品的检验、出口商品的检验、监督管理、法律责任和附则。《商检法》对进出口商品检验体制、商检主体及其行为规范、商检原则、商

检分类、商检内容、商检依据、商检监管制度、进口商品检验和出口商品检验管理、商检工作人员的法律责任、违法行为及其处罚等，都作出了明确的规定。《商检法》的配套法规主要包括《进出口商品检验法实施条例》、《进出境动植物检疫法》、《进出境动植物检疫法实施条例》、《边境贸易进出口商品检验管理办法》、《进出境集装箱检验检疫管理办法》、《出入境检验检疫报验规定》、《进口汽车检验管理办法》、《出口煤炭检验管理办法》、《进出口商品复验办法》、《出入境检验检疫标志管理办法》、《强制性产品认证管理规定》，等等。此外，中国颁布的其他部门的法律法规也涉及了进出口商品检验管理的有关内容。

(四)海关管理立法

海关管理是货物进出口管理的重要环节。为了加强海关监管，建立、健全海关稽查制度，中国已建立了较为完整的海关法律体系。1987 年颁布并于 2000 年修订的《海关法》是海关一切职能行为的基本规范，共 9 章 102 条，涉及的主要内容有：海关的性质、任务、基本权力、监管对象，海关组织领导体制、职责权限、海关及其工作人员的行为规范，海关对进出境运输工具、货物、物品的监管，海关对关税征收监管，海关统计，海关缉私，海关事务担保，海关行政复议、行政诉讼程序等。除了《海关法》外，我国还根据海关监管、征税、查私、统计等基本职能颁布了相应的配套法规。如《进出口关税条例》、《知识产权海关保护条例》、《海关对中国籍旅客进出境行李物品的管理规定》、《海关稽查条例》、《保税区海关监管办法》、《海关对报关员的管理规定》、《海关对企业实施分类管理办法》、《货物进出口管理条例》、《海关审定加工贸易进口货物完税价格办法》、《海关加工贸易单耗管理办法》、《海关审定进出口货物完税价格办法》、《海关对报关单位注册登记管理规定》等。同时中国的《刑法》、《刑事诉讼法》、《行政复议法》、《行政处罚法》、《行政诉讼法》等，对《海关法》的执行均发生影响。此外，我国政府缔结或参加的国际海关组织及相关条约、协议也是中国海关立法体系的组成部分。如《关于建立海关合作理事会的公约》、《关于协调商品名称及编码制度国际公约》(简称“HS 公约”)、《关于货物凭 ATA 报关单证册暂准进口海关公约》、《关于简化和协调海关业务制度国际公约》(简称《京都公约》)、《海关暂准进口公约》、《关于在展览会、交易会、会议等事项中便利展出和需用货物进口海关公约》等。

(五)外汇管理立法

外汇管理是货物进出口管理的主要组成部分，由于中国至今尚未颁布外汇管理法，外汇管理的主要法律依据是《外汇管理条例》。2008 年 8 月 5 日，国务院正式对外签发新《外汇管理条例》(以下简称《条例》)。该条例对 1986 年 1 月 29 日发布和 1997 年 1 月 14 日修订的原《外汇管理条例》进行了全面修订。

现行《条例》共有 8 章 54 条，包括总则、经常项目外汇管理、资本项目外汇管理、金融机构外汇业务管理、人民币汇率和外汇市场管理、监督管理、法律责任和附则。《条例》作为外汇管理的基本行政法规，主要规定了中国外汇管理的基本原则与制度，涉及的主要内容有：《条例》的立法目的、外汇管理机关、外汇管理原则、经常项目外汇收支管理规定、资本项目外汇管理规定、金融机构外汇业务管理规定、人民币汇率和外汇市场管理规定、监督管理、法律责任等。《条例》是目前中国外汇管理最高层次的行政法规，不可能包罗一切外汇收支活动细则，因此，中国还颁布了一系列规范外汇管理某些业务的其他法规、规章和规范性文件。其中涉及贸易外汇管理的主要有：《出口收汇核销管理办法》、《出口收汇核销管理办法实施细则》、《关于调整出口收汇核销和外汇账户管理政策的通知》、《出口收汇核销管理操作规程》、《贸易进口付汇核销监管暂行办法》、《关于完善售付汇管理的通知》、《贸易进口付汇核销管理操作规程》、《外汇指定银行办理结汇、售汇业务管理暂行办法》、《进出口收付汇逾期未核销行为处理暂行办法》、《境内机构经常项目外汇账户管理操作规程》、《关于进一步加强加工贸易深加工结转售付汇及核销管理有关问题的通知》、《关于调整经常项目外汇管理政策的通知》等。

(六)技术进出口管理立法

中国技术贸易管理立法由技术进出口管理的法律、法规和规章，保护知识产权的法律、法规和规章构成。改革开放以来，在技术进出口管理方面我国公布过三个行政法规：《技术引进合同管理条例》、《技术引进合同管理条例施行细则》和《技术出口管理暂行办法》。“入世”后，根据《外贸法》以及《与贸易有关的知识产权协议》的有关规定，国务院于 2001 年 12 月 10 日颁布了统一的技术进出口管理法规《技术进出口管理条例》(以下简称《条例》)。《条例》共分 5 章 55 条，包括总则、技术进口管理、技术出口管理、法律责任及附则，主要内容有：国家对技术进出口实行统一的管理制度；技术进出口具体形式包括专利权转让、专利申请权转让、专利实施许可、技术秘密转让、技术服务和其他方式的技术转移等；技术进出口管理分禁止进出口技术、限制进出口技术和自由进出口技术三类，并实行目录管理，技术进出口合同自技术进出口许可证颁发之日起生效或自依法成立时生效，不以登记为合同生效的依据。为更好地贯彻落实该《条例》，还相应颁布了《禁止进口、限制进口技术管理办法》、《禁止出口、限制出口技术管理办法》、《技术进出口合同登记管理办法》三个部门规章，随后又公布了《禁止进口限制进口技术目录》和《禁止出口限制出口技术目录》。同年，为加强管理、鼓励软件出口，还颁布了《软件出口管理和统计办法》。

知识产权保护方面的法律法规也是我国技术贸易管理的重要组成部分，现有的知识产权保护法律体系主要由法律、行政法规和部门规章三个部分组成。其中，主要法律包括《商标法》、《专利法》和《著作权法》，2000 年和 2001 年，根据“入世”的要求相继对这三部法律进行了修改；专门行政法规包括《商标法实施条例》(2002 年)、《专利法实施细则》(2001 年施行，2002 年和 2010 年修订)、《著作权法实施条例》(2002 年施行，2011 年和 2013 年修订)、《知识产权海关保护条例》(2003 年施行，2010 年修订)、《计算机软件保护条例》(2002

年)、《集成电路布图设计保护条例》(2001 年)、《植物新品种保护条例》(1997 年，2013 年修订)等；专门部门规章包括《驰名商标认定和保护规定》(2003 年)、《集体商标、证明商标注册和管理办法》(2003 年)、《专利实施强制许可办法》(2003 年施行，2012 年修订)等。在不断完善国内法律体系建设的同时，我国相继参加了一些主要的知识产权保护国际公约、条约和协定。如《世界知识产权组织》、《保护工业产权巴黎公约》、《商标国际注册马德里协定》、《关于集成电路知识产权条约》、《保护文学作品伯尔尼公约》、《世界版权公约》、《专利合作条约》、《与贸易有关的包括冒牌货贸易的知识产权协议》等。此外，还与美国签署了《关于保护知识产权的谅解备忘录》，与欧盟、瑞士、日本等国签订了《保护知识产权备忘录》等。

(七)服务贸易管理立法

改革开放后，中国加快了对外服务贸易立法，在积极参加国际服务贸易谈判的同时，相继颁布了多项服务贸易的法律规范，建立了服务贸易法律体系的基本框架，但离一个完整的服务贸易法律体系尚有一定差距。目前，中国服务贸易立法体系是以《外贸法》为基本支柱，以服务行业性法律为主体，以行业性行政法规、规章为补充，依托《反不正当竞争法》等跨行业的有关法律法规，共同构筑而成。《外贸法》规定了中国发展国际服务贸易的基本原则，即国家促进国际服务贸易的逐步发展；在国际服务贸易方面根据所缔结或者参加的国际条约、协定中承诺，给予其他缔约方、参加方市场准入和国民待遇。同时规定了国家限制和禁止国际服务贸易的几种情况，并对国际服务贸易的管理部分作了原则性规定。主要服务业立法则包括金融业、电信业、旅游业、商业、运输业、法律服务、会计服务、广告服务、建筑设计、工程、城市规划服务、音像视听服务、教育和职业服务、医疗服务、出版印刷业的基本法律、法规和规章。如金融业方面的《中国人民银行法》、《商业银行法》、《保险法》、《担保法》；电信业方面的《关于维护互联网安全的决定》、《电信条例》、《计算机信息网络国际联网管理暂行规定》；旅游业方面的《旅行社管理条例》及其《实施细则》、《旅游安全管理暂行办法》及其《实施细则》、《旅行社质量保证金赔偿试行标准》；商业方面的《外商投资商业企业试点办法》、《关于设立中外合资对外贸易公司暂行办法》、《外商投资图书、报纸、期刊分销企业管理办法》；运输业方面的《国际海运条例》及其《实施细则》、《外商独资船务公司审批管理暂行办法》、《外商投资道路运输业管理规定》等。

(八)涉外经济贸易仲裁与诉讼立法

随着中国外贸体制改革的深化和对外开放的扩大，国家对在涉外民商法领域的立法越来越重视。1985 年 3 月 21 日第六届全国人民代表大会常务委员第十次会议通过的《中华人民共和国涉外经济合同法》是中国涉外经济贸易合同方面的正式立法。该法对合同的订立、转让、变更、终止、违约及违约责任、减少损失、不可抗力、合同的适用法律及争议的解决办法等都作出了规定。尽管《涉外经济合同法》条文所作的规定都属于原则性的，但吸收了许多在国际贸易中通常被认可的准则，体现了我国改革开放的立法原则。1986 年 4 月 12 日第六届全国人民代表大会常务委员会第四次会议通过了《中华人民共和国民法通则》(以下简称《民法通则》)。《民法通则》中的许多规定都与对外经济贸易活动有密切关系，是中国对外贸易法制建设的重要组成部分。但随着中国对外贸易的规范和业务范围的不断扩大，贸易纠纷也越来越多。有些贸易纠纷不是单纯通过仲裁所能解决的，也有些当事人不愿通过仲裁来解决，这就要求国家加强涉外诉讼法律制度的建设。1991 年 4 月 9 日第七届全国人民代表大会第四次会议通过了《中华人民共和国民事诉讼法》，2007 年和 2012 年又进行了两次修正。《民事诉讼法》健全了我国的涉外仲裁法律制度。2005 年 1 月 11 日中国国际贸易促进委员会、中国国际商会通过了《中国国际经济贸易仲裁委员会仲裁规则》，2012 年进行了修订，明确了中国国际经济贸易仲裁委员会以仲裁的方式，独立、公正地解决产生于国际或涉外的契约性或非契约性的经济贸易等争议，以保护当事人的正当权益，促进国内外经济贸易的发展。

四、中国对外贸易救济措施立法

贸易救济制度是世界贸易组织认定的政府合理干预对外贸易的政策措施。在贸易救济措施日益被滥用的背景下，为了保护本国产业和市场秩序，更好地维护国内企业的利益，中国以《中华人民共和国宪法》、《世贸组织协议》、《中华人民共和国对外贸易法》为基础，借鉴市场经济国家的做法，就反倾销、反补贴、保障措施等贸易救济制度颁布了一系列法规。

(一)反倾销立法

《反倾销条例》(以下简称《条例》)于 2001 年 11 月 26 日颁布，其后随国家外贸主管部门的变更，2004 年 3 月国务院发布了最新的《反倾销条例》，该条例于 2004 年的 6 月 1 日起开始施行。最新修订的条例更加突出了对公共利益的考虑。从内容上讲，《反倾销条例》共 6 章 59 条，包括总则、倾销与损害、反倾销调查、反倾销措施、反倾销税和价格承诺的期限与复审、附则。《条例》涉及的主要内容有：该《条例》的立法目的和适用范围；倾销的定义，倾销的确定方法，倾销的幅度；倾销损害的界定，损害评估标准；负责调查倾销与损害的机关，反倾销调查申请和立案程序，倾销和损害裁定程序；临时性反倾销措施，停止以倾销价格出口的价格承诺，反倾销税的征收；反倾销税和价格承诺的期限与复审程序；不服裁决者可申请和提起行政复议和行政诉讼的有关规定；反规避措施和反歧视措施等。

为使《条例》进一步明确和细化，增强可操作性，在反倾销工作中得到更好的贯彻执行，国务院有关部委还相应颁布了为实施反倾销措施而制定的规章与规范性文件，共同形

成了中国反倾销法律体系，主要有：《反倾销退税暂行规则》(2002 年)、《反倾销新出口商复审暂行规则》(2002 年)、《反倾销价格承诺暂行规则》(2002 年)、《反倾销调查公开信息查阅暂行规则》(2002 年)、《反倾销调查信息披露暂行规则》(2002 年)、《反倾销调查抽样暂行规则》(2002 年)、《反倾销调查实地核查暂行规则》(2002 年)、《反倾销问卷调查暂行规则》(2002 年)、《反倾销调查立案暂行规则》(2002 年)、《反倾销产业损害调查与裁决规定》(2003 年)、《出口产品反倾销应诉规定》(2001 年)等。

(二)反补贴立法

《反补贴条例》(以下简称《条例》)于 2001 年 11 月 26 日颁布，后经修订，2004 年 3 月国务院发布了最新的《反补贴条例》，该条例于 2004 年的 6 月 1 日起开始施行。《条例》共 6 章 58 条，涉及的主要内容有：该《条例》的立法宗旨与适用范围；采取反补贴措施的基本条件，补贴的定义，补贴的形式，进口产品补贴金额的计算方式；补贴损害的定义，确定补贴对国内产业造成损害时应当审查的事项；负责调查补贴与损害的机关，反补贴调查申请和立案程序，补贴与损害裁定程序；临时反补贴措施，出口国(地区)政府提出取消、限制补贴或者其他有关措施的承诺，反补贴税的征收；反补贴税和承诺的期限与复审程序；不服裁决者可申请和提起行政复议和行政诉讼的有关规定；反规避措施和反歧视措施等。

《条例》的主要配套规章有：《反补贴调查实地核查暂行规则》(2002 年)、《反补贴问卷调查暂行规则》(2002 年)、《反补贴调查立案暂行规则》(2002 年)、《反补贴调查听证会暂行规则》(2002 年)、《反补贴产业损害调查与裁决规定》(2003 年)、《产业损害裁定听证规则》(1999 年)等。

(三)保障措施立法

《保障措施条例》于 2001 年 11 月 26 日颁布，2004 年 3 月该条例经修订后更新发布，于 2004 年的 6 月 1 日起开始施行。最新修订的条例更加突出了对公共利益的考虑。《条例》共 5 章 34 条，涉及的主要内容有：该《条例》的立法目的和适用条件；调查机关及其职责分工；确定进口产品数量增加对国内产业造成损害时应当审查的相关因素；采取保障措施调查申请和立案程序，进口产品数量增加和损害裁定程序；保障措施的期限与复审程序；反歧视措施等。不同于《反倾销条例》和《反补贴条例》的是，该《条例》没有规定司法审议。这是因为世贸组织《保障措施协议》中没有司法审议条款，因此《条例》对此义务，即对不服裁决者可申请和提起行政复议和行政诉讼未作规定。

《条例》的配套规章主要有：《保障措施立案暂行规则》(2002 年)、《保障措施调查听证会暂行规定》(2002 年)、《保障措施产业损害调查与裁决规定》(2003 年)、《关于保障措施产品范围调整程序的暂行规则》(2003 年)。

案例 9-2

贸易救济措施彰显政府保护国内产业安全的决心

自1997年我国颁布《中华人民共和国反倾销和反补贴条例》以来，我国的贸易救济措施工作已经走过10年。进出口公平贸易局的周晓燕认为，对于纺织业实施的贸易救济——氨纶的反倾销，显示了我国政府保护国内产业安全的决心。

据资料显示，我国氨纶工业起步较晚，实现产业化仅仅10年左右。而国外该产业几十年前就已成熟。由于中国氨纶市场需求迅速增加，而前几年我国氨纶产业整体水平相对不高，在很大程度上给进口留下了空间。但是，随着国内氨纶产品数量和质量不断提高，为保住庞大的中国市场，国外产品不惜采取低价倾销的不公平贸易手段，对国内氨纶行业造成直接冲击，使其销售价格、利润不断下降，多数厂家处于亏损边缘。

由此，中国商务部于2005年2月23日正式收到山东烟台氨纶股份有限公司、浙江华峰氨纶股份有限公司和绍兴龙山氨纶股份有限公司代表国内产业提交的反倾销调查申请，对原产于日本、新加坡、韩国、美国和中国台湾地区的进口氨纶进行反倾销调查。

2006年10月13日，中国商务部发布2006年第74号公告，对调查作出终裁决定：认定原产于日本、新加坡、韩国、中国台湾地区和美国的进口氨纶存在倾销，中国氨纶产业遭受了实质损害，同时倾销和实质损害之间存在因果关系，并决定对该被调查产品征收反倾销税，税率征收范围为0～61.00%。

烟台氨纶公司负责人钱吉明认为，国外氨纶工业对中国倾销的根本原因是因为中国氨纶生产的技术不高、质量规格不高以及不能满足国内日益扩大的需求。为此，烟台氨纶建立了全国氨纶行业唯一的省级技术中心，先后与中科院、复旦大学等紧密协作，并与德国巴斯夫、韩国三星、瑞士汽巴等国际著名厂商建立了技术交流与合作关系，大力发展差别化纤维产品，并申请了国家专利，不断提高市场竞争力。

他还表示，贸易救济措施的实施取得了良好效果，为国内企业提高和打破发达国家垄断局面赢得了时间。贸易救济措施让国内氨纶价格立刻得到了回升，而原产于日本、新加坡、韩国、美国和中国台湾地区的进口氨纶数量明显下降，为国内企业恢复生产提供了良好的环境的同时，也促进了纺织业结构的调整和产业升级。更重要的是，这是我国纺织业内第一次运用贸易救济措施，提高了国内企业提起反倾销诉讼的积极性。

“其实，纺织业本是我国的优势，但氨纶这个领域主要是存在技术门槛。这次反倾销的胜利得益于技术创新，这也是公司和国内行业进步的动力。要实行贸易救济需要实力，才能反驳‘中国生产不了’的谬论。如果没有自身实力作保障，想反倾销都没资格。”钱吉明对此次反倾销总结说。

(资料来源：吴菲菲，汪秀芬，邢梦宇等. 中国贸易救济措施立法与实践十周年回眸. 中国贸易新闻网，2007年8月10日)

第三节　对外贸易的经济调控管理

经济调控手段是指国家通过调节经济变量，对微观经济主体行为施加影响，并使之符合宏观经济发展目标的间接调控方式。经济调控手段主要包括经济政策体系和经济杠杆体系，它们是市场经济实际调控过程中最主要、最常用的调控手段。根据建立社会主义市场经济体制和适应世贸组织通行规则的要求，中国应进一步完善我国对外经贸的宏观管理调控体系，转变对外经贸行政管理职能，做到主要用法律和经济等手段来强化对外经贸的宏观管理。在健全与强化经济调节手段方面，当前中国主要是通过价格、关税、税收、信贷、利率、汇率等经济杠杆来实现调控外贸经济活动和外贸经济关系的目的。

一、汇率杠杆

(一)汇率对进出口贸易的调节作用

汇率也称汇价，是指两国货币之间的交换比率或比价，也就是用一国的货币单位来表示另一国货币单位的价格。汇率变动对进出口贸易的影响主要是通过价格机制来实现的。当本币汇率上升，表明一定数额的外国货币只能兑换较少的本国货币，必然会使以本国货币表示的进口商品价格降低，有利于扩大进口。同时，本币汇率上升会使以本币表示的出口商品成本价格上升，因而不利于出口。当本币汇率下降，表明一定数额的外国货币能够兑换更多的本国货币，必然会使以外币表示的出口商品价格降低，增强本国商品在国外市场的竞争力，从而有利于扩大出口。同时，本币汇率下降会使以本币表示的进口商品的成本价格上升，相对降低了进口商品的竞争力，因而不利于进口贸易。

(二)汇率制度的演变及其对对外贸易的影响

1. 计划经济时期的汇率制度

改革开放前，中国实行的是高度集中、以严格行政管理为主的外汇管理体制，人民币汇率由国家有计划地确定和调整。汇率对进出口贸易的调节作用完全丧失，只在外贸企业中起统计折算工具的作用。1949—1952 年，汇率是以“物价对比法”为基础计算的，即主要参照出口商品国内外价格的比价，同时兼顾进口商品国内外价格的比价和侨汇购买力平价，使汇率起到了鼓励出口、奖励侨汇、兼顾进口的作用。1953—1972 年，国际汇率制度处于布雷顿森林货币体系之下，实行的是以美元为中心的固定汇率制度。因此，人民币汇率制度也相应实行固定汇率制。在此期间，人民币汇率作为计划核算工具，要求保持相对稳定，使人民币名义汇率与实际汇率的差距不断扩大，汇率高估现象十分严重。1973—1978 年，布雷顿森林货币体系解体，西方国家纷纷实行浮动汇率制，人民币汇率的制定由原来以美元为基准货币改为盯住一篮子货币的计值方法或根据管理需要进行不定期的调整，但仍坚持人民币汇价水平基本稳定的方针，汇率依然高估。

2. 1979—1993年的汇率制度

从1979—1993年，国家对外汇体制进行了一系列改革：1981—1984年，采取了人民币官方汇率与贸易外汇内部结算价的双重汇率；1985年1月1日取消内部结算价，重新实行单一汇率；1988—1993年，改革人民币汇率形成机制，变固定的、单一的官方汇率为可变的官方汇率与外汇调剂市场汇率并存的双重汇率。在汇率水平上则实行了以人民币不断贬值为主导的政策，开始依据国内经济形势与政策目标，主动对汇率进行调整，逐步恢复汇率对外汇收支及进出口贸易的调节作用。

3. 1994年以来的汇率制度

1994年以后我国对汇率制度进行了重大改革，包括进行汇率并轨，实行以市场供求为基础的、单一的、有管理的浮动汇率制度，使我国的汇率形成机制发生了重大变化，汇率杠杆调节作用明显加大；实行银行结汇、售汇制，取消外汇留成、上缴和额度管理制度，为各类外贸企业提供了相对平等竞争的环境；建立统一的银行间外汇交易市场，改变人民币汇率形成机制，使我国外汇市场进一步完善，国家运用经济手段调控进出口贸易的能力进一步加强；取消对外汇收支的指令性计划，国家主要运用经济、法律手段实现对外汇和国际收支的宏观调控；取消国际收支经常性交易方面的外汇限制，实行货币的自由兑换，为企业提供了宽松的用汇条件。

(三)中国汇率制度的进一步完善

目前，中国已基本形成了符合世界贸易组织规则和国际惯例的汇率制度，但仍有许多不足之处，还应不断加以改革与完善。

1. 实行真正的有管理的浮动汇率制

目前，中国人民币汇率的形成采取盯住美元的做法。这种汇率制度安排，虽然与中国经济发展阶段、企业承受能力和金融监管水平相适应，但汇率浮动区间狭窄，使得中国的汇率制度成了名义上的有管理的浮动汇率制，而实际上是固定汇率制，政府调控的意志超过市场调节的力量。汇率作为一种价格信号，人为刚性控制，有悖于市场经济的原则，对资源配置可能会发出错误信息，弱化汇率对国际经济交易的调节作用。因此，要进一步完善人民币汇率形成机制。目前乃至今后一段时间，中国虽然仍实行有管理的浮动汇率制，但要明确币值稳定是在市场正常波动基础上的相对稳定，应尽量减少政府对对外经济交往及相关外汇收付的干预，让外汇供求关系在市场中得到更充分的反映，真正体现人民币汇率是以市场供求为基础，有管理的浮动。

2. 实行意愿结汇制

在强制性结售汇制下，绝大多数国内企业的外汇收入必须结售给外汇指定银行，同时

中央银行又对外汇指定银行的结售周转外汇余额实行比例幅度管理。当银行持有的结售周转外汇超过最高限比例时，就必须通过银行间外汇市场出售；当不够时，必须从市场购进。这就使得中央银行被动地干预外汇市场，造成人民币汇率不完全由市场供求来决定，而在很大程度上受国家宏观经济政策所制约。而且强制性的银行结售汇制，使得市场参与者，特别是中资企业和商业银行，持有的外汇必须在市场上结汇，而不能根据自己未来的需求和对未来汇率走势的预测自主选择，这种“强卖”形成的汇率，并不是真正意义上的市场价格。因此，要允许企业保留一定的外汇，并逐步提高其比例，最终实现完全的意愿结汇制。这可以使中央银行摆脱其在外汇供求市场的被动地位，将外汇储备和汇率政策作为宏观调控的手段；可以提高企业的出口积极性，与外资企业享有同样的国民待遇；使企业、商业银行、中央银行各持有一定数量的外汇，可以加快外汇资金周转，提高外汇风险管理能力。

3. 培育健全的外汇市场

中国外汇市场的基础是中国外汇交易中心，这是一个全国统一的银行间外汇市场，但该市场存在着严重的缺陷，如外汇市场交易主体较为单一、交易品种和交易工具也不丰富等。 因此，要进一步完善外汇市场，允许更多的主体进入国家外汇交易中心进行外汇交易，让更多的企业和金融机构直接参与外汇买卖，同时要增加外汇交易品种和扩大交易范围，试行远期交易和风险低的衍生金融工具交易。同时，应在有序、积极、稳妥的开放原则下，实现资本项目有条件的可兑换，在此基础上逐步实现资本项目的完全可兑换。

二、税收杠杆

(一)税收杠杆对外贸经营活动的调控作用

税收杠杆是指国家运用税收参与国民收入的分配和再分配，通过对各经济主体行为发生影响，达到调节经济活动的目的。国家通过设置不同的税种、税目、税率等方式，体现鼓励和限制意图，调节产业和产品结构，调节进口，促进国民经济协调发展。中国现行的与发展进出口贸易关系密切的税收是增值税和关税，这是国家调节对外贸易的重要经济杠杆之一。图 9-1 为对外贸易税收杠杆的构成。

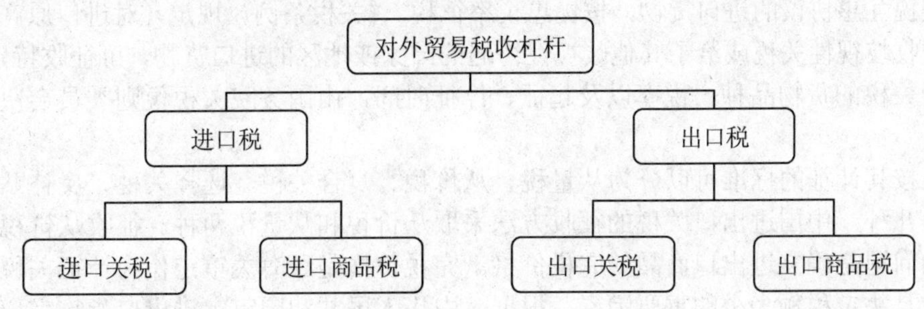

图 9-1　对外贸易税收杠杆的构成

(二)进出口关税

1. 关税的概念

关税是指进出口商品经过一国关境时，由政府设置的海关根据国家制定的关税税法、税则对进出口货物征收的一种税。关税手段因被世界贸易组织视为透明度最高的贸易调节工具而得到广泛使用。这是因为世界贸易组织希望缔约国通过价格而不是通过其他措施来管理和控制对外贸易。而在价格管理中，关税占有重要地位，关税与其他贸易措施(如数量限制)相比给进口带来的损失要小些。人们通过关税的高低可以辨认一国是否采取保护贸易政策或歧视政策，而且最惠国待遇和国民待遇原则在关税制度下也比较容易执行。

2. 中国的关税政策

建国以来，中国基本上实行的是偏向贸易保护的政策，进口关税的加权平均税率高出发展中国家的平均水平。随后在培育和建立社会主义市场经济中，我国按照世界贸易组织对发展中国家的要求，逐步降低关税总水平。目前，中国在关税方面的总政策是“贯彻对外开放，鼓励出口创汇和扩大必需品的进口，保护与促进民族经济的发展”。具体包括：对国内不能生产或不能满足需求的必需品(主要是一些先进的技术和设备及生产必需的物资)免除进口关税或征收低额进口关税；原材料的进口税率一般定得比半成品或制成品的进口税率低；在进口国内不能生产或产品质量不过关的机械设备和仪器仪表时，零配件的进口税率比整机低；对国内已经能够生产和满足需求的产品、非国计民生所必需的物品(主要是一些生活消费品)制定较高的进口税率；对需要加以保护的国内产业的同类产品，实行更高的保护性进口税率；除少数原材料和重要物资外，对绝大多数商品不征收出口税。

3. 中国的关税税种、征税标准、税率、税则和关税优惠措施

关税按征收的环节主要分为进口税和出口税。进口税是对国外进口的商品所征的关税；出口税是对商品出口所征的关税。中国关税制度的法律基础是《中华人民共和国关税条例》(以下简称《关税条例》)。根据《关税条例》，中国进口关税设为两种，即普通税率和优惠税率。对原产于与中国未订有关税互惠协议的进口货物，按普通税率征税；对原产于与中国订有关税互惠协议的进口货物，按优惠税率征税。《关税条例》规定，对进口原产于对中国货物征收歧视性关税或给予其他歧视性待遇的国家或地区的进口货物，可征收特别关税。征收特别关税的货物品种、税率以及起征、停征时间，由国务院关税税则委员会决定并公布实施。

关税按其计征的标准可以分为从量税、从价税、复合关税、选择关税、反补贴税、反倾销税等几种。中国进出口关税的征收方法采取从价税和从量税两种。征收从价税中，较为复杂的问题是确立进出口商品的完税价格。完税价格是经海关审定作为计征关税的货物价格，它是决定税额多少的重要因素。根据《中华人民共和国审定进出口货物完税价格办法》的规定，我国海关对进口货物实行以实际成交价作为完税为基础的完税价格，即货物

到岸税价格(国外采购地的正常批发价格，加上抵运我国进口地起卸前的包装费、运费、保险费、手续费等一切费用)。若货物在采购地的正常批发价无法确定，则按国内输入地的同类进口货物的正常批发价格，减去关税和进口环节的其他费用及进口后的正常运输、储存、营业费用后的价格作为完税价格。出口货物的完税价格是离岸价格(FOB)扣除出口关税的价格。

改革开放以后，中国对关税税率不断进行调整，逐步降低进口关税总水平。1992 年 4 月 1 日起，取消全部 6 种商品的进口调节税。同年底，进口关税水平降至 39.9%。1993 年底降至 36.6%。1994 年，中国降低了小汽车的进口税率，关税水平降至 35.9%。1995 年中国降低了烟酒、中型客车、录音录像带的进口税率，关税水平降至 35.3%。1996 年关税水平从 1992 年底前的 42.5%降至 23%，降幅达 46%，仅用了 3 年多的时间。这在世界上是少有的,改革的力度和进程是十分显著的。2002 年,关税总水平由 2001 年的 15.3%降低至 12%，是入世后降税涉及商品最多、降税幅度最大的一年。2005 年中国关税总水平由 2004 年的 10.4%降低至 9.9%，是中国履行义务的最后一次大范围降税。2010 年，降低鲜草莓等 6 个税目商品进口关税后，中国加入世界贸易组织承诺的关税减让义务全部履行完毕。

税则是根据国家的关税政策和经济政策，通过一定的立法程序，制定和公布实施的应税商品和无税商品的系统分类表。为履行作为世界海关组织《协调制度公约》缔约方的义务，中国从 1992 年 1 月 1 日起采用《商品名称及编码协调制度》作为中国《进出口税则》和《海关统计商品目录》的基础目录。根据《商品名称及编码协调制度》的修改变化，中国对本国《进出口税则》和《统计商品目录》进行对应的转换调整。截至目前，中国海关先后组织开展了 1992 年版、1996 年版、2002 年版、2007 年版、2012 年版《协调制度》修订翻译以及中国《进出口税则》转换工作，相关的税率、贸易管制措施等也随之调整。这是按国际贸易通行规则，并结合我国进出口商品自身的特点，为了充分体现关税政策和海关统计的需要设置的，有利于国家运用经济、行政、法律手段，加强对进出口货物宏观调控。

中国关税减免由法定减免、特定减免和临时减免三部分组成。法定减免是指《海关法》、《关税条例》列明予以关税减免的，如：国际组织或外国政府无偿赠送的货物；中华人民共和国缔结或参加的国际条约规定的减征、免征关税的货物、物品；来料加工、补偿贸易进口的原料等。特定减免是按照《海关法》和《关税条例》的规定，给予经济特区等特定地区进出口的货物、中外合资或合作经营企业及外资企业等特定企业进出口货物，以及其他依法给予关税减免优惠的进出口货物以减免税优惠。临时减免是指国家根据国内生产和国际市场行情变化，确定对某一类或几种商品在一定时限内临时降低或取消关税，待规定的期限结束便立即恢复原来的税率。

案例 9-3

美国就中国农产品关税问题向 WTO 质疑

据美联社报道，2008 年 8 月 26 日，美国针对中国关于农产品(如猪肉、小麦)的关税、补贴和出口规则问题向世界贸易组织提出质疑。这可能引发中、美两个贸易大国之间的新摩擦。中、美之间的贸易摩擦大多集中于制造业和服务业领域，但据美国8月26日向世界贸易组织提交的函件来看，中国的农业政策已成为美方关注的新焦点。

美国的质疑点主要是中国商法中某条款中关于“活猪饲养场(包括猪肉生产企业)完全豁免企业所得税”的规定。美国认为，该规定也豁免了猪肉生产企业的部分关税，其所获得的收入也是在此基础上计算得出的。对此，中国将有机会在9月17—18日召开的世界贸易组织例会上作出回应。届时，针对亚洲成员的下一轮“过渡性审议”也将启动。

中国自2001年“入世”之后，同意启动一系列此类审议。尽管审议模式可能是非正式的，但却经常涉及中国及其贸易伙伴国之间的主要分歧。例如，美国和欧盟此前就曾利用该审议机制针对中国的工业补贴和对外国供应商的歧视待遇问题提出过异议，并在之后向世界贸易组织提出了正式诉求。

关于猪肉问题，美国提出的异议主要是中国对每头母猪提供的100元人民币(约合14.63美元)的补贴，称其是此前补贴的1倍。美方所援引的是中国有关部门较早发布的补贴数据，并希望获得最新的数据和有关补贴项目的更为详细的说明。此外，美国还认为，中国通过对猪肉生产企业启动的保险项目提供了约22亿美元/年的补贴。美方指出，尽管世界贸易组织规则允许适用农业补贴，但其在实践过程中必须遵循各项具体规定。对于中国2007年针对农产品征收13%的增值税的做法，美国也重申了其保留意见。

(资料来源：http://www.cacs.gov.cn/maoyijiuji/indexshow.aspx?articleId=44771，2008年8月27日)

(三)进出口商品国内税

1. 进口商品税征税制度

中国目前对内资企业进口产品征收增值税、消费税，这是由国家税务局制定政策规定、委托海关代征的进口征税。对进口产品征税是我国进出口税收制度的一个重要方面。其主要作用是调节国内外产品税收负担的差异，创造公平竞争的环境。由于各国的税收制度不同，其产品的税收负担也不同。中国对进口产品征税，使进口产品与国内产品同等纳税，可以平衡国内外产品的税收负担，同时也可以抑制盲目进口，节约使用外汇，保护国内生产。

进口产品征税的税种是增值税和消费税(见表9-2)。进口征税的原则是对进口产品实行与国内产品同等纳税的原则，即在增值税和消费税上按相同的税目和税率征税。进口产品与国内产品在增值税和消费税上按相同的税目、税率纳税，是由进口税收“调节国内外产品税收差异”的性质决定的。对进口产品如果从低订率征税，则会不利于国内生产；若从高订率征税，则会导致贸易歧视。这些都是与进口税收目的和国际规范不相符的。只有实行同等纳税，才能保证国内外企业平等竞争，促进国内生产的发展。对进口产品征税，对出口产品退税，是进出口税收制度的基本原则。但是，在制定具体规定时，必须体现国家的经济政策。我们强调对进口产品要普遍征税，但同时又必须根据国家的经济政策和进口产品的具体情况加以区别对待，对进口中国建设急需的物资、国外先进技术和设备，应给予必要的减免税优惠。

表 9-2 进口商品国内税征税一览表

税 目	税 率	适用对象
增值税	基本税率(17%)	纳税人销售或进口货物，提供加工、修理修配劳务
	低税率(13%)	纳税人销售或进口粮食和食用植物油、农业成品、图书、报纸、杂志等 19 种货物
	零税率	纳税人出口货物
消费税	比例税率(3%～45%)	烟、酒等价格差异较大、计量单位难以规范的应税商品
	定额税率	黄酒、啤酒、汽油、菜籽油

2. 出口商品税的退税制度

出口退税制度是指国家对出口商品在国内所征的各生产环节累计间接税(如增值税、消费税)实行退还的政策。出口退税是依据出口商品零税率原则所采取的一项鼓励出口贸易的措施，实行的目的是采用国际上普遍接受的方式，对出口产品退税或免税，可使中国产品和其他国家产品一样以不含税成本进入国际市场，在同等税收条件下进行竞争。同时，由于退税款直接冲减出口换汇成本，增加企业盈利和减少出口亏损，因此，也必然会调动企业出口的积极性，使其努力增加出口创汇。实行出口退税政策，效果非常明显。

根据零税率原则，国家对“先征后退”的出口货物实行“征多少、退多少，未征不退和彻底退税”的退税原则。对一般贸易项下的出口货物，实行“先征后退”和“免、抵、退”两种管理办法，出口产品退税的范围和应退税种如下。

1) 出口退税的企业范围

出口产品退税原则上规定应将所退税款全部退还给主要承担出口经济责任的企业，主要包括三个方面：一是经营出口业务的企业；二是在代理进出口业务活动中，代理出口的企业；三是特定出口退税企业和外商投资企业。

2) 出口退税的产品范围

出口的产品中凡属于已征或应征增值税、消费税的，除国家明确规定不予以退税外，均应退还已征税款或免征应税税款。这里所说的出口产品一般应具备以下三个条件：必须是已征税产品；必须是报关离境的出口产品；必须是财务上作出口销售的产品。

3) 出口产品应退税种

出口产品应退税种为增值税和消费税。计算出口货物应退税额的增值税税款的税率，应根据《增值税暂行条例》规定的 17%和 13%执行。对从小规模纳税人处购进的特准退税的货物依 3%退税率执行。计算出口货物应退消费税税款的税率或单位税额，依《消费税条例》所附《消费税税目、税率(税额)表》执行。以上是出口退税的法定税率，但在实际执行过程中，国家根据财政平衡情况和发展出口贸易的需要，曾多次调整出口退税率。

案例 9-4

调控回归“两高”产品出口退税或下调

“两高”重灾区

在 2008 年金融危机之前，中国政府曾大幅降低或取消有色金属产品的出口退税，以抵制高能耗、高污染和资源性产品的出口，促进中国经济结构的调整。不过，2008 年下半年，随着金融危机的影响不断深入，中国的出口情况迅速恶化，被迫恢复甚至提高有色金属产品的出口退税率。

“现在，国内有色金属加工企业情况整体不错，特别是中国有色金属加工市场发展迅猛，恢复金融危机前的取消或降低出口退税的政策，极有可能。”中国有色金属加工工业协会常务副理事长马世光称，他并不清楚中国最终是否会降低或取消有色金属产品的出口退税，但他肯定地表示，2008 年有色金属出口退税政策的恢复仅是暂时的，“我们协会一直在宣传这个情况，告诫企业，出口退税是不可持久的”。

事实上，2010 年 6 月 22 日，财政部、税务总局已经下发了《关于取消部分商品出口退税的通知》，决定从 2010 年 7 月 15 日起取消 406 个税号的出口退税，具体包括“部分钢材；部分有色金属加工材；银粉；酒精、玉米淀粉；部分农药、医药、化工产品；部分塑料及制品、橡胶及制品、玻璃及制品”。

当时，财政部财科所副所长白景明曾指出：“从两部门列出的取消出口退税商品清单中可以看出，此次调控主要针对部分高污染、高耗能产品。”之前的一个月，国务院刚刚部署了节能减排工作，而取消两高产品的出口退税，也被外界视为“铁腕”调控举措。

出口新考验

“我认为，国内有色金属企业应该能够承受出口退税降低或取消的影响。”马世光认为国内有色金属企业对于出口并非十分依赖。由于中国国内市场的持续高速增长，在有色金属产品的销售结构中，出口所占比例正在不断降低，比如，2010 年的铝产品出口比例，已由 2009 年的 15%降至 9%，而铜产品的出口比例，则由 9%降至 5%。当然，“整个铝和铜产品出口的绝对量，都保持了 20%以上的增长”，“除了个别企业出口比例过大外，一般有色金属加工企业应该都能通过国内市场的扩张，来消化国外市场规模与利润的下降。”马世光说。

不过，广东佛山一家铝业加工企业出口部的一位人士，对政府可能降低或取消出口退税感到担忧，“现在出口退税为 13%，一旦取消，企业不可能消化这 13%的缺口，哪来那么大的利润空间？” 这位佛山铝企人士称，目前，其所在企业的确是“内销大于外销”，但该企业一直希望能达到一个“内销和外销五五分”的状况。“国内市场虽然好，但毕竟有容量限制，而且有淡旺季之分，必须有外销来补充，才能达到一个较好的发展状态”，而且，“自金融危机以来，出口市场还在恢复的过程中，这时一旦降低或取消出口退税，那等于把正在增长的市场拱手让给印度、巴基斯坦等国家。现在，铝业竞争激烈，中东国

家都在上生产线，剧烈的出口退税调整，可能会迫使中国企业放弃国际市场”。

商务部研究院研究员白明在内的多位专家也表示，虽然长期来看，中国必然由“依赖外需”转为“依靠内需”，但在现阶段，还需要“内外需并举”，调整出口政策应该小心谨慎。不过，在既定的调控方向下，对于企业来说，更现实的出路是，“促进企业转型和技术进步，从而带动整个产业结构的调整”。

(资料来源: http://www.21cbh.com/HTML/2011-1-25/xOMDAwMDIxODIxOA.html，2011 年 1 月 24 日)

三、信贷杠杆

(一)信贷杠杆对进出口贸易的调节作用

进出口信贷，是指一国政府通过银行向进出口商提供贷款，以鼓励出口、确保进口的重要措施。在市场经济条件下，外贸企业和出口生产企业都是以盈利为目的的经营实体，银行贷款的数量规模和利息率的高低，直接关系到企业的经济效益。国家实行进出口优惠信贷政策，可以解决外贸企业和出口生产企业因自有流动资金不足给出口带来的困难，促进企业扩大出口经营规模；能够有效地促进外贸企业和出口生产企业降低成本；可以有效地解决出口卖方和出口买方由于进出口金额太大、延期付款而造成的资金困难，从而有利于推动出口。

(二)中国进出口信贷政策

1. 进出口信贷的基本任务

中国进出口信贷的基本任务是：按照国家发展社会主义市场经济的要求，遵循改革、开放的方针，根据国家有关政策和批准的信贷计划发放贷款，支持对外贸易的发展；同时发挥信贷的监督和服务作用，监督企业合理地使用信贷资金，协助外贸企业加强经济核算，提高经济效益。

2. 中国现行进出口信贷政策

现行进出口信贷政策是贯彻执行国家的产业政策、外经贸政策和金融政策；积极配合实施科技兴国战略，重点支持高技术、高附加值的机电产品、成套设备、高新技术产品的出口，促进经济结构的调整和出口商品结构的优化；重点支持有经济效益的大企业、大项目，同时兼顾经济效益好、产品附加值高、有还款保证的中小企业和中小项目；充分发挥政策性银行的综合优势，运用出口卖方信贷、出口买方信贷、外汇担保等多种政策性金融手段支持企业出口；积极配合实施出口市场多元化战略，支持企业全方位开拓国际市场；积极配合实施“走出去”的开放战略，支持企业开展带动机电产品出口的境外加工贸易、对外工程承包和海外投资活动，以投资带动贸易。

(三)进出口信贷方式

信贷方式包括出口信贷和进口信贷。出口信贷是指国家为了鼓励商品出口，加强商品竞争能力，对本国出口商和外国进口商提供优惠贷款，主要用于鼓励和支持一些金额较大、付款期限较长的成套设备和船舶等大型机械设备的出口。出口信贷的形式分为卖方信贷和买方信贷。出口卖方信贷是贸易中常用的延期付款方式下由出口方银行向本国出口商提供的贷款。中国进出口银行提供的出口卖方信贷的贷款种类有：出口卖方信贷项目贷款、中短期额度贷款、境外加工贸易贷款、对外承包工程贷款、境外投资贷款等。出口买方信贷是指出口方所在国银行或出口国政府所属的出口信贷机构向国外进口厂商、买方或买方银行提供贷款，以便买方用以支付进口所需货款，从而促进本国商品出口。

进口买方信贷是指一国银行用以支持企业从国外引进技术设备所提供的贷款。进口买方信贷的形式分为签订总的信贷协议和签订具体的贷款协议。前者即由出口国银行预先向中国银行提供关于买方信贷贷款额度，双方银行签订总的贷款协议，规定提供贷款总的原则和条件，明确规定由出口国银行向其本国的出口商以贷款方式垫支货款；在贷款到期时，由中国银行承担还款付息的责任。后者即预先不签订总的贷款协议，而是在办理进口手续签订进口贸易合同时，由出口国银行和中国银行签订相应的信贷协议，明确进口物品的贷款由出口国的银行支付，到期由中方银行偿还出口国银行。

(四)进出口信贷机构

信贷机构包括中国进出口银行、中国银行及其他的金融机构。中国进出口银行于 1994 年 5 月成立，是直属国务院领导的、政府全资拥有的国家政策性金融机构，主要职责是贯彻执行国家产业政策、外经贸政策和金融政策，为扩大机电产品和高新技术产品出口、支持“走出去”项目以及促进对外经济技术合作与交流，提供政策性金融支持。其业务范围包括：办理出口信贷；办理对外承包工程和境外投资类贷款；办理中国政府对外优惠贷款；提供对外担保；转贷外国政府和金融机构提供的贷款；办理本行贷款项下的国际国内结算业务和企业存款业务；在境内外资本市场、货币市场筹集资金；办理国际银行间的贷款，组织或参加国际、国内银团贷款；经批准或受委托的其他业务等。

中国银行是中国政府授权经营外汇业务，办理进出口信贷的国有商业性银行，具有国家指定的外汇专业银行的性质和地位，并作为国家对外筹资的主渠道，在国内外开展包括传统的商业银行、投资银行和保险业务在内的全面的金融服务。其业务范围包括：出口买方信贷(中长期信贷)用于进口商即期支付中国出口商货款，促进中国货物和技术服务的出口；出口卖方信贷项目贷款和中短期额度贷款用于支持符合国家产业政策、外贸政策规定的机电产品、成套设备、技术服务和高新技术产品出口；对外承包工程贷款用于支持带动

成套设备、施工机具及技术服务出口的对外承包工程项目；境外加工贸易贷款和境外投资贷款用于在设备、技术上有比较优势、实力强、管理科学、出口产品信誉好的国内生产企业在境外投资建厂的项目以及在境外以投资方式兴建的资源开发项目或能带动国产成套设备出口的项目。

此外，一些国有商业银行、区域性商业银行及其他金融机构，经国家外汇管理局批准，也可以经营一定范围的外汇业务，并对进出口企业发放一定数量的外汇贷款及人民币贷款。

四、价格杠杆

(一)价格杠杆对外贸的调节作用

价格杠杆是国家通过一定的政策和措施促使市场价格发生变化，来引导和控制国民经济运行的手段。价格作为商品价值的货币表现，随市场供求变化而变化，价格可以灵敏地调节社会生产与需求。因此，我们只能根据市场供求关系，按市场价格实现不同国家商品生产之间的等量劳动交换。世界市场价格能正确迅速地反映国际资源的配置情况。

(二)充分发挥价格杠杆调节作用的措施

国际市场价格以价值为基础随供求关系涨落。进出口商品的定价应以市场为取向，进出口商品的作价原则要考虑国际价值、国家资源配置情况、国际市场因素，不能只考虑国内生产成本及国内市场供求情况，否则无法参与国际竞争。目前，在中国进出口商品的价格中，市场调节价已形成主体。出口商品收购价格基本上是随行就市，由买卖双方商定；进口商品基本上是市场价格。进口商品的国内销售价格已与国际市场价格直接联系起来。

加强对贸易价格的管理，有助于减少国内外价格的较大差异对中国对外贸易的不利影响，改变进口过度竞争导致进口价格失控，出口对内高价抢购、对外低价竞销的混乱局面。1994 年 11 月，外经贸部转发了《国务院关于海关开展出口商品审价和继续做好进口商品审价工作有关批复》的通知。通知中要求海关在继续做好进口应税商品审价工作的同时，开展对出口商品的审价工作，以维护外贸出口正常秩序，防止低价倾销出口商品扰乱国际市场。各中国进出口商会协调的价格和出口许可证核定的价格，可作为出口商品售予境外的应售价格，也可作为审价的依据。中国在出口商品价格管理上实行鼓励出口创汇的价格政策，但强调以经济效益为中心的出口创汇，防止对内抬价争购、对外低价竞销。例如，研究并制定鼓励出口商品提高质量和更新花色品种的价格政策；制定鼓励机电产品和高新技术产品出口的价格政策；研究并制定出口商品收购价格管理办法，对大宗出口商品以国际市场价格为主要依据制定最低保护价。在进口价格管理上，可以在完善进口代理价的基础上，协调管理好外购价和进口商品的内销价。

第四节　对外贸易的行政管理

对外贸易行政管理是国家经济管理机关凭借行政组织权力，采取发布命令，制定指令性计划及实施措施，规定制度程序等形式，按照自上而下的组织系统对对外贸易经济活动进行直接调控的一种手段。在社会主义市场经济条件下，对外贸易的宏观管理要以经济手段、法律手段为主，但也要辅以必要的行政手段。世界贸易组织也允许成员采用某些行政手段进行对外贸易管理。根据国际贸易规范和中国的实际情况，中国对外贸易管理的主要行政手段是配额管理、进出口许可证管理、对外贸易经营审批管理、对出口商品商标的协调管理、外汇管理、海关管理、进出口商品检验管理等。

一、配额管理

进出口货物配额管理，是指国家在一定时期内对某些货物的进出口数量或金额直接加以限制的管理措施。在规定的期限和配额以内的货物可以进出口，超过了的不准进出口。世界多数国家对一些商品的进出口都制定有配额或许可证管制措施，配额与许可证这两种限制性措施既可以单独使用，也可以结合在一起使用。中国的配额管理是1980年以后逐步建立起来的，并随着改革和开放的深化不断进行调整，以适应社会主义市场经济的要求，并逐步向世界贸易组织的基本准则靠拢。长期以来，中国采取了配额与许可证相结合的做法，即配额许可证管理措施，需要配额管理的商品必须要申领许可证。中国加入WTO以后，则大幅削减配额许可证管理商品种类，完善出口商品配额的分配管理制度，增加进出口商品管理的透明性、公开性。自2005年3月起，中国取消了限制进口货物的配额管理，这意味着我国过去曾经长期采用的配额与许可证相结合的管理模式已经发生变化。

目前，中国的配额管理主要针对部分限制出口货物。在进口贸易方面，现行的管理方式主要是许可证管理，仅仅保留农产品的关税配额管理。关税配额管理与配额管理是两个不同的概念。关税配额管理是一种相对数量的限制，它是指对货物进口的绝对数额不加限制，对在一定时期内在规定的额度内进口的货物，按照配额内优惠税率缴纳关税；居于额度外进口的货物，按照配额外税率缴纳关税。这两种税率相差很大，国家通过这种行政管理手段对一些重要商品(主要是农产品)以规定配额税率这个成本杠杆来实现限制进口的目的。目前，实行进口关税配额管理的农产品品种有小麦、玉米、大米、豆油、菜籽油、棕榈油、食糖、棉花、羊毛以及毛条等，以任何贸易方式进口以上农产品均受关税配额管理。对于部分受配额管理的出口货物，要求申请者取得配额证明后，到商务部及其授权发放许可证的机关，凭配额证明申领出口货物许可证，凭双证办理出口通关、外汇核销等手续。

二、许可证管理

进出口货物许可证是国家管理货物出入境的法律凭证。许可证管理是指国家规定的某些商品进出口必须从国家指定的机关领取进出口许可证，没有许可证一律不准进口或出口。它是当前世界上大多数国家采取的管理对外贸易的重要手段之一，也是中国对外贸易行政管理最主要的手段。1980 年起，中国重新恢复了对进出口商品实行许可证管理。商务部是全国进出口许可证的归口管理部门，它负责制定进出口许可证管理的规章制度，发布进出口许可证管理商品目录和分级发证目录，设计、印制有关进出口许可证书和印章，监督、检查进出口许可证管理办法的执行情况，处罚违规行为。商务部授权配额许可证事务局统一管理、指导全国发证机构的进出口许可证事务签发及其他相关工作，许可证事务局对商务部负责。许可证事务局及其委托发证的商务部驻各地特派员办事处和各省、自治区、直辖市及计划单列市商务厅、局为进出口许可证发证机构，在许可证事务局的统一管理下，负责授权范围内的发证工作。各发证机构不得无配额、超配额、超发证范围签发进出口许可证。

自 2005 年起，进口货物配额管理取消，只剩下进口许可证管理，而且受进口许可证管理的商品越来越少，目前只剩下一种特殊货物，即消耗臭氧层物资。发证机构凭国家消耗臭氧层物资进出口管理办公室批准的《受控消耗臭氧层物资进口审批单》签发进口许可证。中国实行出口许可证管理的商品主要是关系国计民生，大宗的、资源性的，国际市场垄断的和某些特殊的出口货物以及国际市场容量有限，有配额限制和竞争激烈、价格比较敏感的出口货物。根据管理方法的差别和配额分配方法的不同，出口许可证管理商品可分为实行出口配额许可证、出口配额招标、出口配额有偿使用、出口配额无偿招标和出口许可证管理的商品。2012 年我国实行出口许可证管理的 49 种货物，分别实行出口配额许可证、出口配额招标和出口许可证管理，其中，玉米、小麦、棉花、煤炭、原油、成品油等实行出口配额许可证管理；蔺草及蔺草制品、碳化硅、滑石块(粉)、镁砂、矾土、甘草及甘草制品实行出口配额招标；活牛(对港澳以外市场)、铂金(以加工贸易方式出口)、汽车(包括成套散件)及其底盘、钼制品、维生素 C、硫酸二钠等实行出口许可证管理。

三、经营审批管理

对外贸易经营者，是指按《中华人民共和国对外贸易法》的规定办理工商登记或者其他执业手续，依照本法和其他相关法律、行政法规的规定从事对外贸易经营活动的法人、其他组织或者个人。企业在从事对外贸易经营前，必须按照国家的有关规定，依法定程序经国家对外贸易经济主管部门核准，取得对外贸易经营资格，方可从事对外贸易经营活动。对外贸易经营资格，是我国企业对外洽谈并签订进出口贸易合同的资格。它分为两类：一类是外贸流通经营权，即指经营各类商品和技术的进出口的权利，但国家限定公司经营或禁止进出口的商品及技术除外；另一类是生产企业自营进出口权，即指经营本企业自产产品的出口业务和本企业所需的机械设备、零配件、原辅材料的进口业务的权利，但国家限定公司经营或禁止进出口的商品及技术除外。按照修订后《中华人民共和国对外贸易法》的规定，从事货物进出口或者技术进出口的对外贸易经营者，应当向国务院对外贸易主管部门或者其委托的机构办理备案登记，这标志着我国外贸经营权从此告别审批制，迎来备案制，彻底拆除外贸经营权门槛。

2004 年 7 月 1 日实施的《对外贸易经营者备案登记办法》规定对外贸易经营者应凭加盖备案登记印章的《登记表》在 30 日内到当地海关、检验检疫、外汇、税务等部门办理开展对外贸易业务所需的有关手续。逾期未办理的，《登记表》自动失效。在 30 天之内只要到上述一个部门办理了手续，表格就视为有效。不到检验检疫部门办理备案登记，则不能办理进出口货物的检验检疫，特别是经营法定检验的货物；不到外汇管理部门办理注册登记，进出口商品外汇不能核销；不到银行办理银行开户许可证，没有账户，进口就无法对外支付，出口不能结汇；新设立的企业与个体工商户不到税务机关办理税务登记证书，就无法依法纳税，也不能办理出口退税；不到海关注册登记，进出口货物就不能报关。为了避免有些外贸经营者不履行应有的义务，从而为政府管理带来困难，《中华人民共和国对外贸易法》还将备案登记与海关的验放程序协调一致，最低限度地保障了政府主管机关对外贸秩序的监管。

对外贸易经营者经营进出口贸易业务的范围一般与在工商部门登记的经营范围相同。按照《货物进出口管理条例》的规定，中国对部分货物进出口实行国营贸易管理与指定经营管理。例如：国家对核、生物、化学、导弹等各类敏感物项和技术出口制定了管制法规，一般的对外贸易经营者是不能经营的；国家规定为国营贸易的货物，需经商务部和国务院有关经济管理部门批准的企业才能经营，如进口粮食、植物油、食糖、烟草、原油、成品油、化肥、棉花，出口茶、大米、玉米、大豆、钨及钨制品、煤炭、原油、成品油、丝、棉制品。而且我国还规定对少数关系国计民生以及国际市场垄断性强、价格敏感的大宗原材料商品录入目录，由国务院外经贸主管部门指定的企业进行经营。对外贸易经营者，在经营限制类的商品时，要受到限制进出口的货物目录、配额、关税配额、许可证制度等方面的约束。

四、商标管理

商标是知识产权的一种，是工商企业用于区别其制造或经营某种商品的质量、规格和特点的标志。商品商标的管理包括两个方面，即外国商品商标在中国的使用管理和中国出口商品商标的使用管理。外国商标在中国的使用管理，原则上与国内商标的使用管理相同，都是依据中国商标法进行管理。《中华人民共和国商标法》(以下简称《商标法》)于 1982 年 8 月正式公布，1983 年 3 月国务院还颁布了《中华人民共和国商标法实施细则》(以下简称

《实施细则》)，后于1993年2月和2001年10月修改了《商标法》及其《实施细则》。《商标法》的实施，加强了我国对商标的管理，对保护商标专用权、促进生产者保证商品质量和维护商标信誉、保障消费者利益、促进我国社会主义市场经济的发展起着重要作用。《商标法》是国内法，也是涉外法。而比较复杂的是中国出口商品商标的使用管理，根据商标权的地域性的法律特征，中国出口商品商标的使用还应受进口国法律的管辖。中国除已参加一些国际商标条约如《巴黎公约》、《马德里协定》、《商标注册条约》、《尼斯协定》外，还与30多个国家签订了商标的注册互惠协议。根据国家有关政策规定，出口商品商标是在国家工商行政管理局注册和统一管理下，由商务部进行协调和具体管理。商务部对出口商品商标进行协调管理的范围和内容是：指导并监督全国出口单位有关商标法规和出口商品商标在国外的使用和注册情况；解决商标所有权的归属和使用方面出现的问题，协调各出口单位之间以及生产企业之间使用出口商品商标的关系；及时处理有关商标问题的争议和纠纷。管理和协调好出口商品商标的使用，保护出口商品商标的专用权，维护中国商标在国际市场的信誉，保护和制造名牌，仍是中国对外贸易行政管理的一个重要方面。

五、外汇管理

外汇管理是指一国政府授权国家的货币管理当局或其他机构，对外汇的收支、买卖、借贷、转移以及国际结算、外汇汇率和外汇市场等实行的控制和管制行为。外汇实行特殊管理在中国是一个历史性的概念。1979年中国实行改革开放政策以来，与金融体制、外贸体制改革相配套，外汇体制也进行了一系列的改革，其最终目的是实现包括资本项目可兑换在内的人民币完全可兑换，推动外汇管理体制适应社会主义市场经济建设的实际需要。现阶段银行结汇和售付汇制、出口收汇核销制度、进口付汇核销制度等管理制度，构成了中国以间接管理和事后检查监督管理为主的外汇管理框架。

(一)银行结汇和售付汇制度

中国对境内机构经常项目下的贸易外汇收入实施银行结汇制度，即境内机构贸易项下的外汇收入，除国家规定准许保留的外汇可以在外汇指定银行开立外汇账户外，都必须及时调回境内，按市场汇率卖给外汇指定银行。同时我国对境内机构经常项目下的贸易外汇支出实施银行售付汇制度。售汇是指外汇指定银行将外汇卖给外汇使用者，并根据交易发生之日的人民币汇率收取等值人民币的行为。从用汇单位角度来讲，售汇又称为购汇。中国的企业经常项目下产生的外汇需求，只要能够提供与支付手段相应的有效商业单据和凭证(例如进口合同、进口付汇核销单及形式发票等单据和凭证，以及在有许可证管理或其他管理措施时要提交进口许可证、技术进口合同登记证书等有关部门签发的进口证明文件)，就可以从外汇指定银行购买外汇。付汇是经批准经营外汇业务的金融机构，根据有关售汇以及付汇的管理规定，在审核用汇单位或个人提供的规定的有效凭证和商业单据后，从用汇单位或个人的外汇账户中或将其购买的外汇向境外支付的行为。如从其外汇账户中对外支付，用汇单位或个人除提交规定的有效凭证及商业单据外，还必须符合外汇账户的收支范围。

(二)出口收汇核销制度

出口收汇核销制度是指货物出口后，对出口单位的收汇是否按规定结汇给国家而进行监督的一种管理制度。这是一种以出口货物价值为标准核对是否有相应的外汇收回国内的事后管理措施，可以监督企业在货物出口后及时、足额地收回货款。根据《外汇管理条例》及有关规定，境内出口单位或个人向境外出口货物，均应办理出口收汇核销手续。出口收汇核销的凭证是“出口收汇核销单”。出口收汇核销单，系指由外汇局制定格式，出口单位或个人凭以向海关出口报关，向外汇指定银行办理出口收汇，向外汇局办理出口收汇核销，向税务机关办理出口退税申报的有统一编号的凭证。它是出口收汇管理中最主要的一份单据，也是海关直接审核并签章的单据。在口岸电子执法系统网络上登记有电子底账的出口收汇核销单，将长期有效。出口收汇核销单只准本单位使用，不得借用、冒用、转让和买卖。

(三)进口付汇核销制度

进口付汇核销制度是指进口货款付出后，由外汇管理部门对相应的到货进行核销。这是以付汇金额为标准核对是否有相应的货物进口到国内或有付汇真实性的其他证明的一种事后管理措施，可以监督企业进口付汇后是否及时、足额地收到货物。获得对外贸易经营权的单位或个人，以通过银行购汇或从外汇账户支付的方式，向境外支付有关进口商品的各类款项(即进口付汇)，均应向外汇管理部门办理进口付汇的核销手续。进口付汇核销主要使用“进口付汇核销单”进行核销。“进口付汇核销单”(代申报单)系指由国家外汇局制定格式，进口单位或个人填写，外汇指定银行审核并凭以办理进口付汇的凭证。一份进口付汇核销单只可凭以办理一次付汇。企业凭“进口付汇核销单”办理有关进口货物的通关手续。

六、海关管理

海关是国家进出关境的监督管理机关，其基本职能是：进出关境监管，征收关税和其他税、费，查缉走私，编制海关统计，办理其他海关业务。中国实行集中统一的、垂直的海关管理体制。海关监管是指海关依据国家法律、法规对进出关境的货物、物品、运输工具实施报关登记、审核单证、查验放行、后续管理、查处违法的行政监督管理职能。

(一)货运监管

货运监管的基本制度，就是通过申报、查验、征税、放行四个基本环节，依照国家规定的政策法令、规章制度，对进出境货物、物品、运输工具执行实际监督管理。从海关方面看，海关对一般进出口货物的监督，其业务程序是：接受申报、查验货物、征收税费、结关放行。作为进出境货物收、发货人，相应的报关手续应为：提出申报、接受检验、缴纳税费、凭单取货或装船起运。凡应受海关监管的进出境货物和物品，统称海关监管货物。一般贸易货物进出境监管，可分为进口与出口货物、许可证管理货物、应税货物、限制进出口货物、禁止进出口货物的监管。特殊贸易货物进出境监管，包括加工贸易货物，保税货物，暂时进出口货物，过境、转运和通运货物的监管。进出境物品通常是非贸易性物品。海关监管货物的期限是：进口货物自进境起，到海关放行止；出口货物自向海关申报起，到出境止；加工装配、补偿贸易进口的料、件、设备，生产的产成品，以及寄售代销、租赁、保税货物自进境起，到海关办理核销手续止，都必须受海关监管。海关对进出口货物监管放行所依据的凭证是：进出口货物的收、发货人(或代理人)填写的“进出口货物报关单”，以及外经贸管理部门签发的进出口货物许可证，或有关主管部门的批准文件以及正常的商务单据。

(二)海关征税

根据中国《海关进出口关税条例》、《海关进出口税则》，海关必须对进出口货物征收关税。此外，海关还依法代政府税收部门对货物进出口环节征收多种国内税费，如增值税、消费税、船舶吨税等，以及依法收取海关规费、海关监管手续费、滞报金、滞纳金等。目前中国的关税征收种类分为进口关税、出口关税，其中主要是进口税。中国进口税则又分设最惠国税率、协定税率、特惠税率和普通税率四个栏目。最惠国税率适用原产于与中国共同适用最惠国待遇条款的世界贸易组织成员国或地区的进口货物，或原产于与中国签订有相互给予最惠国待遇条款的双边贸易协定的国家或地区的进口货物；协定税率适用于原产于中国参加的含有关税优惠条款的区域性贸易协定的有关缔约方的进口货物；特惠税率适用于原产于与中国签订有特殊优惠关税协定的国家或地区的进口货物；普通税率适用原产于上述国家或地区以外的国家和地区的进口货物。进口货物在办理报关纳税手续后，允许在国内流通，因此，应与国内产品同等对待也要缴纳国内税。为简化手续，进口货物的国内税一般在进口环节由海关代为征收，简称进口环节税，也称海关代征税。监管手续费是指海关按照有关规定，对减税、免税和保税货物实施监督、管理，提供服务而征收的手续费。海关征税工作，应当遵循准确归类、正确估价、依率计征、依法减免、严肃退补、及时入库的原则。

(三)查缉走私

查缉走私是海关的基本职责，也是维护国家主权和利益、保障改革和开放健康发展的重要手段。走私是指逃避海关监管，进行非法的进出境活动，偷逃关税，非法牟取暴利，扰乱破坏社会经济秩序，严重危害国家主权和国家利益的违法犯罪行为。《中华人民共和国海关法》对我国查缉走私体制作出了明确规定：一是组建国家缉私警察队伍，专司打击走私犯罪活动。国家缉私警察实行海关与公安双重垂直领导、以海关领导为主的管理体制，按照海关对缉私工作的统一部署和指挥，部署警力，执行任务。国家缉私警察不承担维护社会治安和打击其他刑事犯罪的职责，与地方公安没有隶属关系。组建国家缉私警察队伍，有利于迅速、有力地打击走私犯罪活动。这是从我国实际出发，借鉴国际通行做法的一项改革措施。二是联合缉私、统一处理。为了改变原来多部门不规范缉私、政出多门、秩序混乱的弊端，要建立以海关为主，公安、工商等执法部门联合缉私，对查获的走私案件由海关统一处理的制度。各执法部门查获的不构成走私罪的案件，一律交由海关作行政处罚；构成走私罪嫌疑的案件，一律移送缉私留察侦办；查获的走私物品和价款，一律交由海关及时上缴国库，任何单位不得坐支截留。三是改革现行缉私罚没收支管理办法，坚持收支两条线制度。缉私罚没收入全部上缴中央财政。中央财政留30%作为补税，其余部分的50%用于有关缉私部门改善缉私装备、办案、奖励缉私有功的单位和人员，另外的50%返还给省级财政，由省(自治区、直辖市)统一安排，也主要用于反走私工作。缉私罚没收入还要拿出一些支持和奖励缉毒队伍。

(四)编制海关统计

海关统计是指海关运用各种科学方法，对进出境的货物进行统计调查、统计分析的活动。编制海关统计，是海关的基本职能之一。中国海关统计制度是参照国际标准制定的专门贸易记录制。凡能引起中华人民共和国关境内物质资源存量增加或减少的进出口货物，即实际进出中国关境的货物，均列入海关统计。凡列入海关统计范围的进出口货物均根据《中华人民共和国海关统计商品目录》归类统计。该目录采用海关合作理事会制定的《商品名称和编码协调制度》(HS)为基础编制，由8位数编码组成，前6位数是HS编码，后2位数是根据中国关税、统计和贸易管理方面的需要而增设的本国子目。全目录共计有8000余个8位数商品编号。进口货物按CIF价格统计，出口货物按FOB价格统计。海关统计的原始资料是经海关实际监管的进出口货物报关单。统计项目包括进出口商品的品种、数量、价格、国别(地区)、经营单位、境内目的地、境内货源地、贸易方式、运输方式、关别等。进口货物按海关放行的日期进行统计，出口货物按海关结关的日期进行统计。海关月度和年度统计数据按公历月和公历年汇总编制。而且进出口企业按照报关用的规范格式填制，以电子数据交换的方式向海关申报，经海关通关、审单关员初步审核通过后，再传输到海关统计数据质量检控系统。各地海关统计部门的关员再对报关单上的统计项目逐一认真审核，并通过计算机程序进行错误信息查控、逻辑被控和价格被控等多项数据质量检查把关。确认无误后，按月通过网络将数据传输到海关总署。海关总署信息中心再将各口岸的数据汇总并再行质量查控，经综合统计司查核修正后编制贸易统计报表和对外发布海关统计数据。

七、商检管理

商检管理是指在国际贸易中对买卖双方达成交易的进出口商品，由法定商检机构依法对其品质、数量、规格、包装、安全、卫生、装运条件等进行检验的活动。进出口商品检验是国家对对外贸易活动实行监督管理的一个重要方面，也是一项国际性业务。做好商品检验工作，对于促进对外贸易的发展，提高出口商品的质量，保障社会主义建设和维护国家权益等方面都起着十分重要的作用。中国进出口商品检验工作，主要有以下四项任务。

(一)法定检验

法定检验是商检机构和其他检验机构根据国家的法律、行政法规的规定，对规定的进出口商品或有关的检验事项进行强制性的检验和检疫，未经检验的不准输出或不准销售、使用。法定检验的范围是：列入《商检机构实施检验的商品种类表》内的进口商品；按照国家商品卫生法规定需要执行卫生检验的出口食品；按照国家动植物检疫法规需要进行检疫的出口动物产品；涉及安全、卫生、环境、劳动保护等列入进口质量许可管理目录的商品；装运粮油商品、冷冻品等易腐商品出口的船舱和集装箱，经检验符合装运技术条件并发给证书后，方可装运；列入《国际海上危险货物运输规则》内的海运危险品，出口时必须进行包装鉴定。

(二)抽查检验

抽查检验或称监督管理，是指商检机构通过组织管理和监督检查等方式，对进出口商品的质量、重量、数量和包装等实施监督管理。其监管范围主要包括：对法定检验以外的进出口商品进行抽查检验；对重要出口商品生产企业派驻质量监督员；对进出口商品质量进行认证，并准许认证合格的商品使用质量认证标志；指定及认可符合条件的国内外检验机构承担特定的检验鉴定工作；对重要进出口商品及其生产企业实行质量许可制度等。抽查检验的组织实施原则是：国家商检部门对抽查检验实行统一管理，负责确定相应的商品种类加以实施；各地商检机构根据商检部门确定的抽查检验的商品种类，负责抽查检验的具体组织实施工作。

(三)公证鉴定

公证鉴定是国家设置的商品检验机构或社团法人设立的第三者检验机构，其职能是对进出口商品进行鉴别和认定。中国的进出口商品鉴定工作由国家商检局授权中国进出口商品检验总公司及其所辖部分省、自治区、直辖市和经济特区的分公司负责办理。商检机构和商检公司(商检公司于 1980 年成立，作为国家商检局指定的检验机构)以第三方公证鉴定人的地位，凭对外贸易关系人的申请，办理对外贸易公证鉴定业务。根据商检法规定，我

国商检机构实施进出口商品检验的内容包括：商品的质量、规格、数量、重量、包装以及是否符合安全、卫生要求。商检机构对进出口商品鉴定业务的范围包括：进出口商品的质量、重量、数量、海损鉴定，包装鉴定，集装箱检验，进口商品的残损鉴定，出口商品的装运技术条件鉴定、货载衡量、产地证明、价值证明以及其他业务。我国对进出口商品检验和监督管理，有利于把好进出口商品质量关，有利于为扩大出口疏通渠道，并为外贸发展提供优质服务。

(四)认证工作

为保证产品质量，提高产品信誉，保护用户和消费者的利益，促进国际贸易和发展国际质量认证合作，国家检验检疫局认证机构依据《中华人民共和国进出口商品检验法》及其实施条例，以及其他有关法律、法规的规定并按国际标准化组织的 ISO 9000《质量管理和质量保证》系列国际标准、国际环境管理体系的 ISO 14000 所制定的一系列认证“准则”和“办法”来指导和统一管理全国进出口商品的认证工作。这一工作主要有：考核、认可国内外进出口商品检验，评审机构和认可检验员、评审员注册等管理工作；组织和监督管理有关部门涉及认可检验机构的进出口商品检验和认证工作；根据需要同外国有关机构签订进出口商品质量认证协议；根据协议或者接受外国有关机构的委托进行进出口商品质量认证工作；对认证合格的进出口商品及生产企业颁发认证证书，准许使用进出口商品质量认证标志；根据出口生产企业的申请或外国的要求，对出口商品生产企业的质量体系进行评审；组织签订并执行进出口商品检验方面的国际合作协议，参加有关国际组织和会议。

本 章 小 结

本章从弥补市场调节机制的不足，保证对外贸易体制改革的顺利进行，保证国家对外贸易方针政策的贯彻执行，保证对外贸易健康有序发展，保证对外贸易获得最佳经济效益，保证在激烈的国际市场上处于有利地位等六个方面阐述了对外贸易管理的必要性。

法制手段是指在对外贸易中借助法律规范的作用对进出口活动施加影响的一种强制性的手段。通过立法，使外贸活动有法可依，除《中华人民共和国对外贸易法》这个基本大法外，在对外货物贸易、技术贸易、服务贸易管理的各种手段、各个环节、各个方面都制定和颁布了具体的法规和条例。此外还颁布了反倾销、反补贴和保障措施等立法。通过经济司法，保护合法行为，惩治违法行为，维护良好的经济秩序。

通过汇率杠杆、税收杠杆、信贷杠杆、价格杠杆，对微观经济主体行为施加影响，以实现宏观调控外贸经济活动和外贸经济关系。

对外贸易的宏观管理，在主要采用经济手段和法律手段的同时，还可以辅以必要的行政手段进行管理。对外贸易的行政管理手段有配额管理、许可证管理、经营权管理、商标

管理、外汇管理、海关管理和商检管理。

思 考 题

1. 简述中国外贸宏观调控的构成和目标。
2. 中国外贸立法的调整对象是什么？怎样理解它的立法渊源？
3. 简述《中华人民共和国对外贸易法》的地位和性质及修订后的《中华人民共和国对外贸易法》的主要内容。
4. 中国对外贸易主要有哪些救济制度？实施这些救济制度分别需要满足哪些条件？
5. 简述中国关税制度的演变以及我国关税减免的种类、关税的计征标准。
6. 中国进口关税税率确定的基本原则是什么？
7. 简述出口退税制度在中国的实施概况。
8. 现行人民币汇率制度的主要内容有哪些？
9. 试述市场经济体制下中国对外贸易的管理手段。

案 例 分 析

"iPad"商标侵权案

唯冠(深圳)于 2001 年在中国注册"iPad"商标，并实际使用。2009 年，唯冠(台北)同意把其在多国注册的"iPad"商标以 3.5 万英镑卖给一家叫做 IP Application Development 的公司(实为苹果控制的公司)。苹果认为其中包含了"iPad"在中国大陆的商标，但唯冠(深圳)认为其和唯冠(台北)是不同的主体，后者无权处置前者持有的商标，因此国内商标权并没有包含在前述转让协议中。2010 年 4 月，苹果在深圳中级人民法院起诉唯冠(深圳)，要求确认其为 iPad 商标专用权人。2011 年 12 月，法院作出一审判决，苹果败诉，随后苹果上诉至广东省高级人民法院。

在苹果一审败诉后，唯冠(深圳)向深圳市福田区人民法院、惠州市中级人民法院、上海浦东法院提起对苹果"iPad"商标侵权诉讼，分别要求深圳市国美电器有限公司、深圳市顺电连锁股份有限公司和苹果贸易(上海)有限公司停止使用 iPad 商标。在上海的诉讼定于 2012 年 2 月 22 日开庭。惠州市中级人民法院于 2 月 17 日下发一审判决，判定苹果经销商深圳市顺电连锁股份有限公司惠州分公司禁止销售苹果"iPad"相关产品。

商标是企业重要的无形资产，是企业开拓、占领和巩固市场的重要武器，也是企业形象的最直观展示。然而却有数据显示，截至 2010 年 11 月底，我国企业通过马德里条约在国外申请注册的商标总量仅为 1.1 万件，而同时我国受理通过《马德里条约》在我国申请注册的商标总量却达到了15.3万件。从这组数据来看，虽然随着国内工程机械企业“走出去”步伐的加快，国内制造商对于维护品牌、商标的意识有所增强，但很明显这种认识尚未达到其应有的程度。苹果此次与唯冠的商标之争，一方面对国内企业在商标维护方面有所提醒，另一方面也为国内企业如何在损失变大之前及时控制局面指出了一些应对手段和应当注意的问题。

首先，当发现产品商标被注册之后，苹果方面以美国IP公司的名义购买商标，以此来尽量减小其购买费用。对此，创新工场董事长兼首席执行官李开复在其微博中表示：“我之前的经历是，在企业主动购买未发布的商标、域名时，绝对不会以公司的名义直接来购买，一定是经过第三方或者律师事务所。除了怕被蓄意抬价之外，还有公司保密的问题(防止新产品方向、名字泄露)。”此为手段。其次，从现有的资料来看，虽然唯冠(台北)在转让“iPad”商标权给苹果的代理公司过程中，可能存在违约甚至欺诈的问题，但这不影响唯冠(深圳)持有商标权的合法性。苹果和其代理公司在取得商标权的过程中，没有做好尽职调查，同时《商标转让合同》过于简单，也没有约定好在境内办理商标权转让的手续，这在跨境资产交易中是比较明显的失误，此为教训。

当国产品牌的工程机械产品在世界范围内获得充分认可的时候，难保不会出现一个中国的“iPad”，到时候是放弃现有的商标使用权还是去承担高昂的转让费用，两者之间无论如何取舍都将令人十分为难。如何在问题发生之前予以防范，又如何在问题发生之后有所解决，除了应有的法律手段之外，苹果的方法与经验值得借鉴。

(资料来源：高维啸. 商标之争. 今日工程机械，2012年第5期)

问题：

1. 法院在审理、判决中的依据是什么？
2. 原告是否可以用《反不正当竞争法》来维护自己的权益？

第十章　中国对外贸易体制改革

【学习要求】

通过本章的学习，要求学生了解我国对外贸易体制的建立和发展，以及进行对外贸易体制改革的必要性；掌握我国在对外贸易体制初步改革阶段、深化改革阶段、承包经营责任制阶段和建立对外贸易新体制阶段的外贸体制改革的主要内容及措施。

【主要概念】

对外贸易体制　外贸经营权　工贸结合　出口承包经营责任制　现代企业制度　股份制　转换企业经营机制　进出口商会

【案例导读】

入世十年来中国对外贸易领域的体制改革和政策调整

十年来，中国在清理法律法规、市场准入、保护知识产权等方面信守入世承诺，逐步扩大了农业、制造业和服务业的市场准入，开放外贸经营权、降低关税并取消非关税限制。通过入世，中国不仅建立起符合 WTO 规则的涉外经贸体制，更重要的是促进了国内经济体制的改革，并逐步发展成为制定“国际游戏规则”的参与者和推动者。

WTO 框架下外经贸等体制的进一步改革

透明度与政策的可预见性要求成员国的贸易政策是透明的，而且要求经贸政策符合国际规范。中国成为世贸组织的一员，意味着中国要信守一系列重要承诺，公开其经济体制，改革其经济体制。十年来与中国外贸相关的法规和体制调整主要包括以下内容。

(1) 在非歧视原则、自由贸易原则和公平竞争原则下调整和修改不符合 WTO 规定的政策法规，从中央级的法律到 30 个政府部门的 3000 多个法规规章、19 万个地方的规章制度得到了清理和调整。

(2) 转变外贸主管部门的职能，从以行政领导为主转变为以服务为主，逐步公开国际贸易和国家投资体制。

(3) 加快外贸主体多元化步伐，允许私营外贸企业迅速发展。2004 年 7 月 1 日国家实行《中华人民共和国对外贸易法》，允许居民个人及企业经备案登记后可自由开展对外贸易。

(4) 由地域的全方位开放走向产业的全方位开放。对一般具备竞争性的行业实行全面的开放，允许外国商品和资本在一定的条件下进入，开放了 100 多个服务的部门。

(5) 减少各类出口补贴，降低进口税率，消除非关税壁垒。

各类外经贸政策的调整

(1) 出口退税政策。入世之初，中国延续了1998年以来的提高出口退税率政策，累积了中央财政的较大负担，2002年底形成了财政对出口企业2477亿元的欠税。2004年1月1日实行新出口退税政策，依照“新账不欠，老账要还；完善机制，共同负担；推动改革，促进发展”的原则，改革出口退税机制。同时为平衡贸易顺差，抑制“两高一资”产品出口过快增长的势头，其后又进一步下调或取消部分产品出口退税。2008年下半年以来随着美国次贷危机升级为国际金融危机，我国从2008年8月至2009年7月连续7次大规模上调纺织服装、机电、钢材、化工等产品的出口退税率。随着出口恢复增长、经济复苏，从2010年7月15日起，取消部分钢材、有色金属加工材、农药、医药、化工产品、塑料及制品、橡胶及制品、玻璃及制品的出口退税，共涉及商品品种406个，共六大类商品。无论从出口恢复，还是从税率及减轻财政压力的角度看，未来下调出口退税率都有较大空间。

(2) 出口信贷补贴。我国出口贴息主要体现在出口信贷上，这项业务主要由进出口银行作为官方出口信贷机构来承担，以接受国家财政的利差补贴为主要特征，较商业贷款有较大的利率优惠，因此其补贴特征比较显性化。入世后，我国承诺遵守WTO规则，并在有关的文件上对政策性银行(包括进出口银行)的信贷业务作了相应的说明，即政策性银行贷款不接受国家的财政补贴，贷款基本上按商业贷款利率。2007年5月8日，我国宣布取消由中国银行实施的出口贷款补贴。

(3) 人民币汇率升值和汇率形成机制改革。1994年，中国实行人民币汇率改革，实现了人民币汇率的单轨运行，有管理的浮动汇率成为人民币汇率形成机制的改革目标。2005年7月21日，中国人民银行正式宣布开始实行以市场供求为基础、参考一篮子货币进行调节、有管理的浮动汇率制度。当天人民币对美元汇率由8.2765上调至8.1100，上调2.1%，从此人民币汇率不再盯住单一美元，逐渐形成更富弹性的汇率机制。2010年6月19日，中国重启人民币汇率形成机制改革，以增强人民币汇率弹性。2011年9月21日美元对人民币汇率中间价冲破6.7关口，自2005年汇改以来人民币名义汇率已累计升值近20%。

(4) 外资税收等优惠政策的调整。为了吸引外商直接投资，我国给予了外资企业众多的税收优惠，一些地方政府从扶持本地企业和吸引外资的角度出发，也出台了不少税费减免政策，为外商投资创造优惠条件。在WTO框架下，为推进内外资的统一国民待遇，2008年内外资的所得税实现了“两税合一”，税率调整为25%。

(资料来源：裴长洪，王宏淼. 中国经济时报，2011年12月28日)

对外贸易体制是指对外贸易的组织形式、机构设置、管理权限、经营分工和利益分配等整个制度。对外贸易体制是经济体制的一个组成部分，属于上层建筑范畴，是由经济基础决定并为经济基础服务的。我国在十一届三中全会后开始对对外贸易体制进行改革，先后经历了以打破旧体制为主要内容的改革和以建立新体制为主要内容的改革。

第一节 对外贸易体制改革的必要性

我国对外贸易体制，是为了适应新民主主义经济制度并逐步过渡到社会主义制度的需要而建立起来的。从新中国诞生开始，我国就废除了帝国主义在我国的各种特权，没收了国民党政府和官僚资本的外贸企业，逐步建立了国有外贸企业，并通过改造私营外贸企业，实行了以国营外贸专业公司为主体、私营外贸企业为补充的对外贸易体制。

在我国的对外贸易体制形成和发展中，不断出现了不适应我国基本国情和世界经济发展的问题，因此，从 1978 年中共十一届三中全会开始，我国开始了对外贸易体制的改革，这对于促进我国经济的进一步发展具有深远的意义。

一、保持出口贸易持续快速发展，实现我国国民经济第三步战略目标的需要

按照“三步走”战略，到 21 世纪中叶我国要实现达到中等发达国家水平的目标，对外贸易特别是出口贸易在国民经济总体布局中担负的责任更加重大。

首先，外需拉动仍将是国民经济增长的重要动力。近十年，我国外贸出口对 GDP 增长的贡献率年均超过 2 个百分点，随着经济全球化趋势的加强，未来二三十年我国经济的发展更离不开国际市场，离不开外贸出口的有力带动。

其次，我国加入 WTO 以后潜在的进口增长，客观上要求出口保持持续发展，以实现外汇收支平衡。从 2004 年开始，由于加入 WTO 后过渡期的到来，随着市场的全面开放和进口持续高速增长，如出口不能继续保持较高的增长水平，对外贸易平衡将越来越困难。

第三，我国经济结构战略性调整，需要我们利用好国际产业转移带来的机遇，支持企业“走出去”带动出口增长，带动我国沿海地区产业升级和走新型工业化道路。

第四，为了缓解全社会的就业压力，需要我们保持劳动密集型出口加工产业的持续健康发展。

第五，保持国际收支平衡，防范各种金融风险，同样需要出口贸易的稳定发展。

一个需要特别引起注意的问题是，近年来我国出口发展的内生源泉不足，国内其他各类企业的出口增长相对于外资企业较慢，从中长期的发展来看，存在着不容忽视的隐患。以 2004 年为例，全国外资企业出口已占我国出口总规模的近 58%，比上年又提高了 2 个百分点，而 2005 年这一比例又呈继续上升的趋势。由于国际资本有着很大的流动性，总是在不断地寻找新的投资场所，跨国公司把生产场所转移到中国来，看重的是我国廉价的生产要素，而随着我国经济的发展，这种优势显然不可能长期保持。因此，如果不能较快地大幅度提高内资企业的出口竞争力，一旦这些外向型外资转向其他国家和地区，外资企业出

口增长出现大幅度下降，我国出口就可能出现大的问题。而要提高我国内资企业的出口竞争力，就必须打破政企不分、统负盈亏的外贸管理体制，建立起适应社会主义市场经济发展的、符合国际贸易规范的新型外贸体制。

二、实施以质取胜战略，实现出口贸易增长方式转变的需要

进入新世纪以后，主要发达国家的经济虽然有所复苏，但居民可支配收入的增长仍然缓慢，从中长期来看，其市场需求总量难以有明显的扩张，这对我国出口贸易的持续增长是一个大的制约，使我国面向传统市场的出口贸易规模进一步扩大的难度越来越大。目前我国具有比较优势的劳动密集型产品在发达国家的占有率已经相当高，已经成为美国贸易逆差最大的来源国。由于我国出口仍主要是数量扩张型增长，一些国家频繁利用技术壁垒、环境壁垒、绿色壁垒等手段对我商品进口设限，我国商品受到反倾销调查的案例呈现出不断上升的趋势，这一方面说明国际市场对我国一般性低价出口商品的需求接近于饱和，另一方面反映出我国的出口促进政策需要作出系统性、战略性调整。这一调整的核心是要进一步提高我国产品和企业的国际竞争力，努力实现从“贸易大国”向“贸易强国”的转变，实现从“扩大出口”规模导向到“提高卖价”效益导向的转变。为了实现上述转变，必须建立和完善外贸出口促进体系。

三、与国际接轨，适应我国加入世界贸易组织新形势的需要

实践证明，我国加入 WTO 符合我国的根本利益，但加入 WTO 确实也给我国带来了新的挑战。在出口贸易方面，我国同样必须履行世界贸易组织的义务和原则，长期以来在计划经济体制下形成的、以行政管理为主的外贸管理体制特别是地方政府管理外贸和促进出口的方式，面临进一步的改革。换言之，当前抓紧按照 WTO 规则和国际通行做法，建立和完善出口促进体系是很迫切的。这是因为：

首先，只有建立起既符合 WTO 规则，又适应中国国情的，以政府为主导、以经济和法律手段为主的，稳定、规范、统一的出口促进体系，才能有利于全面提高我国企业的国际竞争力，实现我国出口扩大规模、优化结构和可持续发展，实现对外开放的各项战略目标。

其次，只有通过出口促进体系的建立与完善，与对外贸易相关的海关、商检、外汇、税务和外经贸管理部门，进一步明确分工，协调统一，加强管理，改善服务，为企业在通关、商检、外汇核销、出口退税等环节提供更多的支持，我国加入 WTO 以后获得的优惠与便利才有可能发挥最大效能。

第三，加入 WTO 以后，要实现对外贸易政策的统一制定及在全国的统一实施。目前我国对外贸易的管理仍有很强的计划经济遗留色彩，主要体现在地方政府对出口的管理与促进上。一方面，本该由中央外经贸管理部门统一实施的管理，仍采取分级管理的办法，有一部分出口配额和许可证的发放委托地方外经贸管理部门管理；另一方面，由于全国没有

一个统一的贸易促进体系，出口促进的主体与方式五花八门，有些地方政府甚至违反 WTO 规定给企业提供出口补贴，既在国内地方之间造成不平等竞争，又可能给人以口实，增加对外贸易摩擦。

第四，加入 WTO，需要一个公平的对外贸易竞争环境。按照 WTO 的公平贸易原则，各成员方不得采取不公平的贸易手段进行国际贸易竞争或扭曲国际贸易竞争，例如不允许成员方企业对外倾销商品，禁止政府按出口实绩对企业或产业的直接补贴，以及对出口直接税等的减免等。

四、与时俱进，适应经济全球化快速发展的需要

经济全球化使不同国家在经济上联系越来越密切，各个国家所面临的国际竞争也越来越激烈，并且直接体现在出口贸易的竞争上。世界范围内的国际贸易增长，实际上是各国出口贸易增长的总和，而单个国家出口贸易的增长能力则是其国际竞争能力的一个重要标志。面对日益加速的经济全球化进程，一个国家的出口竞争力越来越直接地影响到经济发展的潜力。要想在经济全球化进程中分得“一杯羹”，发展中国家首先必须考虑如何推动本国出口贸易的持续增长。只有在出口上取得突破，才能有效地参与国际分工，才能在引进外资和先进技术等方面获得实质性的利益。从这个意义上说，作为全球最大的发展中国家，出口能否获得持续增长，将直接关系到我国在未来经济全球化格局中的地位与前途。面对经济全球化所带来的更加激烈的国际竞争，我国如果没有一整套完善的出口促进体系，就不可能形成新的出口优势，就不可能带来新的发展。日本等国的实践告诉我们，出口贸易光靠企业自身的力量是不够的，政府不仅有必要，而且也是唯一有能力给予支持的重要力量。

21 世纪的前十几年，是我国以加入 WTO 为契机，开始新一轮以与国际经济规范全面接轨，建立完善的社会主义市场经济体制为基本目标的体制改革时期，我国的经济发展战略模式将出现重大转变。在出口的促进与管理方面，面对国内市场国际化、国际竞争国内化、国内外竞争一体化，单纯的某一项政策都难以有效调节这种变化所体现的复杂关系，因此建立一整套符合新形势需要的、规范化、高效率的政策调控与促进体系，完善对外贸易体制是一项非常紧迫的任务。

第二节　以打破旧体制为主要内容的外贸体制改革

这一时期(1979—1993 年)的改革，以打破计划经济体制下政企不分、中央集权、高度集中的经营管理体制，塑造市场经济所要求的政企分开、权责分明为主要内容。

一是外贸主体沿着“国家——地方——企业”的模式演进发展，即从 1978 年之前国家

主办外贸活动，转变为20世纪80年代后地方主办外贸活动，直至90年代由企业充当外贸活动的主角，逐步承认企业参与国际分工和国际市场竞争的微观主体地位。

二是专业外贸公司由原来的行政机构附属物转变为中介服务组织，它们在外贸活动中逐步获得独立经济实体的地位。伴随着这种地位的转变，专业外贸公司的经营模式也由单一的计划收购改变为进出口代理。

三是外贸企业宏观结构由“合”到“分”，再由“分”走向“合”，以放权、分权为改革过渡措施，最终将外贸企业推向国际市场，并且通过各种措施使外贸企业选择走国际化集团经营之路。

一、初步改革阶段(1979—1987年)

1978年中共十一届三中全会以来，伴随着经济体制改革的进程，我国外贸体制的改革也陆续展开，从放权、让利、分散，到推行外贸承包制和放开经营，在层次上渐次推进，取得了一个又一个新的突破。

(一)下放外贸经营权

1978年之前，为确保产品经济和单一的计划经济体制相适应，当时我国建立了由外贸部统一领导、统一管理，外贸各专业公司统一经营，实行指令性计划和统负盈亏的高度集中的对外贸易体制。这种外贸体制在特定的历史条件下有利于使中国在国际收支中避免出现逆差，有利于将中国国内市场与国际市场中的任何不确定因素隔离开来，有利于控制中国进出口水平和构成，达到保护民族幼稚工业、实现进口替代战略的目的。但是，该体制也存在着严重的弊端，主要是：

首先，独家经营，难以调动地方的主动性和积极性。

其次，统得过死，阻碍了企业与买方、卖方的接触，不利于外贸企业发挥自主经营的能力。

再次，统包盈亏，不利于外贸企业走上自主经营、自负盈亏、自我发展、自我约束的企业经营之路。而且未能体现地方、国家、企业、个人的利益关系，影响他们积极性的发挥。

于是从1979年开始，在对外贸易体制改革的推动下，我国逐渐下放了一些外贸经营的权限。1984年，外贸部实施了以简政放权为核心的一系列改革措施。

其一，1984年1月起，多数省份有权保留一定比例的外汇收入。1985年1月起，允许企业自己决定使用50%的留成外汇。

其二，1984年1月，明确规定了28种限制进口商品，允许一批机构无须经过外贸部就可进口非限制类商品，这些机构包括外贸部所属外贸公司和分公司、其他部门所属的外贸公司、省政府经营的外贸公司。

其三，1984 年 9 月，通过了外贸体制改革报告，内容包括“政企分开”、“简政放权”、“实行外贸代理制”、“改革外贸计划体制”和“改革外贸财务体制”等。

至此，高度集权的外贸总公司垄断全国外贸的局面已被打破，各省及下属外贸组织开始成为外贸活动的主力军。经过简政放权，扩大了省一级外贸自主权。外贸公司的数量显著增加。据统计，自 1979 年下半年至 1987 年，全国共批准设立各类外贸公司 2200 多家，比 1979 年增加了 11 倍多。

(二)开展工贸结合

在 1979 年改革之前，由于工贸脱节，常常造成我国出口产品质量差、花色品种陈旧，无法充分满足国际市场的需求，从而影响了企业的出口效益。于是在外贸体制改革的初期，我国就开展了多种形式的工贸结合的试点。

(1) “四联合、两公开”。这是工贸结合的初级形式，即外贸公司与工业生产企业专业对口，联合办公、联合安排生产、联合对外洽谈、联合派小组出国考察；外贸的出口商品价格对工业部门公开，工业企业生产成本向外贸公司公开。通过这种工贸结合的形式，使我国商品的生产与外贸销售的各环节实现信息互通、资源共享，避免工贸脱节，提升商品的出口经济效益。

(2) 建立工贸结合公司，即工业生产企业和外贸企业以共同出资、共同经营的模式建立联营企业。如 1982 年 4 月成立的青岛纺织品联合进出口公司，就是由青岛市 9 个国营纺织厂联合建立的，从而实现从纺织、印染到针织、服装、外贸出口的一条龙经营，大大提升了青岛纺织产品的出口经济效益。

(3) 建立生产同类产品的企业和企业联合体为经营实体的外贸公司，从而实现直接对外经营出口业务。

(三)实现出口承包经营责任制

1984 年国内计划价格和市场价格并存的双轨制对出口商品的计划资金调配带来了很大的挑战。针对这种情况，根据中国农村改革的经验，1985 年起外经贸系统试行了出口承包经营责任制，以摸索价格双轨制情况下的计划资金使用方法。承包是在双轨制情况下，初步打破中央财政对外贸实行统收统支，减轻中央财政负担，实现外贸企业自负盈亏的一种有效的过渡性措施。

1987 年我国外贸部对所属的外贸专业总公司实现了出口承包经营责任制，其承包的内容包括出口总额、出口商品换汇成本、出口盈亏总额三项指标。承包经营责任制的指导原则是超亏不补，减亏留用，增盈对半分成，并按三项指标完成情况兑现出口奖励。承包的方式是由经贸部发包，外贸专业总公司总承包后再按公司系统逐级分包到各分公司，然后落实到基层。

通过1979—1987年的初步改革，逐步扩大了我国企业的经营渠道，调动了地方、部门发展外贸的积极性，但从总体来看，因企业为真正实现企业化管理缺乏有效的自我约束机制，我国外贸体制中的一些根本性问题尚未得到解决，这一切均有待于外贸体制改革的深入。

二、深化改革阶段(1988—1990年)

外贸吃“大锅饭”的体制多年来一直制约着外贸事业的发展。经过调查研究，国务院决定从1988 年起全面推行对外贸易承包经营责任制，其主要内容如下。

首先，由各省、自治区、直辖市和计划单列市政府以及全国性外贸(工贸)总公司向国家承包出口收汇，上缴中央外汇和相应的补贴额度，承包基数3年不变。

其次，取消原有使用外汇控制指标，凡地方、部门和企业按规定所取得的留成外汇，允许自由使用，并开放外汇调剂市场。

再次，进一步改革外贸计划体制，除统一经营、联合经营的 21种出口商品保留双轨制外，其他出口商品改为单轨制，即由各省、自治区、直辖市和计划单列市直接向中央承担计划，大部分商品均由有进出口经营权的企业按国家有关规定自行进出口。

为落实对外贸易承包责任制，国家采取了一系列配套改革措施。

(一)外汇管制制度改革

在外贸由国家垄断，外汇由国家统收统支的情况下，汇率一度只是内部进行会计核算的工具，它对进出口起不到调节作用。随着外汇调剂中心的建立，汇率对贸易的调节作用开始增强。但由于计划在进口方面仍有作用，留成外汇部分相当于计划进口的权利。外汇调剂中心进行市场交易的不是实际的外汇，而是外汇配度，即议价得到的使用外汇的权利。外汇留成的政策对进出口的影响十分复杂，对有些地方政府财政能力强大者而言，地方财政补贴可以促进企业多出口创汇，再从进口中多赚钱。外汇调剂市场和官方内部双重汇率使得外贸企业可以在内外两个外汇市场上得到双重利润，出口积极性因而大增。

在进口用汇方面，政府另有批汇手段进行调节。在实际进口时要根据商品的性质，是否得到国家批准来折算不同的折算率，而不论及外汇来自于留成部分与否。对于关系到国计民生的重要物资和必需品，由国家批准后按官方汇率折算。这样，拉高的人民币比值可以减少进口成本，有利于解决国内的短缺问题。一般商品进口按市场汇率折算，相对于官方汇价可以增大进口成本以限制进口。

到1988年全面推行出口承包责任制时，地方和部门自有外汇进口所占比重已超过中央外汇进口。如不搞承包，中央财政负担越来越重，这是因为在中央统包外贸盈亏时，外汇留成是按出口商品收购值来计算比例的。许多经营单位为了多拿外汇留成，抬价竞购，盲目收购，造成了空前的超储积压。推行承包制的效果之一是在保留外汇留成的鼓励作用的

同时堵住了亏损的无底洞。经过承包过渡，到1991年终于取消了对外贸的财政补贴，同时采取的配套措施是扩大留成比例，发展外汇调剂市场，放开调剂汇率，形成了官方汇率和市场汇率并存的汇率制度。到1993年底，外汇的70%以上是在调剂市场按8.70的调剂汇率结算的。

(二)出口退税与流转税改革

我国从1979年开始试行以增值税、产品税和营业税为主的流转税体系。经过一段上缴利润和缴税并存的过渡，1984年实行第二步利改税，同时中国开始执行出口退税政策以鼓励企业增加出口。1985年起扩大出口产品退税范围(除原油、成品油之外所有产品都可退税)；1986年起扩大出口退税深度，由过去只退最后一道生产环节的产品税，扩大到加退中间生产环节的产品税。1985—1990年间出口退的主要是工商统一税(按营业额10%的基本税率征收)、产品税(对初级产品征税)和增值税，退税规模在逐年不断增加。1994年进一步改善了出口退税制度。在包税制时代，出口退税中央财政承担80%，地方财政承担20%，而在执行中，地方负担部分往往不易落实。实行分税制后，出口退税明确规定全部由中央财政负担，保证了退税的落实①。

(三)权力下放，部分放开经营权

中国对外贸商品、外汇、经营权曾有多种限制。外贸部直属的进出口公司按不同的商品范围分工垄断了全部进出口业务。各省的外贸部门只是总公司的分支派出机构。这一垄断的格局有利于最大限度地从进口中获利，不利于压缩出口成本，不利于调动生产部门的积极性，改革势在必行。

在外经贸经营管理体制改革方面，为了顺应出口产品结构的升级，先逐步地给机械行业的生产企业直接参与国际贸易的机会。后又随着国有企业改革的推进，逐步给机械工业企业外贸自主权，允许这些企业在国家计划指导下直接出口产品，参加国际市场的竞争，对出口盈亏担负经济责任。后来，各省成立外贸总公司，并将原中央外贸总公司在各省的分公司独立出来，给予全部外贸经营权。

与放开经营相配套的改革是，1984年1月，外贸部明确规定了28类限制进口的商品。允许一批机构无须经过外贸部就可进口非限制类商品，这些被授权机构包括外贸部所属外贸公司和分公司、其他部门所属的外贸公司、省政府经营的外贸公司。

在外贸出口管理方面将出口商品的经营权分为三类：一类为垄断经营商品，二类是政府倾向于适度干预竞争或受被动配额限制的商品，其余的是三类商品。这三类商品分别由

① 但大量出口形成了对出口退税政策和中央财政能力的考验。最终由于退税大量增加，中央财政无力支付，只得将增值税退税率全面降低。这种趋势在1997年以后得以逆转。为了应对国内经济衰退以及亚洲金融危机各国竞相贬值本国货币对中国出口的影响，中国又开始逐步提高出口退税率。

中央、外贸专业总公司和地方分别协调管理，经过对商品经营权下放的改革，第三类放开经营商品出口有了长足的发展。需要出口许可证的出口产品数量到1999年降至59种①。

三年来的实践表明，承包制的推行基本达到了预期的效果。

首先，它打破了长期以来外贸企业吃国家“大锅饭”的局面，为解决责权利不统一的状况迈出了一大步，从而大大调动了各方面特别是地方政府的积极性，有力地促进了外贸的发展。

其次，它有利于解决中国经营体制上长期存在的政企不分问题，让企业逐步走向自主经营的道路。

再者，它促进了工贸结合，有利于增强外贸企业的国际竞争力。

与此同时，承包制也暴露出一些弊端，具体如下。

一是尚未建立外贸的自负盈亏机制。承包制仍然保留了中央财政对出口的补贴，财政补贴是一种非规范化的行政性分配，带有主观随意性，也不符合国际贸易的通常做法。

二是助长了局部利益的膨胀和不平等竞争的加剧。对不同地区的承包企业规定不同的出口补贴标准和不同的外汇留成比例，从而造成了地区间的不平等竞争，诱发了对内的各种抢购大战和对外的竞相削价销售，造成外贸经营秩序的混乱。

三是企业行为短期化。企业在追求利润的刺激下，缺乏中长期投资眼光和积极性，只重承包期内任务的完成和超额完成，往往忽略了外贸长期发展的战略目标和战略措施，企业宁可转产附加值低且易迅速出口、换汇成本低的产品，导致国家外向型企业产品结构长期处于低水平运行。

四是承包期一定就三年不变，未能适应国内非经营环境的变化。遇有重大的环境变化，承包企业往往难以完成承包任务。

三、出口自负盈亏承包经营责任制阶段(1991—1993年)

这一轮外贸体制改革的重点放在微观管理层的变革，它既是建立现代企业制度的客观要求，也是前一阶段简政放权道路的延续。在一系列改革措施中，有两项特别重要。

(1) 取消国家财政对出口的补贴，按国际通行的做法由外贸企业综合运筹，自负盈亏。

(2) 改变按地方实行不同外汇比例留成的做法，实行按不同商品大类统一比例留成制度。此后，中国外贸经营基本打破了“大锅饭”体制，外贸企业的经营机制发生了根本性的改变。

外贸财政补贴的取消使外贸企业第一次被真正作为外贸经营主体和参与竞争的独立实体而受到重视，使国内外贸企业能够在自主经营、自负盈亏的前提下，建立和完善自我发

① 中国政府在20世纪90年代末将历来由外贸公司垄断的纺织品配额的15%直接分配给了生产企业，1999年这个比例则进一步上调至20%。

展、自我约束的经营机制，改善经营管理，提高国际竞争能力，从而在更深更广的范围内参与国际分工，促进市场秩序健康发展。同时，它还扩大了企业对外汇的支配使用权，有利于保持适度的进口增长，为进一步拓展对外贸易关系创造了良好条件。另外，为了保证国家收汇并防止逃汇、套汇，外汇管理部门和结汇银行实行跟踪结汇，从而加强了对出口外汇的管理。

截至 1993 年底，中国有外贸经营权的各类企业(不包括已投产的 8 万多家外商投资企业)达 8000 多家。原有的宏观管理模式已明显不能适应外贸发展的需要。企业自主权的扩大，企业产权制度的变革，也呼唤政府建立一套多形式、多层次，既灵活又统一的管理体制。为此，国家提出按现代企业制度改组国有企业，采取一系列措施鼓励外贸企业进行股份制的试点工作，鼓励专业外贸公司实行进出口代理制，鼓励工贸结合，发展实业化、集团化、国际化经营，从整体上促进全国外贸规模的发展。

第三节　以建立外贸新体制为主要内容的外贸体制改革

1994 年，中国政府开始了以汇率并轨为核心的新一轮外贸体制改革，以便尽快建立适应社会主义市场经济发展的，符合国际贸易规范的新型外贸体制。

一、对外贸易管理体制改革

(一)经济手段改革

1. 改革外汇管理体制，发挥汇率对外贸的重要调控作用

国务院决定，从 1994 年 1 月 1 日起，实现双重汇率并轨，实行以市场供求为基础的、单一的、有管理的人民币浮动汇率制度，建立银行间外汇市场，改进汇率形成机制，保持合理的、相对稳定的人民币汇率；实行外汇收入结汇制，取消现行的各类外汇留成，取消出口企业外汇上缴和额度管理制度，实行银行售汇制，实行人民币在经常项目下的有条件可兑换。外汇体制改革为各类出口企业创造了平等竞争的良好环境，有助于提高我国出口商品的竞争力；大大加速外贸企业经营机制的转换，更有效地发挥汇率作为经济杠杆调节对外贸易的功能；有助于中国外贸体制与国际规则接轨。1996 年 12 月 1 日，我国还宣布接受国际货币基金组织第八条规定的义务，实现人民币经常项目下可兑换。近几年，中国外汇管理体制又进行了新的改革，制定和出台了一系列新的举措，为中国经济发展和对外开放作出了巨大贡献。

(1) 确立了对资本项目进行管理的新方针。

1996 年 11 月实现了人民币经常项目可兑换后，中国外汇管理原则及其内容相应发生了重大变化，即由可兑换前的侧重于外汇收支范围的严格审批转为对交易真实性进行审核，

外汇管理的方式由事前管理、直接审批改为事后监督、间接管理的模式。这就是说，凡是经常项目下的交易，只要单证齐全、真实可靠，就可以不受限制地对外支付货款及运、保、佣费用。按照国际常规和改革顺序，一国实现经常项目可兑换后，应继续进行资本项目可兑换的改革。不过，中国并没有急于求成。鉴于中国仍然是发展中国家的国情以及20世纪80年代以来拉美等发展中国家脱离实际，过快开放资本项目造成外汇流失、频繁发生金融危机的事实，中国审时度势，适时提出对资本项目进行管理的新方针，并在1997年1月14日新发布的修订后的《中华人民共和国外汇管理条例》中进行了明确规定："国家对经常性国际支付和转移不予限制，……对资本项目外汇进行管理。"在市场机制不健全、外汇资源相对稀缺的条件下，中国作出对资本项目进行管理的决定，无疑是正确的和及时的。随即而来的亚洲金融危机证实了这一点。

(2) 构建宽松的外汇环境。

中国外汇管理体制改革的一个基本出发点是为中、外资企业及个人创造一个良好的外汇环境，促进国民经济的正常发展和对外开放的顺利进行。本着这一原则，近几年中国外汇管理当局努力抓了这样几项改革：一是于1997年1月1日起，开始进行远期银行结售汇试点，为企业提供规避汇率风险、降低交易成本的保值手段；同年10月15日，允许符合一定条件的中资企业开立外汇账户，保留一定限额经常项目外汇收入。二是增加外汇管理的透明度、公开性。1999年5月28日，中国外汇管理当局开通了国际互联网网站，内容包括全部现行外汇管理法规、业务操作指南等。三是各地外汇管理部门努力提高服务水平，不断探索，开办了"红色通道"、"首问负责制"、"免费咨询电话"等新的服务项目，为中、外资企业以及个人提供优质服务。四是在个人因私用汇方面，也在真实性需求的基础上逐步向便捷宽松的方向发展。1994年个人出境旅游只能换购60美元，1996年提高到1000美元，1997年再次提高到2000美元。五是于2001年初允许中国境内居民从事B股投资，为国内持有外汇的居民提供了新的投资渠道。

(3) 完善外汇市场建设。

1994年4月4日，设在上海的全国统一的外汇市场——中国外汇交易中心正式运行，从此中国外汇市场由带有计划经济色彩的外汇调剂市场发展到符合市场经济要求的银行间外汇市场的新阶段。中国外汇交易中心以卫星和地面通信网络为媒体，通过计算机网络形成覆盖全国37个分中心的外汇交易联网系统。各交易中心主体是银行，各银行的交易员每天通过网络进行结售汇头寸交易，为银行提供交易、清算服务，保证结售汇制度下外汇资金在全国范围内的合理流动。为了进一步完善外汇市场建设，1996年12月2日，中国颁布了《银行间外汇市场管理暂行规定》，就银行间外汇市场组织机构、会员管理和交易行为等作出规定。1997年2月12日，中国又决定中国外汇交易中心与全国银行间同业拆借中心为一套机构、两块牌子。1998年12月1日，中国外汇管理当局宣布取消外汇调剂业务，并相应关闭各地外汇调剂中心，全部境内机构的外汇买卖包括外商投资企业的外汇买卖均纳入银行结售汇体系中，使银行间外汇市场更加统一规范，进一步发挥对外汇资源配置的基础

性作用。

(4) 积极推进金融业的对外开放。

1981 年，中国批准设立了第一家外资银行——南洋商业银行蛇口分行。1985 年，中国允许在厦门、珠海、深圳、汕头和海南 5 个经济特区设立外资银行。1990 年，为配合浦东开发，中国批准上海对外资银行开放，1992 年，中国批准大连、天津、青岛、南京、宁波、福州、广州等 7 个城市对外资银行开放。但总的来看，金融对外开放的步伐较为缓慢。从 1996 年起，中国加快了金融业对外开放的速度，1996 年 12 月 2 日，中国允许设在上海浦东、符合规定条件的外资金融机构试点经营人民币业务，并同时颁布《上海浦东外资金融机构经营人民币业务暂行管理办法》。1997 年 1 月，中国首次批准上海的 9 家外资银行迁址浦东并经营人民币业务。1998 年 8 月 12 日，中国又宣布允许深圳外资金融机构试点经营人民币业务。1999 年 6 月，中国批准 25 家外资银行开办人民币业务，其中上海 19 家，深圳 6 家。1999 年 7 月 17 日，中国批准扩大上海、深圳外资银行人民币业务范围。从地域范围上，上海扩大到江苏、浙江，深圳扩大到广东、广西和湖南；增加了外资银行人民币同业借款业务；放宽人民币同业拆借限制和人民币业务规模；允许同一家外资银行经营人民币业务的分行之间自由调拨人民币头寸。由于中国不断采取有效措施加强金融业对外开放的软环境建设，从而确保了引进外资金融机构工作的顺利开展。

(5) 建立健全国际收支申报、监测体系。

国际收支申报、监测体系是国民经济核算体系的重要组成部分。由于它能够全面反映一国与世界经济交往状况及外汇供求状况，在世界范围内成为衡量一国经济发展是否正常、外汇储备与外债规模是否适度以及汇率水平是否合理的重要依据，同时也具有预警国家经济安全的重要作用。1980 年，中国开始试编国际收支平衡表；1982 年起正式编制国际收支平衡表。为了适应经济发展和国家经济安全的需要，与国际标准接轨，提高国际收支统计申报质量，从 1996 年 1 月 1 日起，中国开始实行国际收支申报制度。1997 年，中国国际收支平衡表开始按照国际货币基金组织国际收支手册第五版的原则进行编制公布。2001 年开始按半年期试编国际收支平衡表。至此，中国基本建立和健全了国际收支申报、监测体系，有力地促进了国家宏观监测系统的加强和完善。

(6) 进一步完善外汇管理法规体系。

1996 年底，中国实现了人民币经常项目可兑换后，中国外汇管理当局根据形势发展的需要，对建国以来的外汇管理法规、规章和其他规范性文件 1600 件进行了全面的清理，对 47 件法规的部分条款进行了修订，其中包括 1997 年 1 月修改后公布的《中华人民共和国外汇管理条例》，使外汇管理法规更加系统、规范，符合实际需要。近几年，中国外汇管理当局又根据经济金融形势发展的需要，制定出台了一系列新的外汇管理政策法规，为净化外汇环境、打击不法行为、鼓励出口等作了法律上的铺垫。这些法规大致可以分为三类：第一类是完善资本项目管理的政策法规。1997 年 7 月发生了亚洲金融危机，为了加强资本项目管理，保持中国经济金融稳定，中国外汇管理当局颁布了一些重要政策法规，如《银行外汇业务管理规定》、《境内外汇账户管理规定》、《离岸银行业务管理规定》、《经常项目外汇结汇管理办法》、《外债统计监测实施细则》等，旨在区分经常项目收支，限制游资的流入，加强对借用外债的宏观调控和及时准确掌握中国外汇外债的统计监测数据。第二类是打击非法外汇资金流动、保证合法外汇资金需求的法规。1998 年受各种利益驱动，骗汇、逃汇和非法买卖外汇势头愈演愈烈，扰乱了国内金融秩序。在此种情况下，中国外汇管理当局会同有关部委联合制定并颁布了《关于骗购外汇、非法套汇、逃汇、非法买卖外汇等违反外汇管理规定行为的行政处分暂行规定》等法规，狠狠地打击了不法分子的嚣张气焰，稳定了中国外汇秩序。第三类是鼓励出口和利用外资的法规。1998 年 5 月至 1999 年 6 月，中国外贸出口增速处于低迷状态，对外筹资能力也受到影响，为改变这种不利局面，从 1999—2000 年，中国外汇管理当局独立或会同有关部委，制定出台了《出口收汇考核办法》、《关于简化境外带料加工装配业务管理的外汇通知》、《关于改善外汇担保项目下人民币贷款管理的通知》、《出口收汇核销试行办法奖惩条例》等法规，支持扩大出口和利用外资，保证中国国际收支稳定和健康。

汇率改革后，建立在外汇额度留成基础上的出口自负盈亏的外贸承包经营责任制逐渐淡出了我国的外贸体制，这有利于创造平等竞争的外贸环境，同时消除人民币币值高估问题，为我国扩大出口贸易创造有利的机会。

案例 10-1

人民币汇率走势及其对相关行业的影响

目前，人民币汇率虽然已经接近均衡水平，但从长期来看，未来人民币汇率仍将有持续小幅升值的空间，在中国经济与世界经济高度融合的今天，将不可避免对上、中、下游各个行业的供需、价格、利润率产生影响。

从长期来看，人民币汇率仍将维持小幅升值的走势

四方面的因素支持人民币汇率在未来继续走强。一是宏观经济的平稳较快增长。预计未来五年，中国 GDP 的增长率仍将维持在 7.5%以上的水平，远远超过其他发达国家经济体，这意味着，中国仍具有较强的外资吸引力，国际资本的流入有助于提升人民币汇率水平；二是对外贸易将呈现基本平衡、略有盈余的格局。虽然 2012 年中国外贸进出口明显放缓，但世界经济一旦复苏，将支持中国对外贸易持续稳定增长；三是人民币国际化要求人民币保持相对坚挺，增强市场对人民币的信心；四是全球货币流动性充裕，主要发达国家为刺激经济，纷纷采取宽松货币政策，短期内未见明显的退出迹象，外围金融环境支持人民币走强。

人民币走强将对上游行业造成一定负面影响

原油、煤炭、有色金属开采等上游行业将受到一定影响。由于人民币相对于美元升值，在其他条件不变的情况下，以美元、欧元、英镑等西方主要货币计价的国际大宗商品进口价格相应下跌，拉低了国内同类产品的价格和行业利润率。

当然，由于各个行业的组织结构不同，企业层面的影响也不尽相同。石油行业中，中

石油、中石化两大巨头均采取炼化一体化发展策略，原油开采业务利润率的下降将由炼化业务利润率的上升来弥补。煤炭企业的利润主要来源于煤炭开采，进口煤炭量逐年攀升，2011 年煤炭对外依存度已达 14%，如果进口煤炭价格走低，对于目前备受煤价走低困扰的国内煤炭企业来讲犹如雪上加霜。与煤炭行业类似，有色金属开采企业利润率也将受到进口产品价格走低的进一步冲击。

人民币走强将对中游行业的影响偏向正面

一方面，化工、钢铁等中游行业的原材料成本将会下降。目前，有机化工产品中，石油下游产品和煤化工产品大约各占半壁江山，无论是原油价格还是煤炭价格的下降，都有利于降低生产成本；钢铁行业 80%的成本来自铁矿石和焦炭，因此生产成本下降也是大概率事件。

另一方面，化工产品市场价格可能会受到小幅冲击，而钢铁市场价格不受影响。如果人民币升值，来自沙特等国的低价乙烯和甲醇、来自美国的天然气化工产品将更具价格优势，不利于化工产品价格走强，但考虑到化工产品自 2011 年底以来调整比较充分，进口产品的冲击应当比较有限。钢铁市场价格更多受供需面影响，与进口产品关联度不大。

综合成本、价格两方面的影响，预计人民币升值对中游行业有一定正面影响。

人民币升值使内需型消费品工业和服务业受益明显

直接得益于人民币走强的消费品行业包括汽车、建材和医药等。以上行业以内需为主，人民币走强对内需来讲意味着两方面的含义：一是居民实际购买力提高，在一定程度上有利于内需；二是产品价格的国际竞争优势下降，国内经济增长将更多地依赖于内需，国内市场的扩大将拉动这些行业的规模扩张。

服务业发展也将受益于人民币升值。以日本为例，自 1970 年以后，伴随着日元的升值，服务业占比不断提高，除了结构性因素以外，日元升值造成的实际收入上升也是服务业加快发展的一个原因。

人民币升值对利润率较低的外向型部门较为不利

人民币走强将对家电、纺织等外向型产业造成两方面的不利影响。一是出口市场萎缩，人民币走强将提高产品国内价格，削弱这些行业的国际竞争力，拉低市场份额；二是利润进一步压缩，以上行业成本主要以人民币结算，收入主要以美元结算，人民币走强意味着成本增加或收入下降，以纺织业为例，根据一些机构的测算，人民币升值 5%将造成全行业平均利润率降至盈亏平衡点。

(资料来源：http://forex.hexun.com/2012-12-21/149294900.html，2012 年 12 月 21 日)

2. 降低进口关税水平，减少商品进出口限制

按照世界贸易组织对发展中国家的要求，我国在外贸体制改革中，逐步降低了进口关税的总水平，使关税成为调节进出口贸易的主要手段。

(1) 关税税率和关税标准差不断降低。

关税税率的高低，在一定程度上反映了一国市场经济发育的程度。关税属于间接税，它可以被转嫁到生产者或者消费者身上，体现了政府控制对外贸易的意图。较高的关税会抬高进口商品的价格，从而降低商品竞争力，阻碍贸易规模的扩大；反之，较低的关税则表明政府对国内产业保护程度的降低，是对经济自由化的认可。

中国政府对关税税率进行了多次调整。1992 年初，降低了 225 种进口商品关税，关税平均税率(算术平均税率，下同)下降到 43.2%；1993 年，降低了 3371 种进口商品关税，关税水平下降到 36.4%；1995 年，降低了 4997 种进口商品关税，调整商品占进口税税则总数的 76%，关税总水平下降到 23%；1997 年，又大范围地降低关税水平，平均关税水平下降了 6 个百分点，达到 17%。到 2001 年中国关税总水平下降到 15.3%，2002 年中国关税总水平又降至 12%，2005 年中国关税总水平再降至 10.1，2008 年至今已降至 9.8%。

关税标准差反映的是关税税率的分布情况。关税的标准差越小，反映平均关税水平越具有代表性；而标准差越大，说明税率等级越分散，关税的政策性越强，可能保护程度就会越高。从 1992—2001 年，中国平均税率标准差从 32.1%下降到 8.37%，这说明中国关税的保护程度有了很大程度的降低。

(2) 进出口商品的数量限制措施不断减少。

中国进出口商品的数量限制一般包括配额管理、许可证管理、国营贸易等措施。在中国加入 WTO 双边协议中减少数量限制是一个重要组成部分。1992 年以来，中国逐步放宽对进出口商品的数量限制，逐步减少实行进出口配额许可证管理商品的范围，相应地扩大了企业经营的进出口商品的范围。

首先，较大幅度地减少了实行出口配额许可证管理商品的种类。配额是一种重要的非关税壁垒，它是对进口或出口商品实行的数量限制。1992 年，中国实行出口主动配额管理的商品共 227 种，出口发证金额约 412 亿美元，占当年全国出口总金额的 48%。随着外贸体制改革的不断深化，1997 年实行配额管理的商品减少到 114 种，出口发证金额约 327 亿美元，占当年全国出口总金额的 18%。1998 年，出口配额许可证管理商品减少到 91 种，出口发证金额为 272 亿美元，占当年全国出口总额的 15%。1999 年该类商品进一步减少到 73 种，据海关统计出口金额为 165.5 亿美元，占当年全国外贸出口总额 1949 亿美元的 8.5%。2000 年，出口配额许可证管理商品减少到 68 种，据海关统计出口金额为 222 亿美元，占当年全国外贸出口总额 1909 亿美元的 8.9%。2001 年，出口配额许可证管理商品减少到 66 种，据海关统计出口金额为 204 亿美元，占当年全国外贸出口总额 2661 亿美元的 7.7%。到 2013 年，出口许可证管理商品减少到 48 种。

其次，不断放宽进口数量限制。自 1992 年以来，中国不断减少进口配额许可证管理商品品种。1995 年，实行进口配额许可证管理商品品种由 53 种减少为 36 种，税目由 742 个减少到 354 个，进口发证金额为 211 亿美元，占当年全国外贸进口总额的 24%。2001 年减至 33 种，据海关统计进口金额为 198 亿美元，占当年全国外贸进口总额的 8%。2002 年减

至12种，170个8位商品编码。从2002年1月1日起，中国取消了对原油、钢材、农药、石棉、胶合板、烟草、二醋酸纤维丝束、氰化钠、聚酯切片、腈纶、涤纶及部分机电产品的进口数量限制，改为实行自动进口许可管理。

最后，指定经营产品数量不断减少。根据国际惯例，中国对指定经营产品的进出口实行国营贸易管理措施。按照加入世界贸易组织承诺，中国改变了以前核定公司终身制的做法，根据企业的经营业绩和经营能力，通过动态调整，择优选择，使合法经营、业绩佳、能力强的企业参与大宗商品的进口经营工作。2002年，中国将粮食、棉花、植物油、食糖、原油、成品油、化肥和烟草等八种商品改为实行国营贸易管理，同时允许非国营贸易企业开展一定数量的进口业务，从而使上述商品的实际经营企业数增多；钢材、羊毛、天然橡胶、脂纶和胶合板等五种商品实行指定经营管理。上述改革措施，有力地推动了进出口经营体制改革的进程，调动了企业的积极性。

3. 所得税改革

1994年以来，我国财税体制从包干制逐步改为分税制，即国有外贸企业统一按33%上缴所得税；中央外贸企业上缴的所得税，全部补充国家进出口银行信贷基金；地方外贸企业上缴的所得税在解决过去挂账的基础上，作为外贸发展基金。

4. 完善出口信贷政策

出口信贷作为一种国际信贷方式，是一国为支持和扩大本国大型机械设备的出口，加强国际竞争能力，由该国的出口信贷机构通过直接向本国出口商或外国进口商(或其银行)提供利率较低的贷款，或者是通过担保、保险或是给予利率补贴鼓励本国商业银行以对本国出口商或国外进口商(或其银行)提供中长期贷款，以解决本国出口商资金周转的困难，或满足国外进口商对本国出口商支付货款需要的一种融资方式。1994年以来，我国继续推行有利于出口的信贷政策，银行对各类外贸企业贷款实行优先安排，贷款规模的增长与出口增长保持同步。这一措施不仅可以帮助企业优化产品出口结构，也推动了企业积极开拓新市场。

案例10-2

出口信贷对我国农业出口的影响

2005年在陕西举办的第十二届农高会上，商务部和中国出口信用保险公司的有关负责人透露，我国农产品出口在外贸出口中的比重呈逐年下降趋势，在应对这一难题、促进农产品出口的措施中，出口信用保险作为国际通行的支持农产品出口的贸易促进措施，正在发挥着积极作用，亟待引起农产品出口企业的高度重视。

数据显示，随着我国对外贸易的快速发展，农产品出口在外贸出口中的比重逐年下降，2004年农产品出口总额仅占我国出口总额的3.8%。但农产品出口对带动农村就业、增加农民收入、优化农业产业结构、提高农产品竞争力作用显著。

目前我国农产品出口存在的突出问题包括质量卫生管理仍需加强；技术壁垒对我出口形成长期阻碍；动植物疫情复杂严峻；出口政策支撑体系尚未形成；风险防范体系有待加强。商务部通过建立出口政策支持体系和完善贸易保障机制等多项措施以促进农产品出口。

在支持农产品出口的促进措施中，出口信用保险引起了业界广泛关注。作为一项国际通行的重要贸易促进措施，出口信用保险在世界上的许多国家都发挥着重要作用，在促进农产品出口方面也不例外。

出口信用保险是各国政府以国家财政为后盾，为企业在出口贸易、对外投资和对外工程承包等经济活动中提供风险保障的一种特殊的政策性措施，是世界贸易组织《补贴与反补贴协议》中唯一可接受的成员国支持出口的补贴手段。

随着中国加入世界贸易组织过渡期的结束，以往支持出口的明补手段将逐步被出口信用保险这样的经济手段所替代，中国出口信用保险公司便应运而生。中国出口信用保险公司是由财政部注资40亿元成立的政策性的出口信用保险机构，其经营宗旨是"政策性公司，商业化运作，保本经营"，其主要任务是，依据国家外交、外贸、产业、财政、金融等政策，通过政策性出口信用保险手段，支持国内货物、技术和服务出口。

农产品出口所面临的风险，无论是国家风险还是买家风险，都具有事发突然、波及面广、损失巨大的特征，再加上诉讼成本高、债权追索困难等问题，使得这类保险产品在技术上和政策上都存在很多困难，一般商业保险公司难以承担。

首先，针对技术壁垒和封关事件，中国出口信用保险公司设计开发了"农产品出口特别保险"，专为农产品出口企业提供政策风险保障。同时还建立了农产品出口风险预警机制，随时通报农产品出口风险信息。在2004年初禽流感疫情发生时，中国出口信用保险公司连续刊发50多期风险预警信息，向投保企业提示世界各国对我国相关产品的封关消息，帮助企业规避风险。

其次，针对农产品出口企业资金紧张状况，中国出口信用保险公司与多家银行合作开发保单融资功能，为广大农产品企业解决资金难题。

此外，针对部分农产品出口企业买家集中、风险承受能力弱的特点，中国出口信用保险公司建立了买家风险监控跟踪机制，随时监控大买家的风险异动情况，帮助企业防患于未然。在投保企业发生出口收汇损失时，迅速启动及时赔付机制，使受损企业及时得到赔付。

当前，中国出口信用保险公司对农产品出口的承保额正在迅速增长，出口信用保险支持农产品出口的政策性作用日益显现。

2005年1—9月，中国出口信用保险公司直接支持了10.93亿美元的农产品出口，同比增长134.5%，是2004年全年支持规模的1.5倍，占我国同期农产品出口总额的5.6%。其中对水海产品、畜禽产品和园艺产品的支持占到了农产品承保额的七成以上。与此同时，中国出口信用保险公司承保的农产品出口占短期出口信用保险总承保金额的比重也在迅速提高。目前已有487家农产品出口企业享受中国出口信用保险公司的支持，同比增长69%，

超出同期出口信用保险整体业务受益企业数量增长速度的一倍。

(资料来源：农产品出口信用保险值得企业多加关注. http://www.ycnw.gov.cn/Newsview1.asp?ID=29597&class1id=1&class1Name=%E9%90%91%EE%85%A0%E5%81%A3%E9%8F%82%E4%BC%B4%E6%A4%88)

(二)行政立法手段改革

1994 年 5 月 12 日出台的《中华人民共和国对外贸易法》，是我国对外贸易的根本大法，它标志着我国外贸发展开始进入了法制化轨道，保证我国对外贸易在社会主义市场经济体制下有序地运行。随后我国又出台了一系列相关法规，为保障我国合法的贸易经济利益发挥了重要作用。

1. 反倾销条例

《中华人民共和国反倾销条例》于 2001 年 10 月经国务院第 46 次常务会议审议通过。进口产品以倾销方式进入我国市场，并对已经建立的国内产业造成实质损害或者产生实质损害威胁，或者对建立国内产业造成实质阻碍的，依照本条例的规定，采取反倾销措施。对倾销的调查和确定，由外贸部负责。对损害的调查和确定，由国家经贸委负责，其中涉及农产品的反倾销国内产业损害调查，由国家经贸委会同农业部进行。条例对进口产品的正常价值及出口价格和倾销对国内产业造成损害的确定以及反倾销调查作了明确规定。初裁决定倾销成立，并由此对国内产业造成损害的，可以采取征收临时反倾销税，要求提供现金保证金、保函或者其他形式的担保等临时反倾销措施。征收临时反倾销税，由国务院关税税则委员会根据外经贸部的建议作出决定，海关执行。倾销进口产品的出口经营者在反倾销调查期间，可以向外经贸部作出改变价格或者停止以倾销价格出口的价格承诺。反倾销税的纳税人为倾销进口产品的进口经营者。同时条例还对反倾销税和价格承诺的期限与复审作了规定。任何国家或地区对中华人民共和国的出口产品采取歧视性反倾销措施的，中华人民共和国可以根据实际情况对该国家或地区采取相应的措施。

2. 反补贴条例

《中华人民共和国反补贴条例》于 2001 年 10 月经国务院第 46 次常务会议审议通过。进口产品存在补贴，并对已经建立的国内产业造成实质损害或者产生实质损害威胁，或者对建立国内产业造成实质阻碍的，依照本条例的规定进行调查，采取反补贴措施。对补贴的调查和确定，由外贸部负责；对损害的调查和确定，由国家经贸委负责，其中涉及农产品的反补贴国内产业损害调查，由国家经贸委会同农业部进行。条例规定了在确定补贴对国内产业造成损害时应当审查的事项。国内产业或者代表国内产业的自然人、法人或者有关组织可以依法向外贸部提出反补贴调查的书面申请。条例还规定了反补贴调查、反补贴措施(包括临时措施、承诺、反补贴税)、反补贴税和承诺的期限与复审，并对出口补贴清单作了规定。外贸部、国家经贸委可以采取适当措施，防止规避反补贴措施的行为。

3. 保障措施条例

《中华人民共和国保障措施条例》于2001年10月经国务院第46次常务会议审议通过。进口产品数量增加，并对生产同类产品或者直接竞争产品的国内产业造成严重损害或者严重损害威胁的，依照本条例规定进行调查，采取保障措施。与国内产业有关的自然人、法人或者其他组织可以向外贸部提出保障措施的书面申请；外贸部没有收到采取保障措施的书面申请，但有充分证据认为国内产业因进口数量增加而受到损害的，也可以决定立案调查。对损害的调查和确定，由国家经贸委负责。条例对进口产品数量增加、国内产业、进口数量增加与国内产业损害之间因果关系的确定、调查和裁决的程序等作了明确规定，保障措施可以采取提高关税、数量限制等形式。条例规定，保障措施的实施期限不超过4年，同时对符合法定条件的保障措施的实施期限可以适当延长。保障措施实施期限超过3年的，外贸部、国家经贸委应当在实施期间对该项措施进行复审。并且规定对同一产品再次采取保障措施的，与前次采取保障措施的时间间隔应当不短于前次保障措施的实施期限，至少为两年，同时也规定了例外情形。任何国家或地区对中华人民共和国的出口产品采取歧视性保障措施的，中华人民共和国可以根据实际情况对其采取相应措施。

二、对外贸易经营体制改革

(一)建立现代企业制度

现代企业制度是社会化大生产和市场经济相结合的产物。中共十四届三中全会曾作出决定，从实质上把现代企业制度概括为“产权清晰，权责明确，政企分开，管理科学”16个字，其基本特征如下。

1. 产权关系清晰

就是要用法律来界定出资者和企业之间的关系，即产权关系，也就是财产的最终所有权属于谁，财产的法人所有权属于谁，所有权代表人是谁，并明确各自的权利、义务和责任，建立准确反映产权关系的财务会计制度。

2. 法人制度健全

法人制度的核心是法人财产制度，法人财产制度的核心是确立企业法人财产权，企业法人拥有全部法人财产权，依法独立享有民事权利，以全部的法人财产，独立承担民事责任，依法维护所有者权益，实现企业财产不断增值。

3. 政企职责分开

一是把社会经济管理职能和国有资产所有权职能分开，确立国有资产产权主体，形成

国有资产管理和经营的合理形式。二是把政府行政管理职能和企业经营管理职能分开。政府通过政策法规和经济手段等宏观措施调控市场，不直接参与企业的生产经营活动，企业承担的社会职能分别由政府和社会组织承担。

4. 经营机制灵活

企业面向市场，按照国内和国际市场需求组织生产和经营，各类企业在市场中平等竞争、优胜劣汰，因此，企业的产权必须是可以流动的并且能通过市场流动。

5. 管理科学规范

一是建立科学的组织管理制度；二是建立科学的内部管理制度；三是建立企业规章，使运行机制规范化。

现代企业制度的主要内容如下。

(1) 新的国有产权经营制度。政府通过授权，结合机构改革，新组建或明确国有产权运营机构。

(2) 健全的企业法人制度。按照国家规定，对企业的资产、债权、债务进行界定评估，核实企业法人财产占有量，进行国有产权登记，确定企业法人财产权。

(3) 完善的企业组织制度。按照现代企业组织制度的法律规范，区别企业的不同情况，完善公司体制或其他财产组织形式。

(4) 新型的企业领导体制和民主管理制度。企业应依法建立和完善股东会、董事会、监事会和经理层组成的领导管理体制；企业中的党组织要发挥政治核心作用，工会与职工代表大会要组织职工参与民主管理。

(5) 健全企业财务会计制度，完善企业财务管理。

(6) 建立新的以劳动人事分配为主体的企业内部经营管理制度，按照效率优先、兼顾公平的原则，制定不同的分配办法。

(二)建立企业股份制

中共“十五大”决定，对全国 354 000 多家国有企业(其中有 240 000 多家是小企业)实行“抓大放小”的改革，将股份制作为国有企业改革的一个主要方向。所谓“抓大放小”就是抓活大的、放活小的，即在大中型骨干国有企业建立现代企业制度，实行公司制(股份制)改革，对中小型企业则实行多种所有制，包括私有(出售给个人)、职工所有(股份合作制)、合资，还准备采取兼并、改组、联合、租赁、承包经营、破产等措施，概括起来就是，“鼓励兼并、规范破产、下岗分流、减员增效和再就业工程”。

“十五大报告”中所谈论的股份制，是一种以公有经济为主体、国有经济控制国民经济命脉、控股权掌握在国家(实际上就是国有资产代理人)手中的那种股份制。“报告”中提到，中国必须坚持公有制这个社会主义经济制度的基础，要在公有制为主体的条件下发展多种所有制经济。为此，“十五大报告”对公有制的含义作了新的解释，公有制经济不仅包括国有经济和集体经济，还包括混合所有制经济中的国有成分和集体成分。公有制的主体地位主要体现在：公有资产在社会总资产中占优势；国有经济控制国民经济命脉，对经济发展起主导作用。股份制是现代企业的一种资本组织形式，有利于所有权和经营权的分离，有利于提高企业和资本的运行效率，资本主义可以用，社会主义也可以用。不能笼统地说股份制是公有还是私有，关键看控股权掌握在谁的手中。

在现阶段的政治、经济及社会环境中，股份合作制比较容易被人们接受。所谓的股份合作制企业，就是企业的资产全部由企业内部员工按股共有，外部人员不能入股，股份只能转让给企业内其他员工，这样的企业实行按劳分配和按资分配相结合的分配办法。股份合作制虽具有产权相对明确、机制灵活、利益直接等特点，但弊端也很大，它阻碍了外部资本的进入和企业资本的流动，只适合小型工商企业和各种服务性企业。股份合作制企业的发展需要扩大规模、加强横向联系、追加资本，最终会转变为开放型的股份制。

(三)转换企业经营机制

转换企业经营机制是针对国有企业在经济发展中日益暴露出的种种弊端，如技术进步缓慢，劳动生产率提高不快，产品质量低下，花色品种单一，产品成本不断上升，亏损面越来越大而提出来的，目的是搞活国有企业，真正把企业推向市场，使企业逐步成为自主经营、自负盈亏、自我发展、自我约束的社会主义商品生产者和经营者的一系列措施。

关于企业经营机制的转换问题，必须与政府职能的转变、企业地位的提高以及市场体系的健全结合起来考虑，同步配套进行。

1. 认真贯彻落实《中华人民共和国对外贸易法》

《中华人民共和国对外贸易法》和企业有关法规是维持企业合法权益，规范企业行为，规范各级政府管理经济职能，促进企业经营机制转换的基本法律。贯彻落实这些法规的过程，就是把企业推向市场的过程。各级政府应该把贯彻落实这些法规作为深化改革的大事来抓，要严格按照这些法规办事，自觉维护企业的合法权益，在法规规定的范围内行使政府管理经济的职能，政府不再越权对企业的经营行为横加干预。

2. 确立企业法人所有权

我国体制改革的思路着重“分权”，即企业所有权与经营权的两权分离。但是，实践说明这种以放权让利为指导思想的改革，没有使企业真正得到经营自主权。只有明确企业法人所有权，才能最终解决政企分开的问题，使企业真正取得经营自主权。确立企业法人所有权，也存在一个“两权分离”问题，但是它是指国家最终所有权与企业法人所有权的分离。

在股份制企业中，国家对国有企业财产具有最终所有权，它以股权的形式出现，国家

因此成为企业的大股东。在国家保留企业最终所有权的前提下，使企业对国家授予经营管理的财产不仅有占有权、使用权和处置权，还有企业法人所有权。具有法人资格的国有企业具有在组织上和财产上独立于其投资者(国有资产代表)及其他组成人员的法律地位。国家最终所有权与企业法人所有权分离以后，国家作为大股东，对企业经营管理的国有财产享有最终所有权，并且由于掌握了大部分的股权，因此也掌握了对企业的控股权，维护了社会主义公有制的原则。但是，国家并不直接掌握企业的财产，企业的财产是由企业作为法人直接掌握的，企业成为财产的法人所有者。把企业的所有权分割成国家最终所有权和企业法人所有权之后，国家在某一企业的财产已经和国家的其他财产严格区分开来。企业作为真正的法人，对它所经营管理的全部财产具有法人所有权，首先要负起盈亏的责任，而具有最终所有权的国家，对这家企业所负的最终责任也只不过是这家企业中特定的国有财产部分，并不统负盈亏和承担无限责任。企业的经营权以企业法人所有权为根据，企业不仅是经营主体，而且是财产的主体，这样企业才可能真正实行自负盈亏，按效益最大化原则去从事经营。

因此，从长远的观点来看，有效地转换国营商业企业的经营机制，应该将现有的国营大型商业企业逐步改造成国家(国有资产)控股的股份制企业或股份有限公司。这一重大的变革，显然需要政府的决策与推动。

3. 完善承包经营责任制

承包经营责任制只能是最终转换企业经营机制的一个过渡办法，但是，它已经在国营商业企业中普遍实行多年，并且确实起到了很大的作用。作为一种权宜之计，目前应针对经营承包责任制的弊端，加以改革，尽量使之完善。

其一是承包基数问题。在企业负债经营的前提下，承包基数的确定有很大的虚数。企业靠多贷款，形成水分很多的虚假利润，实际利润不抵银行利息。在此基础上来定承包基数，实际上是鼓励商业企业在不考虑还贷能力的条件下一味追求投资(实际上是贷款)规模。另外，承包基数都是在利改税以前的基础上确定和滚动的，老的大中型企业的承包基数过高，而近几年新投入的企业基数偏低，仍然是鞭打快牛的不合理局面。还有，财政为了保证收入，强调包死基数。死基数难以应对千变万化的活市场，完全排除了风险机制，实际上是阻碍把企业推向市场。

其二是承包内容的确定。现在绝大多数的承包企业，只包利润，不包折旧。于是企业一方面千方百计不提或少提折旧，另一方面拼命贷款，不惜挂账而追求虚假利润，长此下去企业中的国有资产有流失殆尽的危险。因此，要改革现行的财务核算制度，实行国际通用的会计准则，将企业凡是进行简单再生产的投入全部计入成本，并且不仅承包利润，还要承包折旧。这样既可以确保国有资产，又可以通过补偿机制使企业的资产不断增值，逐步扩大实力。

4. 严格区分政府行为和企业行为

所谓“把企业推向市场”，即企业行为必须以市场为导向，而不是受制于政府行为。政府和企业都可以产生一定的经济行为，政企分开就是要区别两个不同的行为主体，从而区别两种性质不同的经济行为。企业行为以效益最大化为目标，政府行为以全社会的稳定与发展为目标。就经济行为而论，两者是相辅相成的关系，而不是谁支配谁的关系。应该遵循《企业法》，区别政府行为和企业行为。

比如代扣营业税的问题、大中型企业的储备性购进的问题、地方保护主义的购进政策、“保市场”问题等，统统属于政府行为。这绝不是说，国营企业不能承担这些任务，但应明确，作为具有自主经营权的企业法人是接受政府委托而承担政府行为的，政府必须给予企业必要的补偿。比如储备性购进所造成的政策性亏损，以及企业被迫“让利保市场”而蒙受的损失，政府均应给予代价或补偿，而不能将政府行为无偿地转嫁到企业身上。

三、对外贸易协调体制改革

根据 2004 年修订的《中华人民共和国对外贸易法》第 9 章第 56 条规定，进出口商会的职责是提供与对外贸易有关的生产、营销、信息、培训等方面的服务，发挥协调和自律作用，依法提出有关对外贸易救济措施的申请，维护成员和行业的利益，向政府有关部门反映成员有关对外贸易的建议，开展对外贸易促进活动。商会的工作原则是公平、公正、公开，以服务为本、协调为重，以“协商共议、民主参与、民主决策”的机制开展工作。其基本职能是协调与服务。

(一)协调职能

协调职能即依据国家的政策、法规，协调企业的生产经营活动，维护正常的生产经营秩序，维护国家、行业和企业的利益。

(二)服务职能

服务职能即建立社会化服务体系，向企业提供政策、信息、法律、咨询和公关等多方面的优质服务。

(三)纽带职能

纽带职能即成为沟通企业和政府间的双向联系的纽带，向企业贯彻政府的宏观意图，同时向政府反馈企业的要求和建议。

四、中国加入世界贸易组织后的对外贸易体制改革

中国加入世界贸易组织后，对外经济贸易的环境有了很大的改善，产生了积极的效应。根据对世界贸易组织的承诺和世界贸易组织的基本原则，近年来，我国对经济的管理体制进行了进一步改革，对外贸易管理体制基本同国际接轨。

(一)“入世”后我国对外贸易体制改革的基本目标

“入世”后我国对外贸易体制改革的主要目标要围绕着如何转变对外贸易增长方式，提高质量、效益、水平，其基本目标如下。

1. 对外贸易机制进一步市场化

即全部外贸活动都要建立在以市场为轴心的基础上，让市场的作用最大限度地覆盖对外贸易领域，进一步取消地方政府在对外贸易发展中的行政指令行为和指标考核。条件成熟时取消地方外贸行政管理部门，由中央政府直接实施宏观管理，直接调控外贸市场，由市场引导企业，完全实现以横向的市场经济联系取代纵向的行政推动关系。对外贸易促进的体制、方式、政策要符合市场化取向和国际惯例。

2. 对外贸易运行进一步自由化

要完善符合社会主义市场经济体制发展方向和融入经济全球化的对外贸易自主经营制度和自由竞争制度。无论中央政府还是地方政府，对外贸的行政调控和促进退居非主导地位，而主要是通过市场经济制度化、法律化的规则来实现，从根本上保障对外贸易运行长期有序的自由化运作。

3. 对外贸易管理进一步法制化

要强化外贸立法，建立健全规范市场运行及其市场活动的各种规则，形成依靠法律推动对外贸易发展的运行机制。外贸管理要继续向以法律、法规形式为主转变，进一步解决政策规定透明度不足的老问题。非经授权，地方政府无权自行制定有关外贸法规，包括促进政策在内的政策与法规，以实现全国外贸管理规定与政策的统一性。

(二)对外贸易体制改革的具体环节

1. 继续深化改革对外贸易管理体制

(1) 强化宏观管理职能，弱化行政性管理手段。

随着对外贸易市场化程度的提高和政府职能的进一步转变，政府商务部门对外贸的管理主要是宏观方面的管理，主要用调控税率、利率和资金供求等宏观经济杠杆的手段来调

整对外贸易。实施手段要更多地应用法律的手段，进一步完善企业准入与退出制度、外汇便利化制度、出口退税机制、通关物流体系和人员出入境制度。审批、配额等行政性手段主要是在市场机制失灵的领域和个别情况下应用。

与此同时，要弱化地方政府的外贸行政管理职能，强化其综合服务与促进服务功能。参照美国、日本、韩国等国家外贸行政管理模式，地方政府的外贸行政管理应进一步弱化，机构大大精简，主要职能是规范、保障、促进各类企业的外贸经营活动，条件成熟时由国家商务部统一实行“条条”管理。目前地方外经贸管理部门代国家商务部行使的配额、许可证管理、分配等权限应交由商务部驻各地特派员办事处，要把职能转变到主要引导、帮助企业开拓市场，协调企业与其他政府部门的关系，为企业经营提供良好的市场环境上。

(2) 加强出口产业政策管理，形成出口产业政策管理机制。

多年来，我国的出口产业政策基本上是“大而全”、“兼顾各方”的政策，产业重点一直不突出，以增强国际竞争力、占领国际市场为基点的出口产业政策从未形成。虽然有鼓励机电产品和高新技术产品的政策，但对增强我国产业国际竞争力的作用非常有限：一是政策范围过于宽泛，有限的资金和资源难以集中发挥效力；二是促进措施主要集中在出口经营环节上，易授人以柄；三是受体制制约，国有企业未能因此壮大，而民营企业又基本得不到有力支持。这与长期以来国家对外贸的宏观管理与政策调控主要集中在流通和出口环节上的传统管理体制有关。

因此，在外贸宏观管理上，应该从宏观政策与管理机制上构造有利于及时调整出口产业政策，有利于从科研、生产等环节加大对具有潜在国际竞争优势行业的扶持力度，尽快培育形成一批拥有自主知识产权和自有品牌的出口产品，推动我国形成优势出口产业的宏观管理体制。其核心内容是应由商务部与相关产业部门或行业协会共同建立一个新的出口产业政策研究、制定与调控机制，并赋予商务部更大的出口产业政策决策权与相关宏观调控手段。

(3) 完善与外贸活动相关的市场中介服务体系和社会中介服务体系。

建立健全完善、规范的生活资料、生产资料市场、劳务人才市场、资金市场、信息市场、证券市场、技术市场、运输市场、房地产市场、企业产权交易市场、旧货市场等市场体系。构造以提供社会福利、社会保险服务为主的社会保障机构以及从事会计、审计、律师职业介绍、资产评估、劳动就业培训、信息咨询业务的社会中介服务。完善法律规定，扶持建立由企业组成的地方外贸企业行会组织，如进出口同业公会或商会，开展贸易促进与行业自律。

2. 改革对外贸易促进体制

(1) 建立促进主体网络。

从世界主要贸易大国的对外贸易促进体制情况来看，其主要特点有二：一是中央和地方政府都可以实施贸易促进，但侧重点和分工各有不同，具体面向企业的促进服务更多的

是由地方承担，地方政府普遍设立有官方或半官方对外贸易促进机构或中小企业开拓国际市场服务机构，为本地企业开拓国际市场提供促进服务。由于WTO要求各成员国对外贸易政策和管理要全国统一制定并统一实施，因此无论美国还是日本、欧盟国家，基本上其地方政府都没有设立外贸行政管理部门，外贸管理事务采取由中央政府在主要地区设立直属派驻机构的体制。二是中央政府外贸主管部门负责制定促进政策，但不直接承担促进事务，而是由其直属的“外设机构”(如美国贸易开发署、英国国际投资与贸易署)或相对独立的“独立机构”(如美国进出口银行、日本国际协力银行)或“半官方机构”(如日本贸易振兴会、大韩贸易振兴公社、香港贸发局)等促进机构组织实施。

显然，下一步外贸促进体制改革应主要解决与贸易促进相关的行政管理体制问题。可考虑的思路是：商务部负责制定贸易促进政策，但不承担具体贸易促进事务。按照我国对WTO的承诺，要进一步严格对外贸易政策的统一制定及对外贸易管理的统一实施，地方各级政府外经贸部门无权制定涉及外贸管理包括鼓励本地外贸发展的政策。商务部不再从事办展、办会、提供信息等具体的、直接面向企业或中介服务机构的促进服务。商务部贸易发展局及中国贸促会、中国进出口银行、中国信用保险公司等机构承担需在全国范围内实施的贸易促进服务。

(2) 各类贸易促进主体合理分工，共同形成高效的对外贸易服务体系网络。

一是要合理界定中央和地方的贸易促进分工，尽量避免重复与浪费。全国性的贸易促进服务重点是外经贸公共信息、国外市场调查以及我国商品的对外整体推介。展览、培训、贸易咨询、企业辅导、与出口相关的技术服务及其他促进服务，应主要由地方各类贸易促进机构承担。

二是既要健全官方机构的贸易促进功能，又要充分发挥半官方和民间贸易促进机构的作用。商务部及各级外经贸行政管理部门都有责任强化对外贸易促进工作，但是，凡是适合半官方和民间贸易促进机构开展的贸易促进工作，官方机构一般不再介入。提倡有条件的地方将地方外经贸部门与国际贸易促进机构进行必要的整合。

三是既要注重国内的服务网络建设，也要加快发展派驻国外的贸易促进代表机构，形成信息更加快捷、服务更加高效、国内外有机一体的服务网络。“十一五”期间，由商务部统一规划，在整合各地外经贸部门和国际贸易促进机构现有资源的基础上，陆续在全国建立100个“出口辅导中心”，在国外建立30个贸易促进代表机构。在我国外贸经营权完全放开后，有数以万计的新企业(甚至个人)新加入外贸经营领域，因此成立“出口辅导中心”向他们提供各种服务是完全必要的。

(3) 改革促进方式，建立促进绩效评估机制。

改革的方向是要学习世界各国实施对外贸易促进的成功经验，由“直接促进”为主的体制转为“间接促进”为主的体制，更多地发挥市场机制的作用。

从世界各国的情况来看，无论是最早实施政府对外贸易促进服务的日本，还是美国或欧盟国家，政府对出口的支持促进都尽可能与市场化的运作方式相结合。普遍的方式是：

政府外贸政策决策部门的职能主要集中在促进服务体系的规划、资金的支持和政策的引导等方面，主要的运营、操作则交由指定的执行机构、半官方机构或民间机构办理。政府外贸政策决策机构一般既不参与促进性经营活动，也不直接办理面向企业或中介服务机构的财政资助事宜。面向中小企业提供的信息咨询、市场调查、贸易展览、专业培训、技术辅导等许多服务项目，由政府直接推荐有良好经营资质的各类中介服务机构进行商业化服务(如服务市场较成熟，政府也可不做任何推荐，由企业直接面向市场即可)，服务项目完成后再由政府贸易促进机构对相关企业予以认定资助。政府贸易促进机构直接提供的无偿服务或带有资助性质的服务采取市场化运作，以政府采购的方式委托国内外信息服务机构、研究机构、教育培训机构等各类中介机构进行。

此外，要建立一套科学合理的贸易促进绩效评估办法，对各类贸易促进服务的政府投入绩效情况加以评估。评估机制要达到以下目的：一是促进高效地落实政府的有关政策，二是减少促进机构“寻租”等体制弊端，三是扩大财政资金的使用效率。

3. 进一步推行外贸代理制

经过多年改革，我国对外贸易经营体制的市场化和开放程度已经很高。当前除了要继续清除针对中小企业和民营企业的各种歧视性待遇，为各类企业创造便捷和公平的运行环境，充分释放各类市场主体参与对外贸易的潜力外，关键是要以进一步推行外贸代理制作为主攻方向。推行外贸代理制改革应该主要抓好以下三件事：第一，完善法律、法规，为推行出口代理制提供制度保障；第二，逐步实行统一的出口货物“免抵退”税政策，创造条件使各类出口企业发挥各自优势，平等竞争；第三，采取综合配套措施，加强公共服务。这一改革措施的基本思路如下。

(1) 建立适用所有各类出口企业的出口货物“免抵退”税共同机制。

不论何种类型的企业，不论外贸企业、内贸企业、生产企业、外资企业还是其他综合性企业，只要发生出口，其出口的退税政策一律采取“先免、后抵、再退”的同一退税办法，而不是现在的两套办法。法国、西班牙、意大利等许多国家目前采取的就是类似的办法。它们对所有贸易企业的出口货物直接免征增值税，出口货物的进项税用于抵扣国内销售发生的增值税或进口环节的税收，企业因内销或进口少抵扣不足时，允许出口企业先暂缓交税；或出口企业在购进货物时即予彻底免税，不征税也不退税。

(2) 建立“出口自营与代理从宽，收购出口从严”的退税新机制。

实行这一机制的核心内容是，不论何种类型的企业，原则上都允许其存在自营、收购和代理三种形式的出口，但在具体的退税管理手续上，要朝“促进自营与代理，控制收购”的方向倾斜。这种做法实际上是法国、意大利等国家的普遍做法。如法国对收购制采取的是“年度免税收购额度管理”和“逐笔免税额度审定”两种申报制，前者适用于经常出口、信誉好的大贸易公司；后者适用于一些新的或小的企业，并且还要求担保。意大利则规定进出口常年出口销售额达到总销售额 10% 以上的，才可以收购出口并按免、抵、退方式退

税。西班牙还规定了出口商申报出口退税的资格条件，规定年出口额在 2000 万比塔(折合15 万美元)以上的出口商方可申报办理退税。

(3) 国家不再专设出口退税机关，而是将出口退税纳入常规税收征管机制中。

今后各类出口企业只要面向其属地的国税征管机构即可，而不必像现在这样同时面对两个国税机关。尽管采取上述改革措施可能会对地方财政利益格局带来调整，但总体上看对推进外贸代理制，进而促进外贸增长方式加快转变是有利的。

一是既推动了代理制，又体现了公平竞争原则。这一办法比之原来财税部门所用办法的最大进步，就在于使各类出口企业都保留了三种经营模式的选择权。推进代理制并不是针对外贸公司而来的，而是“就事论事”，仅针对代理制而来。不仅外贸公司合理的收购制(当然这种收购制企业的比重今后将大大减少)仍将存在和发展，其他类型的企业同样可能实行收购制或代理制。

二是既简化了退税手续，降低了企业成本，又利于提高税务征管与监管效率。实行这一办法后，一方面，企业的退税可以不受退税计划指标约束，手续大大简便，成本相应降低；另一方面，困扰税务部门多年的征退税脱节问题将得以解决，有利于防止大规模骗税的发生。

三是利益格局未做过大调整，与中央、地方出口退税分担机制能够更加有效地衔接。采取这一措施后，可能会使相当大一部分传统外贸企业放弃一部分收购制出口而改为代理制。与此同时，由于收购制比重过大，“你中有我，我中有你”现象大量存在而使出口退税分担不合理的情况大大减少。

要进一步改革对外贸易体制，建立适应国际经济通行规则的运行机制，必须坚持统一政策、开放经营、平等竞争、自负盈亏、工贸结合、完善代理制。同时，加速转换各类企业的对外经营机制，按照现代企业制度改组国有对外经贸企业，赋予具备条件的生产和科技企业对外经营权，发展一批国际化、实业化、集团化的综合贸易公司。此外，国家主要运用汇率、税收和信贷等经济手段调节对外经济活动，改革进出口管理制度，取消指令计划，减少行政干预；对少数实行数量限制的进出口商品的管理，按照效益、公正和公开的原则，实行配套招标、拍卖或规则化分配；发挥进出口商会协调指导、咨询服务的作用；积极推进以质取胜和市场多元化战略；进一步搞好边境贸易。完善出口退税制度。降低关税总水平，合理调整关税结构，严格征管，打击走私；深化对外经济技术合作制改革，提高综合经营能力和整体效益。最后，还应该完善和实施涉外经济贸易的法律法规。正确处理对外开放同独立自主、自力更生的关系，维护国家经济安全。

本章小结

通过没收国民党政府和官僚资本的外贸企业，逐步建立了国有外贸企业，并通过改造私营外贸企业，实行了以国营外贸专业公司为主体、私营外贸企业为补充的外贸体制。为了保持出口贸易持续快速发展，加快实现现代化目标，实施以质取胜战略，转变外贸增长方式，与国际经济接轨，适应加入WTO及经济全球化快速发展，需要对原有外贸体制进行改革。

1979—1993年，我国进行了以市场为取向，以打破旧体制为主要内容的外贸体制改革。在1979—1987年的初步改革阶段，下放外贸经营权，开展工贸结合，实行出口承包经营责任制；在1988—1990年的深化改革阶段，推行外贸承包经营责任制，进行了外汇管理制度改革，实行了出口退税的流转税改革，权力下放，部分放开经营权；在1991—1993年的出口自负盈亏承包经营责任制阶段，改革重点放在微观管理层的变革，取消国家财政对出口的补贴，由外贸企业自负盈亏，改革按地方实行不同外汇比例留成的做法，实行按不同商品大类统一比例留成制度。

1994年以来，按照社会主义市场经济体制要求，以建立对外贸易新体制的改革为主要内容，进行了包括经济手段改革、行政立法手段改革的外贸管理体制改革；在外贸经营体制改革方面，建立现代企业制度、建立企业股份制、转换企业经营机制；外贸协调体制改革根据《中华人民共和国对外贸易法》明确了进出口商会的基本职能是协调与服务，开展对外贸易促进活动；“入世”后的外贸体制改革，围绕转变外贸增长方式，提高质量、效益、水平，实现机制市场化、运行自由化、管理法制化，其环节有深化改革外贸管理体制和促进体制、推行外贸代理制等。

思考题

1. 我国为什么要进行对外贸易体制改革？
2. 在初步改革阶段，我国采取了哪些具体的改革措施？
3. 在深化改革阶段，承包责任制的主要弊端表现在哪些方面？
4. 在建立对外贸易新体制的过程中，我国进行了哪些方面的贸易管理体制改革？
5. “入世”后我国对外贸易体制改革的具体环节有哪些？

案例分析

反倾销效果提前显现，吡啶产业迎来大年

反倾销稳步推进

2012年9月21日，商务部发布公告称，决定自2012年9月21日起对原产于印度和日本的进口吡啶进行反倾销立案调查。调查自2012年9月21日起开始，通常应在2013年9月21日前结束调查，特殊情况下可延长至2014年3月21日。

此前在2012年8月2日，商务部收到安徽国星生物化学有限公司、南京红太阳生物化学有限责任公司、潍坊绿霸化工有限公司和南通瑞利化学有限公司代表国内吡啶产业正式提交的反倾销调查申请。提供的初步证据表明，申请人吡啶产量之和在2008年、2009年、2010年、2011年和2012年1月至6月期间占同期中国同类产品总产量的比例均超过50%，符合《中华人民共和国反倾销条例》第十一条、第十三条和第十七条有关国内产业提出反倾销调查申请的规定。同时，申请书中包含了《中华人民共和国反倾销条例》第十四条、第十五条规定的反倾销调查立案所要求的内容及有关证据。

2013年1月4日，商务部产业损害调查局收到吉友联生命科学有限公司、吉友联有机合成化学上海有限公司提交的关于召开吡啶反倾销案意见陈述会的申请。经研究拟定于2013年1月上旬召开吡啶反倾销案意见陈述会。

业内人士介绍，申请进行反倾销的企业主要是红太阳。印度的吉友联对于全球吡啶产业具有深厚的话语权，其产品包含三甲基吡啶和纯吡啶。由于三甲基吡啶产量较大，且盈利情况较好，因而联产的纯吡啶就采用低价倾销的策略，下游中国的百草枯企业实际上是乐见这一原料采购价较低的情况，但吡啶企业则深陷泥潭。如果实施反倾销，吡啶价格上涨，下游的百草枯价格也会上涨，有利于整个产业链盈利情况的好转。

据介绍，吡啶产能有三分之二的纯吡啶、三分之一的三甲基吡啶。吡啶是重要的化工中心体，农药是其最大的下游应用领域，所使用的吡啶约占全部吡啶消费量的 50%左右，包括百草枯、敌草快、毒死蜱、吡虫啉等。其中，百草枯是仅次于草甘膦的广谱除草剂品种。2011年底，我国百草枯的产能超7万吨/年，约占世界总产能的80%左右。三甲基吡啶主要用于生产烟酸/烟酰胺，后者是重要的B族维生素，在医药和饲料添加剂中用量都很大。

价格上涨提前兑现

反倾销立案调查并不意味着立马实施，因而反倾销税尚未征收，国内的供需格局并未真正受到影响。但是由于预期的存在，市场已经悄然发生变化。反倾销的实施必然导致吡啶价格短期内上涨，在商务部公告发布后迅速成为市场共识。中信建投研究报告显示，2011年，我国吡啶产品总产量为5.05万吨，国内吡啶产品的消费量为6.44万吨，约有1.4万吨的产能缺口需要通过进口来填补。

在市场供应紧张的情况下，价格上涨的市场预期正在提前兑现。2012年12月28日，印度吉友联吡啶价格上调，上海港吡啶提货价上调1000元/吨至34 000元/吨。本次印度进口吡啶价格上调是反倾销以来第六次上调价格，也是12月份以来第二次上调价格，3个月累计上调幅度达到 20%以上。分析人士认为，吉友联上调产品价格可能是因为中国的百草枯厂家抢购原料引起的，也可能是为了应对中国反倾销的主动行为，希望通过提价来否认其倾销。但是最终中国是否会因此裁定不存在反倾销行为依然存在变数。

从反倾销对于吡啶价格影响来看，目前进口吡啶关税税率为20%最惠国5%。如果进口关税提高到 100%，那么进口价格将在决定反倾销立案调查时点的价格基础上上涨 100%，也就是达到4.72万元/吨以上。鉴于吡啶价格已经有所上涨，未来的价格短期内有望达到5

万元/吨。受吡啶价格上涨影响，百草枯的价格也出现上涨。红太阳和沙隆达分别于2012年11月5日和11月12日将42%的百草枯母液价格上调500元/吨至16 000元/吨。2012年初以来，国内百草枯价格累计上涨了 10%以上，尤其是吡啶反倾销调查立案后，出现了主流厂家轮番提价的现象。

分析人士称，百草枯行业有大量非一体化厂商，按照目前的开工情况来估算，至少有45%的百草枯产能依赖外部吡啶。因而未来只要反倾销落地，吡啶价格上涨是必然趋势，甚至有可能出现有价无货的情况。从下游百草枯的基本面看，也能够接受吡啶的涨价。四季度百草枯价格的上涨并没有完全反映成本上升的因素，可以判断百草枯也在同步复苏。预计整个吡啶产业链2013年确定迎来“大年”。

(资料来源：http://www.cinic.org.cn/site951/schj/2013-01-09/617944.shtml，2013年1月9日)

问题：

1. 商品倾销将对进口国经济产生什么影响?

2. 在面对国外商品的倾销行为时，我国受影响企业应该如何应对?

第十一章　中国对外经济贸易关系

【学习要求】

通过本章的学习，要求学生了解中国对外贸易关系的发展过程；掌握中国发展对外贸易关系的原则；懂得中国与主要贸易伙伴经贸关系的现状、存在的问题，并能结合实际情况进行分析；熟悉中国大陆与港、澳、台地区的经济贸易关系。

【主要概念】

独立自主　自力更生　平等互利　市场经济地位　特殊保障措施　技术性贸易壁垒

【案例导读】

中国稳居非洲第一大贸易伙伴国位置

2009 年中非合作论坛第四届部长级会议上，中国政府宣布了推进中非务实合作的八项新举措，涉及发展援助、信贷融资、人员培训、贸易促进等诸多领域。三年来，在中非合作论坛的引领和各项经贸举措的带动下，中非经贸合作经受住了国际金融危机的考验，增长更为迅速，领域逐步拓宽，方式日益多样，给双方人民带来了实实在在的好处。

一是在贸易领域，2011 年中非贸易额比 2009 年增长了 83%，达到 1663 亿美元，创历史新高，中国稳居非洲第一大贸易伙伴国位置。通过中非贸易，更多更好的中国产品得到了非洲人民的青睐，中国消费者可选择的非洲特色产品也越来越多。

二是在投资领域，截至 2011 年底中国对非直接投资已达到 147 亿美元，比 2009 年增长了 60%。能矿、建筑、制造等行业的项目数量保持增长，金融、航空、农业、旅游等产业的投资合作方兴未艾。逾 2000 家中国企业在非洲投资兴业，促进了非洲经济的多元化发展，增加了当地的税收和就业，也为中国企业的国际化发展开辟出一片广阔的天地。

三是在承包工程领域，非洲已成为中国第二大海外承包工程市场，2011 年中国企业在非洲完成承包工程营业额 361 亿美元，占中国对外承包工程完成营业总额的三成，比 2009 增长了 28%。来自中国的资金、设备和技术有效降低了非洲国家建设成本，使非洲基础设施落后的面貌逐步改善。

四是在发展援助领域，2011 年中国对非援助规模比 2009 年增长超过 60%，三年来在非洲建设了学校、供水、清洁能源等一大批民生项目，培训各类非洲人才 2 万多名。这些援助以非方需求为前提，以改善民生为重点，不附加政治条件且落实迅速，为非洲实现千年发展目标作出了应有的贡献，体现了中非人民间的真挚情谊。

中非合作论坛第五届部长级会议将于7月19—20日在北京举行。此次会议将为中非经贸合作开启新的篇章。中方将继续坚持“平等互利、合作共赢、共同发展”的理念和原则，与非方合力推动经贸合作转型升级，为南南合作的深入发展注入新的活力。

(资料来源：http://finance.chinanews.com/cj/2012/07-17/4037825.shtml，2012年7月17日)

和平与发展是当今世界的主题，和平共处、共同发展是现代国家关系的重要特征。我国对外经济贸易的迅速发展，不仅极大地促进了我国经济的发展，而且增进了同世界各国政治、经济和文化的交流与合作。我国坚持独立自主、自力更生和平等互利的原则，不仅重视发展与发达国家的经济贸易关系，还特别重视与发展中国家建立良好的经济贸易关系。

第一节　中国对外贸易关系的基本政策

一、中国对外贸易关系的发展

(一)20世纪50年代

20世纪50年代，由于西方资本主义国家对我国采取敌视、封锁政策，我国对外贸易的主要国际市场是苏联和东欧社会主义国家。当时，我国根据恢复和发展国民经济的需要，本着“积极协作、平等互利、实事求是”的方针，积极开展对苏联、东欧国家和其他友好国家的贸易和经济合作，不断突破西方国家的封锁、禁运，对医治我国战争创伤、恢复和发展国民经济起到了积极作用。当时，我国同社会主义国家的贸易额占全国对外贸易总额的比重，1951年为52.9%，1952年至50年代末，都在70%以上；其中对苏联的贸易额约占全国对外贸易总额的50%。

这期间，我国还为逐步发展同亚非民族独立国家的贸易关系，发展祖国内地同港澳地区的贸易和努力开拓对西方国家的民间及政府贸易，进行了卓有成效的努力。我国同亚非国家贸易关系的发展，增进了亚非国家同中国的友谊，促进了亚非国家民族经济的发展；我国保证对港澳地区的供应，积极扩大对港澳出口及经港澳转口贸易，开辟了反封锁、禁运的新战线；我国继1950年同瑞典、丹麦、瑞士、芬兰建立外交和贸易关系后，又利用各种机会和途径，争取和团结其他西方国家工商界及开明人士，以民促官，推动了我国同日本、西欧等西方国家的民间贸易以至官方贸易。

(二)20世纪60年代

1960年，随着中苏关系的变化，我国对苏联和东欧国家的贸易急剧下降，新中国的对外贸易遭遇了第一次较大的曲折。在这一形势下，我国对外贸易的主要对象开始转向资本

主义国家和地区。我国在坚持内地对港澳地区长期稳定供应，积极发展同亚非拉民族独立国家贸易关系的同时，进一步打开对西方国家贸易的渠道。经过努力，我国同日本和西欧的贸易取得了突破性进展。中日贸易由20世纪50年代的民间贸易转入60年代的友好贸易和备忘录贸易；1963年，我国同日本签订了第一个采用延期付款方式进口维尼纶成套设备的合同，打开了西方国家从技术上封锁中国的缺口。1964年，我国与法国建交，中法两国政府间贸易关系迅速发展，带动西欧掀起了开展对华贸易的热潮。到1965年，我国对西方国家贸易额占全国对外贸易总额的比重由1957年的17.9%上升到52.8%。

1966年，“文化大革命”开始，打乱了我国社会主义建设的进程，我国对外贸易遭到严重的干扰和破坏，遭遇了建国后的第二次曲折。我国对外贸易自1967年起连续三年出现停滞和下降。在周总理和邓小平等老一辈无产阶级革命家的关心与直接领导下，经过艰苦努力，我国对外贸易从1970年开始逐渐好转。

(三) 20世纪70年代

20世纪70年代前期，国际环境发生了有利于我国的变化。1971年联合国恢复我国的合法席位，1972年美国总统尼克松访华，中美发表《联合公报》，并在正式建交前先行恢复了贸易关系。之后，我国对外关系取得了重大进展，西方国家纷纷同我国建立外交关系或使外交关系升格。中日邦交实现了正常化，中国与欧共体建立正式关系，我国对外贸易的国际环境明显改善，对外贸易额迅速增长。然而，我国对外贸易的全面恢复以及持续、快速发展，还是在1976年粉碎“四人帮”、结束“十年动乱”之后。

(四)改革开放以后

1978年中共十一届三中全会确立了以经济建设为中心，实行改革开放，发展国民经济，加快社会主义现代化建设的路线，并明确提出：“在自力更生的基础上积极发展同世界各国平等互利的经济合作，努力采用世界先进技术和先进设备。”

我国实行对外开放政策后，贸易伙伴遍及世界各地，对外贸易的国际市场走向全球。目前，我国的贸易伙伴由1978年的几十个发展到227个国家和地区，与传统市场的经济贸易关系稳步推进，与新开拓市场的经济贸易关系不断增强。

二、中国发展对外贸易关系的原则

我国发展对外贸易，发展对外经济关系必须坚持独立自主、自力更生和平等互利的原则。

(一)坚持独立自主、平等互利的原则，是我国对外经济贸易发展的基础

独立自主、平等互利地开展对外经济贸易，是我国作为主权独立国家的重要标志，也

是我国独立自主、和平外交政策在对外经济领域的体现。在旧中国半殖民地半封建社会的条件下，由于国家主权不独立，旧中国对外经济贸易在帝国主义列强的控制下只能畸形发展，主要与帝国主义列强开展不平等的经济贸易往来，从属于帝国主义列强对华侵略和剥削的需要。新中国成立后，中国人民成为国家的主人，掌握了开展对外经济贸易的独立自主权。从此，我国的对外经济贸易才有了真正的发展，成为促进国民经济和社会发展的重要力量。历史雄辩地证明，只有国家和民族获得独立，按照国家和人民自己的意愿，根据国家利益和经济规律的要求，在对外经贸交往中不分国家大小、贫富和强弱，独立自主、平等互利地开展对外经济贸易，才有今天我国对外经济贸易发展的大好局面，才能真正促进我国同世界各国和地区经贸关系的发展，才能真正促进国民经济的发展。

(二)坚持自力更生与对外开放相结合，维护国家经济安全，是我国对外经济贸易发展的基本出发点

我国是一个人口众多的社会主义发展中大国，这一基本国情决定了我国的现代化建设任何时候都不能依靠别人，必须处理好扩大对外开放和坚持自力更生的关系，把立足点放在依靠自己力量的基础上。

坚持自力更生与对外开放相结合，必须处理好两者之间的辩证关系。一方面，我们在实行对外开放、引进先进技术的同时，要把国外引进与国内开发和创新结合起来，逐步形成自己的优势；在利用国外资金的同时，要重视自己的积累。这样，我们才能在对外开放中始终掌握主动权，才能通过开展对外经济技术交流与合作，促进我国的现代化建设，加快缩小与发达国家的差距。特别是在经济全球化趋势加速发展的今天，我们扩大对外开放，还必须注意维护国家经济安全，防范和化解国际经济风险的冲击。另一方面，我们强调自力更生，但不是盲目排外；强调独立自主，但不是闭关自守。独立自主地扩大对外开放，通过开放发展自己，是我们有自信心、有力量的表示，也是自力更生的应有之义。

第二节 中国与主要贸易伙伴的经济贸易关系

经济全球化是当今世界经济发展的主流，它使世界各国与地区间的经济相互依赖性越来越强。中国经济发展离不开世界，在世界经济全球化加快的情况下，中国需要进一步扩大开放，积极发展与世界各国及地区之间的经贸关系。

一、中国与欧盟的经贸关系

1967年7月1日，欧洲共同体诞生，并于1993年建立欧盟，经过5次扩大后，欧盟成员国现已增至27个。

欧共体的创始国为法国、联邦德国、意大利、荷兰、比利时和卢森堡6国。1973年，英国、丹麦和爱尔兰加盟；1981年，希腊成为欧共体第10个成员国；1986年，葡萄牙和西班牙加盟；1995年，奥地利、瑞典和芬兰加入欧盟；2004年5月1日，马耳他、塞浦路斯、捷克、斯洛伐克、波兰、匈牙利、斯洛文尼亚、爱沙尼亚、拉脱维亚和立陶宛10个国家正式成为欧盟成员国。2007年，保加利亚和罗马尼亚正式加入欧盟。目前，欧盟是世界上经济一体化程度最高的地区之一，但其扩张的脚步依然没有停止，正积极与土耳其和克罗地亚进行入盟谈判。

1975年中国与欧共体正式建立外交关系后，中国与欧盟的经济贸易关系取得了稳步发展。1978年，中国与欧共体签署了第一个贸易协定，明确规定相互给予最惠国待遇。1979年，中欧草签了纺织品贸易协定，同意中国从1981年起向欧共体出口更多数量的纺织品。1985年，双方又签订了新的贸易和经济合作协定，按照第二个协定，在贸易方面中国将给予欧共体最惠国待遇，欧共体将给予中国普惠制的关税待遇，对中国增加配额。进入20世纪90年代后，随着欧洲经济一体化的持续发展以及中国改革开放的不断深入，中国市场的潜力日益显露，欧盟大幅度调整了对亚洲和中国的外交政策，相继制定了更加重视亚洲和中国的新战略，中欧经贸关系出现了快速发展的良好势头，取得了长足的发展。

(一)中欧经贸关系的发展现状

1. 中欧贸易额快速增长

据中方统计，中欧的双边贸易额基本是呈增长趋势的，而且增长的速度越来越快。1985—1995年的增幅比1975—1985年的更大，贸易额几乎增加了4倍。2007年，中欧贸易额首次突破3000亿美元，达3561.5亿美元，我国对欧盟出口2451.9亿美元，从欧盟进口1109.6亿美元。2010年，中欧贸易额达4797亿美元，创历史新高。2011年中欧双边贸易额为5939.7亿美元，同比增长13.6%。2012年中欧双边贸易总值为5460.4亿美元，占中国外贸总值的14.1%。欧盟已超过日本和美国成为中国第一大贸易伙伴。

2. 中欧贸易互补性强，双边贸易商品结构有所改善

中欧贸易互补性强，主要表现在：其一，中欧商品有着较大的互补性，中国作为一个幅员辽阔的发展中国家正致力于改善基础设施，在运输设备产品方面有着较大的市场需求；其二，中欧就同一产品(如机电产品)还存在着较强的差异性； 其三，中国向欧盟出口的大多为劳动密集型产品，而欧盟向中国的出口则以技术密集型为主。由于中欧经济发展水平和产业结构不同，中国向欧盟出口的主要是低附加值的轻纺和机电产品，而中国从欧盟进口的主要是高科技含量的产品和一些工业原料。这种互补性为中欧进一步扩大双边贸易提供了重要的基础。过去，中国向欧盟出口的商品主要以农副土特产品、轻纺产品和原料性产品为主。现在出口商品结构中，制成品开始增多，如有机化学品、矿物材料制成品、钢铁制品、车辆船舶等运输设备、机电设备、电器及电子产品、计算机等。

3. 经济技术合作活跃

欧盟是中方先进技术和设备的最大供应方，1981—1996 年，我国从欧盟国家引进的先进技术，设备合同金额达 268.9 亿美元，占我国技术引进总额的 48%。至 1999 年底，中国从欧盟成员国引进技术 10 128 项，合同总金额为 542.8 亿美元，占中国引进技术总额的 52.9%，居各贸易伙伴之首。2007 年，我国与欧盟签订技术引进合同 2603 份，合同金额为 91.0 亿美元，占技术引进合同总金额的 35.8%，自欧盟的技术引进合同数量和金额均为历史最高。2009 年，中国自欧盟引进技术 2772 项，合同金额达 64.3 亿美元，占中国引进技术总额的 30%。中国自欧盟的技术引进主要集中在铁路运输、电子设备、新能源等领域。法国的空中客车、核电站设备、高速铁路，德国的汽车、移动通信技术都在中国抢得了一席之地。中国正大力发展低碳经济、绿色经济，欧盟在该领域处于领先地位，中欧技术合作有很大的发展空间。

中欧还在培训人员、科技交流、发展援助等领域广泛开展合作。到目前为止，中欧双方在混委会之下成立了经贸、科技、环保、能源和技术五个工作组。同时，自 1993 年以来，中国接受欧盟及其成员国无偿援助共计 4 亿美元。

(二)中欧经贸关系存在的主要问题

1. 欧盟启动特保措施限制我国出口产品

中国“入世”之后，扩大了与欧盟的国际经贸合作，但在经济发展不平衡和利益不一致的现实条件下，中欧之间经常产生贸易摩擦，并有不断增加的趋势。随着 2005 年 1 月 1 日乌拉圭协议中的《纺织品与服装协议》的生效，各 WTO 成员国全部解除了对纺织品进口的配额限制，实现纺织品贸易一体化，中国纺织服装企业摩拳擦掌，希望在国际市场有所作为。但是，现实却是中欧之间的纺织品等贸易战愈演愈烈。根据《中国加入世界贸易组织议定书》第 16 条(特定产品的过渡性保障机制)和《中国加入 WTO 工作组报告书》第 241、242 条的规定，任何 WTO 成员可根据上述三条对中国已取消配额的纺织品申请重新设限，这为欧盟对我国纺织品出口设置障碍提供了法律基础。2005 年 4 月 6 日，欧盟贸易委员曼德尔森在欧盟委员会总部举行新闻发布会，公布对中国纺织服装类产品实施“特保”措施。可见，一方面，特殊保障措施条款的存在，为中国的纺织品打入国际市场设置了壁垒；另一方面，特保制裁具有“传染性”，一旦有一个国家单方面制裁成功，很可能马上发生连锁反应。中国的产品出口全世界，引起更多的国家参与制裁的可能性也随之加大。众所周知，纺织业是中国非常重要的产业，又是劳动密集型的产业，涉及直接就业的人口约 1900 万人，加上相关就业人口就更多了。在欧盟对中国设限的品种背后，每一个品种涉及至少 1000 家企业，多则 6000 家企业。欧盟利用特保措施，对我纺织品出口重新限额，其后果可想而知。

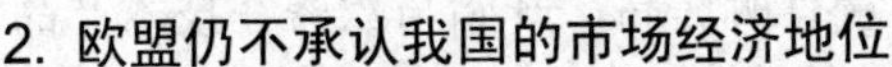

2. 欧盟仍不承认我国的市场经济地位

欧盟至今视我国为“非市场经济”国家，按其自行制定的标准，采取“个案处理”原则核定我国出口产品是否构成倾销。随着欧盟统一市场的建立，反倾销的职权从各个成员国上交到欧盟。对于中国来说，无疑意味着被欧盟反倾销的危险和危害性都在增加。就企业层面而言反倾销措施更是一种潜在威胁。因为任何一个或几个成员国提出的反倾销申诉只要在欧盟立案并形成法规，就会在整个欧盟生效，使中国被反倾销的商品丧失整个欧盟市场。欧盟是对中国商品实施反倾销最多的贸易伙伴。自 20 世纪 90 年代以来，在欧盟的所有反倾销案例中，无论是立案还是调查，中国商品均居首位。反倾销对被诉企业影响最大，无论结果如何，被诉企业都会被拖入繁冗的调查程序，并会给企业自身的“信誉”带来危机，因此往往导致被诉企业丧失市场份额。

3. 技术型贸易壁垒正成为欧盟的隐形贸易保护工具

欧盟是最先意识到在国际贸易中利用技术性贸易保护措施进行外贸管制的国家(地区)，其构建的技术性贸易保护措施体系相当完备，作为我国第一大贸易伙伴，给我国的进出口贸易带来巨大影响。实际上，2005 年前 3 个月部分中国纺织品出口出现快速增长的原因主要是一些发达国家未能在过去 10 年根据世界贸易组织相关协定的要求逐步开放市场，而把 70%的配额保留到最后一刻。发达国家在大多数贸易领域内有绝对竞争优势，纺织品则是发展中国家有竞争力的产品。尤其是我国，借助国内充裕、廉价的劳动力，在 2005 年 1—4 月份，我国纺织品出口总额达到 312 亿美元。但是，纺织品贸易摩擦占据了我国上半年全部贸易摩擦的 50%，成为我国遭受贸易摩擦的重灾区。如果欧盟不断地向我国产品挥舞贸易保护主义的大棒，中国将遭受的损失是难以估量的。中国的遭遇说明，欧盟所提倡的所谓贸易自由化是有着双重标准的，对自己的优势产业就主张自由贸易，让大家都打开大门；而当自己的劣势产业遇到来自发展中国家的挑战时，则强调“公平贸易”，关上自己的大门来加以限制。这种贸易保护主义的倾向有损国际贸易的健康发展。

(三)中欧经贸关系发展的前景

要想推动中欧关系的长期健康发展，必须立足于中欧长远的战略利益，考虑到双方的现实需求和长远发展目标。

第一，加强中欧双方之间的互信和互谅。中欧贸易领域中各个行业之间应该长期保持对话，及时解决各种实际问题，就具体问题展开针对性谈判，建立利益博弈机制以及互相妥协、互相协调机制。在经济全球化时代，争取形成中欧贸易之间合理的贸易分工格局，建立新的贸易优势互补机制，不断提高双方的经济实力，实现双赢。

第二，理性看待中欧不断升级的贸易摩擦问题。随着中欧关系的日益紧密，中国经济实力的不断增强，中欧双方在市场、贸易等方面的竞争和争夺必然愈益激烈，双方原有的贸易互补性优势逐渐丧失，中方产品中的技术含量有所提高，开始与欧盟在技术产品市场展开竞争，必然会直接影响到欧盟的对外贸易产品结构。因此，面临着新的中欧贸易形势，中方要有充分的认识和应对能力。同时更要预测到，在未来阶段，欧盟很可能会开辟新的低端产品市场和获取更为廉价的劳动力成本优势。相应地，对中国一些低端产品的出口也会设置各种障碍，将这些中国产品拒之欧盟市场之外。

第三，克服中欧贸易中存在的问题，不能将所有问题的症结归咎于欧盟一方，更要寻找中国自身的原因。中方应该加以重视和亟待解决的问题包括：对欧盟贸易法规理论和实践进行系统跟踪研究，中国应尽快加强对外贸易法规和法律的建设，制定对策性强的各项法规和法律，改变中国现行贸易法规中的空泛性，增强规避能力、应对能力，在全球化日益发展的世界中，构建适应中国现实发展的对外贸易体系和秩序。

二、中国与美国的经贸关系

1979 年中美建立正式外交关系，两国政府签订了《中美贸易关系协定》。该协定规定，"两国自 1980 年 2 月起，在贸易往来中相互给予最惠国待遇，并在金融、财务、货币和银行交易方面相互提供一切必要的便利"，从而为两国贸易的扩大和协调发展作出了原则性规定。1992 年 10 月，中美双方达成《市场准入谅解备忘录》，美国同意放宽 1989 年开始对华实施的高技术出口限制。1994 年 5 月，美国宣布无条件延长中国的最惠国待遇，并把人权问题同每年审议延长最惠国待遇脱钩。在此基础上，中美贸易开始快速发展起来。1999 年 11 月 15 日，中美政府代表在北京签署了关于中国加入世界贸易组织的双边协议，此举不仅大大加快了中国"入世"的步伐，也为中美贸易在双赢格局下长期稳定发展创造了条件。

(一)中美经贸关系的发展现状

1. 中美贸易规模不断扩大

据中国海关统计，1979 年中美双边贸易额仅有 24.5 亿美元，至 1994 年已达到 354.3 亿美元，占我国当年进出口总额 2367 亿美元的 15%，而到 2007 年已增长到 3020.8 亿美元，占我国当年进出口总额 21 738.3 亿美元的 14%。2010 年双边贸易额增长到 3853.4 亿美元，2011 年中美双边贸易额近 4500 亿美元，占全球贸易总额的 2.5%。2012 年 1—11 月，中美贸易额已达到 4386 亿美元，美国成为中国最大的出口市场，中美经贸关系保持稳定的发展势头，双边贸易额将接近 5000 亿美元的历史高点，两国互为第二大贸易伙伴。

2. 中美贸易结构互补性增强

美国是世界上最大的发达国家，中国需要美国的先进技术、先进的管理经验、资金和产品销售市场；中国是世界上最大的发展中国家，美国需要中国的产品销售市场、劳动力、资本投资场所和物美价廉的商品。中美两国处于不同的经济发展阶段，资源条件、经济结

构、产业结构以及消费水平存在着较大差异，因此在贸易商品结构上呈现出很强的互补性。

随着中国经济的迅速发展及产业结构的不断优化，中美贸易的商品结构也在逐渐转变。从中国对美国出口商品结构来看，在继续保持纺织品、服装、鞋类、玩具等传统商品出口的同时，机电产品出口比重逐步上升。从中国对美国进口商品结构来看，化工原料等原料性商品一直占很大比重，但近年来机、电、仪等资本和技术密集型产品的进口比重迅速增加。中美贸易结构所呈现的这一明显特征，使两国找到了更多的利益和合作基础，为进一步扩大双边经贸合作创造了良好的条件。

3. 中美贸易方式以加工贸易为主

自 1996 年加工贸易进出口在中国进出口总额中首次超过 50%以来，加工贸易的地位越来越重要。由于中国在劳动密集型产品的加工出口方面具有较强的国际竞争优势，以及众多的美国在华投资企业从事出口加工生产，所以中国对美国出口的产品大部分属于两头在外的来料加工和进料加工出口。在中国对美国的出口中，加工贸易占一半以上。据中国海关统计，2011 年中国对美国出口中，加工贸易是 1756.4 亿美元，占中国对美国出口的 54.1%，加工贸易顺差是 1537.5 亿美元，占整个中美贸易顺差的 75%以上。

(二)中美经贸关系存在的主要问题

中美两国都是具有广泛世界影响的大国，都有着捍卫各自所确认的意识形态标准和社会制度模式的坚强意志。但由于两国的经济发展水平悬殊，历史和文化、社会制度各异，而且各自追求的政治经济利益也不尽相同，也就注定了中美贸易关系的发展不可能是一帆风顺的，必然会面临一系列的问题和干扰。随着中国加入世界贸易组织，中美经贸关系中的许多障碍正在消除，如最惠国待遇、市场准入等；但中美贸易不平衡、美国对中国商品的进出口限制等因素仍影响中美经贸关系的稳定发展，而反倾销调查、知识产权保护等问题也再度成为双边贸易摩擦的焦点。

1. 双边贸易不平衡问题

在中美双边贸易中，贸易收支不平衡问题始终存在。据中国海关统计，1993 年以前是中方的贸易逆差，从 1993 年起才是美方的贸易逆差。但据美国商务部统计，美方从 1983 年起转为逆差，一直延续到现在。美国长期以来对中美贸易逆差表示了相当的关注，成为影响中美两国的热点问题，也成为中美贸易摩擦的主要导火索。

中美贸易不平衡问题经常被美国某些利益集团大肆渲染，它们试图制造一种错觉，好像中美贸易只对中国有利，而美国贸易逆差的主要原因是中国市场的不开放，这与事实相去甚远。无可否认，中国对美贸易确实存在逆差，然而逆差数字并不像美方对外公布的那么巨大。造成这种逆差的主要原因是双方统计方法与计价标准的差异。早在 1994 年，中美两国曾就双方统计差异问题进行过专题研究，经过一年多的磋商与谈判，达成了两国都认可的《中美商贸联委会贸易和投资工作组贸易统计小组工作报告》，就双方在贸易中的统计差异达成了以下共识。

(1) 美方确定货物原产地的方法存在问题。

对进口货物原产地的判定一般根据进口商的申报。而美方的做法则为只要被判定为中国货物，就视为来自中国的进口产品。这其中就忽视了中间商的问题。一方面，该货物可能是由中间商出口的而并不属于中国的出口商品；另一方面，被记录的货物也可能存在着有中间商增值，因此增值的部分会计入到我国对美国的出口贸易额中。其实按照国际贸易的原产地规则，美方统计中方对美出口额应扣除我国经香港转口贸易中的增值部分。

(2) 美方忽视了转口贸易及其增值问题。

从以上分析可以看出，美方在对华贸易的进出口方面忽视了转口及其带来的增加值问题，而且这一部分成为表面上中方顺差较大的主要因素。按美方自身的统计，我国仅有20%的出口是直接运输到美国的，80%是通过转口贸易出口到美国的。按照中方的统计，我国对美出口有约 60%是经过香港的转口贸易，而经过香港转口的商品平均增加值高达 40%，这其中带来的增加值美方都算入了我国的出口里，显然是不合理的。因而对美方来讲，其对华进口自然而然的基数就比较大了，使得其无法承受了。所以若不算增加值的部分，我国的顺差额是远小于美方公布的数字的。

(3) 中美两国计价方法的差异。

美国进出口计价时使用的是船边价格(FAS)，而中国的出口计价方法是离岸价格(FOB)，进口则用到岸价格(CIF)。由于船边价格是不包括装船费用的，而据世行估计，离岸价格比船边价格高约 1%，所以美国对华出口额应上调 1%，进而中方的进口额应下调 1%。显然，这种进出口中的差异化统计标准，使得双方统计的进出口数据存在一定的差距，无形中扩大了逆差额。

(4) 服务贸易未计入双边贸易额。

美方统计逆差时只计算商品贸易，并没有将服务贸易额作为统计依据。美国是世界上服务贸易最发达的国家，而中国的服务贸易相对于货物贸易而言较为落后。在世界服务贸易迅速发展的背景下，中美两国服务贸易的重要性正在增加。由于中美服务贸易处于开创阶段，统计还不完整。据美国商务部统计，1995 年美国对华服务贸易中顺差就为 9 亿美元，到 2003 年顺差额已上升到 20 亿美元。伴随着双方服务贸易的迅速发展，相信这一数字正在不断增加。所以在算入双方服务贸易的前提下，两国的贸易逆差是会大幅度降低的。

2. 反倾销、反补贴问题

美国无视中国社会主义市场经济体制的建立和完善的现实，多年来始终援引美国《1988年综合贸易与竞争法案》第 1316 条规定，即“在行政当局作出取消的决定之前，已确定的任何一个外国为非市场经济国家的结论仍保持有效”以及调查中“行政当局的任何决议都是不容司法审议的”。由于美国歧视性地坚持对中国“非市场经济国家”的认定，严重损害

了中国企业和产品的利益。由于中国加入 WTO 后 15 年内外国对中国产品进行反倾销调查时可沿用“非市场经济国家”标准，美国更视之为防止中国出口激增的有效武器，必将充分加以利用。

另一方面，反补贴将是影响今后中美贸易的新因素。根据美国反补贴税法，对运往美国的任何产品的生产、制造或出口提供补贴者，要另外征收相当于补贴额的关税，但仅限于市场经济国家。由于美国视中国为“非市场经济体制”国家，过去未对中国采用反补贴手段。一旦我国摘掉了非市场经济国家的帽子，反补贴问题就会接踵而来，对此，我国应提早有所准备。

事实上，为防止中国因加入 WTO 而对美出口激增，美国现已开始考虑修改反倾销、反补贴的有关规定。美国美中安全审议委员会的报告建议，今后商务部在决定非市场经济国家达到市场经济程度身份时需获得国会的批准，并建议修改美国反补贴法，将范围扩大到非市场经济国家，即为保护美国产业免受来自非市场经济国家进口品不公平竞争时也同样适用。

3. 出口管制问题

中国经济的不断发展壮大和综合国力的增强使美国感到了潜在的威胁。对于美国来说，中国是一个无法抗拒的大市场，同时美国又担心中国是一个经济上和军事上的潜在竞争对手，如何利用这样一个大市场而又不至于使它成为一个过强的竞争对手，是美国制定对华政策的目标。美国对华出口管制政策的目的就是要在经济和安全上取得平衡。长期以来，美国政府对华奉行“全面接触政策”，同时要对那些可能会对国家安全构成威胁的出口加以控制。美对华出口的许多产品都需要由美国商务部发放许可证。

虽然为了同欧盟、日本等国竞争，美国不得不放宽了一些高技术产品的出口，但总体上仍维持冷战思维，深恐中国经济、军事强大对其构成威胁。自从 2001 年 8 月授权实施出口管制的美国《出口管理法》到期后，美国一直通过紧急授权维持出口管制制度的效力。2002 年 1 月，在美中安全审议委员会举行的听证会上，许多政界要员和学者都表示应通过对华管制，使中国的科技和经济水平与美保持 50 年的距离。目前，美国政府已敦促国会通过新的《出口管理法》，以对国家实施更为有效的出口管制方式，保护美国的国家安全利益。总体上今后美国将进一步加大对华高技术出口管制的力度，尤其是软件和高技术设备，并重点加强对我国核技术及导弹技术的监控等。

而高技术贸易问题是中美贸易平衡问题的关键之一。如果美国能放宽对华高科技产品的出口管制，那么美国对华贸易逆差可以极大地缩减。因此，美方应努力排除在经济贸易当中的非经济因素，放宽高科技产品的出口管制，这才是缓解美国对华贸易逆差的捷径。

4. 知识产权问题

知识产权问题也是中美贸易争端中的焦点问题。20 世纪 80 年代以来，美国一直把加强

知识产权的国际保护作为其贸易保护主义的手段之一，其主要措施是启用“特别301条款”。根据该条款美国曾多次将我国列入“重点国家名单”。虽然争端发生后，经双方磋商都能在最后达成协议，避免了一次又一次的贸易战，但由于美国贸易保护主义日盛，仍然认为中国在商标、版权、专利权和新兴互联网域名权等方面的保护不足，而且“特别301条款”的调查又是每年举行一次，因此，中美两国在知识产权保护问题上，大有发生新的摩擦的可能性。

知识产权纠纷如不妥善解决，会直接影响到中美贸易关系的顺利进行。我国认为，中美双方在知识产权方面存在的分歧只能通过平等协商来解决，而不是通过单方面报复的强制手段。双方的谈判必须相互尊重主权，必须以国际公约或世界知识产权组织对知识产权保护制定的统一标准为准则，而不能将本国的知识产权保护标准强加于别国。

(三)中美经贸关系发展的前景

在贸易领域，美国一直将中国视为新兴大市场，美国经济利益与对华贸易关系紧密结合在一起，无论从出于将中国“融入世界经济”还是从地区安全战略出发，都不会毫无顾忌地损害对华贸易。贸易是处理好两国关系的纽带，必要时也是其达到某种政治目的的有效制裁武器。而美国作为我国的第二大贸易伙伴，其重要地位他国尚无法替代。因此，发展和稳定中美经贸关系是两个大国达成的共识，是不容置疑的。

中美互为重要的贸易伙伴，由于中国加入WTO后，遵循WTO规则进行关税与非关税措施减让，对美国产品的进口将有较大增长，中国对美国的贸易顺差将逐步缩小。出口由于受到美国方面的进口激增保障条款和反倾销措施等影响在短期内不可能有大的突破。中美贸易在很大程度上取决于美国的对华贸易政策，据美国方面的分析，今后影响美国制定对华贸易政策的三个因素是：对华贸易逆差、美国国内失业率和中国执行WTO协议的情况。美国在推行其贸易政策时将利用中美“入世”协议，加大对中国市场的出口，为防止我国更多的竞争力产品冲击其国内产业，美国会更频繁地启动反倾销、反补贴调查程序，“特别301条款”等贸易制裁措施对我国输美产品设限。美国还可能会利用其国内立法破坏WTO规则，与我国纠缠。但制裁是一把双刃剑，而且双方贸易关系紧张，从长期来说对美国不利，对此美国也是持慎重态度的。

意识形态的差异决定了美对华贸易政策的复杂性，经济问题常常与政治问题交织在一起。在近期内，中国对美国的贸易依赖强于美国对中国的贸易依赖，这决定了我国在贸易摩擦和谈判中处于不利的地位，必须慎重地处理好同美国的经贸关系。尽管前进的道路上问题还会很多，但中美经贸发展的基础是好的。尤其是中美WTO双边协定的签订和永久性正常贸易关系地位的确定，消除了长期以来阻挠中美关系改善和中美经贸发展的重大障碍，对今后中美经贸发展将起到巨大的推动作用。只要双方共同努力，通过加强高层对话和双边磋商等有效机制，增进理解与信任，中美贸易前景是光明的。

三、中国与日本的经贸关系

中、日两国一衣带水，双边贸易有着很长的发展历史，同时，日本也是较早与中国开展经济合作的发达国家之一。新中国成立不久，中日经贸往来便以民间贸易的方式逐步展开了；1964 年起，通过半官方半民间的方式得到了进一步的发展；20 世纪 70 年代初，中日邦交正常化使中日关系发生了质的飞跃，为中日双边经济贸易发展创造了有利的政治条件；70 年代末 80 年代初中国改革开放的全面展开更是为中日双边贸易发展提供了良好的经济基础，在此期间，中、日两国在贸易方面、金融方面、民间贷款和投资以及政府无偿援助等方面都有突破性的进展。但是，总的来说，20 世纪 90 年代之前的中日贸易增长具有极大的不稳定性，经常呈现出剧烈波动的特点，在增长快的年份其增长率可以达到 50%以上，而在增长比较慢的年份则相差很大，甚至出现了负两位数的增长。中日贸易如此剧烈的波动直接导致了中国对外贸易的不稳定性。

(一)中日经贸关系的发展现状

1. 中日贸易增长日趋稳定

步入 20 世纪 90 年代以来，在经济全球化浪潮的带动下，中日贸易增长的稳定性开始增强(即使是在 1998 年受东亚金融危机影响，其降幅也只有 4.8%)。20 世纪 90 年代初期，中、日两国之间的贸易增长极其迅速，1991—1995 年的短短 4 年中，中、日双边贸易额就由 202.5 亿美元增至 574.7 亿美元，年平均增长率达到了 29.8%。进入 21 世纪以来，中日双边贸易的发展更是一年一个台阶，2000 年突破 800 亿美元大关，达到 831 亿美元，增长 25.7%；2002 年突破 1000 亿美元，达到 1019.1 亿美元，增长 16. 2%；2007 年突破 2300 亿美元，达到 2360.2 亿美元，增长 13.9%。2010 年中日两国间的贸易总额为 3018.5 亿美元，与 2009 年相比，增长率为 30%。2011 年中日贸易总额比上年增长 14.3%，达到 3449 亿美元，其中自我进口 1834 亿美元，增长 20%，对华出口 1614 亿美元，增长 8.3%，三者皆创历史最高水平。中国继续保持日本第一大贸易伙伴、最大出口市场和进口来源国。

2. 加工贸易比重较大

在中日贸易中，中国的加工贸易出口额占对日出口总额的 54.1%，这一比重应该说是相当大的。形成这一局面的原因是：日本对中国出口的产品中，真正用于中国人消费的只有 50%左右，其余大都在中国加工完后返销日本或其他国家。对日本而言，中国目前主要还是一个以出口为主的生产基地。众所周知，日本出口至美国的产品基本上都用于消费，而且由于市场竞争十分激烈，日本不仅向美国出口质优价廉的产品，而且还转移了其最先进的生产技术，以维持自己所占的市场份额。从这一意义上看，美国实际上是日本的一个终端市场。因此，虽然美日贸易摩擦不断，但美日贸易在日本对外贸易中有着无法替代的作用。

相比之下，中日贸易与美日贸易则完全不同，它的迅速发展在很大程度上是在中国成为日本企业生产基地的背景下实现的，因此，加工贸易成了中日贸易的主要方式。换句话说，日本企业实际上是在“总公司”与“子公司”之间进行“企业内贸易”——日本的“总公司”将生产设备、零部件等出口到设在中国的“子公司”，由“子公司”负责加工成制成品返回“总公司”。

当然，这并不是说加工贸易比重大就是件坏事。中国缺少技术、资金，但在劳动力成本、生产成本方面拥有很大的优势，所以加工贸易是目前较为适合中国的贸易方式。事实上，如果没有加工贸易，中国的经济不可能发展得如此迅速。但从长远角度看，中国还是应提高自己的技术水平，调整产品结构，适当降低加工贸易的比重，只有这样才能为经济发展创造新的动力。

3. 对日出口产品结构得到改善

过去，中国对日出口商品大类中，纺织原料及其制品一直保持第一大商品的地位，约占对日出口总额的1/3；食品居第二位；机电产品及零部件居第三位；其次为石油矿产品、化工品、工艺品、土畜产品等。而近年来，纺织品、食品的比重逐渐下降，机电产品的比重急剧上升，其比例已超过 40%左右。这主要是由于中国出台了一系列鼓励机电产品出口的举措。它表明：中国对日出口产品不再以纺织品、食品等产品为主，产品结构逐渐得到改善。另外，据有关方面的统计，日本在华投资企业中大约有 73%的企业将在中国境内加工的产品出口到本国市场。因此，在中国对日本的出口产品中实际上含有大量的进口成分。以数码产品为例，索尼、松下等全球知名企业就先后在中国建立了自己的加工企业，把从日本进口到中国的零部件组装成数码相机、数码摄像机等产品，然后返销日本。

(二)中日经贸关系存在的主要问题

1. 中国对日贸易逆差迅速扩大

按中国方面的统计，中国对日贸易自2002年出现51.31亿美元的赤字以来逆差迅速扩大，2007年达318.8亿美元，2010年逆差额高达556亿美元，2012年1至5月份，中国对全球顺差是229亿美元，而中国对日本一国的逆差就达到223亿美元。按日本方面的统计，日中贸易实际上也是日本顺差扩大的局面。中国对日贸易逆差是在中日贸易迅速增加的过程中出现的，而其背景则是中国经济开始新一轮高速增长，这与 20 世纪 90 年代前期的情况是一样的。这说明中国经济越是高速增长，从日本进口和对日贸易赤字就越是迅速增加，而其背后，则是中国对日本关键零部件、优质原材料以及机械设备等的严重依赖。日本对华一般机械、精密机械、半导体、电子元器件、集成电路、汽车配件、钢材、塑料乃至纺织品面料的出口迅速增加，都充分说明了这一点。

2. 中日贸易的利益不均衡

由于中国对日贸易仍未彻底改变垂直分工的状态，中日贸易的利益也是不均衡的。例如，日本向中国出口1吨塑料的平均价格为19.38万日元，从中国进口1吨塑料制品的平均价格为25.48万日元，中国加工生产1吨塑料制品出口的增加值为6.1万日元，只相当于日本生产1吨塑料增加值的1/3。至于家用电器等机械机器产品，由于中国加工贸易的比例高，从日本进口关键零部件和优质材料的数量大，因此，尽管中国也提高了最终产品的生产比例和出口比例，但由于产业链短、产业波及效果小，却没有形成相应的经济效益。

3. 日本高新技术产品垄断中国市场

目前，在汽车、家用电器等传统工业领域以及计算机、手机等部分高新技术产业部门，凡是日本与欧美各国激烈竞争的，日本企业都力图后来居上，迅速扩大了对华投资，发展为当地生产。根据中国IT市场信息中心2004年8月31日公布的统计报告，在中国数码相机、数码摄像机市场，索尼、佳能、尼康、富士通等日本品牌的比重超过90%，占绝对优势。尤其是索尼，更是大张旗鼓地进军中国市场。2004年5月、7月和10月，索尼先后在上海和北京举行了三次新产品发布会，把其数码相机、数码摄像机的最新产品全部投放中国市场，分别垄断了中国数码相机市场的30%和数码摄像机市场的50%，全年销售额比2003年增加了80%以上。

4. 两国贸易摩擦增多

中日贸易摩擦由来已久，早在20世纪90年代，双方的贸易摩擦就持续不断。1993年日本向中国征收硅锰合金的反倾销税，1995年日本对中国的棉府绸进行反倾销，1996年又对从中国进口的纯棉绸实施保障措施调查。进入21世纪后，中日贸易摩擦再度升级。2001年日本对中国的毛巾实施紧急进口限制，同年，又对中国的大葱、鲜香菇、蔺草席实行紧急进口限制。2012年日本向WTO提出申诉，抗议中国向日本出口的高性能不锈钢无缝管征收反倾销税。产生贸易摩擦的原因主要如下。

(1) 日方设置贸易壁垒。

近几年，日本虽然处于经济复苏时期，但并未完全摆脱过去10年经济大萧条所带来的影响，国内经济仍然不景气，劳动力成本相对较高，使得本国的一些生活必需品在国际竞争中处于弱势。而中国的这类产品在价格上则占据绝对优势。因此，日本政府出于保护国内产业的目的，对中国的出口产品设置了贸易壁垒，严重影响了中国产品的出口。

案例 11-1

日本肯定列表制度

肯定列表制度(Positive List System)是日本为加强食品(包括可食用农产品)中农业化学品(包括农药、兽药和饲料添加剂)残留管理而制定的一项新制度。该制度要求：食品中农业

化学品含量不得超过最大残留限量标准；对于未制定最大残留限量标准的农业化学品，其在食品中的含量不得超过“一律标准”，即 0.01 毫克/公斤。该制度已于 2006 年 5 月 29 日正式实施。

“肯定列表”制度规定的农业化学品涉及我国对日出口的绝大部分食品、农产品，对我国对日出口食品、农产品是一个新的壁垒，对我国的分析检测技术也是一个新的考验。我国目前仅制定了 137 种农药的 477 项残留限量标准，98 种兽药 658 项残留限量标准，还有 391 种农药、155 种兽药没有残留检测方法标准，与日本“肯定列表”制度的差距极大。

而日本是世界主要农产品进口国之一，也是我国农产品第一大出口市场，目前中国近 1/3 的农产品出口输往日本市场，是日本进口农产品的第二大来源国(市场份额占 13.8%)。

肯定列表制度实施后，我国出口食品将面临更大的挑战，具体表现在以下两个方面：一是出口食品残留超标风险增大。由于日本残留限量新标准在指标数量和指标要求上比现行标准高出许多，因此我国食品出口残留超标的可能性也将明显增加。特别是日本目前尚无限量标准但我国正在广泛使用的农业化学品，残留超标的可能性非常大。二是出口成本提高。主要源于残留控制费用的增加、产品检测费用的增加、通关时间的延长等。

企业自律、规范用药是出口企业降低“肯定列表”制度影响的最根本措施。为降低出口食品残留超标的可能性，出口企业必须从源头抓起，保证农业化学品质量，并严格按照使用规范用药。

(资料来源：袁志广. 北京青年报，2006 年 7 月 17 日)

(2) 日方在政治和外交上制造紧张气氛。

近年来，日本政府一些官员频频参拜靖国神社，修改历史教科书，在台湾问题上干涉中国内政，并在钓鱼岛的归属、东海划界、俄罗斯天然气管道等问题上多次制造事端，严重影响了中日双边关系以及双边贸易的正常发展，成为两国产生贸易摩擦的催化剂。

(3) 日本设置双重生产标准。

在双重生产标准下，日本国内销售的产品质量要优于出口中国的产品质量，导致销往中国的日本产品频频发生问题，这在一定程度上也加剧了贸易摩擦。

(三)中日经贸关系发展的前景

中日双边贸易的进一步发展有机遇也有挑战，适时采取有力的对策措施才能化解不利因素，使双边贸易健康发展。

1. 在竞争中合作，在合作中发展，创造良好的竞争环境

竞争机制是市场经济发展的动力机制，在传统的企业国际竞争观念中，企业竞争的方式是战争型竞争，商场如战场。而当今网络信息技术的发展使国际竞争中企业的协调型竞争成为新的发展趋势，在竞争中合作，在合作中发展，这是一种双赢式的竞争。中日双边贸易的发展只有顺应这一新的发展趋势，才能有利于双方经济利益的实现。中日首次贸易

争端应引以为戒的教训也正在于此。中日首次贸易争端之所以发生在农业领域，重要原因是日本政府对农业长期实行保护政策，使农产品缺乏竞争力。日本农业部门的生产率仅相当于美国的1/10左右，而许多农产品的价格却相当于国际平均水平的10倍左右。中日首次贸易争端虽经双方多次磋商得到解决，但随着两国贸易规模的扩大和贸易结构的不断调整，新的贸易摩擦将不可避免，而只有在合作、信赖的基础上，逐步建立起良好的协调型竞争机制，才能防患于未然，降低贸易冲突发生的频率，避免贸易冲突的升级。

2. 中日两国应加强交流，正确认识和处理共同问题

在中日两国的经济合作中，日本不应把中国的经济增长当作威胁，而应把它看作是促进合作、加深交流的有利因素。因此两国应充分认识下述问题。

第一，正确认识经济贸易摩擦的成因。特别是日本的对外直接投资加快了他国与本国产业结构的趋同，由此增大了产生经济贸易摩擦的可能性。为尽快解决摩擦就应该通力合作。第二，依据国际分工向优势产业转化。在现阶段，中国的优势产业是劳动密集型产业，日本是技术和资本密集型产业。但是，如果以动态的方法来把握优势产业的话，那么应该认识到它的构成是经常变化的。面对中国经济的发展，日本应进一步深化与中国的分工关系，积极介入中国的供给体系，从中确立自己的比较优势。第三，基于产业结构长期预测的政策调整。若从多层次来把握优势产业的话，则其构成又会发生变化。按劳动力与技术、劳动力与资本、资本与技术等来进行多层次定位，则更接近于现实。两国有必要认识这样的现实，并基于对比较优势和产业结构的长期预测，相互间进行政策调整。

四、中国与东盟的经贸关系

东南亚国家同盟由泰国、印度尼西亚、马来西亚、菲律宾、新加坡、文莱等国组成，1996年越南加入东盟，1998年柬埔寨、老挝加入东盟，之后缅甸也加入了东盟。因此现在的东盟包括了东南亚10国，人口约4.7亿，近年国内生产总值7000多亿美元，对外贸易额每年6000多亿美元，是当今世界经济活力较强的区域。目前，中国已经成为东盟第一大贸易伙伴和第一大出口目的地，东盟也超过日本，成为中国第三大贸易伙伴。

(一)中国与东盟经贸关系的发展和现状

国际区域经济一体化是当今世界经济发展的新潮流，也是发展中国家面临的国际发展环境。参与国际区域经济一体化已经成为促进发展中国家经济发展的重要途径。中国与东盟的领导人审时度势，在2001年11月就建立自由贸易区达成共识：在10年内建成中国—东盟自由贸易区。2002年5月，中国—东盟自由贸易区谈判正式启动，当年11月签署了《中华人民共和国与东南亚国家联盟全面经济合作框架协议》，一个拥有17亿人口、近2万亿美元 GDP、1.3 万亿美元贸易总量、由发展中国家(新加坡除外)组成的自由贸易区已初具雏形。

中国和东盟自由贸易区的建设可分为三个阶段。

第一阶段为1991—1996年。在这一阶段，重点是中国与东盟国家的双边经贸合作不断有新的发展。

第二阶段为1997—2000年。在这一阶段，中国与东盟增进合作，共同应对亚洲金融危机。1997年中国与东盟确定了建立面向21世纪的睦邻互信伙伴关系，发表了《联合声明》。随后两年间，中国分别与东盟 10 国签署了关于未来双边合作框架的《联合声明》，确定了在睦邻合作、互信互利的基础上建立长期稳定的关系。上述这11个重要的《联合声明》都将相互间的经贸投资合作关系作为重要关系。至2000年，中国与东盟10国均签订了《鼓励和相互保护投资协定》。2000年在第四次中国—东盟领导人会议上，中国提出组建中国—东盟自由贸易区的建议。

第三阶段为2001—2007年。在这一阶段，中国与东盟达成了组建中国—东盟自由贸易区的共识，之后签订了有关协议，并于2005年7月开始自由贸易区进入实质性运作时期。在这一阶段，中国与东盟间政治、经济合作良性互动，经贸合作在这一阶段一年一大步。2002年，中国与东盟签署了《南海各方行为宣言》；2002年11月，中国与东盟领导人共同签署了《全面经济合作框架协议》，决定在2010年建成中国—东盟自由贸易区；2003年，中国率先加入了《东南亚友好合作条约》，与东盟率先建立了战略伙伴关系，双方还签署了《面向和平与繁荣的战略伙伴关系联合宣言》，2004年，中国与东盟进一步签署了落实这一战略伙伴关系的《行动计划》；中国与东盟关于自由贸易协定的谈判正式启动于 2003 年，实质性谈判从《早期收获》计划开始，2003年10月，中国与泰国《早期收获》计划开始实施，2004年1月1日，《早期收获》计划广泛实施；2004年9月，双方就货物贸易内容达成原则性协议，2004 年在第八次中国—东盟领导人会议上，双方签署了《中国—东盟自由贸易区货物贸易协议》和《中国与东盟全面经济合作框架协议争端解决机制协议》这两份自由贸易区重要文件，《中国与东盟全面经济合作框架协议争端解决机制协议》为日后可能的贸易争端的解决提供了法律依据；2005年，中国—东盟自由贸易区进入实质性操作阶段，从当年7月20日开始，双方全面启动降税进程，首批7445种商品的关税降至20%左右，中国对东盟6个老成员国平均关税降到了8.1%，甚至比最惠国平均税率还低1.8个百分点；按照自由贸易区建设计划，到2010年，中国与东盟6个老成员国间绝大多数产品关税为零，到2015年，中国与东盟4个新成员国间绝大多数产品关税为零，一个由11个国家组建的统一市场正在打造，并将改写世界经济版图；在《中国—东盟自由贸易区货物贸易协议》的基础上，通过双方的共同努力，历经多轮磋商，最终就服务贸易协议的内容达成一致，2007年1月14日，签署了中国—东盟自由贸易区《服务贸易协议》，它的签署为如期全面建成自由贸易区奠定了更为坚实的基础。

(二)中国与东盟经贸关系存在的主要问题

中国和东盟虽然成功地组建了自由贸易区，并且经贸往来取得了长足的发展，但仍存

在一些不利的影响因素。

1. 东盟成员国经济发展水平差异巨大

东盟的 10 个成员国中，人均 GDP 相差约 70 倍，这影响了中国与东盟的合作。比如，中国和东盟签订的服务贸易协定，就要分别和各个成员国谈判，根据各国的国情，条款有所不同。

2. 东盟内部成员国之间存在摩擦和矛盾

归结起来，东盟内部成员国之间存在历史积怨和领土主权争端、成员国内部政局不稳、民族宗教差异三类矛盾，这影响了东盟成员国政策的协调一致性，也影响了中国与东盟的合作。

3. 中国威胁论

面对中国经济的日益强大、吸收外资的增多，对流入东盟外资的分流以及大量价廉物美的中国商品涌入本地市场，东盟成员国内部以及周边许多国家感到了竞争的压力，“中国威胁论”等言论泛起。

4. 发达国家的干预

我国具有比较优势的中低档日用消费品以及某些机电产品，已经成为美国、日本、欧盟等国家和地区在东盟市场上强有力的竞争对手。作为东亚区域内传统重要势力的美国和日本决不甘心被夺去“风头”，今后更多地介入和干预是必然的。

5. 受台湾关系的影响

为避免被区域经济合作“边缘化”，台湾地区积极推行“南下政策”，急欲与周边国家建立“自由贸易协定”。尽管东盟在发展与中国的经济合作关系上顾忌台湾问题，但与台湾的经贸合作仍然在不断扩大。

(三)中国与东盟经贸关系发展的前景

1. 双方的贸易将有更大的增长

随着“入世”后中国的产业结构调整和经济增长加快，特别是我国的制造业将会有快速发展，将带动对能源和原材料需求的增加。因而从东盟进口资源性初级产品以及电子电器等机电产品的零部件及半成品将会进一步增多。与此同时，我国对东盟的出口也将保持持续的增长势头。这种增长一方面来自我国具有比较优势的产品，另一方面来自对东盟具有潜在优势的产品。2002 年，中国与东盟贸易额为 547.67 亿美元。2011 年双边贸易额达到创纪录的 3628.5 亿美元，比 2002 年增长了 5.6 倍，年均增长率超过 20%。中国连续第三年成为东盟的第一大贸易伙伴，东盟成为中国第四大出口市场和第三大进口来源地。2012

年1—6月，双边贸易额为 1878.2 亿美元，同比增长 9.8 %，高于全国贸易增速。

2. 双方的相互直接投资将逐步扩大

尽管目前东盟和中国都不是对方投资的主要市场，但随着各国一系列促进外国投资的政策的出台，相互投资将会增多。近年来中国对东盟的投资从无到有、由小到大，迄今投资额近 130 亿美元，其中近一半是近两年实现的。截至 2011 年 6 月底，中国和东盟各国之间的累计投资额近 800 亿美元。东盟已成为中国企业“走出去”的重要目的地。

3. 经济合作领域将日益拓宽

双方的经济合作将进入一个全面深化发展的新阶段，服务贸易的比重将进一步加大，投资合作方式将更加多元化。随着《清迈协议》的实施和“电子东盟”的启动，我国与东盟在金融、保险与电信领域的合作将更大规模地展开。基础设施的合作步伐也将加快，同时将带动相关次区域经济合作的进展。农业、环境保护、能源、知识产权及企业之间，特别是中小企业等方面的合作也将启动。

五、中国与俄罗斯的经贸关系

(一)中俄经贸关系的发展现状

1. 双边贸易高速增长

据中国海关统计，2007 年中俄贸易总额达到 487.1 亿美元，同比增长 44.3%，比同期中国对外贸易平均增长幅度高出 20.8 个百分点。这样高的增长幅度在两国历史上是极为罕见的。不仅如此，中俄贸易的增长幅度在中国十大贸易伙伴中位列第二，这种状况也是极为罕见的。2011 年双边贸易额为 792.5 亿美元，同比增长 42.7%。俄罗斯在中国主要贸易伙伴中列第十位。据俄罗斯海关统计，2011 年俄中贸易额为 835.1 亿美元，同比增长 40.7%，中国成为俄第一大贸易伙伴，第三大出口市场，第一大进口来源地。

2. 中国对俄出口增长强劲

中国对俄出口增长幅度远远大于俄罗斯对华出口增长幅度。2007 年中国对俄出口 284.9 亿美元，同比增长 79.9%，增长幅度空前，高于中国对外出口的平均增幅(25.7%)；俄罗斯对华出口 196.8 亿美元，同比增长 12.1%，低于中国对外进口的平均增幅(20.8%)。2011 年中国对俄出口 389 亿美元，俄对华出口 26.7 亿美元，对俄出口与对俄进口的增长幅度明显不成比例。造成这种局面的原因，一是俄罗斯国内需求旺盛，进口激增；二是俄罗斯对华石油出口出现下降，而石油是俄罗斯对华出口的最大宗产品。

3. 中方开始实现顺差

从 1992—2006 年的 15 年间，在中俄贸易中顺差一直在俄罗斯方面，中方始终处于逆差状态，累计逆差已达 420.17 亿美元。但是 2007 年中方第一次获得了贸易顺差，并且顺差

数额在迅速扩大。2007 年中国对俄罗斯实现顺差 88.1 亿美元。2008 年俄罗斯对中国贸易逆差 135 亿美元，2009 年俄罗斯对华出口额减少了 21.2%(从 211.9 亿美元减少到 167 亿美元)，从中国的进口额减少了 34.4%(从 347 亿美元减少到 228 亿美元)。这样，俄罗斯对中国的贸易逆差从 2008 年的 135 亿美元减少到了 2009 年的 61 亿美元。

(二)中俄经贸关系存在的主要问题

1. 贸易结构问题

长期以来，中国对俄出口以纺织和轻工产品等劳动密集型产品为主，俄对华出口则以资源原材料产品为主。在贸易规模扩大的情况下，这种传统的贸易结构并未发生实质性改变，中俄贸易中的结构性问题仍然突出。这一情况如果长期得不到改观，势必会直接影响双边贸易水平和质量的提高，也不利于双边经贸合作长期稳定发展。

2. 投资规模不大

中俄经贸合作以货物贸易为主，中俄相互投资无论与两国的贸易额相比，还是在两国各自对外投资总额与相互投资在对方吸引外资总量中的比重，均处于绝对低的水平。

3. 能源合作问题

随着能源价格上涨和安全因素考虑，中国对与俄罗斯的能源合作越来越重视，而俄罗斯则从调整经济结构、能源安全等方面考虑，在开发其资源性产品方面一直有所保留。加上两国有关业务实体在价格问题上磨合时间拖延和舆论关注度高，能源合作不仅成了经济问题，在一定程度上还成了相互信任的政治问题。

案例 11-2

石油成为俄方外交工具

1994 年，俄罗斯石油企业向中方提出了修建从西伯利亚到中国东北地区石油管道的建议。经过近 10 年的努力，2003 年 5 月，中俄两国石油公司签署了拟通过建成后的“安大线”向中方供应 7 亿吨、价值 1500 亿美元石油的协议。

2003 年 8 月，原定当月举行的中俄能源分委会会议被推迟，有消息说俄政府决定优先铺设安加尔斯克至纳霍德卡的石油管线(安纳线)。9 月 2 日，俄自然资源部宣布将最终否决安大线，安大线陷入危局。9 月 22 日，俄中总理会晤，俄总理表示将信守与中国的协议。

2004 年 2 月，俄方决定将安大线和安纳线合并为一条线，建设一条有支线经外贝加尔斯克通往中国大庆的安加尔斯克—纳霍德卡输油和输气干线，到中国的管道线路将优先开工，之后再从中国国境附近的中继地赤塔转接远东的纳霍德卡。这一方案被认为是“最大限度地符合国家利益，有利于东西伯利亚和远东发展以及有利于自然资源的综合开发”。

如果按照“中俄方案”，中国是唯一输入国，可以签署 20～25 年的长期合同，这样价格上会有一些优惠。但俄决定修建到纳霍德卡的管线后，通过支线进口石油，就不一定能签署长期合同了，而且中国也将失去俄石油经中国出口到其他国家这一在战略上有利的过境国地位。但从中国石油安全战略来看，到纳霍德卡的管线年输油量可达5000万吨，远高于到大庆管线的2000～3000万吨，这样，即使通过支线，也能基本满足中国的需求。这对于解决中国能源进口的“路径依赖”问题还是具有重要意义的。

中国的石油战略遭到日本的严重“搅局”。“安大线”的命运和日本有直接的关系。

日本在开展能源外交方面经验丰富。为了获得石油资源的开采权，它早就开始对俄罗斯的滨海边疆区和萨哈林州等地方政府做了许多工作。所以，在采纳中国方案还是日本方案的选择上，滨海边疆区地方政府坚定地站到了日本一边。这无疑是日本向俄罗斯方面施展“欲取姑予”小恩小惠手段的结果。

俄方不想放弃中国的巨大市场；也在乎俄国加入WTO时的中国的一票。

而石油是中国的命脉。中东的石油产地基本上被美国把持了，石油运输渠道的马六甲海峡有多种利益集团的争夺，所以，获得俄国的石油对中国至关重要。

使中国高兴的是，中哈石油管线进入实施阶段。

2004年5月，胡锦涛与哈萨克斯坦总统签署了9个文件，涉及能源、交通、农业等领域。其中，《关于哈萨克斯坦共和国阿塔苏至中华人民共和国阿拉山口原油管道建设基本原则协议》，标志着中哈石油管道项目正式进入实施阶段。

相关问题：俄罗斯为什么不愿卖石油给中国？

俄罗斯的原油出口每年为2亿吨，给中国的只有800万吨，只占到俄罗斯出口总量的4%，而出口到独联体国家的原油每年约为3200万吨，是中国的4倍。“为什么给他们多？因为俄罗斯想维持在该地区的影响力。因为这些年来，俄罗斯经济实力和影响力已经大不如前。所以，只有石油才能把这些独联体国家联合起来。”

另外1.4亿吨主要给了欧洲、日本和美国。其中大部分出口到欧盟。因为除了石油，俄罗斯很难找出可以与这些西方发达国家构筑相互依赖关系的战略资源了。石油成为一个外交工具。

(资料来源：http://info.news.hc360.com/html/001/002/003/013/15702.htm，2003年9月18日)

4. 贸易平衡问题

2007年在中俄贸易中中方第一次实现顺差，尽管顺差绝对值并不大，特别是还远未弥补十多年来中方累计的巨大逆差，但是这种状况已经让一部分俄罗斯人感到不安，将这一变化视为一个“可怕的开端”。其实，这个新问题完全是一些偶然因素所致，并非中国方面刻意追求的结果，俄方显然对此反应过度。

5. 贸易摩擦隐患问题

伴随着双边贸易的快速增长和贸易规模的不断扩大，产生贸易摩擦的可能性也必将不断增大，这是符合国际贸易的一般规律的。及时发现并努力克服有可能引发贸易摩擦的各种因素和隐患，是维护中俄双边贸易正常发展的重要环节。

(三)中俄经贸关系发展的前景

近年来，两国加强人文领域和民间层面合作交往，相继互办"国家年"、"语言年"、"旅游年"等重大双边文化交流活动。2006年中国"俄罗斯年"期间，双方共举办了21场科技活动；2007年的俄罗斯"中国年"期间，双方也开展了29场科技活动。中方派团组参加"莫斯科国际航空航天展"等大型展会，举办一系列高水平的学术交流，涉及激光、能源、海洋、航空、自然环境等双方共同关心的话题。2012年，在"俄罗斯旅游年"框架的200多项活动推动下，我国旅游业受惠于各项优惠政策，不断创新旅游产品与线路，加大资金、人力等资源配置，使潜在市场得到充分挖掘。这些主题年活动，加深了俄罗斯民众对中国的了解和对中国文化的认知，增进了中俄民间交流与理解，巩固了两国交往的社会基础。

1. 在贸易合作方面

两国贸易往来将逐步增加，进出口贸易额将进一步增长，中俄边境贸易有进一步发展的空间。在贸易结构方面，中国对俄出口产品仍以劳动密集型产品为主，同时会促进机电产品、木材深加工产品、电力设备、电子产品和高科技产品等的贸易。俄罗斯对中国的出口产品以资源密集型产品为主，石油供应仍会增加。两国的农业合作、民用产品及汽车贸易将进一步发展。中俄贸易的科技含量将会进一步提高。

2. 在投资合作方面

两国相互投资将会进一步增强。中方投资主要集中在房地产、木材深加工、农业开发、化工等领域。俄方投资有向中国中部发展的趋势，投资方向主要集中在天然气、能源、电力、制造业、建筑和运输等领域。

3. 在经济技术合作方面

2011年，中国自俄引进民用技术33项，合同金额达17.6亿美元，同比增长0.6%。2012年1月，自俄引进民用技术4项，合同金额达530万美元，同比增长253%。自俄引进项目主要集中在核电、航空、航天、电子等领域。两国经济技术合作将进一步加强，汽车生产组装、资源开发、木材深加工、工程承包等投资和经济技术合作项目将逐步增加。

案例 11-3

中俄关系发展再添新动力

新华网莫斯科3月24日电(记者　岳连国)中国国家主席习近平24日结束了对友好邻邦俄罗斯的国事访问。俄罗斯成为习近平就任国家主席后出访的首个国家，充分体现了中国新领导层对中俄关系的高度重视，表明中俄全面战略协作伙伴关系的高水平和特殊性。

分析人士认为，习近平此访对中俄关系具有承前启后、继往开来的重大意义，为双边关系持续深入发展注入了新的强大动力。

规划发展蓝图

访问期间，习近平与俄罗斯总统普京就两国如何加强相互支持、扩大各领域合作、密切在国际和地区事务中的协调配合深入交换了意见。通过与俄各界人士的广泛接触，习近平传递了中国政府和人民对俄罗斯政府和人民的深情厚谊。

中俄两国元首共同签署了《中华人民共和国和俄罗斯联邦关于合作共赢、深化全面战略协作伙伴关系的联合声明》，宣示了中俄就两国战略协作及重大国际问题的立场主张。

访问期间，中俄双方批准了《〈中华人民共和国和俄罗斯联邦睦邻友好合作条约〉实施纲要(2013年至2016年)》，以加强合作，共同提升两国的综合国力和国际竞争力。

习近平此访在俄罗斯掀起了一股“中国热”。俄各大媒体对习近平访问行程和中俄关系进行了大量报道，俄社会各界争相目睹中国新领导人的风采，对中俄关系发展前景普遍持乐观态度。

“习近平将俄罗斯作为担任国家主席后的首访国家，这是非常重要和意义深远的步骤。”俄科学院远东研究所高级研究员别尔格尔说。他认为，这表明中国将俄罗斯视为优先战略伙伴，中国新领导层进一步巩固对俄友好合作的方针没有改变。

推进务实合作

目前中俄在发展双边关系方面面临的战略任务是把两国前所未有的高水平政治关系优势转化为经济、人文等领域的务实合作成果，更好地惠及两国人民。

习近平与普京会谈期间就务实合作进行了深入探讨。双方认为，中俄开展大规模经济合作时机和条件已经成熟。要从全局和长远角度，充分挖掘互补优势和发展潜力，重视加强经贸合作，共同提高各自经济实力和国际竞争力。

中俄在23日发表的联合声明中表示，要实现两国经济合作量和质的平衡发展，实现双边贸易额2015年前达到1000亿美元，2020年前达到2000亿美元，促进贸易结构多元化。

能源合作是中俄深化务实合作的重要领域。如今两国在能源领域的合作是全方位的，不仅包括石油和天然气，还涉及核能、煤炭、电力和新能源。双方开展能源合作旨在实现互利双赢。习近平此次访俄期间，中俄双方签署了一系列深化能源合作的文件。

中俄近年来加强了人文领域交流，互办“国家年”、“语言年”等重大双边交流活动。去年举办的中国俄罗斯旅游年取得圆满成功。习近平此次访俄期间，俄罗斯中国旅游年在莫斯科盛大开幕，再次将双方人文合作推向高潮。

此外，习近平访俄期间，双方表示要重视青年交流，鼓励两国高校交往，增加互派留学生名额，在2014年和2015年互办中俄青年友好交流年。

中俄关系前景广阔

经过双方二十多年的不懈努力，中俄关系已发展成为全面战略协作伙伴关系。双方彻底解决了历史遗留的边界问题，政治关系基础牢固，双边贸易额迅猛增长，人文交流蓬勃发展，在国际舞台上的战略协作更加密切。

习近平不久前在接受金砖国家媒体联合采访时说，中俄互为最主要、最重要的战略协作伙伴，两国关系在各自外交全局和对外政策中都占据优先地位。

普京在会谈时表示，两国都致力于国家发展振兴，共同利益广泛，合作前景广阔。事实证明，俄中全面战略协作伙伴关系符合两国人民的利益，也成为当今国际关系中的重要积极因素。俄方愿加强两国战略合作。

中俄关系能够实现并继续保持健康稳定发展，得益于两国政府在积极发展中俄关系方面达成高度共识。双方将恪守2001年签署的《中俄睦邻友好合作条约》的原则和精神，把平等信任、相互支持、共同繁荣、世代友好的全面战略协作伙伴关系提升至新阶段，将此作为本国外交的优先方向。

《中俄睦邻友好合作条约》将两国和两国人民“世代友好、永不为敌”的和平思想以及“不结盟、不对抗、不针对第三国”的外交理念以法律形式固定下来，确立了新型国家关系。该条约以及两国根据该条约精神和时代发展新要求签署的一系列重要文件确保了中俄关系始终会在一条稳定、健康、正确的轨道上不断前行。

中俄关系发展已形成了广泛的社会基础。这一关系的发展给两国和两国人民带来了实实在在的利益。两国民众越来越真切地认识到，一个更加密切合作的中俄关系有利于中俄两国、有利于世界。两国社会各界坚决拥护和积极参与发展中俄友好事业的力量日益壮大，中俄全面战略协作伙伴关系的社会基础更加牢固。

俄罗斯科学院远东研究所所长季塔连科说，未来俄中两国具备合作潜力的领域和方向非常多，双方应不断增进相互了解、摈弃成见、深化合作。他认为，双方应坚持长期互利共赢的战略合作，因为这符合俄中两国的根本利益。

(资料来源：http://www.caeexpo.org/new2013/54295.html，2013年3月24日)

第三节　中国内地与港、澳、台地区的经济贸易关系

由于历史原因，香港和澳门特别行政区及台湾省现为中国的三个单独关税区，中国在与其进行经济贸易交往时，是按照国际经济通行规则进行的，因此，中国与三个单独关税区的经贸关系被作为其对外经贸关系的一部分。长期以来，两岸三地互惠互利、优势互补的经贸合作，促进了相互之间生产要素的优化配置，为相互的经济发展作出了积极的贡献。

一、中国内地与香港特别行政区的经济贸易关系

香港原属广东省新安县(今深圳市)，自1840年鸦片战争后被英国长期占领，1997年7月1日中国政府恢复对香港行使主权，香港成为中国特别行政区。

(一)内地与香港经贸关系的现状

20 世纪 50—70 年代，中国内地与香港只有小量贸易额，进入 80 年代后，随着中国对外开放政策的实施与中国香港国际贸易和金融中心地位的巩固与发展，内地与香港的经贸关系进入了新的发展阶段。2007 年，中国内地与香港的双边进出口贸易额达到 1972.5 亿美元，比 2006 年(下同)增长 18.8%，是香港回归当年的进出口贸易额的 3.9 倍。其中，内地对香港出口 1844.3 亿美元，增长 18.8%；自香港进口 128.2 亿美元，增长 18.9%。目前，中国香港是内地第四大贸易伙伴，两地之间已经形成互补互利、互相促进、共同发展的区域经济合作格局。商务部台港澳司公布的数据显示，2012 年，内地与香港贸易额达 3414.9 亿美元，同比上升 20.5%。其中，内地对港出口 3235.3 亿美元，同比上升 20.7%；自港进口 179.6 亿美元，同比上升 15.9%。内地与香港之间的贸易主要呈现以下特点。

1. 香港是内地国际贸易重要的中转地

香港作为内地对外贸易的“出海口”和“中转站”，在内地的对外货物贸易中仍然发挥着重要的作用。2007 年，内地经香港转口的进出口贸易额为 3280.7 亿美元，增长 15.2%。其中，经香港转口出口 758.7 亿美元，增长 13%；经香港转口进口 2522 亿美元，增长 15.9%。但由于世界金融危机的影响不断蔓延，外部需求锐减，2008 年广东经香港转口货物出现自 2001 年以来的首次负增长。2008 年，广东经香港转口的进出口贸易额为 2683.5 亿美元，下降 2%。其中，经香港转口出口下降 7.8%；经香港转口进口下降 0.01%，与上年基本持平。

2. 双方经贸紧密合作成效进一步扩大

2003 年，《内地与香港关于建立更紧密经贸关系的安排》(简称 CEPA)签署，众多香港产品以零关税进入内地。2004 年，内地进口 CEPA 项下香港货物 1.5 亿美元，2005 年较 2004 年进口翻番，达到 3.1 亿美元；2006 年进口规模继续扩大，为 4.2 亿美元；2007 年，“零关税”优惠协议实施效果继续显现，进口额为 5.6 亿美元，比 2006 年增长 34%，税收优惠 4.6 亿元人民币。截止到 2010 年 6 月 30 日，内地累计受惠进口香港 CEPA 项下货物 30.64 亿美元，关税优惠 18.10 亿元人民币。CEPA 零关税优惠政策对香港发展高增值、高技术的制造业起到了积极的推动作用，有利于香港实现产业升级，对香港贸易稳定增长起到一定的促进作用。

案例 11-4

CEPA

《内地与香港关于建立更紧密经贸关系的安排》(Closer Economic Partnership Arrangement)于 2004 年 1 月 1 日零时正式实施。内地将对原产香港进口金额较大的 273 个税目的产品实行零关税，特别是服务产品将更多进入大陆市场。

内地于2006年1月1日前对以上273种以外原产香港的进口货物实行零关税，但须事先由特区政府核定产品确实在港生产，并由双方核定产品清单和确定原产地标准。

“香港制造”标准问题

香港认为，产品有25%的工序在港进行，即可当作“香港产品”，但内地认为至少应有45%的工序，才算香港制造。但由于香港是自由港，零关税，如果按照25%的比例界定，那么很多外国产品就会利用香港地区，进入中国内地，只要在香港地区进行一定的加工就可以了。因此该专家认为，内地坚持45%的比例，是出于对内地企业的保护。

可见“香港的公司”和“香港制造的产品”成为问题的焦点。因为只有“香港公司”才能享受CEPA所带来的优惠政策，只有“香港制造”的产品才能享受CEPA所给予的零关税。

如何确定

“香港公司”的认定标准是：公司必须在香港注册；在香港从事3～5年的实质性商业经营；聘用香港员工所占的比例在50%以上；租用香港场地；向特区政府纳税等。

而关于25%和45%的争论最后采用了一个折中的指标：30%。如果某个产品在香港加工，它的附加成本占到了总成本的30%，就可以认为是“香港制造”的。这比WTO成员之间的规定要低得多。

普遍适用的原产地判定有两大原则，即产品从一地区“完全获得”或产品在一地区经过“实质性加工”。

(资料来源：http://www..people.com.cm/GB/jinji/1037/1942584.html)

3. 内地为香港的稳定繁荣提供了充足的保障

内地克服了能源紧张、持续干旱等不利因素影响，切实充分保障对港供电、供水及输港鲜活农产品等，为香港繁荣稳定提供了有力保障。内地由1994年起开始由大亚湾核电站向香港供电，目前大亚湾每年供电量占全港电力总消耗的四分之一，即香港每4户家庭就有1户使用大亚湾核电。2007年内地对港供电达到103.1亿千瓦时，连续3年突破百亿千瓦时；2007年对港供水7.2亿吨，增长15.9%；2007年内地全年累计对港出口农产品30.5亿美元，增长14.3%，其中对港出口蔬菜54.5万吨，大幅增长36.7%，出口水果22万吨，增长9.2%。2012年对港供应东江水7.1亿立方米，累计供应农副产品348.1万吨。

(二)内地与香港发展经贸关系应遵循的原则

内地与香港的经贸关系是在“一国两制”的方针指引下，依据《中华人民共和国香港特别行政区基本法》(简称《基本法》)和国际贸易通行规则进行的。

(1) 根据“一国两制”方针和《基本法》的规定，香港特别行政区将保持现行体制，保持自由港地位，继续实行自由贸易政策，保障货物、无形资产和资本的自由流动，在经贸领域享有高度自治的行政管理权。

(2) 根据“一国两制”的方针，内地同香港经贸关系的性质，是中国主体同其单独关税区之间的经贸关系处理，视为对外经贸关系处理，并遵循互不隶属、互不干涉、互不替代的原则。

(3) 根据“一国两制”的方针，两地经贸往来继续遵循国际贸易活动的规则和惯例，两地间出现的经济合同纠纷制裁，参照国际惯例办理。

二、中国内地与澳门特别行政区的经济贸易关系

澳门原属广东省珠海县，早在400多年前就已开埠，1887年被葡萄牙侵占，1999年12月20日重回祖国怀抱，成为中华人民共和国的特别行政区。

(一)内地与澳门经贸关系的现状

由于历史渊源及地理位置的接近，内地与澳门一直有着密切的经贸联系。特别是改革开放后，以及20世纪70年代末期开始的澳门经济的腾飞，使双边经贸合作始终保持着发展的态势。2007年，随着澳门特区政府各项施政措施的落实和CEPA等中央支持澳门政策成效的进一步显现，内地与澳门经贸交流与合作进入新的发展期，两地贸易持续增长，双边投资和跨境工业合作稳步推进，工程承包和劳务合作再创新高。

1. 两地贸易持续增长

内地与澳门进出口贸易继续保持了快速增长的势头。2007年两地贸易额达29.2亿美元，同比增长19.8%。其中，内地自澳门进口2.8亿美元，同比增长9.7%；内地对澳门出口26.4亿美元，同比增长21%。2011年内地与澳门的贸易额为25.2亿美元，占内地对外贸易额的0.07%。其中，内地对澳门出口为23.6亿美元，同比上升10%；自澳门进口为1.6亿美元，同比上升31.3%。2012年1—11月，内地与澳门贸易额为26.1亿美元，同比上升15.4%。其中，对澳门出口为23.9亿美元，同比上升13.2%；自澳门进口为2.2亿美元，同比上升47.3%。

2. 跨境工业合作稳步推进，双边投资进展顺利

2009年1—10月，珠澳跨境工业区珠海园区与澳门之间的保税物流货值达3400万美元，占同期进出境货物总值的78%；珠海园区与国内之间进出区的货物总值共计4亿多美元，占同期进出区货物总值的96%。双边投资方面，2011年内地共批准澳门客商投资项目283个，同比增长3.28%，实际使用澳门资金额达6.8亿美元，同比增长3.84%。2012年1—11月，内地共批准澳商投资项目277个，同比上升5.3%。截至2012年11月底，内地累计批准澳资项目13116个，实际利用澳资108.6亿美元，澳资在我累计吸收境外投资中占0.86%。

3. 承包工程和劳务合作再创新高

在澳门经济强劲需求的带动下，内地在澳门承包工程、劳务合作再创新高。2007 年签署承包工程、劳务合作及设计咨询合同 5698 份，同比增长 137%；完成营业额 14.4 亿美元，同比增长 37%；2007 年末，在澳各类劳务人员 45 089 名，比 2006 年底增长 18.4%，有力地支持了澳门经济和各类建设项目的发展。2012 年 1—11 月，内地在澳门承包工程合同数共计 19 份，金额共计 5.3 亿美元，完成营业额 2.5 亿美元，月底在澳劳务人数 65 743 人。截至 2012 年 11 月底，内地在澳累计完成营业额 91.5 亿美元。

4. 两地经贸合作进入更紧密联系阶段

2007 年 7 月 2 日，内地与澳门签署了《CEPA 补充协议四》，在 28 个服务领域对澳门采取了 40 项开放措施，并在加强金融合作、促进贸易投资便利化等方面增加了新的内容。其中，公用事业、社会服务等 11 个领域为新增领域，而法律、医疗、房地产等 17 个领域，则在原有开放承诺的基础上，分别采取了取消股权限制、降低注册资本和资质条件、放宽经营范围和地域限制等新的开放措施。2009 年，澳门投资在广东服务业的企业有 155 家，合同投资 59.4 亿元，实际投资 24.5 亿元，占服务业外资 60%以上。CEPA 的签署和实施，有力地促进了两地经济的进一步融合，也为澳门经济的发展创造了更好的条件和机遇。

(二)内地与澳门经贸关系的发展前景

展望未来，内地与澳门经济仍将继续稳定增长，两地经贸交流与合作将迎来更加广阔的发展前景。

一方面，两地经济的持续向好为两地经贸合作提供了稳定的发展环境；另一方面，澳门经济适度多元化战略的进一步实施，为两地经贸合作提供了新的发展机遇。目前，澳门特区政府正围绕推进综合旅游发展、优化经贸平台建设、发展相关服务行业、推动传统制造业转型和升级等领域，大力实施产业适度多元化战略。2007 年 9 月澳门威尼斯会展中心落成后，澳门会展业的硬件设施大为改善，预计在未来 2～3 年内将有近 40 个大型展览和 500 个国际会议在澳召开，直接和间接经济效益高达近 300 亿澳门元。珠澳跨境工业区及口岸被企业界形象地称为“前院在澳门，后院在珠海”，享受了“保税区、出口加工区税收政策及专用口岸”三重特殊政策，成为全国首个跨境特殊监管区域。启用以来，两地相关部门在海关申报、税收减免等方面出台了一系列优惠政策，为澳门工业适度多元化发展提供了有力的支持。

三、中国大陆与台湾省的经济贸易关系

台湾是中国第一大岛，位于我国东南沿海的大陆架上。台湾自古以来是中国的领土，

1895年被日本侵占，1945年抗日战争胜利后归还给中国。1949年新中国成立前夕，国民党当局退据台湾。

(一)两岸经贸关系的发展和现状

1. 贸易规模迅速扩张，台湾对大陆顺差持续增长

两岸贸易自清代统一台湾以前就已萌芽兴起，其后发展几经起伏，在1949年国民党政权退守台湾，并宣布台湾进入“战时动员状态”之后的30年内基本陷入中断状态。1978年起，两岸贸易开始逐渐由停顿走向恢复，并迈入全新发展进程，其主要形态演进历经20世纪80年代的转口贸易，到90年代的转运贸易，至20世纪后期的过境贸易，再到21世纪初期的“准直接”贸易，呈现从间接逐渐向直接转化的发展趋势。

自20世纪70年代末以来，两岸贸易规模不断扩大，发展势头强劲。1978年台湾对大陆出口为零，经香港转口的自大陆进口额也仅为4600万美元。2000—2009年两岸贸易总额为8022.2亿美元，台湾累计顺差额达5106亿美元，占两岸贸易总额的63.6%。台湾出口市场的40%在大陆。2011年大陆与台湾的贸易额为1600.3亿美元，同比上升10.1%。其中，大陆对台湾出口为351.1亿美元，同比上升18.3%；自台湾进口为1249.2亿美元，同比上升7.9%。2012年大陆与台湾之间的贸易额达1689.6亿美元，占同期大陆外贸总值的4.4%，比上一年增长5.6%。据新华社报道，其中，大陆对台湾出口值为367.8亿美元，增长4.8%；自台湾进口值为1321.8亿美元，增长5.8%。2012年大陆进口台湾ECFA(两岸经济合作框架协议)项下商品的货值为84.3亿美元，增长1.05倍；关税优惠39.7亿美元，增长3.3倍。

2. 贸易关系日趋紧密，大陆成台湾最大的贸易伙伴

两岸贸易的迅猛发展，为双方尤其是台湾创造了巨大的贸易利得，同时也在两岸间建立起日趋紧密的贸易相互依赖度。从台湾方面来看，其对大陆的进口依赖度由1978年的0.42%上升至2005年的9.06%，历年累计从大陆进口额占其累计进口总额的比重达4.01%；其对大陆的出口依赖度由1978年的0上升至2005年的37.64%，历年累计对大陆出口额占其累计出口总额的比重达17.86%；而台湾对大陆进出口总额的依赖度则由1978年的0.19%上升至2005年的23.94%，历年累计对大陆进出口总额则占其累计进出口总额的11.39%。从大陆方面来看，其对台湾的进口依赖度由1978年的0上升至2005年的11.31%，历年累计从台湾进口额占其累计进口总额的10.58%；其对台湾的出口依赖度由1978年的0.47%上升至2005年的2.17%，历年累计对台湾出口额占其累计出口总额的1.92%；其对台湾的进出口总额依赖度则由1978年的0.22%上升至2005年的6.42%，历年累计对台湾进出口额占其累计进出口总额的6.07%。2009年各个国家(和地区)出口至中国大陆占其GDP比重中，以台湾 14.3 %的比例最高。台湾对大陆日益表现出高度的市场依赖，而其对大陆的供应依赖也在不断加深；相比之下，大陆对台湾的市场依赖还不明显，对台湾的供应依赖也增幅较缓。

伴随两岸贸易关系的日趋紧密和台湾对大陆贸易依赖度的迅速提高，大陆已在台湾对外贸易关系发展中占据最为重要的位置，成为台湾最大的贸易伙伴和贸易顺差来源地。

3. 商品结构不断调整，总体趋势迈向多元、互补

两岸贸易商品构成在20世纪80年代转口贸易为主导时，主要为台湾轻工消费品(如日用品和家用电器等，其比重占台湾对大陆出口额的70%以上)与大陆土特产品(如中药材等，其比重占大陆对台湾出口额的90%以上)之间的交易。从20世纪90年代开始，由于台湾厂商，尤其是大企业对大陆投资的增加，台湾工业原材料、半成品、零部件以及机械设备输往大陆的数量大幅扩增，逐步居于主导地位(其比重高达90%以上)，而台湾消费品对大陆出口比重则明显下降。同时，由于台湾当局陆续开放大陆农工原料及半成品的进口，该类产品对台出口数量不断增加，逐渐成为大陆输往台湾的主流产品，而土特产品的出口比重则趋于萎缩。因此，两岸贸易的商品架构已从过去消费品与土特产品之间的交易模式，转变为机械设备及生产零部件与农工原料及半成品之间的交易模式。

总体来看，大陆对台出口商品多属中上游工业产品，加工层次较低；而台湾对大陆出口商品则多属中下游工业产品，加工层次较高。因此，两岸贸易结构呈现出互补性和多元化的发展趋势。

(二)两岸经贸关系发展存在的问题

由于台湾当局的阻挠，双方贸易还不能直接签约、直接运输、直接结汇，只能转口进行。这给双方贸易带来了很大的不便，增加了交易成本，降低了产品在国际市场上的竞争力，阻碍了双方贸易的顺利发展。

而且长期以来大陆对台湾省出口规模大大小于进口规模，对台贸易逆差逐年扩大，且增长势头强劲。究其原因，一方面是由于台湾当局对从大陆进口设置了重重障碍；另一方面是由于祖国大陆为推进两岸贸易的发展，没有用严格限制台湾商品进口的消极方法来平衡双边贸易。

(三)两岸发展经贸关系应遵循的原则

1979年1月，全国人大常委会发表《告台湾同胞书》，阐明和平统一祖国的大方向，同时也提出了对台通商的基本方针，即发展贸易，互通有无，进行经济技术交流。1980年4月，中国海关总署提出了大陆同台湾之间进行经济贸易是地区间的物资交流，对台贸易视同国内贸易，从台湾进口的商品免征关税(1983年改为征收直接贸易调节税)。1981年9月，中央领导人提出实现祖国统一大业的九条方针，建议举行国共两党对等谈判，两岸实现通邮、通商、通航。1984年，邓小平进一步明确提出用“一个国家，两种制度”的构想来解决台湾问题。1988年7月，中国又公布了《国务院关于鼓励台湾同胞投资的规定》，保证不会将台资企业国有化，台资企业可以享受外商投资企业的优惠待遇等。1991年7月，中国对外经济贸易合作部(今商务部)提出进一步促进两岸经贸交流的五项原则，即直接双向、互利互惠、形式多样、长期稳定、重义守约。1994 年，中共中央又确定了“积极主动、发挥优势、互利互补、共同发展”的对台经贸工作总方针。这都表明了我国对台湾回归祖国、实现祖国统一和发展经贸关系的决心与愿望。2012 年两岸两会签署了《海峡两岸海关合作协议》，在促进两岸贸易便利化的基础上，为进一步加强双方海关在征税、监管、缉私、统计等方面合作打下了坚实的基础，提供了制度性的保障。这一协议的落实，将对两岸贸易发展起到积极的促进作用。随着大陆“十二五”规划和台湾“黄金十年”蓝图的对接，海峡两岸将采取更加务实、开放的措施促进贸易的发展，两岸贸易会面临更好的前景。

本章小结

坚持独立自主、平等互利的原则，是我国对外经济贸易发展的基础；坚持自力更生与对外开放相结合，维护国家经济安全，是我国对外经济贸易发展的基本出发点。

欧盟已超过日本和美国成为中国第一大贸易伙伴，同时是中国的第一大出口市场，第二大进口来源地。中欧经贸关系发展仍存在很多障碍，如“特保”措施问题、市场经济地位问题、贸易保护问题等。

美国是我国第二大贸易伙伴，第二大出口市场，第六大进口来源地。随着中国加入世界贸易组织，中美经贸关系中的许多障碍正在消除，如最惠国待遇、市场准入等；但中美贸易不平衡、美国对中国商品的进出口限制等因素仍影响中美经贸关系的稳定发展；而反倾销调查、知识产权保护等问题也再度成为双边贸易摩擦的焦点。

日本是我国第三大贸易伙伴，第四大出口市场，第一大进口来源地。但近年来两国贸易摩擦不断加剧，中国对日贸易逆差迅速扩大，中日贸易的利益不均衡，日本高新技术产品垄断中国市场，这些都影响着中日经贸关系的健康发展。

香港和澳门特别行政区及台湾省现为中国的三个单独关税区，中国在与其进行经济贸易交往时，是按照国际经济通行规则进行的，因此，中国与三个单独关税区的经贸关系被作为其对外经贸关系的一部分。长期以来，两岸三地互惠互利、优势互补的经贸合作，促进了相互之间生产要素的优化配置，为相互的经济发展作出了积极的贡献。

思考题

1. 中国发展对外贸易关系的原则是什么？

2. 结合目前实际情况，分析中国与主要贸易伙伴经贸关系的现状、存在的问题和未来的发展前景。

3. 开展两岸三地经贸合作的意义、存在的问题及主要原则是什么？

案例分析

我国遭遇最大贸易争端　30%光伏企业可能倒闭

继美国对我光伏产业实施“双反”之后，昨天，欧盟委员会也发布公告，对中国光伏电池发起反倾销调查。这是中欧双方迄今为止最大的贸易纠纷，也是全球涉案金额最大的贸易争端。而这一次，中国企业恐将面临比美国双反更加不利的局面。

事件动态：光伏陷欧美包围圈

由于欧盟未承认中国市场经济地位，欧盟对中国光伏企业倾销事实的认定将选取一个市场经济国家作为替代国，以对中国光伏产品的正常市场价格进行判断。在欧盟的立案文件中，这一替代国被选为了美国。而此前美国对中国光伏企业公布的高反倾销初裁税率，是建立在以泰国为替代国基础之上的。

统计显示，去年中国出口约 358 亿美元光伏产品，超六成出口到欧盟，出口欧盟产品价值 210 亿欧元(约合 265 亿美元)。欧洲对中国光伏企业的意义远大于美国。

政府表态：呼吁欧方磋商解决

就欧盟昨天的公告，商务部新闻发言人沈丹阳表示，尽管中方多次呼吁通过磋商合作化解光伏产品贸易摩擦，但欧盟委员会仍执意发起反倾销调查。中方对此深表遗憾。

沈丹阳说，金融危机以来，世界经济复苏滞缓，各国光伏产业都出现了企业经营困难、破产倒闭等现象，中国也不例外。目前，全球光伏产业发展已形成“你中有我、我中有你”的格局，中欧光伏产业更是一种相互依存、互利合作关系。

限制中国光伏电池产品，不仅伤害中欧双方产业的利益，也将破坏全球光伏产业和清洁能源的健康发展。

沈丹阳强调，“亡羊补牢，为时未晚”。中方再次敦促欧方信守二十国集团洛斯卡沃斯峰会承诺：在 2014 年前不采取任何新的贸易和投资保护主义措施，并收回任何已产生的新保护主义措施。中方呼吁欧方能从中欧经贸合作的大局出发，认真考虑中方的立场和建议，通过磋商解决光伏产品贸易摩擦。

行业影响：30%光伏企业或倒闭

有业内人士认为，欧盟正式立案带给中国光伏最直接的打击是又将有一批光伏企业倒闭，特别是一些中小企业在劫难逃。

深圳中电投资股份有限公司光伏业务部副总经理梁俊民说，中小型厂家的主要市场就在欧洲，欧盟大门关闭后一些企业将会面临资金链供应断裂，新兴市场购买力又不够，加上国内的各种补贴政策难以覆盖中小企业，估计 30%甚至更多的光伏企业会因此倒闭。

阿特斯阳光电力科技有限公司市场部沈扬子称，欧盟对华反倾销后，如果我们采取规避贸易壁垒的手段在国外建厂，又会因为当地的人力成本高等因素导致产品的成本上升。

企业反应：要百分百努力应对

面对欧美的“包围圈”，业内人士认为，中国的光伏行业需要团结起来积极抗辩应诉。

中山大学太阳能系统研究所副所长洪瑞江说，中国企业一是要团结起来寻求应对办法，二是要通过政府部门积极应诉和抗辩，在欧盟作出关税初裁之前寻求协商，争取让欧盟在关税额度上作出妥协。

“最好的结果是不立案”，天合创始人高纪凡表示，“立案之后即使只有百分之一的希望，也将进行百分之百的努力去化解。”

根据欧盟的相关规定，在确定立案后，终裁将在立案后 12 个月，最迟不超过 15 个月内进行。也就是说，中国企业还有机会改变欧盟大门关闭的结果。

（资料来源：http://tech.hexun.com/2012-09-07/145580621.html，2012 年 9 月 7 日）

问题：

1. 欧美等国为何不承认我国的市场经济地位？这与中国的劳动力价格有什么关系？

2. 中国如果取得完全市场经济地位，对外贸的发展有何影响？

第十二章　中国对外贸易战略

【学习要求】

通过本章的学习，要求学生了解对外贸易战略的概念和分类，明确制定中国对外贸易战略的原则和指导思想，掌握中国对外贸易的总体战略和基础战略。

【主要概念】

对外贸易战略　进口替代战略　出口导向战略　混合型外贸战略　外开内撑型外贸战略　"大经贸"战略　"走出去"战略　互利共赢战略　自由贸易区战略　"以质取胜"战略　科技兴贸战略　对外贸易可持续发展战略

【案例导读】

站在新的历史起点献策国家发展

清人陈谵然在其《寤言二迁都建藩议》中说："不谋万事者，不足谋一时；不谋全局者，不足谋一域。"国家发展战略是在空间上统筹世情国情两个大局，在时间上立足于历史的客观总结、现实的准确评判、潮流的深刻洞察、趋势的准确研判，科学预测未来国家发展的内外环境、主要矛盾、机遇挑战和优势劣势，明了世势国情于胸，顶层谋划未来国家发展的方向、目标、路线、方针和政策，以顺应历史潮流，抓住历史机遇，赢得主动、赢得优势、赢得未来。

历史告诉我们：战略问题是一个国家发展的核心问题，缺乏战略谋划的国家很难成为真正的强国，重大战略的成功是最重要的成功。谋划战略就是要把握现实，选择未来。实践证明，在当代中国的发展进程中，改革开放是重大并成功的战略决策。面向未来，需要在坚持改革开放这个大战略下，探索和谋划大国发展的未来之路。

(资料来源：《国家发展战略研究丛书》总序)

中国对外贸易战略是我国经济发展战略在对外贸易方面的内容，是在全国国民经济总体发展战略指导下，在一个比较长的历史时期内有关对外贸易发展的全局性决策和长期性规划。中国对外贸易战略是实现我国经济发展战略目标的重要保证，它对于我国社会主义现代化建设、中华民族振兴有着重要的战略意义。中国对外贸易战略包括总体外贸战略和基础外贸战略。实施中国对外贸易战略，既要在宏观与总体上把握，又要将其在微观上落实到具体的基础上，才能不断开创对外贸易发展的新局面。

第一节 对外贸易战略的概念与分类

一、对外贸易战略的概念

对外贸易战略是指在一国经济总体发展战略指导下的对外贸易部门发展战略，即对对外贸易发展目标和实现手段的全局性的长期安排和筹划。

对外贸易战略的内涵，首先应包含明确的对外贸易发展战略目标，考虑外贸利益。外贸利益大致有三种情况：第一种情况是谋求外贸之外的利益，即在特定时期，针对特定政治、经济环境作出的选择。例如我国在建国初期，为了突破帝国主义的封锁、禁运，我们着重发展了对苏联、东欧国家的全面紧密的经济合作和贸易往来，逐步打开了同亚洲、非洲和拉丁美洲的独立国家建立贸易合作关系，体现了谋求国家政治利益的战略思想。第二种情况主要是获得静态的外贸利益。第三种情况则主要是获得动态的贸易利益。20世纪90年代以来，我国外贸发展战略的目标已从出口创汇等静态利益转向促进产业结构调整、升级，提高规模经济水平和增强国际竞争力等动态贸易利益目标上来。

其次，对外贸易战略应包含战略重点，即部门发展偏向。实行进口替代战略，就是要进口工业设备，限制进口消费品，为国内工业的成长创造条件。实行出口导向型贸易战略，重视在国际市场上合理调配资源，放松进口管制，对出口生产部门和外贸部门实行多方面支持措施，目的是以出口增长带动产业升级和经济增长。

再次，对外贸易战略应包含保证外贸战略目标和重点实现的体制和政策体系。与外贸战略相适应的体制以及相互配合的政策体系是对外贸易战略是否完善的标志和能否成功的保证。对外贸易体制主要通过决策机制、信息机制和动力机制逐步实现对外贸易战略的目标意图，通过收集、处理信息推进对外贸易战略的实施，并根据条件的变化及时纠正对外贸易战略实施过程中出现的偏差，调节对外贸易利益分配关系。对外贸易政策包括总体政策、具体政策和国别政策。总体政策规定了一国对外贸易的总的方针和方向。具体政策包含产业政策、结构政策、商品政策等相关配套政策。国别政策是根据国家之间的关系决定的一国的政治利益。

对外贸易战略是经济总体发展战略的重要组成部分，是反映经济总体发展战略要求的，并在一定程度上决定了一国经济发展的目标和方向。

对外贸易战略在一国经济发展战略中居于核心地位。对外贸易战略是一国经济发展战略的有机组成部分，但对外贸易战略与经济发展战略不是一般的整体与部分之间的关系。因为对外贸易战略要考虑如何在世界经济的大环境下参与国际分工、实现资源优化配置、促进经济发展，其发展规划决定了一国经济发展战略的许多重要内容，反映了一国经济发展的目标和方向，因而处于一国经济发展战略的核心地位。

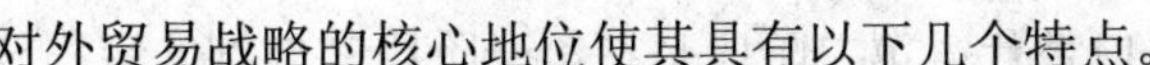

对外贸易战略的核心地位使其具有以下几个特点。

一是对外贸易战略具有全局性特点。一国对外贸易战略的制定，要着眼于国际经济和世界经济的国际分工体系，充分考虑到国内的资源条件和经济发展目标，所提出的体制和政策，不仅对外贸行业，而且对全国经济发展都能起到指导作用，因而具有全局性的特点。

二是对外贸易战略具有整体性特点。对外贸易战略的各构成部分，包括对外贸易战略的制定原则、指导思想、总体战略及模式、基础战略以及外贸体制、外贸政策等，是相互联系、相互协调、相互促进、相辅相成的关系，从整体上对外贸发展和经济发展发挥着促进和制约作用，具有整体性特点。

三是对外贸易战略的稳定性特点。稳定性是一国经济发展战略和外贸发展战略内在的要求。经济发展战略和外贸战略都是对未来较长时期经济和外贸发展方向、发展方式、发展目标等方面的安排，要长期发挥引导作用，不能朝令夕改、随意变动，要在一定时期保持稳定。虽然由于国际、国内环境的变化，可以对战略的某些具体指标和要求作调整，但其基础部分和基本要求是不能随意改变的。对外贸易发展战略保持稳定，才能保证经济和外贸的安全有序发展，才能吸引更多的投资者和贸易伙伴。

二、对外贸易战略的分类

西方经济学家和国际组织在开展广泛调查研究的基础上，依据不同的研究目的和研究方法，将发展中国家的对外贸易战略进行了不同的分类。

钱纳里等人应用多国计量模型进行分析比较，把发展中国家的对外贸易战略划分为出口促进战略、进口替代战略和平衡发展战略。

克鲁格根据统计数据对“二战”后10个发展中国家的制造业的有效保护率进行测算，把发展中国家的对外贸易战略分为出口促进战略、进口替代战略和温和的进口替代战略三种类型。

世界银行根据1963—1985年41个国家和地区的资料，把发展中国家的对外贸易战略分为坚定外向型、一般外向型、一般内向型和坚定内向型四种类型。

以上对外贸易战略类型的划分，可以归结为以下三种基本的类型。

(一)进口替代战略

进口替代战略又称内向型战略，是指用本国产品替代进口品。通过建立和发展本国的工业，实现对进口工业制成品的替代，从而达到减少进口、节约外汇、发展本国工业，加强经济自立能力，减少对国外经济依附的目的。实行进口替代战略一般都会对本币汇率高估，保护本国幼稚产业，对本国市场实行不同程度的保护，抵制外来产品。

实施进口替代战略一般要经过两个发展阶段：第一阶段主要是建立和发展一般的最终

消费品工业，实现对这方面产品的进口替代；第二阶段是在第一阶段实施到一定程度后，需集中力量建立和发展生产资本品、中间产品的工业，如机械设备制造、石油提炼、炼钢轧钢、冶金、化工等需要大量资本和专门技术的工业，实行替代工业升级。第一阶段的实施比较容易，一般发展中国家都可实现。但第二阶段的实施受资金、技术、人才和市场等条件的限制，许多发展中国家难以成功实施。

进口替代战略的优点是：首先，所生产的一般工业品的国内有效需求已经基本存在，建立新工业的风险较低，较易实施；其次，对本国幼稚工业和民族工业的保护，有利于本国建立独立的工业体系；再次，一般消费品工业发展有利于解决就业问题。

进口替代战略随着经济发展显露出明显的局限性：一是国内市场容量决定了进口替代战略的发展潜力有限。国内经济获得了一定发展后，有限的市场需求将成为制约经济发展的主要因素。一旦国内市场达到饱和，经济的增长速度就会受到抑制，甚至出现倒退。二是容易造成国际收支失衡。实行进口替代的国家一般是依靠农产品、资源性初级产品的出口换取外汇，用于进口国内经济发展所需的机器设备。初级产品换汇能力低，而进口所需外汇量大，长期下去易导致国际收支失衡。三是国内受到保护而获得发展的行业容易失去竞争意识，产生不求进取的懒惰行为，对经济发展产生不良影响。

实施进口替代经过一定时期发展后，进口替代战略就走到了尽头，就会以极端扭曲的国内资源配置和国际比较利益关系，换取本国工业在“闭关锁国”状态下的缓慢发展，维护其落后状态。对此，世界上不少发展中国家都有过深刻的历史教训。

(二)出口导向战略

出口导向战略又称为外向型战略，是指主要通过促进和扩大制成品出口，以出口增长带动产业升级和经济增长。这是一种出口鼓励型贸易战略，重视在国际市场上合理调配资源，贸易和工业政策不歧视内销的生产或供出口的生产，也不歧视购买本国商品或外国商品。它将国内国际市场同等看待，把国内市场看作是开放性市场，看作是国际市场的一个组成部分。该战略遵循国际分工的比较优势原则，利用国内丰富的资源或廉价的劳动力等优势发展资源密集型和劳动密集型产品，参与国际分工和合作，获取国际贸易的静态利益和动态利益，促进国内产业结构升级、改善出口产品结构、实现国际收支平衡等经济发展目标。

实施出口导向战略的配套政策有：降低关税，减少配额、许可证等数量限制，实施自由贸易政策；对出口部门采取特殊优惠政策，包括税收优惠、出口退税、提供出口信贷、外汇担保；货币对外贬值，促进出口贸易发展。

出口替代是外向型或出口导向型战略发展到较高阶段的结果。出口替代分为两个相互连接的阶段：首先实行以制成品出口替代传统的初级产品出口；接着实现出口产品由简单制成品向高新技术、高附加值制成品转换。

出口导向型战略的优点是：能克服发展中国家国内市场狭小的限制，把国内市场和国

际市场融合在一起，形成无限的市场容量，因而有利于引进先进技术、改造产业结构，利用规模经济，促进本国经济的工业化和现代化。中国香港、新加坡、中国台湾和韩国通过成功实施出口导向战略而实现了经济腾飞。

但出口导向型战略也会随着经济发展的内外部环境的变化而表现出它的不足：一是过度依赖国际市场，容易受国际经济波动的影响。亚洲金融危机的爆发就是这种对国际市场过度依赖造成的。二是在要求别国开放市场的同时必然要开放自己的市场，国内经济面临着发达国家雄厚大公司的激烈竞争的巨大压力，给本国工业发展、产业结构升级带来了严重的困难。三是发达国家由于经济衰退，新贸易保护主义抬头，对发展中国家的劳动密集型产品的出口实施了各种贸易限制，使发展中国家实施出口导向型战略面临巨大挑战。

(三)混合发展战略

混合发展战略是在总结发展中国家实施进口替代战略和出口导向战略的经验教训，比较两种不同类型战略优点和局限的基础上提出的，力图将进口替代战略和出口导向战略各自有效的成分结合起来，取长补短，集合而成的一种新型对外贸易战略。

混合发展战略在战略重点上既利用进口替代迅速形成能满足国内需求的独立工业化体系，又积极利用国际分工扩大出口；在战略措施上则既要继续实行较严格的贸易保护政策，又要实施财政和金融措施扶持出口。

在理论界，关于如何实现进口替代战略和出口导向战略的结合有以下几种主要观点：一种认为应综合运用两种战略优势，实施双层次的、重点有序的综合发展战略；另一种认为，应该平衡交叉运用进口替代战略和出口导向战略；第三种认为，进口替代战略以国内市场为主要目标，出口导向战略以国际市场为主要目标，应交替实施两种战略。还有的认为，出口导向战略要求比较自由的贸易政策，而进口替代战略则要求高度保护的贸易政策，将体现两种相互矛盾、排斥的政策要求的贸易发展战略结合在一起是无法操作实行的。

在实践中，印度从 20 世纪 70 年代初对这两种战略的结合进行了尝试，但由于开放的程度不足，对国内工业保护过度，实施效果不理想。而巴西在 20 世纪 60 年代中期开始混合使用两种贸易发展战略并取得了成功，创造了经济快速发展的奇迹。

第二节　制定中国对外贸易战略的原则与指导思想

一、制定中国对外贸易战略的原则

制定中国对外贸易战略，应根据我国现阶段国民经济、社会发展水平和要求，经济体制改革与对外开放的进程，考虑到国际经济、政治环境的变化，参照国际惯例和经验，并贯彻如下原则。

(一)自由贸易与保护贸易适当结合的原则

那些国内产业发达，掌握贸易竞争优势或经济技术先发优势的发达国家和地区是自由贸易坚定的支持者；而那些国内产业不发达，居于贸易竞争劣势或经济技术后进地位的国家和地区则倾向于保护贸易。但是在当代世界经济由单纯的商品贸易向服务贸易、国际投资与技术知识产权、环境保护及可持续发展等领域交流合作转化的过程中，竞争更趋激烈和复杂。采用纯粹的自由贸易或保护贸易都不是制定对外贸易战略的良好原则。更多的国家开始转向实行自由贸易与保护贸易相结合的“管理贸易”的立场。我国虽是一个经济和外贸大国，但产业发展参差不齐，地区经济呈现明显的二元经济特征，出口产品结构水平低，竞争优势不足，因此，在制定对外贸易战略时更应贯彻自由贸易与保护贸易适当结合的原则。

(二)进口替代和出口导向有机结合的原则

我国国民经济与社会发展正处在工业化的关键时期，扩大经济总量、提升产业结构、改善贸易条件、增进社会福利的任务十分繁重，因此在对外贸易发展中必须强调进口替代。但在经济全球化和国际分工不断深化的今天，我们必须遵循国际分工的比较优势原则，利用国内比较优势，在参与国际分工和合作中获取国际贸易的静态利益和动态利益。这就要把进口替代和出口导向结合起来，通过出口为进口创造条件，通过进口替代实现重要产业的建立和发展，然后再通过出口进一步实现国内产业升级，使进口替代的成果落实到出口替代的实效中去，发挥出两个战略成果的优点，实现二者优势互补的有机结合。

(三)国内市场和国际市场主辅结合的原则

中国应坚定不移地实行对外开放，与国际经济接轨，但是绝不能过度依赖国际市场，特别是少数几个发达国家的市场。过度依赖国际市场很容易受到发达国家经济运行和波动的影响。亚洲金融危机就是被发达国家的经济波动卷入危机深渊的。所以中国在制定对外贸易战略时，在充分利用国际市场特别是发达国家市场的同时，要保持国家经济发展的独立性，不要过度依赖发达国家市场。要坚持国内市场为主，以国内市场作为中国经济发展的中心和依托，把国际市场作为促进国内市场发展的有效补充。中国作为一个经济大国，国内市场巨大，有着很大的发展潜力。制定对外贸易战略应以国内市场为主，以国际市场为辅，实现二者协调发展的主辅结合。

二、制定中国对外贸易战略的指导思想

(一)坚持从实际出发

制定中国对外贸易战略，首先必须从中国社会主义现代化建设的实际出发，既要符合

国民经济总体发展战略的需要，与国民经济各部门发展要求相适应，又是我国现在的国力和发展水平有可能实现的。中国社会主义现代化建设的现实条件，是制定中国对外贸易战略的国内依据。其次，制定中国对外贸易战略，还必须依据国际条件，从世界经济的客观实际出发。要根据世界经济发展状况和国际贸易发展趋势以及世界政治经济格局的变化，制定中国对外贸易发展战略。

(二)坚持对外开放的基本国策

对外开放是被载入我国宪法的一项基本国策，制定中国对外贸易战略，必须坚定不移地坚持贯彻这一基本国策。不仅对社会主义国家开放，而且对资本主义国家开放；不仅对发达国家开放，而且对发展中国家开放；不仅是国内经济特区、沿海发达地区开放，而且沿边地区和内陆地区也开放；不仅现在开放，而且将来也长期开放，对外开放政策永远不会变。要通过开放，摆脱那种基本上属于一国经济自我循环的状况，建立以国内资源和市场为主的、国外资源和市场为辅的有机结合的新的良性循环系统。

(三)坚持以提高经济效益为中心

提高经济效益是我们考虑一切经济问题的根本出发点，也是我们制定中国对外贸易战略的指导方针。我们在处理经济效益与发展速度的关系时，要确定能够取得最佳经济效益的对外贸易发展规模和速度。通过对外经济技术的交流与合作，使国民经济实现实物形态的转换，取得社会劳动的节约，达到增加使用价值和价值、争取最佳经济效益的目的。

(四)坚持科学发展观

科学发展观是在经济全球化迅猛推进，中国全面实行对外开放历史条件下提出的发展战略理念，是处理中国对外经贸关系，引领中国对外贸易战略调整的重要指导思想。制定中国对外贸易战略，要以科学发展观为指导，在客观、全面分析全球经济发展格局和变化态势的基础上，抓住经济全球化不断深化的历史机遇，进一步扩大对外开放，全面提升中国参与国际经济技术合作的水平，进而为中国经济社会全面、协调、可持续发展提供强大动力，并采取有效措施，确保国家利益和社会、经济以及生态安全，实现国际、国内全面、协调和可持续发展。

(五)坚持自力更生方针

独立自主、自力更生是我国社会主义现代化建设的根本指导方针。在我们这样一个有13 亿人口的大国进行社会主义现代化建设，必须主要依靠本国的资源和市场，依靠本国人民的力量。同时，我们还要通过对外开放，充分利用国内外两种资源和市场，还要学习和借鉴外国有益的经验，目的是为了增强自力更生的能力，加快社会主义现代化建设。但绝不是要依赖外国，放弃自力更生。我们在制定中国对外贸易战略时，既要反对忽视国外资源和市场，闭关自守，孤立奋斗的做法，又要反对一切依靠国外资源和市场的做法，自主决定和处理本国一切事物，在和平共处五项原则基础上发展对外经济技术交流合作，利用好国内外两个市场、两种资源。

第三节　中国对外贸易总体战略

中国对外贸易总体战略是从宏观角度提出的全局性的总体上的战略。在不同时期由于开放程度不同，对外贸易总体战略也就不同，具体包括改革开放前的进口替代战略、有限开放时期的混合发展战略、全面开放后的“大经贸”战略、“走出去”战略、互利共赢战略和自由贸易区战略。

一、关于中国对外贸易总体战略选择的争论

改革开放以来，开展了关于中国对外贸易总体战略选择的讨论，特别是东南亚金融危机爆发后，对中国对外贸易的发展该选择哪种战略的争论非常激烈。针对中国经济发展情况的不同侧重，大致形成了以下四种不同的看法。

(一)主张实行进口替代战略

主张实行进口替代战略的理由有如下几个。

1. 保护幼稚产业的需要

中国作为一个发展中的大国，国内工业体系还不完善，还有许多幼稚产业需要保护，只有实行进口替代战略，才能继续实施保护贸易政策，有效保护幼稚产业，促进中国民族工业发展，完善中国的工业体系。

2. 坚持独立自主对外政策的需要

实行进口替代战略有助于中国实行独立自主的对外政策，有利于减少国际政治、经济的影响。

3. 中国目前经济发展水平不高的需要

中国是一个发展中大国，人口众多、地域辽阔，区域经济发展很不平衡，二元经济特征明显，因而不适合采用出口导向战略，否则就会加剧地区间不平衡，拉大收入差距，不利于构建和谐社会和实现共同富裕。此外，中国的市场体系还不够完善，还缺乏在国际市场上具有导向性的出口产业和出口导向的条件，因而只能实行进口替代战略。

4. 中国国内市场巨大的需要

由于中国国内市场巨大，应立足于国内市场，通过实行进口替代，促进国内经济大循环，依靠内需拉动经济增长。实践已经证明，中国完全可以依靠扩大内需来拉动经济增长。

5. 应对发达国家市场壁垒的需要

当今国际市场上，发达国家一面高喊自由贸易，竭力打开发展中国家的市场，一面又对发展中国家高筑市场壁垒。在这种情况下很难实行出口导向战略，参与国际分工，因而只能实行进口替代战略。

(二)主张实行出口导向战略

主张实行出口导向战略的观点如下。

1. 实行出口导向战略是进口替代战略已经完成使命，必须转向的要求

中国经过多年实行进口替代战略取得了良好效果，已经建立起了完整的工业体系，完成了该战略的历史使命，必须转向出口导向战略，通过出口导向，实现出口创汇，进口先进的技术、设备，才能促进国民经济的进一步发展。

2. 实行出口导向战略是适应当今世界经济发展趋势，融入国际分工的要求

长期实行进口替代，过度进行贸易保护，会导致国内产业的“惰性”。但当代世界经济一体化趋势不可阻挡，要实行高度贸易保护几乎不可能。实行出口导向适应了世界经济发展的大趋势，通过发展外向型经济，实现用工业制成品替代初级产品出口，用技术层次高、附加值高和加工层次深的产品出口代替技术、加工层次低的产品出口，这样就可以更好地融入到广泛深入的国际分工之中。

3. 实行出口导向战略是实现中国产业升级的必由之路

通过实行出口导向战略，建立起中国与世界经济的联系，利用中国的比较优势参与国际分工，在积极引进外国资金和先进技术、设备的条件下，集中资源和优势培育中国出口行业的竞争力，发展对外贸易，不仅可以解决中国外汇短缺的问题，而且还可以获得国际贸易的各种静态利益和动态利益，并逐步实现中国产业升级。

(三)主张实行混合型外贸战略

混合型贸易战略是基于出口导向战略和进口替代战略各有利弊，在综合考虑中国国情条件下，提出的将两种战略结合起来互补的混合型或平衡型外贸战略。至于如何实行这种混合型外贸战略，有三种不同的看法。

1. 在沿海、东部等经济比较发达的地区以及中、西部经济欠发达的地区分别实行出口导向战略和进口替代战略

由于中国地域辽阔，区域经济发展很不平衡，不可能在全国一刀切地实行单一的进口替代战略或出口导向战略。从中国经济发展的这种不平衡的实际出发，就只能是在沿海和东部等经济发达地区实行出口导向战略，直接参与国际竞争；而在中西部经济欠发达地区继续实行进口替代战略，对中国的幼稚产业进行保护，经过一段时间的发展后再适时转向实行出口导向战略。

2. 在不同的产业部门分别实行出口导向战略和进口替代战略

在一些关系到国计民生的重要部门和幼稚产业部门实行进口替代战略，以通过实施必要的保护，促进这些产业部门的发展；而在纺织行业、机电行业等已经发展比较成熟的产业实行出口导向战略，通过发展外向型出口部门产业，进行出口创汇，引进先进的技术、设备，改善国内产业，促进中国经济发展。

3. 通过实现要素融合把两种战略有机结合起来

就是既鼓励进口替代的部门发展外向型经济成分，同时也在外向型经济出口产业部门引进先进的技术、设备，提升出口产品的竞争力，把两方面战略要素有机结合起来。这种结合既不受地区、部门的限制，又不受时间制约，要根据需要交替强调、灵活调整。

由于两种战略要求实行的是相反的政策措施，进口替代实行的保护贸易政策就会影响到出口部门的发展，而出口导向实行的促进出口和保护进口的措施又会因不同政策的抵消而达不到预期效果。

(四)主张实行外开内撑型外贸战略

外开内撑型战略是中国经济学者提出的一种新的外贸战略。外开内撑型战略是以国际比较优势为依据，以国内市场为依托，以适度保护为辅助，努力撑大本国内部市场，全面对外开放的贸易战略，其内容如下。

1. 发挥比较优势走开放发展道路

当代世界经济联系越来越紧密，国际分工不断深化，经济全球化进程加快，任何国家和企业企图摆脱国际经济联系，走自我封闭、自我发展道路，都是一条走不通的死路。中国应坚定不移地走开放型发展道路，重视扩大国外市场，积极主动参与国际分工，在扩大国际经济的交流与合作中发现并利用本国的比较优势，建立自己的有竞争力的出口产业和主导产业，促进对外贸易和国民经济的长期持续发展。

2. 撑大国内市场促进对外贸易发展

在走开放型发展道路时，还应当强调重视国内市场的作用。我国由于经济高速增长、

实行扩大内需政策带来了巨大的市场机会，对于对外贸易的发展将有重要支撑作用。首先，广阔的国内市场对出口产业能发挥规模经济的作用。可以使本国产品成本降低，有利于获得国际竞争优势。其次，广阔的国内市场对国外资本、技术流动有吸引作用。这对于国家的工业化和现代化有重要作用。再次，广阔的国内市场可以起到出口商品“蓄水池”的作用，出口产品在国际市场一旦受阻，就可以通过扩大国内市场销售的办法来缓解压力。最后，广阔的国内市场对国外的贸易壁垒有抑制作用。由于担心失去中国的巨大市场，国外的贸易保护不得不有所收敛。

3. 适度保护下的自由贸易政策

我们要实行全面对外开放，就要实行自由贸易政策。但实行自由贸易政策并不是完全排斥任何形式的政府保护，适度的政府保护还是必要的。当今世界上没有完全实行自由贸易的国家。我们应该利用自由贸易参与国际竞争，但同时也应该由政府提供适度的保护，以促进国内幼稚产业的发展。

二、改革开放前的进口替代战略

改革开放前(1949—1978 年)，我国实行的对外贸易总体战略是进口替代战略。对外贸易的目的是“互通有无，调剂余缺”，着重强调的是自力更生，只有中国生产不了的才考虑进口，而不是为了根据国际分工的比较优势原则参与国际分工获取对外贸易利益。

(一)实行进口替代战略的依据

改革开放前实行进口替代战略的依据如下：首先，当时的国内形势严峻，经济环境险恶。当时新中国建立不久，国民经济经历了多年战争的摧残，全面崩溃，百废待兴，急需要建立工业、恢复生产、保障供给。其次，国际上存在着资本主义和社会主义两大阵营的对立。以美国为首的西方资本主义国家对中国实行了经济封锁和禁运，企图完全切断中国与世界经济的联系。再次，中国经济建设的指导思想。面对国内、国外严峻的形势，我国不得不采取独立自主、自力更生的建设方针，建立和发展自己的工业体系，逐步恢复国民经济。最后，中国当时实行的是高度集中的计划经济体制。为了保护国内幼稚产业的发展，防止西方资本主义经济对中国的冲击，维护社会主义制度，在高度集中的计划体制下，基本上采取了闭关锁国的做法，经济建设排斥对外经济，实行的是封闭状态下的进口替代。

(二)实行进口替代战略的意义

在改革开放前的历史环境条件下，实行进口替代战略，对中国的外贸和经济发展还是起到了积极作用。一是外贸和经济都得到了恢复和发展，达到了较高的增长速度。1952—1978 年中国对外贸易增长了 5.5 倍，其中出口增长约 6.2 倍，进口增长 6 倍。经济增长率在1949—1978年达到年均增长7.3%的水平，特别是工业产值的平均增长率在1953—1978年达到了11.3%的水平。二是中国初步建立起了比较完整的民族工业体系，并实现了出口产品由农产品为主到轻工业产品为主的过渡。三是充分发挥国内劳动力资源充裕的优势，形成了劳动密集型的轻工业产品略占优势的出口商品结构，在国际市场的竞争中取得了一定的比较优势。

(三)实行进口替代战略的缺陷

由于长期实行进口替代战略，暴露了该战略存在的缺陷，给中国经济发展带来了如下不利影响：首先，实行这种战略使中国一直孤立于世界经济之外。进口替代战略从本质上排斥进口，同时也歧视出口，不是以比较优势为原则发展对外贸易，因而不能获得国际贸易的各种静态利益和动态利益，使自己孤立于世界经济之外。其次，导致了资源配置的低效率。由于对国内产业过渡保护，资源配置不合理、效率低，加上实行高度集中的计划经济体制，使得企业更加缺乏竞争意识和效率观念，效率低下造成资源的极大浪费。再次，结构失衡影响中国经济的进一步发展。实行进口替代优先发展重工业，使轻工业与重工业、农业与工业、生产与生活等经济结构严重失衡，中国经济的进一步发展受到很大影响。

三、有限开放时期的混合发展战略

1978—1992年的有限开放时期，我国基本上实行的是混合发展战略。1978年我国将对外开放确定为基本国策后，外贸战略开始转变，由进口替代战略逐步转向混合发展战略。

(一)实行混合发展战略的依据

之所以要实行外贸发展战略的转变，主要是由于当时中国国情的变化和世界经济全球化趋势的发展。

1. 国内经济体制的变化

通过改革，国内经济体制逐步实现了由高度集中的计划经济体制向市场经济体制的转变，外贸体制也进行了符合市场经济体制要求的改革。原来计划经济体制下的对外贸易战略随着其赖以存在的经济体制基础的转变，而必然表现出与新的经济体制不相适应的矛盾和冲突，需要用混合发展战略来代替原来的进口替代战略，即实行以进口替代为主，与出口导向相结合的对外贸易战略，才能与市场经济的新体制相适应。

2. 国内经济发展不平衡，结构不合理

中国幅员辽阔、人口众多，城乡之间、地区之间、产业部门之间经济发展很不平衡，经济结构很不合理。因此，需要针对不同地区、产业部门实行不同的外贸发展战略。在经济比较发达的东部沿海地区和有条件的地区实行出口导向战略，在经济欠发达的中西部地

区实行进口替代战略。充分发挥这两种战略的优势，利用出口导向战略增加外汇收入，利用进口替代战略维护国民经济基础。通过两种战略的相互作用，实现国民经济结构的合理化和高级化。

3. 1986 年提出了复关申请

进口替代战略的高度保护不符合关贸总协定倡导的自由贸易原则。为了适应关贸总协定所倡导的自由贸易原则，早日恢复中国在关贸总协定中的缔约国地位，需要对进口替代战略进行调整，并同时实行出口导向战略。

4. 高估汇率抑制了出口

实行进口替代战略，采取了高估汇率的政策，严重影响了中国对外贸易的发展，抑制了出口，造成了外汇的紧缺，并影响到国内资源的优化配置。要改变这种状况，就必须调整对外贸易战略，从实行进口替代战略转到混合发展战略，并制定出相应的外汇政策，促进外贸发展，以发挥外贸在推动国民经济发展中的作用。

5. 对外开放基本国策确立

随着社会生产力和国际分工的迅速发展，世界上各个国家和地区在经济上联系在一起，经济生活国际化趋势日益加强。各国孤立不群与闭关锁国的状态日益被打破。而中国由于长期实行进口替代战略，基本上孤立于国际分工和世界经济之外，被迅速发展的世界经济远远抛在后面。为了顺应世界经济的开放潮，1978 年后，对外开放被确定为我国的基本国策，并采取逐步推进的办法进行。我国的对外贸易战略必须作相应调整。在有限开放时期，在率先开放的经济特区、沿海开放城市、沿海经济开发区实行出口导向战略，在其他地区实行进口替代战略，实现两个战略的互补。

(二)实行混合发展战略的意义

1. 充分利用了中国丰富的劳动力资源

在沿海经济特区、开放城市和沿海经济开发区，利用国际经济处于产业结构升级和转移阶段的机会，通过大力引进外资，兴办中外合资、中外合作、外商独资企业，利用我国农村劳动力资源优势，发展劳动密集型加工业，有效利用了丰富的劳动力资源，解决了大量人口的就业问题。据测算，20 世纪 80 年代中期以后，中国每出口 1 亿元人民币工业品，一年可为 1.2 万人提供就业机会。每年通过进出口生产大约可安排上千万人就业。

2. 实现了出口商品由初级产品为主向以工业制成品为主的转变

按国际贸易标准分类统计，工业制成品占出口总额的比重，1953 年为 20.6%，1978 年上升到 46.5%，1988 年又上升到 64.6%，其中重工、化工制成品出口占出口总额的 24.5%，并呈现出深加工和精加工制成品逐年上升的趋势。

3. 加速了工业化和现代化建设

1978—1979年的成套设备和技术进口项目，具有20世纪70年代末至80年代初的世界先进水平，对推进我国现代化发挥了重要作用。20世纪80年代以来，着重引进软件和关键设备，改造现有企业，使许多产品的生产技术日趋现代化。沈阳水泵厂引进联邦德国和比利时先进技术，生产的电站高压锅炉给水泵达到了80年代初的世贸先进水平。造船、机械、电子等产业，通过外贸引进技术，进行了全行业技术改造，推动了技术水平的飞跃，达到了国际标准，生产出世界先进水平的船舶新产品系列，80%的出口船舶销往发达国家。中国机械工业通过引进技术，使400多个重点企业的技术水平进入世界先进行列。

(三)实行混合战略的缺陷

1. 外贸政策的地区差异造成了各地不公平的竞争地位

当时实行的外贸政策，地区之间有很大差异，各地为了地区利益竞相争夺资源，甚至实施地区限制，人为分割国内市场，使沿海地区经济发展面临着很大困难。

2. 国家倾斜的外贸政策拉大了地区经济发展的不平衡

国家向比较发达地区的外贸倾斜政策，加快了比较发达地区的经济的快速发展，这样就进一步拉大了地区发展差距，加大了地区经济发展的不平衡，影响到整个国民经济的协调、稳定发展。

四、全面开放以后的对外贸易战略

1992年邓小平南行讲话和党的“十四大”对市场经济地位的确立，标志中国改革开放进入了全面开放时期。此后，我国先后提出了“大经贸”战略、“走出去”战略、互利共赢战略和自由贸易区战略。

(一)“大经贸”战略

我国在1994年春举办的“90年代中国外经贸战略国际研讨会”上，正式提出了“大经贸”战略构想。

1. “大经贸”战略的含义和内容

“大经贸”战略就是实行以进出口贸易为基础，商品、资金、技术、劳务合作与交流相互渗透、协调发展，外经贸、生产、科技、金融等部门共同参与的经贸发展战略。

“大经贸”战略的基本内容如下。

(1) 大开放。要通过进一步拓展对外经贸的广度和深度，形成对内对外全方位、多领

域、多渠道的开放格局。开拓以亚太市场和周边国家市场为重点，发达国家和发展中国家合理分布的多元化市场，提高我国的整体开放度，加快国内经济与世界经济接轨，奠定我国开放型经济体系的基本格局，最大限度地获取参与国际分工的好处。

(2) 大融合。一是加快实现对外经贸各项业务的融合，实现商品、技术和服务贸易一体化协调发展；二是在维护全球多边贸易体制的前提下，努力实现双边、区域和多边经贸合作；三是积极推进贸易、生产、科技、金融等部门的密切合作，提高企业的国际竞争力；四是外贸稳定发展，维护国际收支平衡，把对外经贸的宏观调节与国民经济宏观调控更好地结合起来。

(3) 大转变。就是要转变对外贸易的功能，在扩大外贸规模、提高外贸贡献度的同时，着力发挥其促进产业结构调整、加快技术进步、提高宏观和微观经济效益的作用，同时，通过利用国际分工，对国民经济发挥引导性功能，提供多方面综合服务。

2. “大经贸”战略的目标

(1) 适度超前增长。外经贸要继续保持适度超前增长，提高对经济增长的贡献度。

(2) 集约化发展。要进一步优化进出口商品结构，加快技术进步，提高效益，促进国民经济产业结构调整。

(3) 市场多元化。逐步实现以亚太市场为重点，周边国家市场为支撑，发达国家和发展中国家合理分布的市场结构。

(4) 地区外经贸协调发展。要努力改变外向产业发展雷同化、重叠化现象，减少地区之间的矛盾和摩擦，形成各地区外经贸合理、协调发展的格局。

(5) 实现外经贸不同方式的融合和良性循环。把商品、服务、技术、出口和利用外资相互融合，实现良性循环和协调发展。

3. 实施“大经贸”战略的措施

(1) 树立社会主义市场经济观念，提高宏观决策的经营管理水平。

(2) 深化外贸体制改革，完善外经贸宏观调控机制。

(3) 推进全方位、多层次、多渠道的对外开放，为实施“大经贸”战略创造良好的外部环境。

(4) 推动贸、工、农、技、银密切结合，加快技术进步和出口产品升级换代，增强国际竞争力。

(5) 加强外经贸法制建设。

(6) 加快外经贸人才培养与信息开发。

4. 实施“大经贸”战略的意义

(1) 为加强和改进对外经贸宏观调节和管理提供了依据，推动在全面开放新形势下，外经贸发展面临的一系列深层次问题的解决。

(2) 打破了国内外市场之间的阻隔及国内各部门、各地区间的界限，促进了专业化协作与联合，推动了工贸结合及代理制改革目标的实现，推动了集团化、国际化的发展。

(3) 提高了外经贸质量、效益，整顿了外经贸秩序。

(4) 促进了产业结构调整和技术进步，推动了出口产业产品结构升级。

(二)“走出去”战略

“走出去”战略是我国政府在世纪之交经济全球化不断发展，国家综合国力要进一步增强，经济结构要调整升级的背景下作出的重大决策。在新的条件下发展对外经贸，就必须在“引进来”的同时，加快实施“走出去”开拓国际市场的战略。

1. “走出去”战略的内容与目标

(1) 鼓励有条件的企业“走出去”开展跨国经营。发挥比较优势，带动我国技术、设备、商品和劳务出口。鼓励和支持各类所有制企业“走出去”在境外投资办厂，开展各种各样的经济技术合作，更多地利用国外的资源和市场。

(2) 逐步拓宽境外投资领域。鼓励企业采取多种形式开拓市场，形成多元化的投资格局。鼓励企业从初期简单从事进出口贸易、餐饮、劳务承包拓展到投资办厂、境外加工装配、境外资源开发、对外承包工程、对外劳务合作、设立境外研发中心、建立国际营销网络、提供境外咨询服务、开展对外农业合作、卫星通信等众多领域。

(3) 推动对外承包工程和劳务合作发展。加大开拓国际工程承包市场的力度，鼓励和支持企业在境外开展对外设计咨询、工程承包和劳务合作，重点带动成套设备、技术和服务出口的总承包项目、大型工程和“交钥匙”工程，推动对外承包与劳务合作上规模、上档次。鼓励企业采取的承包方式从分包为主逐步向施工总承包和“咨询设计——采购——施工”全过程承包转变，项目经营方式逐步向项目管理、BOT等高层次发展。

通过上述“走出去”战略内容的实施，实现开拓国际市场、拓展我国经济发展空间的战略目标。

2. 实行“走出去”战略的措施

(1) 进行规划和协调。要从宏观上进行总体的规划和协调，从微观上积极引导企业根据国家外贸发展的长远目标和阶段安排制定跨国经营战略，避免“一窝蜂”式的大干快上。

(2) 制定促进措施。为提高企业的国际竞争能力，要建立企业境外带料加工装配、对外承包工程保函风险专项资金、出口信贷及出口信用保险、中小企业国际市场开拓资金、援外合资合作基金。充分发挥商业贷款、优惠贷款、无息贷款和发展援助的作用，鼓励企业带资承包，在境外承揽大项目。允许具备条件的企业在国内外资本市场融资，利用国际商业贷款增加资本金。

(3) 加强信息和政策服务。引导企业选择好目标市场和项目。发挥驻外经商机构、商

业行会和各类中介组织的作用，为企业提供信息、法律、财务、知识产权和认证等方面的服务。加快建立信息服务网络系统，扩大信息采集渠道，向企业提供境外经营环境、政策环境、项目合作机会、合作伙伴资质等信息。

(4) 建立保障机制。加强多边、双边经贸磋商，减少和排除境外各种贸易壁垒。加强领事保护，制定境外企业和人员领事保护实施办法，维护我国境外企业和人员的合法权益。

3. 实施“走出去”战略的意义

(1) 有利于提高对外开放水平。开拓了国际市场，拓展了我国经济发展空间。

(2) 有利于增强我国经济发展的动力和后劲。弥补国内资源不足，开发利用国外石油、天然气、铁矿、森林等资源取得积极进展，缓解了我国能源、原材料的紧缺状况。

(3) 有利于推进经济结构优化升级。对外投资合作规模不断扩大，我国已进入国际工程承包的世界十强，投资领域、方式向人才、资金、技术密集型行业拓展，推动了我国经济结构的优化升级。

(4) 有利于保证国家的经济利益和安全。企业跨国经营迈出了重要步伐，海外跨国经营业务取得重要进展，国际竞争力增强，一批企业开始进入世界同行业最强的大型企业行列。

(三)互利共赢战略

2001 年中国正式加入世贸组织后，制定对外贸易战略和政策时，必须考虑对其他国家的影响，同时更重要的是要配合国民经济发展战略，促进国内经济的发展。因此，中国在进入 21 世纪后的对外贸易战略应该是在科学发展观指导下能实现对外贸易的可持续发展，并具有全方位、多层次、宽领域的综合性特点，应该是一种比较自由的贸易发展战略，配合以适当的保护。这就要在继续贯彻“大经贸”战略和“走出去”战略的同时，实行互利共赢的战略。

国家“十一五”规划正式提出了互利共赢的开放战略，即坚持对外开放基本国策，在更大范围、更广领域、更高层次上参与国际经济技术合作和竞争，实现互利共赢，更好地促进国内发展与改革，切实维护国家经济安全。

1. 互利共赢战略的内容

(1) 加快转变对外贸易增长方式和优化对外贸易结构。按照发挥比较优势、弥补资源不足、扩大发展空间、提高附加值的要求，积极发展对外贸易，促进对外贸易由数量增加为主向质量提高为主转变。在优化出口结构的基础上，积极扩大进口，完善公平贸易政策；大力发展服务贸易，到 2010 年货物贸易、服务贸易进出口总额分别达到 2.3 万亿美元和 4000 亿美元。

(2) 提高利用外资质量。抓住国际产业转移机遇，继续积极有效地利用外资，重点通

过利用外资引进国外先进技术、管理经验和高素质人才，把利用外资同提升国内产业结构、技术水平结合起来。引导外商投资方向，充分发挥集聚和带动效应；促进利用外资方式多样化，发挥外资的技术溢出效应。

(3) 积极开展国际经济合作。完善促进生产要素跨境流动和优化配置的体制和政策，积极发展与周边国家及其他国家的经济技术合作，实现互利共赢。

2. 实行互利共赢战略的措施

(1) 树立科学发展观，实现对外经贸动力机制的转变。中国对外经贸既要适应中国经济社会发展的宏观要求，为全面小康建设发展目标和现代化建设发展目标服务，同时也要根据 WTO 规则要求考虑到其他国家的利益和发展要求，要通过发展对外经贸活动给双方都带来好处，对双方都有利，中国既不做单纯追求自己利益的事，更不会做损人利己的事，中国追求的是互利共赢的战略目标。只有这样，才能实现对外经济贸易的可持续发展。

(2) 增强综合竞争力，构建质量效益导向的外贸促进和调控体系。要以自主品牌、自主知识产权和自主营销为重点，引导企业增强综合竞争力；支持自主性高技术产品、机电产品和高附加值劳动密集型产品出口；严格执行劳动、安全、环保标准，规范出口成本构成，控制高耗能、高污染和资源性产品出口；完善加工贸易政策，继续发展加工贸易，着重提高产业层次和加工深度，增强国内配套能力，促进国内产业升级；加强对出口商品价格、质量、数量的动态监测。

(3) 实行进出口基本平衡的政策。发挥进口在促进我国经济发展中的作用。完善进口税收政策，扩大先进技术、关键设备及零部件和国内短缺的能源、原材料进口，促进资源进口多元化。

(4) 积极稳妥扩大服务业开放。建立服务贸易监管体制和促进体系。扩大工程承包、设计咨询、技术转让、金融保险、教育培训、信息技术等服务；建立服务业外包基地，有序接受国际服务业转移。

(5) 完善公平贸易政策。提高应对贸易争端能力，维护企业合法权益和国家利益；加强国际贸易的多双边对话与合作，实现共同发展；完善贸易法律制度，建立大宗商品进出口协调机制，加强行业自律，规范贸易秩序；有效运用技术性贸易措施，加强进出口检验检疫和疫情监控。

(6) 合理引导外资投资。引导外资更多地投向高技术产业、现代服务业、高端制造环节、基础设施和生态环境保护，投向中西部地区和东北地区等老工业基地。鼓励跨国公司在我国设立地区总部、研发中心、采购中心、培训中心；鼓励外资企业技术创新，增强配套能力，延伸产业链；吸引外资能力较强的地区和开发区，要注重提高生产制造层次，积极向研究开发、现代流通等领域拓展；引导国内企业同跨国公司开展多种形式的合作，有效利用境外资本市场，支持国内企业境外上市；继续用好国际金融组织和外国政府贷款，合理、审慎使用国际商业贷款；加强外资的宏观监测和管理，保护适度外债规模。

(7) 实施“走出去”战略。支持有条件的企业对外直接投资和跨国经营，培养和发展我国的跨国公司。完善境外投资促进和保障体系，加强对境外投资的统筹协调、风险管理和资产监管；推进国际区域经济合作，积极参与国际区域经济合作机制，加强对话与协商，发展与各国的双边、多边经贸合作，积极参与多边贸易、投资规则制定，推动建立国际经济新秩序。

(8) 促进国际金融体系改革。加强国际金融监管合作，推动国际金融组织改革，鼓励区域金融合作，改善国际货币体系，促进国际金融体系改革，保障国际贸易健康发展，实现国际贸易互利共赢。

(9) 大力培养对外贸易人才，建设高素质的对外贸易队伍。实行互利共赢战略，关键是培养大批政治过硬、业务精湛的对外贸易人才，建设一支高素质的队伍。要把通过高校对外经济贸易专业培养专门人才和对现有外经贸队伍的培训、提高结合起来，并使专门人才中博士、硕士、本科和专科不同层次的人才合理组合，形成一支思想端正、事业心强、勇于开拓、无私奉献、知识广博、精通业务的高素质对外贸易队伍。

3. 实行互利共赢战略的意义

(1) 有利于在更大范围、更广领域、更高层次参与国际经济技术合作，更好地促进国内发展与改革。

(2) 有利于加快转变对外贸易增长方式，实现对外贸易由数量增加为主向以质量提高为主转变。

(3) 有利于优化出口商品结构，促进国内产业升级。

(4) 有利于扩大进口，缓解国内能源、原材料短缺。

(5) 有利于发展服务贸易，有序承接国际服务贸易转移。

(6) 有利于提高利用外资的质量，提升国内产业结构和技术水平。

(7) 有利于促进生产要素跨境流动和优化配置。

(8) 有利于维护国家经济安全，实现互利共赢，构建和谐世界。

(四)自由贸易区战略

自由贸易区是指经双方或多方商定，减少贸易投资壁垒，推动贸易投资自由化和便利化的一定贸易区域。由两个或两个以上的国家或地区组成，其开放程度超越 WTO 现有框架的贸易自由化，是 WTO 规则所允许的。我国于 2000 年首次提出与东盟建立自由贸易区的构想，中共十七大报告提出要“实施自由贸易区战略”，中共十八大报告再次提出要加快实施这个战略，从而把建立自由贸易区提升到了国家外贸发展战略。

1. 实施自由贸易区战略的必然性

(1) 是入世过渡期结束后急需解决的迫切问题。入世过渡期结束后，如何进一步拓展对外开放的广度和深度，提高开放型经济水平，从开放中继续获取发展动力，在开放中得到更大利益，是我们面临的一个迫切需要解决的问题。将自由贸易区建设作为扩大开放的新战略，以此更好地统筹双边、多边、区域次区域开放合作，推动同周边国家互联互通，从而促进我们对外经济贸易发展，实为一条有效途径。

(2) 是寻求国家外贸利益最大化的必然趋势。国家对外经贸利益的获取往往受制于步履艰难的多哈回合谈判和区域经济一体化的阻碍，于是各国纷纷从自由贸易区中来寻求自身利益的最大化。据 WTO 统计，截至 2010 年 2 月，全球已有 462 个区域贸易协定向 WTO 提交了通知，其中有 271 个已经实施。WTO 的绝大多数成员参加了一个或几个区域贸易协定，多的参加了 20 多个协定。寻求我国外贸利益的最大化，也必须顺应这种趋势，积极组建自由贸易区。

(3) 是已取得初步成果实践基础上的必然发展。我国从 2000 年开始组建区域贸易安排，已取得了初步成果，已有了 5 个实施中的区域性自由贸易安排，这就为我国在"十七大"确立自由贸易区战略提供了实践基础。

2. 自由贸易区战略实施进程

(1) 组建区域贸易安排的初步实践阶段。

一是建立中国—东盟自由贸易区。这是我国组建的第一个自由贸易区。是由时任总理朱镕基在 2000 年 11 月第四次中国东盟领导人会议上提出的建立中国—东盟自由贸易区构想，并建议成立专家组进行可行性研究。次年专家组建议 10 年内建成"10+1"自由贸易区。2002 年 11 月，在第六次中国—东盟领导人会议上，中国与东盟 10 国签署了《中国与东盟全面经济合作框架协议》，决定到 2010 年建成自由贸易区。目前，这一协议目标已实现。

二是签署内地与港澳 CEPA。2003 年内地与香港、澳门特区政府分别签署了内地与香港、澳门《关于建立更紧密经贸关系的安排》(简称"CEPA")，2004 年、2005 年、2006 年又分别签署了《补充协议》、《补充协议二》和《补充协议三》。

三是实施中智自由贸易协定。2004 年 11 月 18 日，胡锦涛主席与智利前总统拉戈斯共同宣布启动中智自贸区谈判。2005 年 11 月 18 日，在韩国釜山 APEC 领导人非正式会议期间，双方签署了《中智自贸协定》，并于 2006 年 10 月 1 日起开始实施。

四是达成亚太贸易协定。1975 年，在联合国亚太经济社会委员会的主持下，中国与孟加拉、印度、老挝、韩国和斯里兰卡达成的优惠贸易安排，称为《曼谷协定》。2005 年 11 月 2 日，《曼谷协定》更名为《亚太贸易协定》。自 2006 年 9 月 1 日起，各成员国开始实施第三轮谈判结果。我国向其他成员国的 1717 项 8 位税目产品提供优惠关税，平均减让幅度为 27%；我国还向最不发达成员国孟加拉和老挝的 162 项 8 位税目产品提供特别优惠，平均减让幅度为 77%。同时，根据 2005 年税则计算，我国可享受印度 570 项 6 位税目、韩国 136 项 10 位税目、斯里兰卡 427 项 6 位税目和孟加拉 209 项 8 位税目产品的优惠关税。

(2) 提出自由贸易区战略后的实施阶段。

2007年，在中共十七大报告中明确提出要实施自由贸易区战略。组建自由贸易区提升到国家发展战略后，中国与有关国家和地区的自由贸易区建设有了较大发展。首先，建成了一批自由贸易区。中国积极主动参与和推动区域一体化进程，到2010年底，中国已经与五大洲28个国家和地区进行了15个自由贸易安排或紧密经贸关系安排谈判，签订和实施了10个自由贸易协定或紧密经贸关系安排。中国与东盟、巴基斯坦、智利、新加坡、新西兰、秘鲁、哥斯达黎加、中国香港、中国澳门、中国台湾等10个自由贸易协定或紧密经贸关系伙伴的双边货物贸易总额达到7826亿美元，占我国进出口总额的1/4强。

其次，积极发展新的自由贸易区。当前，正在进行自由贸易协定谈判的有6个国家和组织，即海湾合作委员会、澳大利亚、冰岛、挪威、南部非洲关税同盟和瑞士；正在研究中的自由贸易区有中国—印度自由贸易区、中国—韩国自由贸易区、中国—日本—韩国自由贸易区；正在考虑与我国签订自由贸易协定的还有一批国家和组织。

自由贸易区战略的实施和推进，对于统筹双边、多边、区域次区域开放合作，推动同周边及相关国家的地区、组织互联互通，提升我国对外贸易的水平，提高抵御国际经济风险能力，将发挥重要作用。

3. 实施自由贸易区战略的意义

(1) 有利于统筹双边、多边、区域次区域开放合作，稳定外贸市场，拓展我国外贸发展空间。

(2) 有利于推动同周边及其他国家互联互通，弥补国内资源不足，提高能源、原材料供应水平，改善交通状况，开辟新的出海通道。

(3) 有利于转变对外经济发展方式，增强发展动力，实现人才、资本、技术的合理流动，实现要素优化配置，推动经济结构调整升级。

(4) 有利于实现优势互补，形成引领国际经济合作和竞争的开放区域，培养带动区域发展的新高地。

(5) 有利于服务贸易的发展和升级，推动对外贸易平衡发展。

(6) 有利于做强外贸，提高外贸经济效益，增强抵御国际经济风险的能力。

第四节 中国对外贸易基础战略

中国对外贸易基础战略是从微观角度提出的带有全局性的基础方面的战略，包括出口商品战略、出口市场战略、进口贸易发展战略(详见第六章)、以质取胜战略、科技兴贸战略和对外贸易可持续发展战略。这些战略从各自不同的角度谋划了对外贸易发展带有全局性的基础方面的要求，共同保证对外贸易总体战略落到实处。

一、以质取胜战略

20世纪90年代以来，随着世界市场竞争的日趋激烈，产品质量在竞争中逐渐处于焦点地位，价格竞争退居次要地位，而质量成为出口商品是否具有国际竞争力的先决条件。改革开放以来，我国对外贸易的发展虽然比较迅速，但主要是依靠数量的扩张，通过低质低价、削价竞争取得。“以量取胜”，低质低价，不但造成资源和社会劳动的浪费，而且难以适应现代国际市场已经从以价格为中心的竞争转变为以质量为中心的竞争，使我国在竞争激烈的国际市场上处于极其不利的地位。特别是随着国际贸易保护主义盛行，国外对我国设限和贸易摩擦加剧，使我国外贸出口陷于困境。

为了全面提高质量，国务院于1996年12月24日颁布了《质量振兴纲要》，明确提出了以质取胜战略。

(一)以质取胜战略的内涵

外经贸以质取胜战略是指正确认识并处理好质量和数量、效益和速度、内在质量与外观质量、样品质量和批量质量，以及质量和档次等方面的关系，把出口商品本身的质量同国际市场的需要有机结合起来。

就出口商品而言，外经贸以质取胜战略包括以下三个方面的内容。

1. 提高出口商品的质量和信誉

通过提高出口商品生产者和外贸企业经营者对商品质量和信誉的认识，加强对生产过程、产品品质以及包装储运的质量管理，加大对我国出口商品质量的监督检查和执法力度，提高我国出口商品的质量和信誉。

2. 优化出口商品结构

要从生产领域入手，密切跟踪国际先进技术，通过引进先进技术和设备，推进技贸结合，使科技成果尽快实现商品化、产业化，形成国际竞争的综合优势。要加强高科技产品的研制和开发，以便较快地提高我国出口商品的质量、档次和加工深度。引进先进生产技术要与引进先进检测手段相配套，保证产品技术性能和档次的提高。

3. 创名牌出口商品

通过创名牌、保名牌，实施名牌战略，树立我国优质商品和知名企业在国际贸易中的形象和地位，以提高我国出口商品的国际竞争力和出口创汇能力。实施名牌战略不仅是我国贯彻以质取胜战略的重要内容，也是我国促进企业建立质量效益机制，提高出口竞争力的重要途径。一方面，创造名牌是实施名牌战略的首要环节，质量是创立名牌的基础。另一方面要善于在发展中保护名牌，既要加大惩处假冒伪劣产品的力度，也要对名牌产品的认定严格把关，保护知识产权和名牌商标。

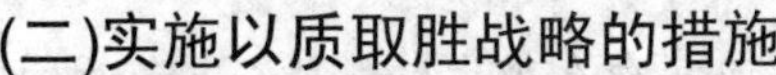

(二)实施以质取胜战略的措施

1. 强化质量控制的立法与执法

强化质量意识，并加强质量方面的法律法规建设，为实施以质取胜战略提供必要的法律环境。加快《中华人民共和国对外贸易法》、《产品质量法》、《进出口商品检验法》配套法律法规的建设，保证出口商品质量，维护对外贸易的合法权益。

2. 推行与国际标准接轨的质量管理体系

我国出口商品与国外同类商品相比，薄弱环节主要体现在安全、健康和环境保护等方面。此外我国有很多产品常常因为不符合国际标准而被进口国拒之门外，因此积极推行与国际标准接轨的质量管理体系已经是立足国际市场的必经程序。

首先，要按照国际标准，建立健全企业质量保障体系认证标准。按照国际标准化组织的《ISO 系列标准》进行企业质量保障体系认证，已经成为当前国际市场领域中对供应方产品保证能力的一个基本要求。另外我国在 1992 年 3 月开始实施的《出口商品生产企业质量体系评审管理办法》，对于确保出口产品质量、促进国家间的相互认证，推动我国对外贸易的发展有十分重要的积极作用。

阅读资料 12-1

推行 ISO 9000 的作用

1. 强化品质管理，提高企业效益；增强客户信心，扩大市场份额

负责 ISO 9000 品质体系认证的认证机构都是经过国家认可机构认可的权威机构，对企业的品质体系的审核是非常严格的。这样，对于企业内部来说，可按照经过严格审核的国际标准化的品质体系进行品质管理，真正达到法治化、科学化的要求，极大地提高工作效率和产品合格率，迅速提高企业的经济效益和社会效益。对于企业外部来说，当顾客得知供方按照国际标准实行管理，拿到了 ISO 9000 品质体系认证证书，并且有认证机构的严格审核和定期监督，就可以确信该企业是能够稳定地生产合格产品乃至优秀产品的信得过的企业，从而放心地与该企业订立供销合同，扩大了该企业的市场占有率。可以说，在这两方面都收到了立竿见影的功效。

2. 获得了国际贸易“通行证”，消除了国际贸易壁垒

许多国家为了保护自身的利益，设置了种种贸易壁垒，包括关税壁垒和非关税壁垒。其中非关税壁垒主要是技术壁垒，在技术壁垒中，又主要是产品品质认证和 ISO 9000 品质体系认证的壁垒。特别是在“世界贸易组织”内，各成员国之间相互排除了关税壁垒，只能设置技术壁垒，所以，获得认证是消除贸易壁垒的主要途径。(在我国“入世”以后，淡化了区分国内贸易和国际贸易的严格界限，所有贸易都有可能遭遇上述技术壁垒，应该引起企业界的高度重视，及早防范。)

3. 节省了第二方审核的精力和费用

在现代贸易实践中，第二方审核早就成为惯例，但其存在很大的弊端：一个供方通常要为许多需方供货，第二方审核无疑会给供方带来沉重的负担；另一方面，需方也需支付相当的费用，同时还要考虑派出或雇佣人员的经验和水平问题，否则，付出费用也达不到预期的目的。唯有 ISO 9000 认证可以排除这样的弊端。因为作为第一方的生产企业申请了第三方的 ISO 9000 认证并获得了认证证书以后，众多第二方就没有必要再对第一方进行审核，这样，不管是对第一方还是对第二方都可以节省很多精力或费用。还有，如果企业在获得了 ISO 9000 认证之后，再申请 UL、CE 等产品品质认证，还可以免除认证机构对企业的品质保证体系进行重复认证的开支。

4. 在产品品质竞争中永远立于不败之地

国际贸易竞争的手段主要是价格竞争和品质竞争。由于低价销售的方法不仅使利润锐减，如果构成倾销，还会受到贸易制裁，所以，价格竞争的手段越来越不可取。20 世纪 70 年代以来，品质竞争已成为国际贸易竞争的主要手段，不少国家把提高进口商品的品质要求作为限入奖出的贸易保护主义的重要措施。实行 ISO 9000 国际标准化的品质管理，可以稳定地提高产品品质，使企业在产品品质竞争中永远立于不败之地。

5. 有效地避免产品责任

各国在执行产品品质法的实践中，由于对产品品质的投诉越来越频繁，事故原因越来越复杂，追究责任也就越来越严格。尤其是近几年，发达国家都在把原有的“过失责任”转变为“严格责任”法理，对制造商的安全要求提高很多。例如，工人在操作一台机床时受到伤害，按“严格责任”法理，法院不仅要看该机床机件故障之类的品质问题，还要看其有没有安全装置，有没有向操作者发出警告的装置等。法院可以根据上述任何一个问题判定该机床存在缺陷，厂方便要对其后果负责赔偿。但是，按照各国产品责任法，如果厂方能够提供 ISO 9000 品质体系认证证书，便可免赔，否则，就会败诉且要受到重罚。(随着我国法治的完善，企业界应该对“产品责任法”高度重视，尽早防范。)

6. 有利于国际经济合作和技术交流

按照国际经济合作和技术交流的惯例，合作双方必须在产品(包括服务)品质方面有共同的语言、统一的认识和共守的规范，方能进行合作与交流。ISO 9000 品质体系认证正好提供了这样的信任，有利于双方迅速达成协议。

(资料来源：ISOYES 国际认证联盟. http://www.isoyes.com/ISO 9000/2140.html)

其次，积极推行与环境保护相关的国际认证体系。随着经济全球化的发展、人们环保意识的增强，发达国家开始日益关注产品是否环保。而国际标准化组织在 1996 年正式推出了《ISO 14000 环境管理标准体系》，目前，它已经成为通往国际市场的“绿色通行证”。

3. 培育在国际市场上的知名品牌和知名企业

培育国际知名品牌和知名企业，树立我国优质商品和知名企业在国际市场中的形象和

地位，是提高我国出口商品的竞争力的重要途径。创立品牌有利于促进企业建立质量效益机制，有利于促进出口增长方式从粗放型向集约型转变。知名品牌是企业形象的代表，也是开拓国际市场的重要武器，知名品牌意味着企业具有良好的信誉与素质。我国政府积极培育在国际市场上的知名品牌和知名企业，根据国家的产业政策确定了重点支持和发展的名牌出口商品；另外商务部还采取六大举措实施自主出口品牌战略(见下面的阅读资料)。

阅读资料 12-2

商务部将采取六大举措实施自主出口品牌战略

2005 年 12 月从商务部召开的全国自主出口品牌建设工作会议上了解到，为了认真贯彻中央经济工作会议提出的加快实施品牌战略，推动外贸增长方式转变的精神，商务部将采取树立自主品牌典型、提供政策支持等六大举措，从明年开始大力实施品牌战略。商务部正抓紧制订工作方案，主要抓好六项具体工作。一是树立一批自主品牌的典型。二是为品牌企业提供必要的政策支持。三是帮助企业进行品牌宣传。四是推动名牌企业“走出去”。商务部将多方面为名牌企业在国外投资建立研发、生产、销售和售后服务体系提供便利。五是开展“品牌万里行”活动。联合主要媒体和有关中介机构在全国范围内开展“品牌万里行”活动，通过系列的舆论宣传和舆论监督，推动我国的自主品牌建设。六是加大自主品牌知识产权保护力度。名牌都是经过无数次的市场风浪摔打出来的，而不是靠政府保护出来的。政府在实施品牌战略中的作用是以市场为导向，充分发挥市场在品牌发展中优胜劣汰的作用。积极鼓励竞争，为自主品牌的发展营造良好的市场环境。

(资料来源：http://www.gov.cn/jrzg/2005-12/10/content_123519.htm)

4. 提高产品科技含量，优化出口结构

科技的竞争是国际贸易竞争的重要内容。从全球来看，高新技术迅速发展，各国纷纷注重高新技术的发展和出口，发达国家更是如此。一个企业要想在国际市场上保持一定的竞争优势，就必须注重提高产品的科技含量，注重研究与开发。我国还可以依靠技术进步来优化出口商品结构，提高高新技术产品的出口比重；通过引进技术提高传统出口产品的质量、档次和水平。

(三)实施以质取胜战略的意义

(1) 提高出口产品质量和创造品牌。提高出口产品质量和创造品牌，是出口企业在国际竞争中制胜的法宝和求得生存发展的必由之路。在日趋激烈的国际市场上，只有提高出口产品的质量和创造名牌，才能提高竞争力，出口企业才能“以质量求生存，以品质求发展”。

(2) 实施以质取胜战略有助于推动我国出口商品质量和档次的提高，能够增加商品的附加值，提高出口经济效益。

(3) 实施以质取胜战略有助于树立企业形象和国家信誉。出口企业要通过提高出口商品质量、创立品牌，在国际市场上树立企业形象。出口商品质量还是中国商品的信誉，反映了民族的素质，关系到国家的信誉。因此外贸工作者用自己的实际行动来提高商品质量，就维护了中国商品的信誉，维护了国家的信誉。

(4) 实施以质取胜战略是转变对外贸易增长方式和实现资源优化配置的途径。提高对外贸易增长的质量水平，增加高附加值、高技术含量、高档次和高质量商品的出口比重，就能促进对外贸易增长方式的转变，实现资源的节约和优化配置。

二、科技兴贸战略

1999 年，为贯彻科教兴国战略以及适应科技、经济全球化形势下国际经贸发展的新形势，我国又提出了科技兴贸战略。

(一)科技兴贸战略的背景

1. 基于国际高技术产品贸易加速发展的趋势

从 20 世纪 80 年代以来，主要发达国家高新技术产品出口的增长速度均高于全部制造业产品出口的增长速度，这表明传统产品市场需求的增长有限，高新技术产品出口已成为国际贸易的新的增长点。1985—2003 年，世界高新技术产业年增长率为 14.3%，低技术产业年增长率为 9.4%，高新技术产业比低技术产业出口年增长率高 4.9 个百分点。世界制造业出口结构也发生了重大变化，高新技术产业在制造业出口总额的份额从 1985 年的 13%上升到 2002 年的 24.5%；而中低技术产业的市场份额从 1985 年的 58%开始下降，到 2002 年降为 47.2%。

2. 高新技术产品出口成为促进经济发展的重要因素

随着经济全球化的发展，高新技术产业以及高新技术产品出口在促进各国经济发展方面的作用日益突显。根据美国商业部的统计，美国高新技术出口已占世界高新技术出口的 2/3 以上，高新技术产品出口对美国经济的持续增长发挥了重要作用。

3. 技术型贸易壁垒对国际贸易的影响越来越大

关贸总协定第八轮谈判，关税已经大幅度削减，传统的非关税壁垒如数量限制等也大大减少，但是新的贸易壁垒特别是技术性贸易壁垒对国际贸易的影响也日益增大。由于技术性贸易壁垒具有名义合理、形式多样、方法隐蔽、种类繁多等特点，从而被发达国家广泛采用，因此加强对技术性贸易壁垒的研究，提高出口产品质量和技术标准，提高产品的科技含量对于发展中国家来说非常紧迫。

在上述背景下，1999 年初，我国提出了“科技兴贸”战略，这也是科教兴国的基本国策在对外贸易领域的具体体现。

(二)科技兴贸战略的内涵

科技兴贸战略是以提高我国出口产业和产品的国际竞争力、加强体制创新和技术创新、提高我国高新技术产业国际化水平为基本指导思想，以“有限目标、突出重点、面向市场、发挥优势”为发展思路，进一步转变政府职能，通过面向国际市场的科研开发、技术改造、市场开拓、社会化服务等部署，提高企业出口竞争力和自主创新能力，加快出口商品结构的战略性调整，实现我国由贸易大国向贸易强国跨越的贸易发展战略。

实施科技兴贸战略，发挥了我国的科技优势，扩大了我国机电产品和高新技术产品的出口，提高了出口商品的科技含量、档次和附加值，促进了科技成果向现实商品转化，是我国从贸易大国走向贸易强国的关键。

从商品生产和交换角度来看，科技兴贸战略包括两个方面的内容：一是大力推动高新技术产品出口；二是运用高新技术成果改造传统出口产业，提高传统出口产品的技术含量和附加值。实施科技兴贸战略，推动我国高新技术产品出口，不仅可以改善我国出口商品结构，增强出口创汇能力，而且可以促进企业技术进步和产业结构的优化与升级，增强国民经济抗风险能力；利用高新技术成果改造传统产业，提高传统出口商品的技术含量和附加值，也会极大地促进产业结构调整和经济增长。实施科技兴贸战略，大力推动高新技术产品出口，提高传统出口产品的技术含量和附加值，正好适应了当今世界经济、科技全球化发展的大趋势。

(三)实施科技兴贸战略的措施及成效

1. 实施科技兴贸战略的措施

(1) 进一步加强各部委的联合工作机制，建立以促进高新技术产品出口和提高传统出口产品技术含量和附加值为核心的多部门参加的部际领导体系。

(2) 在科技兴贸重点城市率先建立较完善的出口服务体系和政策环境。从财政、金融、市场准入等方面研究促进高新技术产品出口和利用高新技术改造传统出口产业的鼓励政策。

(3) 充分利用国际技术贸易、国际工业技术合作的多边、双边机制，稳步推进建立多双边高新技术产业化示范基地。

(4) 完善我国出口管制法律体系，为我国高新技术进口和高新技术产业发展创造良好的外部环境。

(5) 在重点行业和地区发展一批为高新技术产品出口企业服务的规范化的中介服务代理机构。

(6) 为出口培育科技兴贸人才，培养一批管理人才和中介代理人才。

2. 实施科技兴贸战略的成效

“十五”期间，国务院有关部门共同组织实施科技兴贸战略，在各方面的共同努力下，取得了显著成效。

(1) 高新技术产品出口迅猛增长。

“十五”期间，我国高新技术产品累计出口超过6000亿美元，是“九五”期间的5倍多，年均增长45%左右，高出全国外贸出口增幅20个百分点；2005年高新技术产品出口接近2200亿美元，占外贸出口比重超过28%，对外贸出口增长的贡献率达到35%，拉动外贸出口增长13个百分点。推动了国内产业结构升级。“十五”期间累计引进国外先进适用技术金额近700亿美元，占我国改革开放以来引进技术总额的30%左右，电力、冶金、石化等装备制造业的技术水平和生产能力得到明显提高。

(2) 形成了若干个各具特色的高新技术产品出口“增长集群”。

珠江三角洲已成为世界知名的IT加工组装中心和重要出口基地；长江三角洲已经成为现代通信、软件、微电子等领域的外商投资集中地带；环渤海地区的移动通信、航空航天和集成电路产业呈现出了迅速发展的态势。

(3) 显著增强了企业国际竞争力。

一批有自主知识产权的知名品牌和著名企业迅速崛起；企业出口规模迅速扩大，2005年底，高新技术产品年出口额超过1亿美元的企业超过300家。科技兴贸工作在取得显著成效的同时，也逐渐形成了科技兴贸战略的组织、政策、出口和服务体系。

(4) 形成了科技兴贸十部门联合工作机制。

财政部、税务总局、海关总署、质检总局、国家知识产权局和中国科学院相继加入联合工作机制，从原外经贸部、原经贸委、科技部和原信息产业部四部委扩大到了科技兴贸十部门联合工作机制。

(5) 建立了科技兴贸政策体系。

2003年11月，国务院办公厅转发的商务部等八部门联合制定的《关于进一步实施科技兴贸战略的若干意见》(以下简称《若干意见》)，初步建立了我国科技兴贸政策体系框架；各部门、各地区认真贯彻落实《若干意见》，相继在便捷通关、便捷检验检疫、出口退税、出口信贷和出口信用保险等方面出台了一系列的政策措施，进一步完善了科技兴贸政策体系。

(6) 确立了高新技术产品出口体系。

“十五”期间，我国相继认定了20个科技兴贸重点城市、25个高新技术产品出口基地、6个国家软件出口基地和医药出口基地，建立了1000家重点企业联系制度，出口体系正发挥着日益显著的示范和带动作用。搭建了高新技术成果展示和交易的平台。中国(深圳)国际高新技术成果交易会、中国苏州电子信息博览会、中国大连国际软件交易会、中国北京国际科技产业博览会、上海国际工业博览会和中国杨陵农业高新科技成果博览会等六大高科

技会展已逐步成为展示我国高新技术领域最高发展水平、最高发展成就的窗口，科研成果产业化、商品化的重要平台，高新技术国际交流与合作的桥梁和国内外客商交流合作、共同发展的舞台。

阅读资料 12-3

我国高新技术产业取得快速发展

2008 年 4 月 6 日上午在国家发改委召开的“大力发展高技术产业，深入推进西部大开发工作座谈会”上获悉，2007 年我国高技术产业实现增加值 1.9 万亿元，占国内生产总值的 7.8%，高技术产品出口总额达到 3478 亿美元。我国高技术制造业规模位居世界第二，国际市场份额居全球第一。

2000—2007 年，我国高技术产品出口额年均增长 38%。目前，其占国际市场份额已接近 20%。计算机、移动通信手机、抗生素、疫苗等产品的产量位居世界第一。我国正成为世界高技术产品的重要生产基地，并开始向研发制造基地转型。

截至去年，我国高技术产品出口额占全国外贸出口总额的近 30%。网络产业、数字内容产业等高技术服务业快速发展，信息、生物等高技术广泛应用与渗透，传统产业加速优化升级，不断改变社会生产生活方式。

据介绍，目前，我国高技术产业国际化水平显著提高，国际高技术制造和研发能力加速向中国转移。跨国公司在我国设立了上千家研发机构，集成电路等技术密集型产业国际化发展成效明显。华为、中兴、联想、海尔等正在成为有国际影响力的跨国企业。

在全国高技术产业快速发展的同时，西部地区高技术产业加快了追赶东、中部地区的步伐。陕西、四川、重庆发挥技术经济基础雄厚的优势，大力发展航空航天、电子信息、生物等新兴产业。去年，西部地区高技术总产值达到 2474 亿元，是 2000 年的近 3 倍。

20 世纪 90 年代以来，我国紧紧抓住国际产业转移的有利时机，扩大国际合作，大力推进高技术产业化，高技术产业发展迅速，有力地促进了产业结构调整，成为国民经济新的增长点。2000 年以来，我国高技术产业以两倍于经济增长的速度发展。

(资料来源：济南市科学技术局. http://www.jnsti.gov.cn/jnsti/view.php?id=10739，2008 年 5 月 28 日)

(四)实施科技兴贸战略的意义

1. 实施科技兴贸战略是加快我国由外贸大国迈向外贸强国的必由之路

我国已成为世界外贸大国，但与外贸强国相比还有很大差距。在商品结构上，要改变我国出口商品中高技术含量、高附加值的产品比重偏低，企业规模偏小，竞争力不强等问题，就需要实施科技兴贸战略，大力推动高新技术产品的生产与出口，培植我国出口产业和产品的动态比较优势，提高企业的核心竞争力，才能由外贸大国迈向外贸强国。

2. 实施科技兴贸战略有助于顺应世界科技发展趋势和参与国际分工

随着科技革命迅速发展，经济全球化趋势不断加强，国际经济贸易将面临新的调整，我国对外贸易的发展面临强劲的竞争压力。国际市场商品的结构将发生深刻变化，技术密集型机电产品，特别是高附加值的高新技术产品将成为出口增长最快和发展后劲最大的支柱商品。坚定实行科技兴贸，才能顺应世界科技贸易发展的趋势，参与新的国际分工，分享较高的贸易利益。

3. 实施科技兴贸战略是我国对外贸易抢占国际市场竞争制高点，突破技术壁垒的重要手段

大力发展高新技术产品出口，严格遵守《技术性贸易壁垒协定》，才能打破我国与东南亚国家等发展中国家出口商品雷同，处在较低层次上竞争的局面，在国际市场竞争中占领制高点，并突破发达国家利用高科技对我国设置的技术壁垒，开创对外贸易的新局面。

4. 实施科教兴贸战略是落实科教兴国基本国策的要求

对外贸易作为国民经济的重要组成部分，从总量和结构上促进了国民经济的发展。据有关部门测算，高新技术产品出口对经济增长的带动作用相当于一般出口商品的两倍。实施科技兴贸战略，推动高新技术产品出口，不但可以改善我国出口商品结构，增强出口创汇能力，还会促进企业技术进步和企业结构的优化升级；用高新技术成果改造传统产业，提高传统出口商品的技术含量和附加值，可以促进产业结构调整，带动经济增长。

三、对外贸易可持续发展战略

1. 对外贸易可持续发展战略的含义和目标

对外贸易可持续发展战略是指对外贸易实现可持续发展的行动计划和纲领。我国对外贸易的发展，应与我国自然资源可供状况相适应，以环境不被污染为界限。对外贸易可持续发展战略追求用最小的稀缺资源成本获得最大的福利总量，实现持续发展，不损害他国环境，也不受其他国家环境污染的影响。通过实行对外贸易可持续发展战略，实现以下目标。

(1) 调整出口商品结构。在减少资源型产品出口的同时，增加技术含量高、附加值高及可实现资源替代的产品出口。

(2) 适度减少高档进口产品。进口产品应体现适度消费的要求，以不污染我国环境的资源性产品和技术设备型产品的进口为主，减少高档消费品进口。

(3) 将生态观念纳入外经贸的经营与决策过程。在外贸企业引入生态会计原则，把进出口造成的环境成本纳入外经贸的经济核算过程，使环境保护成为外经贸者的自觉行动。

(4) 对外贸易环保行为法制化。与国际环保规范接轨，制定有中国特色的对外贸易环

保法规，以预防为主，加强管理监督。

(5) 实现环保领域的国际合作。特别是与已取得很多环保成绩的发达国家交流与协作，共同促进全球环境的改善。

2. 实施对外贸易可持续发展战略的措施

(1) 培养对外贸易的绿色竞争优势。对外贸易的发展应逐步向符合可持续发展要求的增长方式转变，提高环境资源的利用率，减少严重环境污染的产品的生产与出口；加大对环保产业的投入，争取绿色营销，产品环境标志认证工作向国际靠拢，培养绿色优势。

(2) 推广出口产品的绿色生产和清洁技术，发展与贸易有关的环境服务。使我国出口商品符合国际市场环境标准，扩大绿色产品的出口数量，避免国外“环境补贴”指控。

(3) 防止不符合环境标准的商品流入，减少外来污染。严格限制、制止危害环境的产品进口；限制、禁止高污染产业移入，加强对外商投资企业环境影响的监督；积极参与国际立法条约的制定，维护本国环境利益。

(4) 引导外资投向对外贸易环保领域。在对外贸易环保领域大力引进外资，推动对外贸易可持续发展战略的实行。

(5) 加快绿色贸易立法，与国际环保法规接轨。深入开展全民环保运动，提高环保意识，加强环保立法、执法；根据国际环保法规加快制定或修改《中华人民共和国对外贸易法》、《包装法》、《涉外产品质量法》等法规，使之与国际接轨。

3. 实行对外贸易可持续发展战略的意义

(1) 有利于贯彻可持续发展的基本国策。20 世纪 90 年代，我国根据联合国环境与发展大会精神，制定了《中国 21 世纪议程》。1996 年全国人大通过的“九五”计划和 2010 年发展纲要中又进一步将我国社会、经济的可持续发展确定为我国的基本国策。实行对外贸易可持续发展战略，就可使国民经济可持续发展战略的目标要求在对外贸易领域落到实处。

(2) 有利于对外贸易增长方式转变。高投入、高消耗、低效益的数量增长模式，严重影响了对外贸易的健康发展，并对我国产品走向国际市场产生了不利影响。实行对外贸易可持续发展战略，就要求改变对外贸易发展模式，用最小的稀缺资源成本获得最大的福利总量，坚持效率和持续性原则。

(3) 有利于对外贸易的发展适应国际经济贸易发展的新趋势、新要求。可持续发展已成为世界经济发展的主题，它要求社会的发展、经济的增长必须控制在自然资源和环境能够支持和持久实现的范围内。贸易的可持续发展问题已成为当代国际经济贸易领域的中心议题。在贸易中实施环境标准日益成为各国在对外贸易中强制执行的法律要求。国际标准化组织制定了 ISO 14000 环境管理系列国际标准，规定了环境审核、环境标志、环境行为评估等内容。只有实行对外贸易可持续发展战略，才能适应这种新趋势和新要求。

(4) 有利于正确应对国际贸易壁垒中的“绿色壁垒”。西方发达国家借口环境保护，通

过制定高标准的国内环境法规，实施贸易保护和贸易歧视。实行对外贸易可持续发展战略，就可正面应对“绿色壁垒”，保证出口贸易的健康持续发展，由贸易大国迈向贸易强国。

本 章 小 结

对外贸易战略是指在一国经济总体发展战略指导下的对外贸易部门发展战略，即对对外贸易发展目标和实现手段的全局性的长期安排和筹划。对外贸易战略可以分为进口替代战略、出口导向战略和混合发展战略三种基本类型。

制定中国对外贸易战略要根据国内外经济政治环境的变化，参照国际惯例和经验，遵循自由贸易与保护贸易适当结合的原则、进口替代和出口导向有机结合的原则、国内市场和国际市场主辅结合的原则，并以坚持从实际出发、坚持对外开放的基本国策、坚持以提高经济效益为中心、坚持科学发展观、坚持自力更生方针为指导思想。

中国对外贸易总体战略是从宏观角度提出的全局性的总体上的战略，包括改革开放前的进口替代战略，有限开放时期的混合发展战略，全面开放后的“大经贸”战略、“走出去”战略、互利共赢战略、自由贸易区战略，反映了与不同开放程度相适应的不同时期的对外贸易总体上的战略。

中国对外贸易基础战略是从微观角度提出的带有全局性的基础方面的战略，包括出口商品战略、出口市场战略、进口贸易发展战略、以质取胜战略、科技兴贸战略和对外贸易可持续发展战略。

思 考 题

1. 什么是对外贸易战略？对外贸易战略有哪些特点？
2. 对外贸易战略怎样分类？
3. 制定中国对外贸易战略的原则和指导思想是什么？
4. 怎样选择中国对外贸易发展战略？
5. 为什么在改革开放前要实行进口替代战略，有限开放时期要实行混合发展战略？
6. 全面开放后，为什么要实行“大经贸”战略、“走出去”战略、互利共赢战略和自由贸易区战略？
7. 怎样实行以质取胜战略、科技兴贸战略和对外贸易可持续发展战略？

案 例 分 析

海尔国际化战略的成功经验

海尔集团 1998 年开始实施国际化战略，现在已经成为一个有 5 万余个营业网点，全球营业额为 1039 亿元的跨国企业集团。其国际化历程概括为：走出去、站住脚、争第一。

海尔走出去较早，当时是考虑与其被动挨打，不如主动走出去。其策略是先难后易，先进入美国、欧盟等发达国家，然后再进入发展中国家。进入发达国家经受住考验要做到两点：一是通过它的认证。2002 年 4 月，海尔成为全球第一家通过 ISO 10015 培训体系认证的企业。二是靠质量和信誉。海尔要求其产品须 100%满足用户要求。

站住脚即是要通过"三位一体"本土化实现"三融一创"，创出本土化品牌的目标。"三位一体"即设计、制造、营销三位一体。在海外建厂的原则是"先有市场，后建工厂"，没有市场建厂是很危险的。"三融一创"即融资、融智、融文化，创造出本土化的世界品牌。当地融资，就是利用当地的资本做当地的生意，做海尔自己的品牌；当地融智，就是利用当地的人力资源；最重要的是融文化，就是将当地文化融入到所生产的产品中去，使购买者感受到本民族的文化氛围。

争第一，是指通过三个国际化争第一，三个国际化是指管理国际化、服务国际化和品牌国际化。管理国际化不是管理模式，而是人，是人才的国际化。员工的创新意识是最有价值的资产。服务国际化是要解决客户潜在的问题。品牌国际化是一个本土化的有国际竞争力的品牌的总和。

海尔已建成 10 个工业园，13 个海外工厂，15 个海外贸易公司，在全球拥有 18 个设计中心。海尔的产品已进入欧洲 15 家大连锁店中的 12 家，美国 10 家大连锁店的 9 家。

(资料来源：青岛新闻网，2002 年 6 月 20 日)

问题：

1. 海尔集团的发展是怎样体现我国对外贸易总体策略的"大经贸"战略、"走出去"战略和互利共赢战略的？
2. 海尔集团在国际市场上如何"以质取胜"？
3. 海尔集团怎样贯彻"科技兴贸"战略？
4. 海尔怎样实现可持续发展？

第二版后记

本书第二版根据中共十八大和全国人大十二届大会精神以及本书第一版出版以来我国国民经济的发展以及对外经济贸易的新情况、新变化、新成果进行了修订和补充，着重研讨了为了实现中华民族伟大复兴的“中国梦”，如何由外贸大国迈向外贸强国。本书第二版修订工作由杨清震主持，参加修订的人员有：杨清震修订第一、二、十二章，向灵彦修订第三、五、六、七章，林晓华修订第四章，熊晓亮修订第八、九、十、十一章，最后由杨清震统稿、定稿。

编　者

参 考 文 献

1. 唐任伍，马骥. 中国经济改革 30 年：对外开放卷 1978—2008[M]. 重庆：重庆大学出版社，2008.
2. 沈觉人. 当代中国对外贸易[M]. 北京：当代中国出版社，1992.
3. 张幼文，黄仁纬. 2005 中国国际地位报告[M]. 上海：上海远东出版社，2005.
4. 孙玉琴. 中国对外贸易史[M]. 第 2 册. 北京：对外经济贸易大学出版社，2004.
5. 徐复，刘文华. 中国对外贸易概论[M]. 天津：南开大学出版社，2003.
6. 曲如晓. 中国对外贸易概论[M]. 北京：机械工业出版社，2005.
7. 李左东. 中国对外贸易教程[M]. 北京：北京大学出版社，2005.
8. 王绍熙. 中国对外贸易概论[M]. 北京：对外经济贸易大学出版社，2003.
9. 黄建忠. 中国对外贸易概论[M]. 北京：高等教育出版社，2004.
10. 中华人民共和国商务部. 国别贸易投资环境报告 2006[M]. 北京：人民出版社，2006.
11. 中华人民共和国商务部国际贸易经济合作研究院. 中国对外经济贸易白皮书 2004[M]. 北京：中信出版社，2004.
12. 国民经济和社会发展第十一个五年规划纲要
13. 本书编写组. 学习十一届全国人大一次会议文件问答[M]. 北京：中共中央党校出版社，2008.
14. 周小春，马建春. 走向开放型经济[M]. 天津：天津人民出版社，1993.
15. 廖庆薪，廖力平. 现代中国对外贸易概论[M]. 广州：中山大学出版社，2003.
16. 胡涵钧. WTO 与中国对外贸易[M]. 上海：复旦大学出版社，2004.
17. 王绍熙. 中国对外贸易理论和政策[M]. 北京：中国商务出版社，2004.
18. 李诗. 中国对外经济贸易[M]. 北京：中国对外经济贸易出版社，2006.
19. 本书课题组. 中国外贸体制改革的进程、效果与国际比较[M]. 北京：对外经贸大学出版社，2007.
20. 朱国兴. 中国对外贸易经济体制改革 [M]. 北京：对外经济贸易大学出版社，1995.
21. 孙玉琴. 中国对外贸易体制改革的效应：贸易制度创新与贸易增长、经济增长研究[M]. 北京：对外经济贸易大学出版社，2005.
22. 邹忠全. 中国对外贸易概论[M]. 大连：东北财经大学出版社，2006.
23. 杜奇华，冷柏军. 国际技术贸易[M]. 北京：高等教育出版社，2006.
24. 王林生. 论对外贸易经济效益[M]. 贵阳：贵州人民出版社，1997.
25. 张幼文. 双重体制的扭曲与外贸效益[M]. 上海：三联出版社，1995.
26. 白津夫. WTO 理论与实务[M]. 北京：中国城市出版社，2002.
27. 薛荣久. 世界贸易组织概论[M]. 北京：高等教育出版社，2006.